Bauten des Bundes
1965 – 1980

BAUTEN DES BUNDES 1965–1980

Wolfgang Leuschner

Herausgeber:
Der Bundesminister für Raumordnung,
Bauwesen und Städtebau
Verlag C. F. Müller

CIP-Kurztitelaufnahme der Deutschen Bibliothek
Bauten des Bundes: 1965 – 1980/Hrsg.:
Der Bundesminister für Raumordnung, Bauwesen
u. Städtebau. Von Wolfgang Leuschner. –
Karlsruhe: Müller 1980.

NE: Leuschner, Wolfgang (Bearb.); Deutschland
(Bundesrepublik)/Bundesminister für
Raumordnung, Bauwesen und Städtebau

ISBN 3-7880-9650-0

© 1980 Verlag C. F. Müller, Karlsruhe

Layout: Peter Bruns, Stuttgart,
Bundesministerium für
Raumordnung, Bauwesen und Städtebau
Gesamtherstellung:
C. F. Müller, Großdruckerei und Verlag GmbH, Karlsruhe

Inhalt

Vorwort	9	
Einleitung	10	

1
Die Verfassungsorgane des Bundes in Bonn

Die Verfassungsorgane 14

Bundestag und Bundesrat (Planungsstand 1979) 20

Bürohaus für den Deutschen Bundestag — Abgeordnetenhochhaus 22

Bundeskanzleramt 25

Wohn- und Empfangsgebäude für den Bundeskanzler 28

In Karlsruhe
Bundesverfassungsgericht 31

2
Die obersten Bundesbehörden

Bundesministerium der Justiz, Bundesministerium für Bildung und Wissenschaft, Bundesministerium für Forschung und Technologie
Bonn-Bad Godesberg 36

Bundesministerium der Finanzen „Haus Carstanjen"
Bonn-Bad Godesberg 39

Bundesministerium des Innern
— Kasino —
Bonn 41

3
Bundeseinrichtungen

In Berlin (West)
Stiftung Preußischer Kulturbesitz

Staatsbibliothek 49

Museum Dahlem 53

Gästehaus für die Deutsche Stiftung für Internationale Entwicklung 56

Robert-Koch-Institut 57

Hahn-Meitner-Institut für Kernforschung 58

Olympia-Stadion 60

Im Bundesgebiet
Presseclub
Bonn 61

Stiftung Bundeskanzler-Adenauer-Haus
Rhöndorf 63

Bundeskriminalamt (Sicherungsgruppe)
Meckenheim 64

Institut für chemisch-technische Untersuchungen
Heimerzheim 65

Verwaltungszentrum der Bundesanstalt für Arbeit und Landesarbeitsamt Nordbayern
Nürnberg 66

Bundesanstalt für Milchforschung
Kiel 70

Oberfinanzdirektion
Kiel 71

Biologische Anstalt
Helgoland 72

Bundesanstalt für Geowissenschaften und Rohstoffe
Hannover 73

Wasser- und Schiffahrtsdirektion
Freiburg 74

Oberfinanzdirektion und Hauptzollamt
Saarbrücken 74

Rundfunkanstalten Deutsche Welle — Deutschlandfunk
Köln 76

Physikalisch-Technische Bundesanstalt
Braunschweig 78

Bundesanstalt für Fleischforschung
Kulmbach 79

Bundesmonopolverwaltung für Branntwein
München 80

Gesellschaft für Strahlen- und Umweltforschung (GSF)
München 81

Deutscher Wetterdienst
München 83

Zentrum für Katastrophenschutz
München 83

Wehrdienstsenate des Bundesverwaltungsgerichts und Bundeswehr-Disziplinaranwalt
München 84

Arbeitsamt Neuwied
Koblenz 85

Bundesanstalt für Arbeitsschutz und Unfallforschung
Dortmund 86

Bundesanstalt für Flugsicherung
Frankfurt 88

4
Großforschungseinrichtungen

Gesellschaft für Kernforschung (GFK)
Karlsruhe 92

Gesellschaft für Kernenergieverwertung in Schiffbau und Schiffahrt (GKSS)
Hamburg-Geesthacht 94

Deutsches Elektronen-Synchrotron (DESY)
Hamburg 95

Deutsche Forschungs- und Versuchsanstalt für Luft- und Raumfahrt (DFVLR)
Köln-Porz 97

5
Die Vertretungen im Ausland

Botschaften

Residenz und Kanzlei
Wien 101

Kanzlei
London 102

Kanzlei
Washington 104

Kanzlei
Montevideo 106

Residenz und Kanzlei
Brasilia 107

Residenz
Teheran 109

Kanzlei
Bangkok 110

Residenz
Seoul 111

Kulturinstitute

Goethe-Institut
London 112

Goethe-Institut
Seoul 113

Informationszentrum und Generalkonsulat
Zagreb 114

Deutsche Akademie-Villa Massimo
Rom 116

Schulen

Deutsche Schule
Brüssel 114

Deutsche Schule
Barcelona 118

Deutsche Schule
Washington 120

6
Ausbildungsstätten des Bundes

Ausbildungsstätte für den Auswärtigen Dienst
Bonn 124

Schule für den Deutschen Entwicklungsdienst (DED)
Berlin (West) 126

Bildungszentrum der Bundesfinanzverwaltung
Sigmaringen 128

Offiziersschule der Luftwaffe
München 130

Hochschule der Bundeswehr
Neubiberg 132

Bundeswehrfachschule
Karlsruhe 136

7
Zoll und Bundesgrenzschutz

Deutsch-Österreichisches Gemeinschaftszollamt
Kiefersfelden 140

Zollamt
Schwarzbach 142

Deutsch-Französisches Gemeinschaftszollamt
Rheinau-Gambsheim 143

Zollamt Hamburg-Wandsbek	144
Hauptzollamt Waltershof	145
Zollamt Brooktor	146
Zolltechnische Prüfungs- und Lehranstalt (ZPLA) Eidelstedt	147
Grenzkontrollstelle Dreilinden	148
Grenzübergang Ellund/Frøsley	148
Bundesgrenzschutz-Unterkunft Bad Bramstedt	150
Bundesgrenzschutz-Unterkunft Heimerzheim	152
Bundesgrenzschutz-Unterkunft München	153

8
Bauten für Internationale Einrichtungen und Veranstaltungen

Europäisches Patentamt München	156
EXPO 1967 Montreal	158
EXPO 1970 Osaka	161
Olympische Bauten 1972 München	164

9
Denkmalswerte Gebäude und ihre Verwendung für Zwecke des Bundes

In Berlin (West)

Reichstag	176
Deutsches Archäologisches Institut	182
Villa-von-der-Heydt	186
Wohnhäuser am Rupenhorn	188

In Bonn

Villa Hammerschmidt	190
Palais Schaumburg	193

Im Ausland

Residenz Palais Beauharnais Paris	194
Residenz Haus Schuylenburch Den Haag	198
Residenz London	202

10
Die Bildende Kunst im Raum der Architektur

In Bonn

Abgeordnetenhochhaus	208
Bundeskanzleramt	216

Bundesministerium der Finanzen (Haus Carstanjen)	220
Bundesministerium des Innern	222
Bundesministerium für Landwirtschaft und Forsten	227
Bundesministerien der Justiz, für Bildung u. Wissenschaft, für Forschung u. Technologie	228

In Berlin (West)

Deutscher Entwicklungsdienst	229
Deutsche Stiftung für Internationale Entwicklung	230
Robert-Koch-Institut	230
Staatsbibliothek	231
Reichstag	231
Schloß Bellevue	232

Im Bundesgebiet

Kernforschungszentrum Karlsruhe	233
Bildungszentrum Sigmaringen	233
Offiziersschule der Luftwaffe München	234
Physikalisch-Technische Bundesanstalt Braunschweig	234
Bundesanstalt für Arbeit Nürnberg	239

Im Ausland

Residenz Kabul	240
Residenz Islamabad	240
Kanzlei Montevideo	241
Kanzlei Bangkok	242
Kanzlei London	242

Residenz Brasilia	243
Kanzlei Den Haag	243
Deutsche Schule Barcelona	244
Residenz Teheran	244
Deutsche Schule Den Haag	245
Goethe-Institut London	245
UNO New York	247

11

Wettbewerbe Architektur und Bildende Kunst

Architektur

In Bonn

Städtebaulicher Ideenwettbewerb – Bauten des Bundes und ihre Integration in die Stadt Bonn –	251
Bauwettbewerb – Bundestag und Bundesrat –	256
Bauwettbewerb – Bundesministerium der Verteidigung –	264
Bauwettbewerb – Bundeskanzleramt –	266
Ideenwettbewerb – Bundesministerium für Verkehr und Bundesministerium für das Post- und Fernmeldewesen –	270

In Berlin (West)

Bauwettbewerb – Bundesgesundheitsamt –	274

Im Bundesgebiet

Ideenwettbewerb – Bundesakademie für Öffentliche Verwaltung und Finanzakademie Brühl –	277
Ideenwettbewerb – Fachhochschule des Bundes für Öffentliche Verwaltung Brühl –	279
Ideenwettbewerb – 2. Bildungszentrum der Bundesfinanzverwaltung Münster –	280
Ideenwettbewerb – Bundesanstalt für das Straßenwesen Bensberg –	281
Bauwettbewerb – Paul-Ehrlich-Institut Langen –	282

Im Ausland

Bauwettbewerb – Botschaft Moskau –	284

Bildende Kunst

Neubauten der Rundfunkanstalten Deutsche Welle – Deutschlandfunk Köln –	286
Neubau der Bundesakademie für Wehrverwaltung und Wehrtechnik Mannheim	289
Europäisches Patentamt München	292
Freizeitpark Rheinaue Bonn	294
Bundesministerien der Justiz, für Bildung u. Wissenschaft, für Forschung u. Technologie Bonn	298
Bundeskanzleramt Bonn	300
Bundesministerium f. Ernährung, Landwirtschaft und Forsten Bonn	301
Gedenkstätte „Bendlerblock" Berlin (West)	302

12

Ansprachen, Kritik, Veröffentlichte Meinung

Ansprachen	308
Pressestimmen	323

Vorwort

Die vorliegende Dokumentation will an Beispielen von Bauten des Bundes der letzten 15 Jahre zeigen, wie sich diejenigen, die institutionelle öffentliche Verantwortung tragen, mit ihrer Bauaufgabe auseinandersetzen.

Die Bauverwaltung des Bundes arbeitet bei der Erfüllung ihrer Bauaufgaben mit qualifizierten freischaffenden Architekten und Ingenieuren zusammen. Sie findet ihre Partner vor allem durch Ausschreibung von Architekturwettbewerben. Auch die Zusammenarbeit mit den Finanzbauverwaltungen der Länder ist erfreulich und erfolgreich.

Der bildenden Kunst wird in den Bauten des Bundes breiter Raum gewidmet. Der Staat verzichtet dabei auf unzulässige Beeinflussungen ebenso wie auf einseitige Ausrichtungen. Immer stärker geht es um die Bemühung, Gebäude und Kunstwerk als künstlerische Einheit zu gestalten.

Die BAUTEN DES BUNDES 1965 – 1980 dokumentieren das Baugeschehen in einem Zeitraum, der von vielfachen Einflüssen geprägt gewesen ist. Welcher Wandel stattgefunden hat, wird deutlich, wenn man die Dokumentation ,,Stein auf Stein'' der Bundesbauten bis zum Jahre 1965 zur Hand nimmt. Auch nach 1980 werden große Bauaufgaben zu erfüllen sein. Einige davon haben bereits konkrete Konturen gewonnen. Pläne und Modelle in diesem Buch BAUTEN DES BUNDES 1965 – 1980 dokumentieren den gegenwärtigen Stand der Planung.

Mit der Dokumentation verbunden ist die Einladung zur Diskussion. Besondere Bedeutung kommt hierbei den Fragen des Ausbaus der Bundeshauptstadt Bonn zu.

Der Bundesminister für Raumordnung, Bauwesen und Städtebau

Einleitung

… Endlich sei noch gesagt, daß die Beständigkeit, das Ansehen und die Zier eines Gemeinwesens am meisten des Architekten bedürfe, der es bewirkt, daß wir zur Zeit der Muße in Wohlbehagen und Gesundheit, zur Zeit der Arbeit zu aller Nutz und Frommen, zu jeder Zeit aber gefahrlos und würdevoll leben können…

Leon Battista Alberti (1404–1472)

Mit der Dokumentation der Bauaufgaben des Bundes in der Zeit von 1965—1980 wird der im Jahr 1964 erschienene Bericht der Bundesbauverwaltung „Stein auf Stein" fortgesetzt. Planungen und Baumaßnahmen werden an Beispielen vorgestellt. Eine Bestandsaufnahme ist daraus geworden, gleichzeitig eine Standortbestimmung des Bundes als Bauherr und der Bauverwaltungen als der für die Baumaßnahmen zuständigen Behörde. Im Verantwortungsbereich des Bundesministers für Raumordnung, Bauwesen und Städtebau führen die Landesbauabteilungen der Oberfinanzdirektionen die Baumaßnahmen des Bundes durch. In Bonn, Berlin (West) und im Ausland nimmt die Bundesbaudirektion diese Aufgaben für die obersten Bundesorgane wahr. Die Aufgaben sind außergewöhnlich, umfangreich, vielgestaltig und weit verzweigt. Die Gliederung der Dokumentation in einzelne Kapitel, die die wesentlichsten Fachbereiche kennzeichnen, soll die Übersicht erleichtern. Aus ihr wird deutlich, wie die Bauverwaltung ihre Aufgabe in Anpassung an die sich unablässig vollziehenden Wandlungen im gesamten Bereich des gesellschaftlichen, politischen, kulturellen und wirtschaftlichen Lebens im staatlichen Bereich versteht. Als Fachbehörde will sie ein Partnerschaftsverhältnis zu den Städteplanern, Architekten und Künstlern sowie zu den vielen anderen dem Bauen verbundenen Institutionen herstellen, um das Baugeschehen des Bundes mit seinen vielfältigen Verflechtungen nicht nur zu verwalten, sondern mit zu gestalten. Sie steht im Kreis derjenigen, die die Architektur als Herausforderung sehen, sie nicht nur materiell zweckorientiert, fiskalisch und wirtschaftlich erscheinen zu lassen, sondern auch menschlicher, erlebnisreicher und schöner zu machen.
Freischaffende Architekten, Ingenieure und bildende Künstler haben mitgewirkt, um den Bauten des Bundes im In- und Ausland in fortschrittlichem Geiste, z.T. richtungweisend Gestalt zu geben. Sie erhielten ihre Aufträge in der Regel über Wettbewerbe, die der Bund auslobt, wenn immer die Bauaufgabe es zuläßt. Staatliches Bauen — heute — ist geprägt von der Vielfalt der technischen Möglichkeiten und den formalen z.T. sehr unterschiedlichen Auffassungen. Liberalität — Pluralität in einem demokratischen Staat finden ihren Ausdruck in wechselvollen, lebendigen Architekturen mit durchschnittlichen, aber auch außergewöhnlichen Leistungen, wie sie in freier offener Form beim Pavillon in Montreal und beim Olympiazelt in München wie auch beim Bau der Staatsbibliothek in Berlin sichtbar werden.
Die Bauten für die Verfassungsorgane des Bundes leiten die Dokumentation ein. Sie sind für das staatliche Bauen in der Bundesrepublik von ganz besonderer Bedeutung. In diesem Zusammenhang erschien es richtig und notwendig, aus baufachlicher Sicht auch auf die Entwicklung der Stadt Bonn zur Bundeshauptstadt einzugehen.
Es hat in der Vergangenheit immer wieder konstruktiv-kritische Stellungnahmen zum Bauen durch Verwaltungen gegeben. Das ist notwendig, dient der Sache und wird begrüßt. Es hat aber auch Berichterstattungen gegeben, die ein verzerrtes Bild der Wirklichkeit zeichnen. Jedenfalls zeigen die in der vorliegenden Dokumentation wiedergegebenen Beispiele staatlichen Bauens, daß Architekten in der Verwaltung, sei es in der Planung oder in ihrer Eigenschaft als Bauherren Mut brauchen, Mut zum Risiko, daß sie Initiative und Fantasie haben müssen, um gestalterische künstlerische Absichten, die nicht konventionellen Vorstellungen entsprechen, mit Erfolg durchzusetzen.
Die Bauverwaltung will großzügig und vorausschauend planen. Sie ist sich der richtungsweisenden Forderung Adolf Arndts bewußt, daß
„ein demokratisches Gemeinwesen in seinen dem Volksganzen gewidmeten Bauten das Selbstbewußtsein der politischen Gesellschaft Gestalt werden läßt."

Die Verfassungsorgane des Bundes

1

Die Verfassungsorgane

Mit Ausnahme des Bundesverfassungsgerichts haben alle Verfassungsorgane – Bundespräsident – Bundestag – Bundesrat – Bundesregierung – ihren Sitz in Bonn. Sie haben der Stadt Bonn ein neues Gepräge gegeben, noch verstärkt durch die diplomatischen Vertretungen, die Vertretungen der Länder und die vielen Institutionen, die die Nähe zu den obersten Organen suchen.
Bis Ende der sechziger Jahre standen alle Baumaßnahmen des Bundes in Bonn unter dem Vorbehalt des Provisoriums. Das belastete die Planung und war der Entwicklung Bonns auf dem Wege zur Bundeshauptstadt außerordentlich abträglich.
Bereits vor der kommunalen Neugliederung (1969) hat die Bundesbauverwaltung Pläne für den absehbaren Fall erarbeitet, daß die Bundesrepublik eine voll ausgebaute Hauptstadt braucht, auch unter Beachtung der Belange Berlins als Reichshauptstadt.
In ihren Bemühungen, dafür ein schlüssiges Konzept zu finden, wurde sie von einem „Planungsrat" namhafter Architekten (Prof. Eiermann, Prof. Ruf, Prof. Baumgarten) unterstützt, der sich bei der Bauabteilung des Ressorts (damals Bundesschatzministerium) konstituiert hatte.
In ständigen Konsultationen mit den Organen von Bund, Land und Stadt verfolgte die Bundesbauverwaltung das Ziel, die Meinungsbildung über die Möglichkeiten der baulichen Entwicklung des Bonner Raumes zu fördern und anhand der vom „Planungsrat" erarbeiteten Grundsatzplanungen einen Konsensus herzustellen für den Fall, daß Baumaßnahmen für Zwecke des Bundes zwingend notwendig werden sollten. Das Drängen auf zusätzlichen Raum für Zwecke des Parlaments und einzelner Ressorts nahm im Laufe der Zeit mehr und mehr zu. Dies führte schließlich als Vorwegmaßnahme zum Bau des Abgeordnetenhochhauses und mehrerer Ministerien in Bonn-Bad Godesberg-Nord.
Als Ende 1969 die kommunale Neugliederung vollzogen wurde und sich eine neue Bundesregierung gebildet hatte, beschloß das Kabinett, die vorliegende Rahmenplanung nicht weiter zu verfolgen.
Zusammen mit dem Land Nordrhein-Westfalen, der Stadt Bonn sowie beteiligten Bundesdienststellen wurde 1970 der Arbeitskreis „Bundesbauten Bonn" ge-

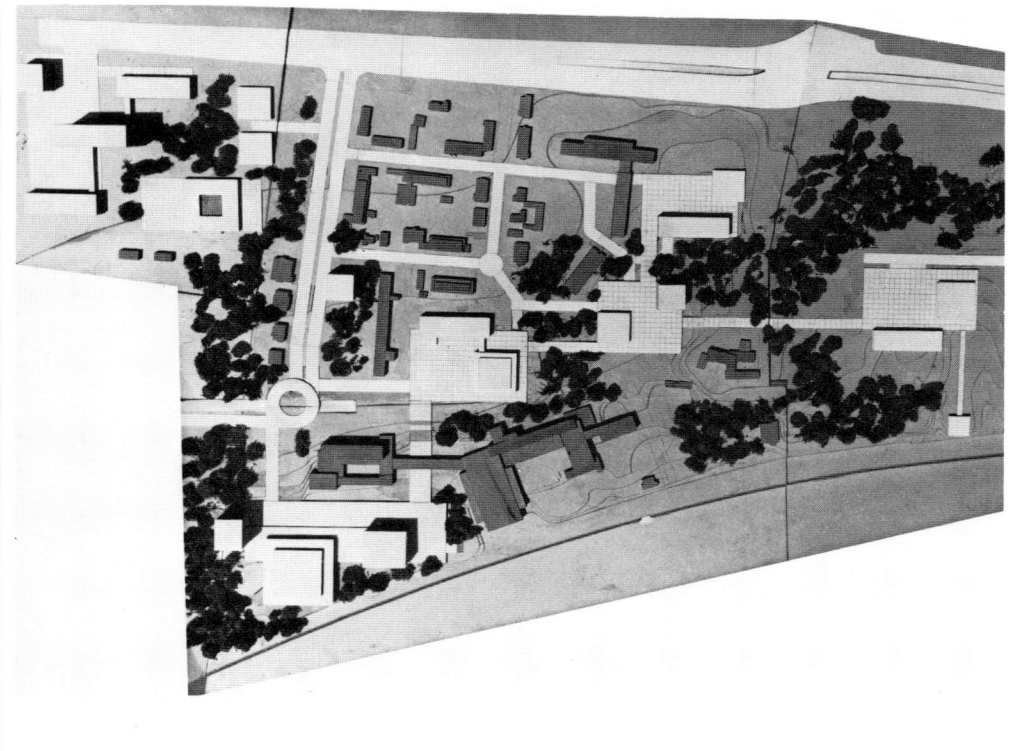

Modellstudien für die Entwicklung des Parlaments- und Regierungsviertels 1965

Planungsgebiet Bonn-Godesberg-Nord Modellstudie
im Hintergrund (l. o.) die ausgeführten „Kreuzbauten", 1968

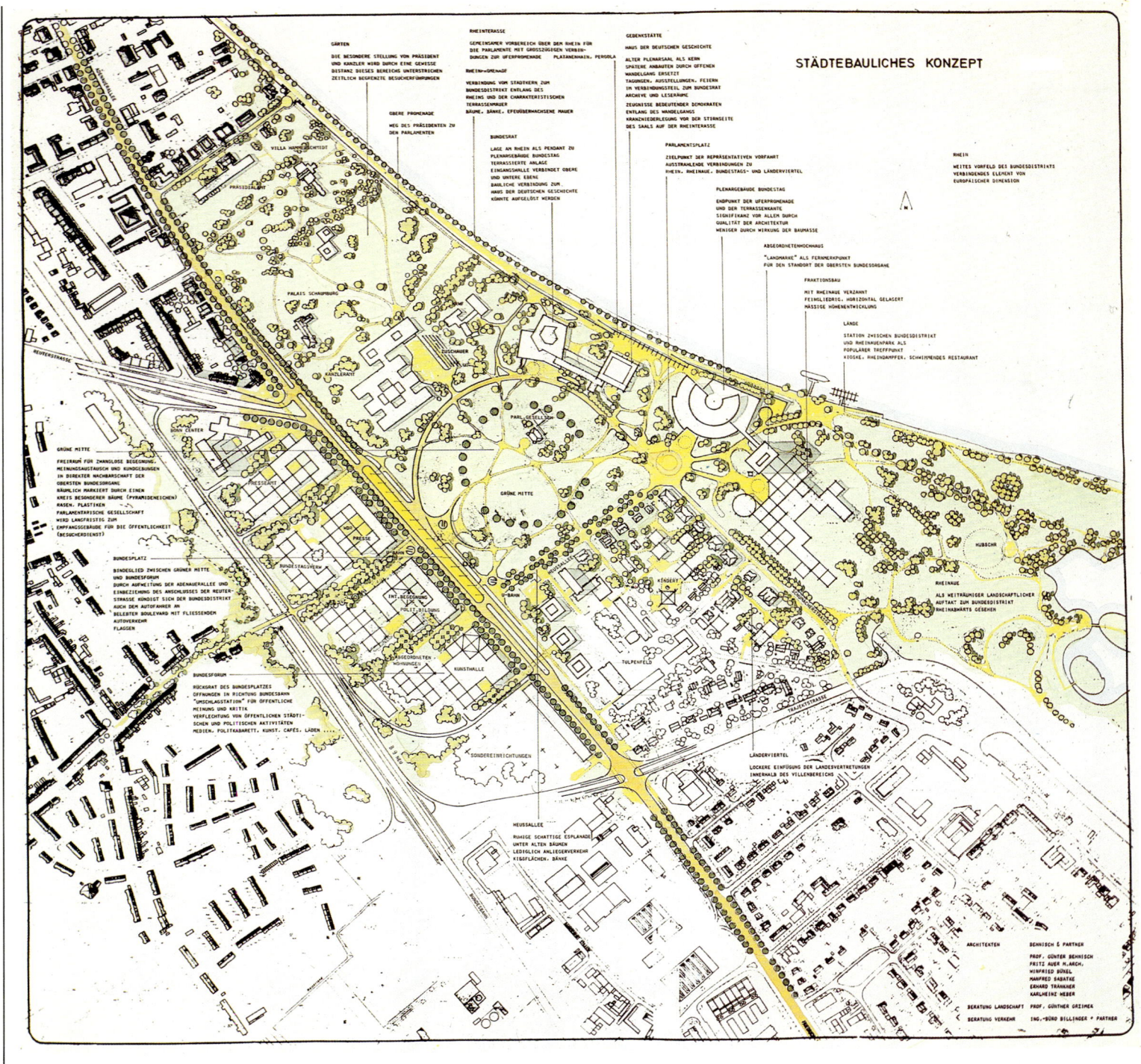

Städtebauliches Konzept
Architekten Benisch + Partner, 1978

bildet, der die Aufgabe hatte, alle Bauplanungen des Bundes im Raum Bonn mit den Planungszielen der Stadt in ihren neuen kommunalen Grenzen und den Zielen der Landesplanung abzustimmen.

Die von diesem Arbeitskreis erarbeiteten Planungsinformationen über die bisher durchgeführten Untersuchungen und Alternativen für die städtebauliche Entwicklung Bonns waren Grundlage für ein im September 1970 einberufenes Expertenkolloquium. Für dieses Kolloquium hatten sich namhafte Persönlichkeiten aus den Bereichen Raumordnung, Städtebau, Architektur und Landschaftsgestaltung, Verkehr, Soziologie, Politologie, Ökonomie, Organisationsplanung und Kunstgeschichte zur Verfügung gestellt, um Empfehlungen zur Integration der Bundeseinrichtungen mit der Stadt Bonn zu erar-

Städtebauliches Konzept
Büro Zlonicky + Hansjakob
1978

beiten, als Grundlage für die Realisierung des Bauprogramms der Bundesregierung.
Die Experten stellten im Ergebnis fest:
Bonn wird auch als Bundeshauptstadt kaum Metropole im herkömmlichen Sinn werden können, sondern allenfalls Teil eines metropolitanen Raumes, der sich von Düsseldorf bis Bonn erstreckt. Die einmalige Gelegenheit, Bonn als repräsentativen Sitz der obersten Organe auszubauen, sollte jedoch weiter genutzt werden. Die städtebauliche Situation böte die besten Voraussetzungen dafür. Da Bundeseinrichtungen dem Zwang der Wandlung und der Entwicklung unterworfen sind, sollten keine auf den Einzelbedarf zugeschnittenen Gebäudestrukturen errichtet werden.
Als Gelände für ein konzentriertes Bundeszentrum böte sich die Fläche links und rechts des Rheins zwischen Bonn und Bad Godesberg an. Für den rechtsrheinischen Raum würde die Errichtung von Ministerien eine Aufwertung bedeuten. Die Verzahnung der Bundesbauten mit einer Parklandschaft links und rechts des Rheins wäre möglich und sollte ein Element der Darstellung des Bundes sein. Für Bundesbauten sollten einzelne Bauwettbewerbe nach städtebaulicher Vorklärung durch einen Wettbewerb ausgelobt werden.
In den Jahren 1971–1973 wurden die Planungen und Maßnahmen für den Ausbau Bonns wesentlich intensiviert. Der vorbereitete städtebauliche Ideenwettbewerb „Bauten des Bundes und ihre Integration in die Stadt Bonn" und die Bauwettbewerbe für ein neues Kanzleramt, ein neues Präsidialamt, für die Neubauten des Bundestages und Bundesrates sowie für den Gesamtkomplex des Bundesministeriums der Verteidigung wurden durchgeführt.

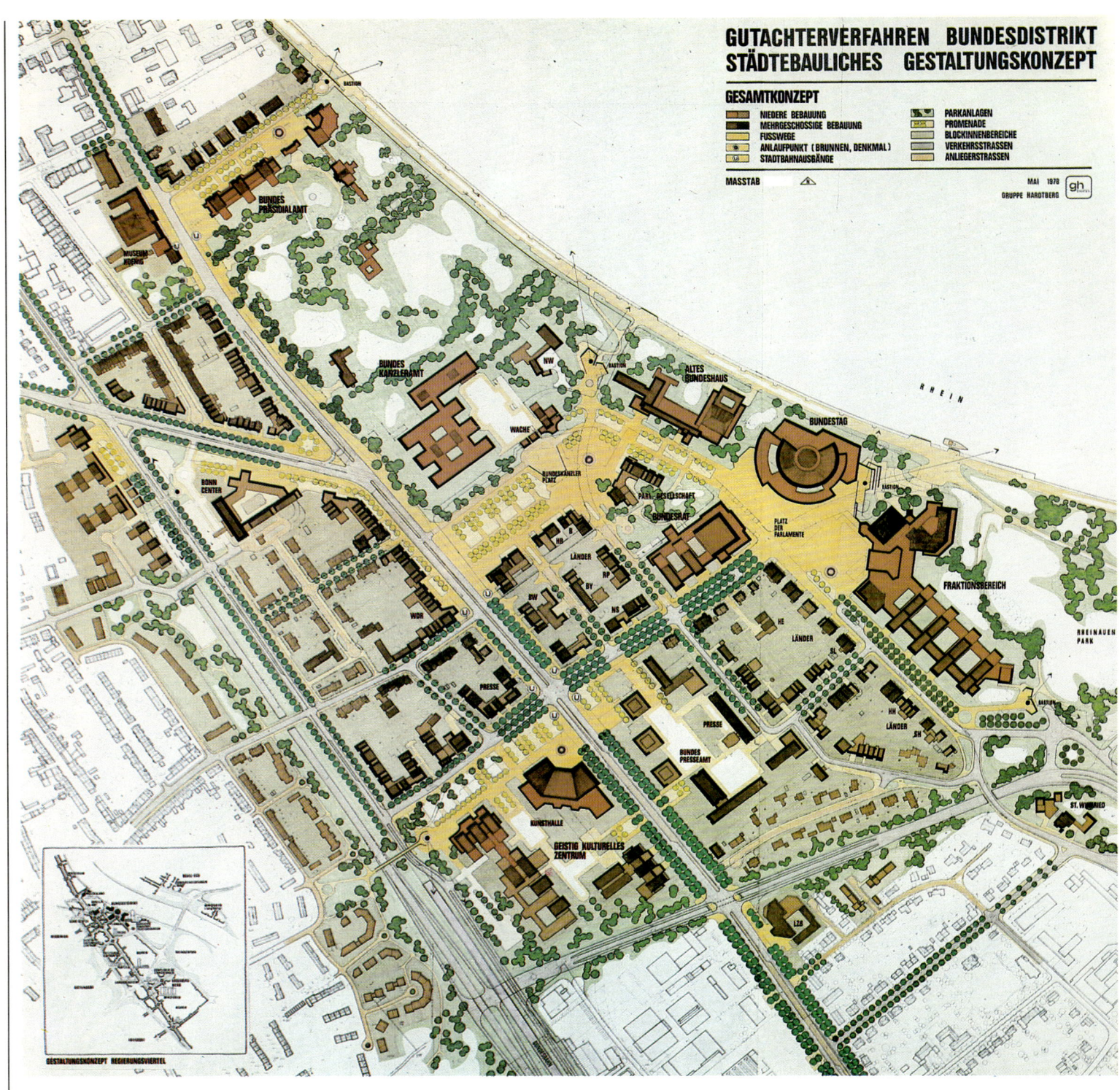

Städtebauliches Konzept
Gruppe Hardtberg. 1978

Die Hauptstadtplanung war zur politischen Aufgabe geworden. Am 11. 12. 1974 verabschiedete die Landesregierung Nordrhein-Westfalen die Rechtsverordnung über die förmliche Festlegung des städtebaulichen Entwicklungsbereiches „Bonn – Parlaments- und Regierungsviertel". Damit waren die planungsrechtlichen Voraussetzungen gegeben, um das städtebauliche Ziel einer Integration der Bundesbauten mit der Stadt Bonn verfolgen zu können.

Am 11. 9. 1975 haben der Bund, das Land Nordrhein-Westfalen und die Stadt Bonn eine Vereinbarung über den weiteren Ausbau Bonns als Bundeshauptstadt unterzeichnet. Die Vereinbarung sichert u.a. die Finanzierung der förmlich festgelegten städtebaulichen Entwicklungsmaßnahme „Bonn – Parlaments- und Regierungsviertel". Bestandteile dieser

Städtebauliches Konzept v. Wolff/v. Wolff-Schneble, 1978

Entwicklungsmaßnahme sind das rund 672 ha große links- und rechtsrheinische Planungsgebiet, in dem sich die Standorte von Bundestag und Bundesrat, der Amtssitz des Bundespräsidenten, das Bundeskanzleramt und eine Reihe von Ministerien befinden.

Aufgrund der Bonn-Vereinbarung 1975 ist ein „Gemeinsamer Ausschuß Bundeshauptstadt Bonn" gegründet worden. Er hat die Aufgabe, für die Abstimmung der Bauprogramme zu sorgen, die Koordinierung des Verkehrsausbaus zu sichern und die Finanzierungspläne aufzustellen.

Bundestag – Bundesrat

Nach dem Planungsstand 1979

Dieser Ausschuß als gemeinsames Gremium der drei Gebietskörperschaften hat eine Reihe städtebaulich bedeutsamer Empfehlungen beschlossen, die von allgemeinen städtebaulichen Rahmenbedingungen für den Entwicklungsbereich, über Verkehrsplanungen für den Raum Bonn, über Gestaltungskonzepte für das engere Parlaments- und Regierungsviertel bis zu Einzelvorhaben, wie die geplante Errichtung eines geistig-kulturellen Zentrums, reichen.

Zur Vorbereitung der Beschlüsse des Gremiums dienten sowohl die vom Bund in Auftrag gegebenen gutachtlichen Stellungnahmen der Professoren Hillebrecht, Laage, Rossow, Berater der Bundesregierung für den Hauptstadtausbau, als auch Konzepte und Varianten mehrerer Architektengruppen – Prof. Behnisch und Partner, v. Wolff/v. Wolff und Schneble, Zlonicky und Gruppe Hardtberg –, die im Auftrage der Stadt Bonn konkurrierende Alternativen für die Gestaltung des engeren Bundesdistriktes entwickelten (siehe hierzu Abb. auf den Seiten 16, 17, 18, 19). Am 1. 6. 1979 hat der Gemeinsame Ausschuß durch einstimmigen Beschluß die Standorte für die Neubauten des Bundestages, des Fraktionsgebäudes und des Bundesrates und damit die städtebaulichen Eckpunkte des engeren Bundesdistrikts bestimmt.

Nach Abschluß des Bauwettbewerbs für die Parlamentsbauten (s. hierzu 12. Kapitel Wettbewerbe) — er endete mit der Begutachtung der mit dem ersten Rang ausgezeichneten und überarbeiteten 4 Entwürfe — wurden im Juni 1974 aufgrund eines Beschlusses der Unterkommission des Ältestenrates des Deutschen Bundestages die Architekten Prof. Behnisch und Partner sowie die Architekten v. Wolff/v. Wolff und Schneble mit der weiteren Überarbeitung ihrer Entwürfe beauftragt.

Die Unterkommission war zu dem Ergebnis gekommen, daß keinem der beiden Entwürfe Priorität zuerkannt werden könnte und wünschte daher eine Kooperation der beiden Architektengruppen; sie sollten das funktionelle und gestalterische Gesamtkonzept gemeinsam erarbeiten. Eine „Technische Kommission", unterstützt von den Architekten Prof. Kammerer und Prof. Spengelin begleitete die Entwurfsarbeiten, die schließlich zu neuen Überlegungen für ein bauliches und städtebauliches Konzept — Plenarsaal nördlich, Fraktionsbereich südlich vom Abgeordnetenhochhaus, neuer Standort für den Bundesrat, Reduzierung des Bauvolumens und der Gebäudehöhen — führten.

Im Mai 1977 beschloß der Ältestenrat den überarbeiteten Gesamtentwurf, wobei besondere Auflagen für einen neuen Standort des Bundesrates formuliert wurden.

Die Stadt Bonn entwickelte inzwischen einen über den engeren Bundesdistrikt hinausgreifenden Rahmenplan, der die Grundlage für weitere städtebauliche Untersuchungen sein wird. 4 von der Stadt Bonn als Trägerin der Planungshoheit beauftragte Architektengruppen legten für den engeren Bundesdistrikt ihre städtebaulichen Planungen vor.

Die vorgelegten Planungen haben es dem Gemeinsamen Ausschuß erlaubt, sich am 1. 6. 1979 einstimmig für eine entwicklungs-

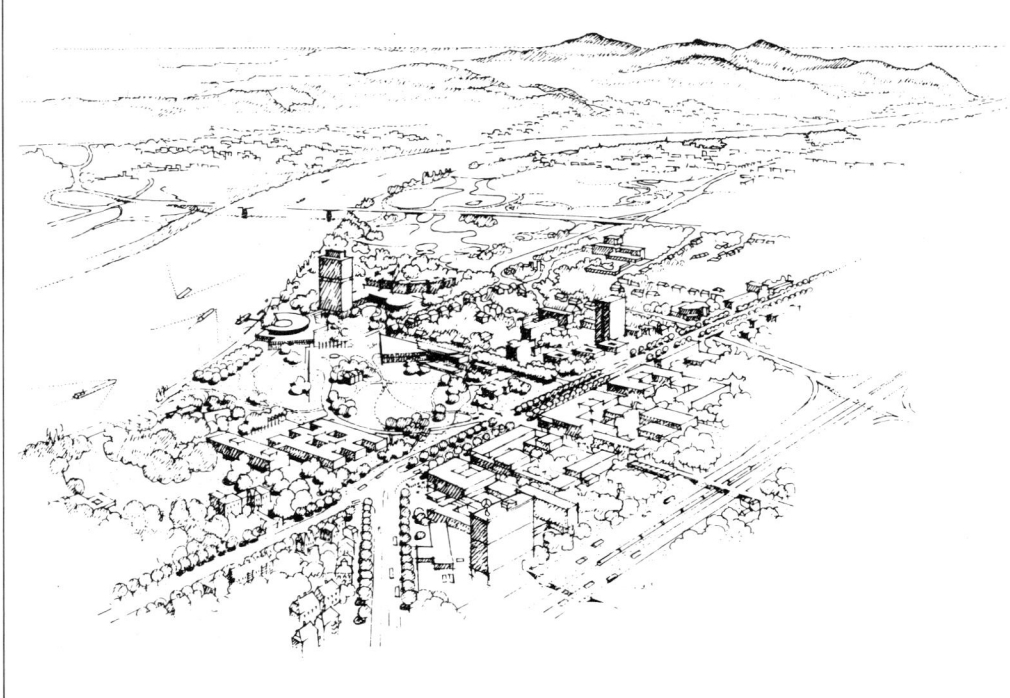

fähige städtebauliche Konzeption zu entscheiden und gleichwohl die Standorte für die Neubauten des Bundes im engeren Bundesdistrikt unter Abwägung der zu berücksichtigenden Forderungen genauestens festzulegen. Die Stadt Bonn wird den Bebauungsplanentwurf erarbeiten. Nach Abschluß des Verfahrens sind die planungsrechtlichen Voraussetzungen zur Fortführung der Entwurfsarbeiten für Neubauten für Bundestag und Bundesrat geschaffen. Eine Vielzahl konkurrierender Meinungen ist dann auf einen gemeinsamen Nenner gebracht worden. Die Planung kann zu Ende geführt werden.

Das Bürohaus für den Deutschen Bundestag

(Abgeordnetenhochhaus)

Entwurf:
Architekt Prof. Egon Eiermann

Bauleitung:
Bundesbaudirektion

In der Aula der ehemaligen Pädagogischen Akademie Bonn tagte 1949 der Parlamentarische Rat. Mit der Wahl der Stadt Bonn zur provisorischen Bundeshauptstadt wurde das Akademiegebäude, der Sitz des Parlaments, dafür umgebaut und im Laufe der Jahre mehrmals verändert und erweitert. Mit den Umbaumaßnahmen konnte zwar der jeweils dringendste Raumbedarf erfüllt, jedoch kein Parlamentsgebäude geschaffen werden, das den Vorstellungen entspricht, die sich mit der repräsentativen Demokratie verbinden.

Das Bonner Bundeshaus ist unübersichtlich geworden. Mit seinen kilometerlangen verschachtelten Fluren, in seinem Auf und Ab der Geschosse findet sich nur noch der Eingeweihte zurecht; Leerlauf und Zeitverlust sind die Folge.

Die Bundesbauverwaltung stellte zusammen mit dem von ihr berufenen Planungsrat (Prof. Eiermann, Prof. Ruf, Prof. Baumgarten) 1966 Untersuchungen für eine wirksame Lösung zur Verbesserung der Unterbringung an. Da das Bundeshaus für die politische Entwicklung in der Bundesrepublik und ihres parlamentarischen Geschehens bereits eine historische Stätte ist, sind wesentliche Teile der Gebäudeanlage in die Untersuchung einbezogen worden. Darüber hinaus wurden auch Grundsatzplanungen für etwa weiter notwendig werdende Baulichkeiten des Bundestages (Neuer Plenarsaal) und des Bundesrates erarbeitet mit dem Ziel, eine neue städtebauliche Entwicklung am Rhein einzuleiten. Die Lösung hierzu sollte einem Wettbewerb vorbehalten bleiben.

Prof. Eiermann erhielt den Auftrag, das Projekt für einen Neubau des Abgeordnetenhauses auszuarbeiten. Seine Vorstellungen gingen grundsätzlich dahin, das Gronaugelände am Rhein für die Bauten des Parlaments freizuhalten. In seine Überlegungen für zukünftige Parlamentsbauten

wurden auch Grünräume und Seen beiderseits der Konrad-Adenauer-Brücke einbezogen.

Das Abgeordnetenhochhaus ist in zwei Abschnitte unterteilt. Im 3. bis 17. Obergeschoß befinden sich 450 Räume mit je 18 qm für Abgeordnete. Außerdem sind im geräumigen inneren Flurbereich Warteplätze, Besprechungsgruppen und das Stockwerksbüro angeordnet, das für die An- und Abmeldung von Besuchern, die Postverteilung sowie für Auskünfte zur Verfügung steht. Vom 19. bis 28. Obergeschoß sind 20 Ausschußsäle mit 120 Büroräumen für die Ausschußsekretariate untergebracht. Im 29. Obergeschoß wurde ein Restaurant eingerichtet.

Das Gebäude wird in seinem Äußeren durch die ausladenden Geschoßdecken, die horizontalen Sonnenschutzlamellen und das weiße Gitterwerk bestimmt, das den Baukörper filigranartig überspannt. Diese Elemente geben ihm im Spiel von Licht und Schatten im Zusammenklang der gewählten Materialien – Stahl, Holz und Glas – eine Leichtigkeit, die ihn transparent erscheinen läßt. Das Gebäude ist zu einem Wahrzeichen der Bundeshauptstadt geworden.

Der von der Rheinseite her sichtbare Aufzugs- und Treppenturm wurde dem Hauptbau nachträglich – 1979 – aus Sicherheitsgründen angefügt.

Nutzfläche	34 000 m³
Umbauter Raum	150 300 m³
Baukosten	48,5 Mio DM
Baubeginn	9/1966
Fertigstellung	11/1969

Bundeskanzleramt

Gesamtleitung:
Bundesbaudirektion
Entwurf und Projektleitung:
Planungsgruppe Stieldorf (Architekten: Adams, Hornschuh, Glatzer, Pollich, Türler). (Nach bundesweitem Bauwettbewerb)
Bauleitung:
Gehrmann Consult + Partner, Wiesbaden

Mit der Regierungsbildung 1969 wurden dem Bundeskanzleramt neue Aufgaben übertragen, die früher vom Bundesratsministerium wahrgenommen worden waren. Zusätzliche Arbeitsgruppen wurden eingerichtet, um Schwerpunktaufgaben im bildungs- und gesellschaftspolitischen, im sozialen, wirtschaftlichen und technologischen Bereich zu koordinieren. Sie waren Veranlassung, den ohnehin seit Jahren beabsichtigten Neubau verstärkt zu betreiben. Das historische Palais Schaumburg sollte weiter den Repräsentationsaufgaben des Bundeskanzlers dienen und so die junge Tradition in das Neubau-Vorhaben einbeziehen.
Die ursprüngliche Idee, den Neubau erst zu errichten, wenn das Gesamtkonzept für den Bundesdistrikt vorlag, ließ sich nicht verwirklichen. Das Bundeskanz-

leramt wurde damit zum Festpunkt für die weitere städtebauliche Planung.
Der flache Baukörper verzichtet bewußt auf dominante Wirkung. Städtebaulich hat er eine vermittelnde Funktion zu den angrenzenden Bereichen des Bundesdistrikts. Die Verbindung mit dem Palais Schaumburg kommt gegenwärtig noch nicht so deutlich zum Ausdruck, wie es geplant ist. Ein abschließendes Urteil ist erst nach Fertigstellung aller Bauten im engeren Bundesdistrikt möglich.

Das neue Gebäude ist dreigeschossig, hat zwei Untergeschosse und eine Tiefgarage unter dem Vorplatz. Es ist in einen Kanzler-Kabinettsbau sowie in einen aus 3 Trakten bestehenden Abteilungsbau gegliedert. Der Kanzler- und Kabinettsbau ist gegenüber dem Abteilungsbau versetzt. Auf der Parkseite gewinnt er dadurch eine räumliche Beziehung zum Palais und zum Kanzlerbungalow. Zum Bundeskanzlerplatz wurde unter Ausnutzung der Geländestruktur ein eingeschossiges Gebäude für den Bundesgrenzschutz angeordnet.

Bauart:
Die beiden Untergeschosse in Stahlbeton, die 3 Obergeschosse in Stahlskelett mit Verbunddecken, Fassaden und Fensterbänder in eloxiertem Aluminium (dunkelbronze).
Wenn die weißen vertikalen Sonnenschutzlamellen im Inneren geschlossen sind, bilden sie einen erwünschten optischen Kontrast zur dunklen Fassade.
Das Raster-Grundmaß von 1,40 m wurde auch im Inneren bis hin zu den Wandverkleidungen durchgehalten.
Für die Deckengestaltung wurde eine perlweiße Metallausführung gewählt, in die die Beleuchtungskörper, die Sprinkleranlage, die

Auslässe der Klimaanlage und die Lautsprecher eingesetzt werden konnten, ohne die Struktur der Decke zu durchbrechen. Kanzler- und Kabinettsbau erhielten Holzpaneeldecken bzw. abgehängte weiße Paneele. Der gesamte Bau ist klimatisiert.
Zur künstlerischen Gestaltung des Außenbereiches und einiger Innenzonen wurden nach einem bundesweiten Wettbewerb mehrere Künstler herangezogen. Zur Ausführung kamen ein Lichtfeld (Ris), 6 Bodenreliefs aus Edelstahl (Hauser), eine Lichtdecke im internationalen Konferenzsaal und eine Glaskinetik (Dr. Luther). Die ursprünglich nach den Vorschlägen von Lutz und Bohnet gestalteten Außenanlagen sind umgebaut worden, weil sich Verkehrsführungsprobleme ergeben hatten und das verwendete Pflastermaterial den Anforderungen nicht genügte. In die Neugestaltung ist eine Plastik von Henry Moore einbezogen.
Von Anfang an stand der Neubau wegen seiner Gestaltung in der öffentlichen Kritik. Anerkannt wird die Erfüllung der funktionellen Anforderungen, die einen reibungslosen organisatorischen Ablauf gewährleisten. Dagegen werden die städtebauliche Eingliederung und die architektonische Gestaltung nicht positiv bewertet. Da der Park des Palais Schaumburg um den Neubau herum weiterentwickelt und schließlich seine Fortsetzung bis hin zur Rheinaue finden wird, bleibt jedoch abzuwarten, wie sich das Palais Schaumburg und der Neubau im Endzustand darstellen werden.

Raumgrößen:
Kabinettsaal	134 qm
Internationaler Konferenzraum	350 qm
Normalbüro	22 qm
Kantine (120 Plätze)	389 qm
Presse/Inf.	211 qm
Gesamtfläche: einschl. Nutz- und Nebenflächen, Verkehrsflächen, Tiefgarage,	rd. 44 000 qm
Bauvolumen:	rd. 200 000 cbm
Baukosten:	rd. 106 Mio DM
Baubeginn:	11/1973
Fertigstellung:	4/1976

Wohn- und Empfangsgebäude für den Bundeskanzler

Entwurf:
Architekt Prof. Sep Ruf, München.

Bauleitung:
Bundesbaudirektion.

In der schönen Parklandschaft des „Palais Schaumburg" liegt das Wohnhaus des Bundeskanzlers inmitten eines Baumbestandes, der unter Naturschutz steht. Die Anlage gliedert sich nach den Funktionen – Wohnen und Begegnen – in zwei quadratische, eingeschossige Atriumbauten, die sich maßstäblich der Parksituation einfügen. Der kleinere Baukörper enthält vorwiegend die Privaträume des Bundeskanzlers. Sie sind nach innen orientiert. Im Gegensatz dazu öffnet sich der größere und höhere Bauteil, der ausschließlich der Begegnung und den Empfängen vorbehalten ist, mit seinen geschoßhohen Glaswänden zu den Außenräumen des Parkes.
Die in ihrer architektonischen Auffassung disziplinierte und in

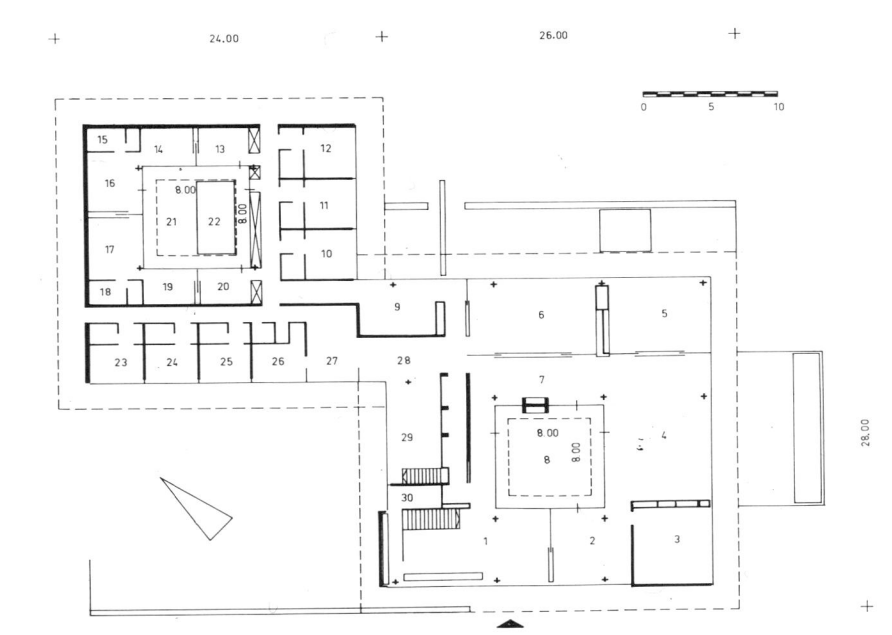

ihren Maßstäben und Proportionen bis ins Detail hin ausgewogene und konsequent durchgebildete Anlage ist unaufdringlich gestaltet und beweist darin Repräsentation und angemessene Würde.

Die Großzügigkeit der Konzeption wird mitbestimmt durch die Beschränkung in der Verwendung der Werkstoffe. Im Innern, auf den Terrassen und im Atriumhof, durchgehende gelblichweiße Travertinplatten. Im Innern und im Äußeren durchgehende, unbehandelte Holzdecken in brasilianischer Kiefer, dazu strukturell kontrastierende Klinkerwände.

Die Konturen der Räume sind fließend, je nach den Bedürfnissen verändern sie sich. Durch Versenkwände im Empfangs- und Speiseraum können größere Raumeinheiten hergestellt werden. Die horizontal geführten Fensterwände öffnen sich zum

Grundriß: 1 Halle, 2 Empfangsraum, 3 Bibliothek und Arbeitszimmer, 4 großer Empfangsraum, 5 Musikzimmer, 6 Speisezimmer, 7 Kamindiele, 8 Innenhof, 9 Wohn-Eßdiele, 10 Gast, 11 Gast, 12 Gast, 13 Sekretariat, 14 Ankleide des Herrn, 15 Bad, WC, 16 Schlafz. Herr, 17 Schlafz. Dame, 18 Bad, WC, 19 Ankleide der Dame, 20 Sekretariat, 21 Innenhof, 22 Schwimmbecken, 23 Personal, 24 Personal, 25 Personal, 26 Wäsche- und Bügelraum, 27 Pers.-Aufenthalt, 28 Anrichte, 29 Küche, 30 WC.

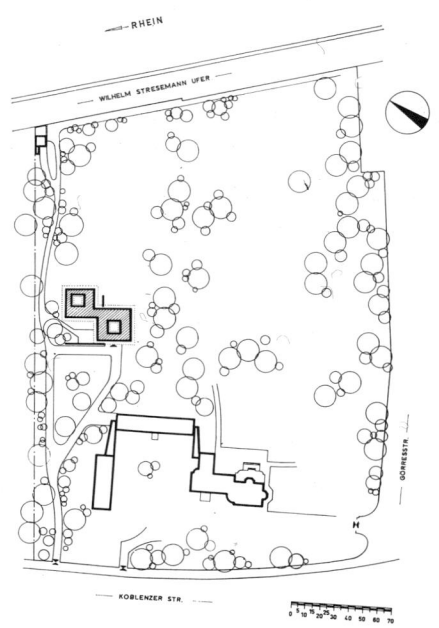

Park wie auch zum Innenhof. Nur wenige Stahlstützen halten das weitausladende, schwebende Dach.

Der Bau hat Stil. Die Möglichkeiten der modernen Technik sind ausgeschöpft. Durch seine Schwerelosigkeit, Weiträumigkeit und Offenheit wirkt er heiter trotz strenger Ordnung. Er verzichtet auf Effekte und ist ausgewogen in einer Harmonie, die sich auch in der Raumausstattung wiederspiegelt.

Das Anliegen des Architekten, die bildende Kunst zum Bestandteil der Architektur zu machen, wird an den großformatigen Werken besonders deutlich. Zur Aufstellung kamen Plastiken von F. Koenig, ,,Maternitas'', P. Dierkes, ,,Steinstelen'', B. Heiliger, ,,Figurenbaum''.

Wohnfläche einschl. Nebenflächen:
A. Empfangsteil:	390 m²	(125)*
B. Wohnteil:	225 m²	(72)*
C. Wirtschaftsteil:	240 m²	(120)*
insgesamt:	855 m²	(317)*

* Nebenflächen

Bauvolumen:
A. Empfangsteil:	3650 m³
B. Wohnteil:	1370 m³
C. Wirtschaftsteil:	1230 m³
insgesamt:	6250 m³
Baukosten:	2 080 000,– DM
Baubeginn:	11/1963
Fertigstellung:	11/1964

Frühstück im Kanzlerbungalow – Vorn: Premierminister Callaghan und Bundeskanzler Helmut Schmidt, hinten: Staatspräsident Giscard d'Estaing und Präsident Carter

Bundesverfassungsgericht Karlsruhe

Entwurf:
Architekt Prof. Paul Baumgarten, Berlin
Bauleitung:
Staatshochbauamt II, Karlsruhe

Der Präsident des Bundesverfassungsgerichts, Dr. Gebhard Müller, sagte aus Anlaß der Schlüsselübergabe am 6. Mai 1969: *„…Wer das Grundgesetz der Bundesrepublik Deutschland sorgsam prüft, muß anerkennen, daß es einen besonderen Rang in den Verfassungsordnungen der Welt einnimmt. Es hat nach der völligen Vernichtung der rechtsstaatlich gesicherten Freiheit im Dritten Reich den großangelegten Versuch unternommen, einen freiheitlichen Rechtsstaat zu errichten, der nicht nur auf dem Willen des jeweiligen Gesetzgebers beruht, sondern auf Werten, die auch Staat und Gesetzgeber binden…Verfassungsrecht ist kein politisches Rezept. Aber das politische Handeln unterliegt im Verfassungssystem der Bundesrepublik wie jedes andere staatliche Tun den im Grundgesetz niedergelegten Ordnungsvorstellungen…Das Grundgesetz hat weit über die Regelungen älterer und fremder Verfassungen hinausgeführt. Es hat das höchste Maß der Sicherung des einzelnen erreicht, das wir mit den heutigen Mitteln und Denkformen staatlichen Verfassungsrechts für vorstellbar halten. Wenn hinter einem von der Verfassung her verhältnismäßig schwachen Staat, dem die Bürger in rechtlich starker Sicherung gegenüberstehen, eine überzeugte Gemeinschaft von Anhängern der freiheitlichen demokratischen Rechtsstaatsordnung steht, die diesen Staat zu erhalten und für ihn einzutreten bereit ist, dann wird er trotz aller Gefährdungen Bestand haben…"*
Mit Unterstützung des Landes Baden-Württemberg und der Stadt Karlsruhe konnte der Bund

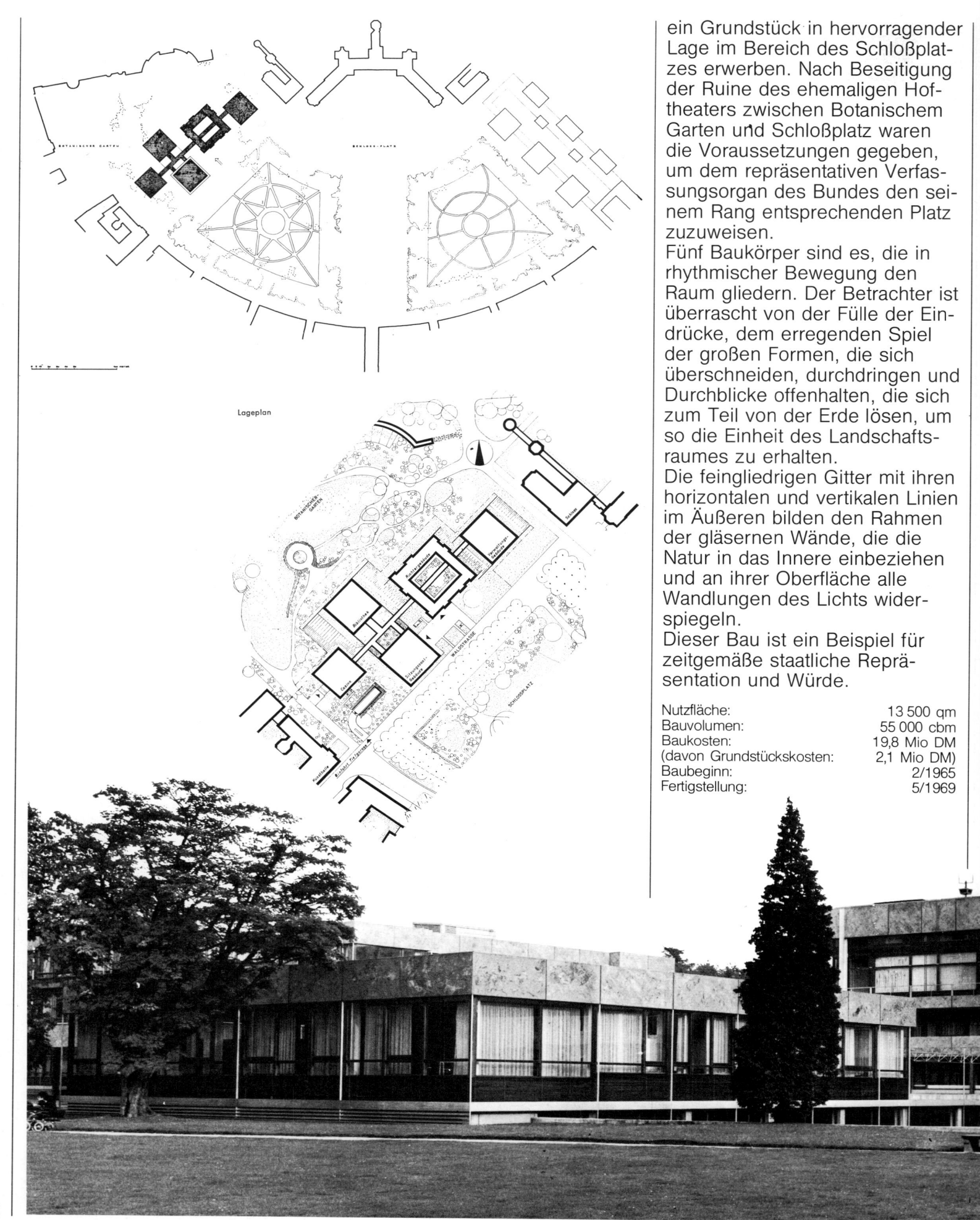

Lageplan

ein Grundstück in hervorragender Lage im Bereich des Schloßplatzes erwerben. Nach Beseitigung der Ruine des ehemaligen Hoftheaters zwischen Botanischem Garten und Schloßplatz waren die Voraussetzungen gegeben, um dem repräsentativen Verfassungsorgan des Bundes den seinem Rang entsprechenden Platz zuzuweisen.

Fünf Baukörper sind es, die in rhythmischer Bewegung den Raum gliedern. Der Betrachter ist überrascht von der Fülle der Eindrücke, dem erregenden Spiel der großen Formen, die sich überschneiden, durchdringen und Durchblicke offenhalten, die sich zum Teil von der Erde lösen, um so die Einheit des Landschaftsraumes zu erhalten.

Die feingliedrigen Gitter mit ihren horizontalen und vertikalen Linien im Äußeren bilden den Rahmen der gläsernen Wände, die die Natur in das Innere einbeziehen und an ihrer Oberfläche alle Wandlungen des Lichts widerspiegeln.

Dieser Bau ist ein Beispiel für zeitgemäße staatliche Repräsentation und Würde.

Nutzfläche:	13 500 qm
Bauvolumen:	55 000 cbm
Baukosten:	19,8 Mio DM
(davon Grundstückskosten:	2,1 Mio DM)
Baubeginn:	2/1965
Fertigstellung:	5/1969

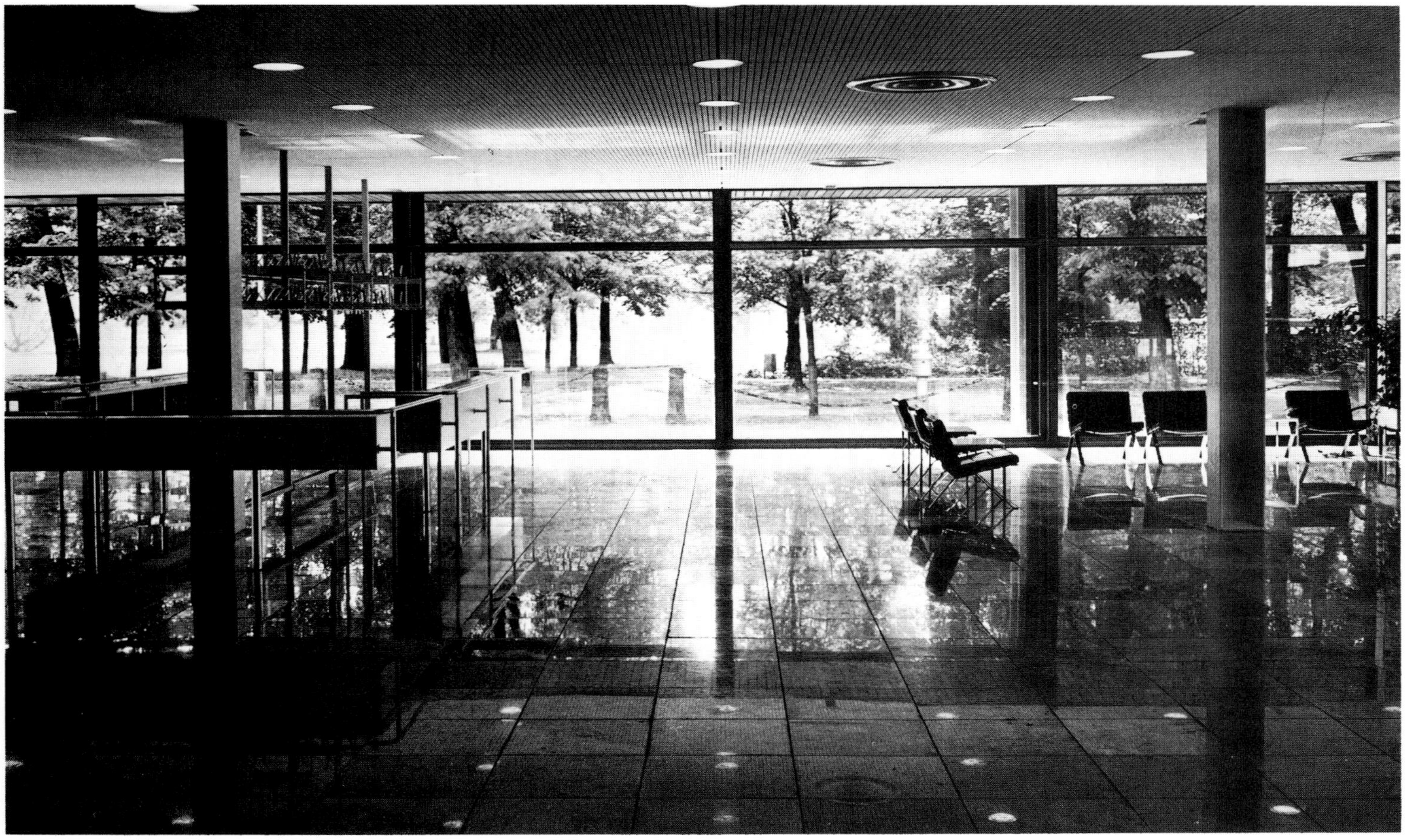

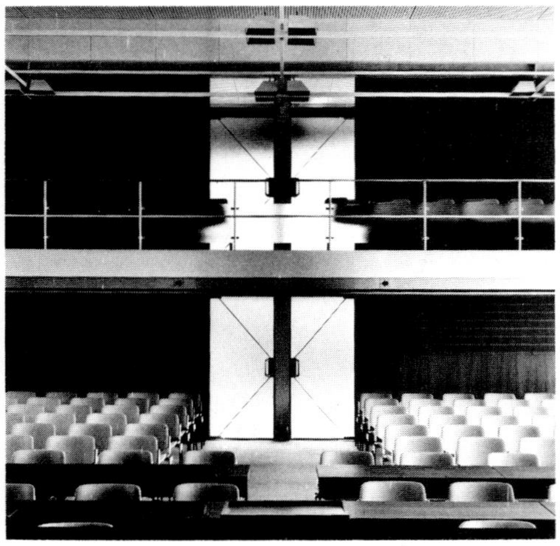

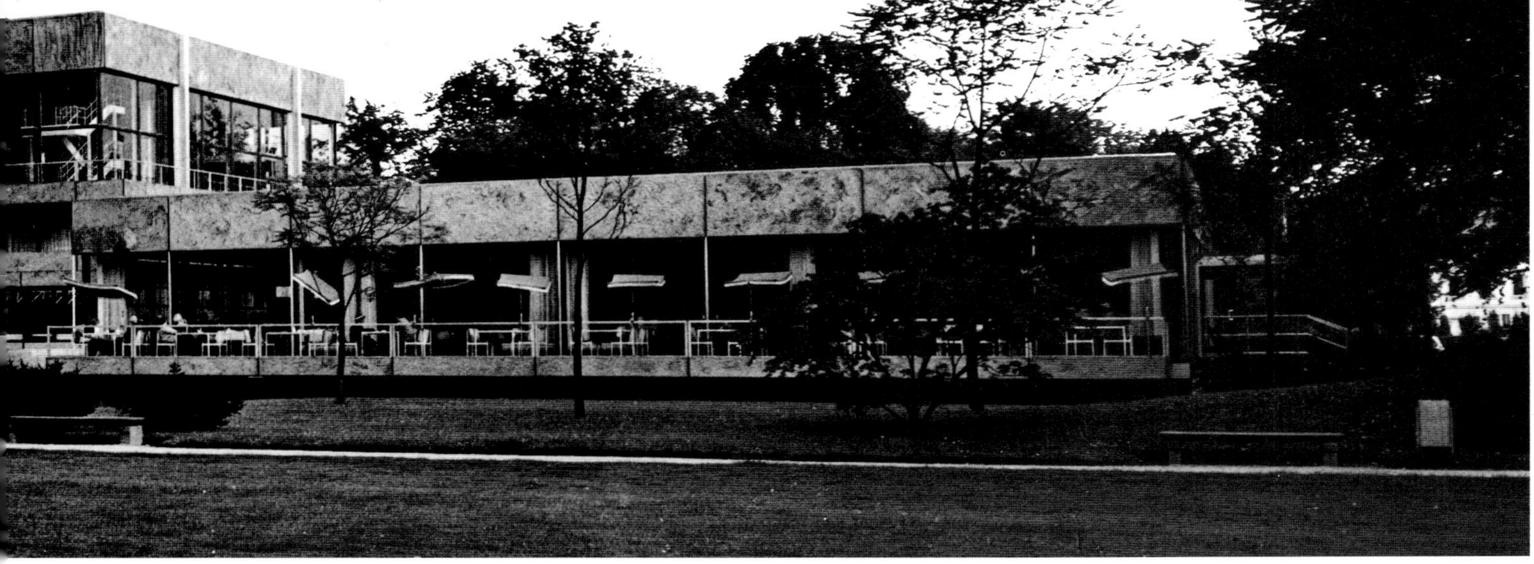

Die Obersten
Bundesbehörden

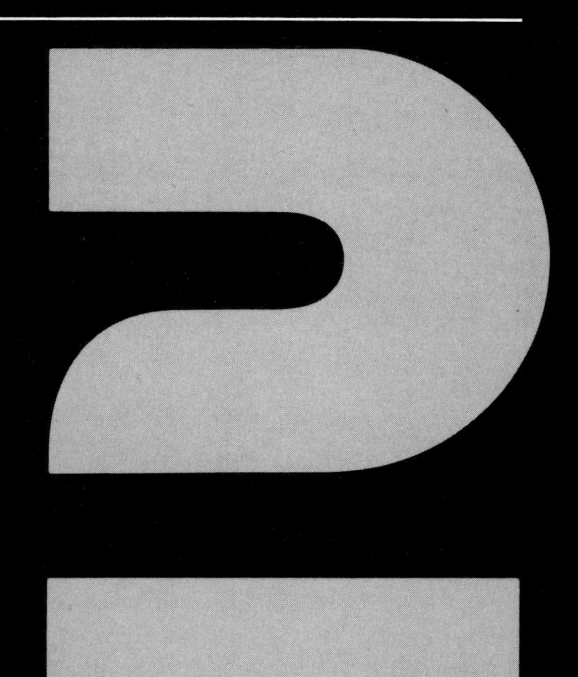

Bundesministerien der Justiz, für Bildung und Wissenschaft, für Forschung und Technologie

Gesamtleitung:
Bundesbaudirektion.
Entwurf:
Planungsgruppe Stieldorf (Arch. Adams, Glatzer, Hornschuh, Pollich, Türler) Stieldorf.
Bauleitung:
Gehrmann – Consult, Wiesbaden.

Auf der Grundlage langjähriger städtebaulicher Untersuchungen wurden im Gebiet zwischen Bonn und Bad Godesberg in einem ersten Bauabschnitt Bauten für Bundesministerien errichtet, in denen rd. 2000 Bedienstete beschäftigt sind.
Die Bebauung sieht neben den beiden 12- und 15-geschossigen, kreuzförmigen Hochhäusern dreigeschossige Ergänzungsbauten vor, die mit den Hochhäusern eine städtebauliche Einheit bilden. Maßstäblich gut eingefügt ist die Kantine.
Bestimmend für die Planung der Hochhäuser war die Festsetzung im Bebauungsplan, nach der die Erdgeschoßzone von jeglicher Nutzung mit Ausnahme der notwendigen Eingangshallen freigehalten werden sollte. Die Baumasse sollte sich vom Boden lösen, transparenter erscheinen.
Die Bundesministerien haben ihren Raumbedarf in einen Hochhausteil mit Einzelräumen, sowie den Bereich für die Leitung und ein Basisbauwerk aufgeteilt, in dem alle Sonderräume wie Bibliothek, Sitzungssäle, Registratur und Großräume für Projektgruppen, zu großzügig angelegten Innenhöfen geöffnet, un-

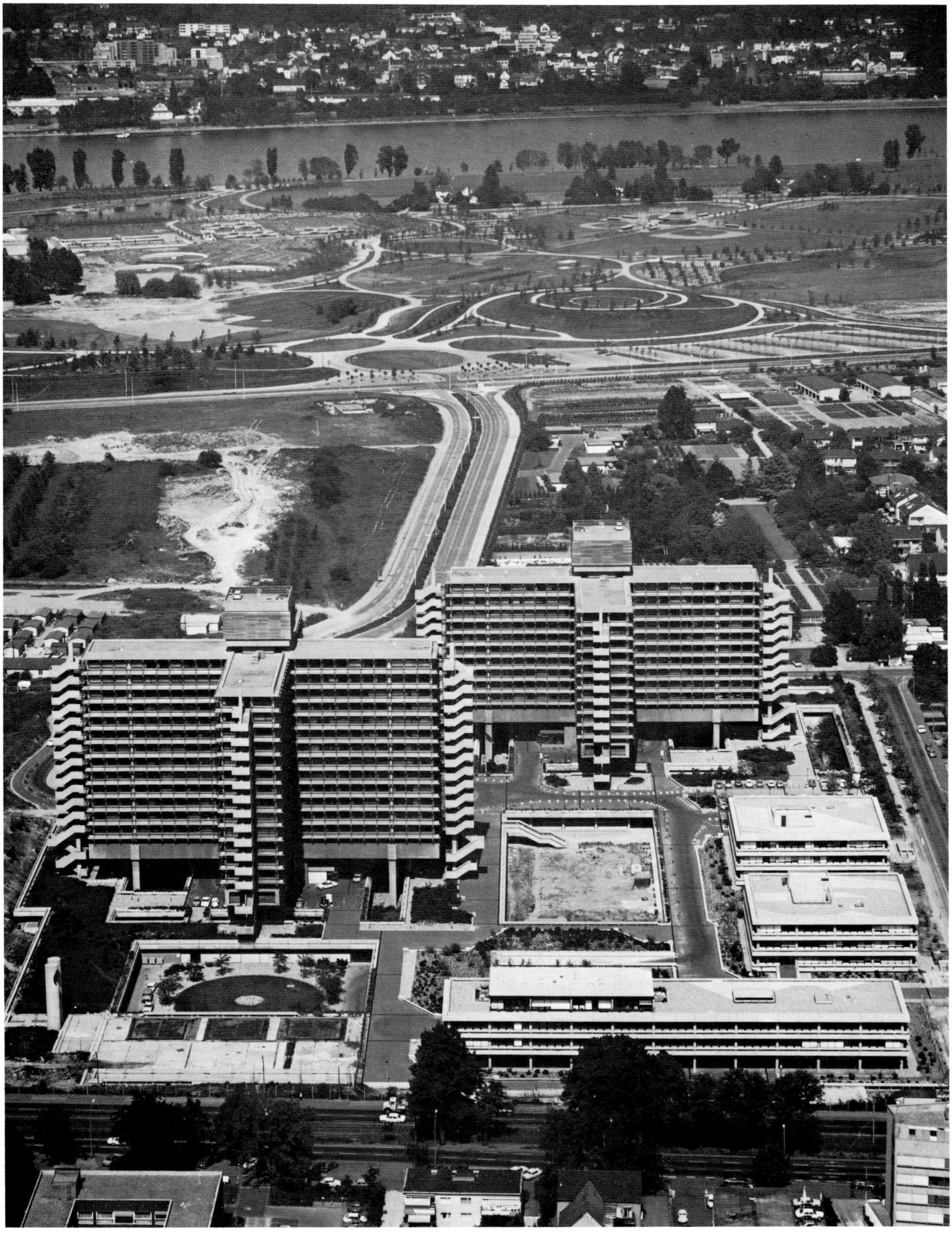

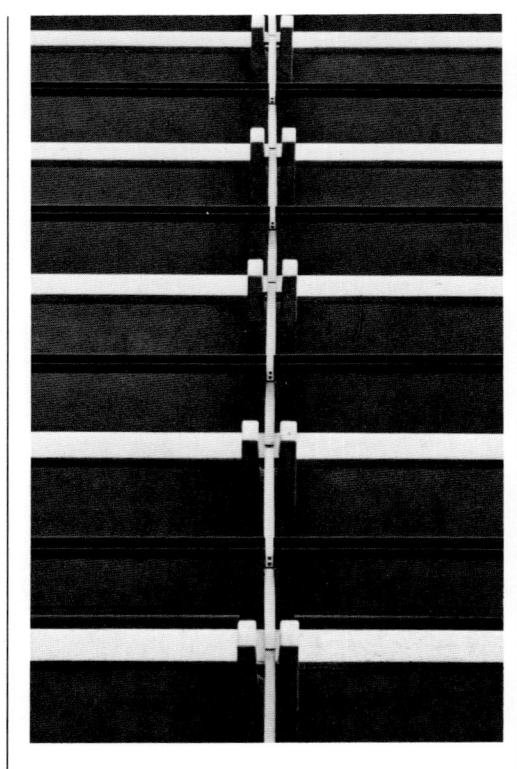

tergebracht sind. In anderen Untergeschoßbereichen befinden sich die notwendigen PKW-Stellplätze und die technischen Zentraleinrichtungen (Fahrbereitschaft, Telefonzentrale, Technische Überwachung und Notstromanlagen).
Funktionell und räumlich sind die einzelnen Bürogeschosse der Hochhäuser durch den zentral angeordneten Kernbereich verbunden. Dieser Kernbereich, in dem sich Aufzüge und Treppen befinden, ist so angeordnet, daß ein Zwischenpodest jeweils zwei Geschosse verbindet. Hierdurch werden die Aufzugs-Haltestellen vermindert und die Kapazität der 5 Aufzüge wird wesentlich erhöht.
Die besondere gärtnerische Gestaltung und die künstlerische Ausformung der Fußgängerebene tragen dazu bei, daß die hohe Grundstücksausnutzung nicht als nachteilig empfunden wird.

Bruttogeschoßfläche:	rd. 115 145 qm
Bauvolumen:	rd. 459 631 cbm
Baukosten:	rd. 182 Mio DM
Baubeginn:	1969
Fertigstellung:	1975

Bundes- ministerium der Finanzen

Erweiterung „Haus Carstanjen"
in Bonn-Bad Godesberg
Gesamtleitung:
Bundesbaudirektion
Entwurf:
Prof. Sep Ruf, München
Bauleitung:
Bundesbaudirektion

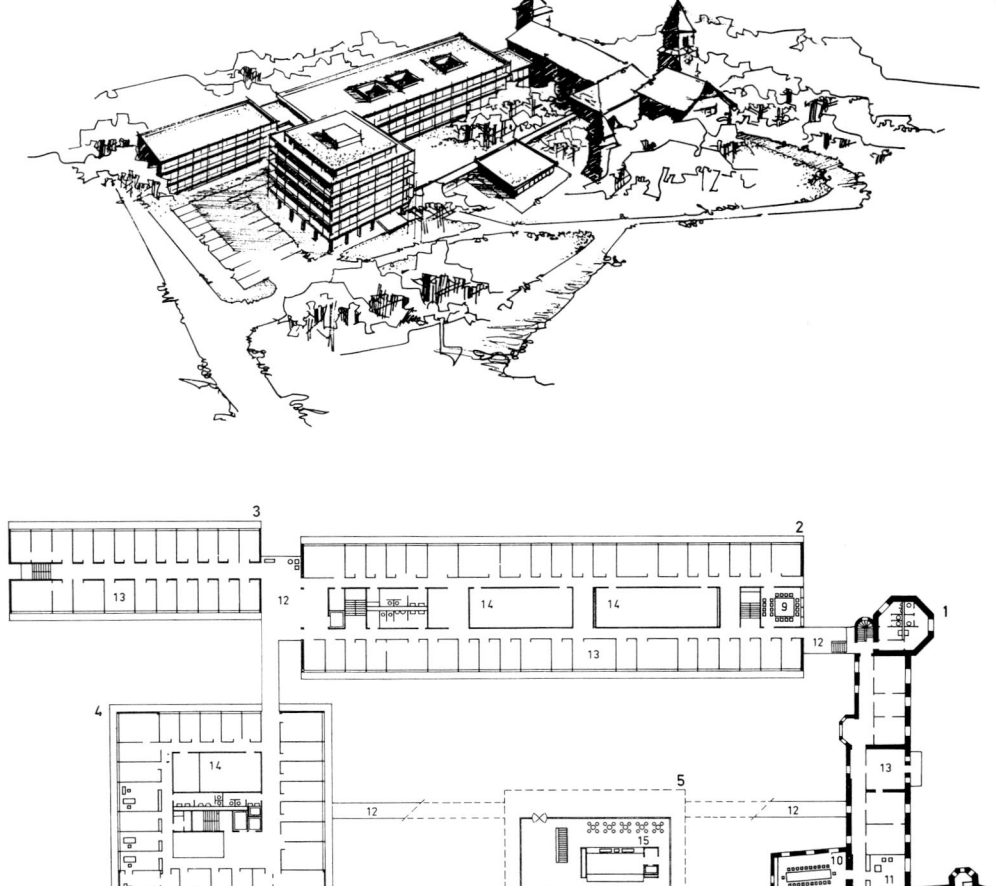

Lageplan 1 Altbau, 2 bis 4 Erweiterungsbauten, 5 Casino, 6 Parkplätze

Obergeschoß Grundriß (Casino/Erdgeschoß) 1 Altbau, 2 bis 4 Erweiterungsbauten, 5 Casino, 6 Ministerzimmer, 7 Vorzimmer, 8 Persönlicher Referent, 9 und 10 Sitzungszimmer, 11 Wartezimmer, 12 Hallen und Flure, 13 Büros, 14 Archiv

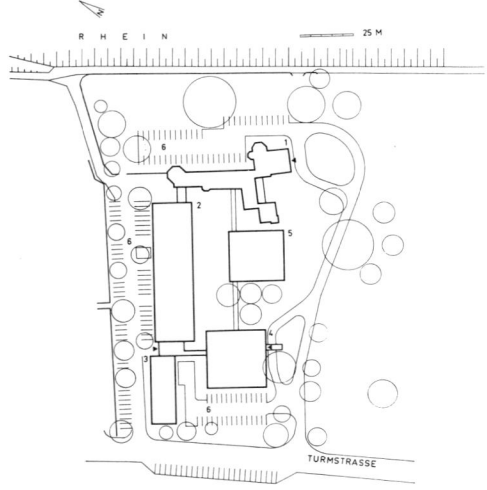

Das im vorigen Jahrhundert errichtete „Haus Carstanjen", in einem der Öffentlichkeit zugängigen Park mit altem Baumbestand gelegen, wurde in Anpassung an die vorhandene alte Bausubstanz und unter Berücksichtigung der Parksituation durch Bürobauten und eine Kantine erweitert.
Bauart:
Stahlbeton-Skelettbauweise mit innerem Stahlbetonkern. Fassade in Stahlkonstruktion mit geschoßweisen Umgängen. Nachtspeicherheizung.

Nutzfläche:	7000 qm
Bauvolumen:	44 160 cbm
Baukosten:	rd. 12,5 Mio DM
Baubeginn:	10/1967
Fertigstellung:	9/1970

Kasino- und Sitzungssaalgebäude für das Bundesministerium des Innern

Planung und Bauleitung:
Bundesbaudirektion

Die Forderungen für den Neubau: Gut organisierte Küche, Möglichkeit der Selbstbedienung, höhere Essenkapazität, räumliche Voraussetzungen für den Empfang von Gästen sowie Schaffung von fünf Sitzungsräumen.
Zur Architektur: Kennzeichen des Baues ist das modellierte, begrünte Dach. Die Hofsituation hat zu diesem Baugedanken geführt. Le Corbusier war der Meinung, daß es
„wider alle Vernunft ist, wenn die Dachfläche einer ganzen Stadt ungenutzt nur der Zwiesprache zwischen Ziegeln und Sternen vorbehalten ist".
Die Funktion des Gebäudes erfordert viel Fläche auf einer Ebene und damit eine große Dachfläche. Jede überbaute oder wasserundurchlässig befestigte Fläche in innerstädtischen Berei-

chen, in denen nicht verrieselt werden kann, unterbricht den natürlichen Kreislauf des Wassers, stört das ökologische Gleichgewicht. Dies ist einer der Gründe, die zu dem Entschluß führten, das Dach zu begrünen, ja das Gebäude selbst in seiner modellierten Form als ein kleines Stück gebauter Landschaft zu errichten. Nach dem weiteren Ausbau des BMI-Geländes wird das Kasino einmal inmitten einer mehrgeschossigen Umbauung liegen. Hier bietet das Gründach gegenüber allen bekiesten Flachdächern einen wesentlichen Vorteil; es verbessert das Arbeitsplatz-Umfeld:
- es gibt im Sommer kaum Reflexionswärme an die Umgebung ab,
- es bindet den Staub,

- es ist ein wohltuender Anblick,
- es ist begehbar und ein Stück Naherholungsraum nach Tisch. Nach den Erfahrungen altskandinavischer Baumeister, die viele Grasdächer gebaut haben, ist es in den darunter liegenden Räumen im Sommer kühl und im Winter warm. Diese Eigenschaften werden sich auch beim Kasinobau auswirken. Es sind Energieeinsparungen von 23 % gegenüber bekiesten Flachdächern errechnet worden. Somit versteht sich dieses Projekt als ein Beitrag zu energie- und umweltbewußtem, humanem Bauen, gebaut für das Ressort, das für den Umweltschutz zuständig ist.

Umbauter Raum:	rd. 18 200 cbm
Baukosten:	rd. 7,62 Mio DM
Baubeginn:	7/1977
Fertigstellung:	1979

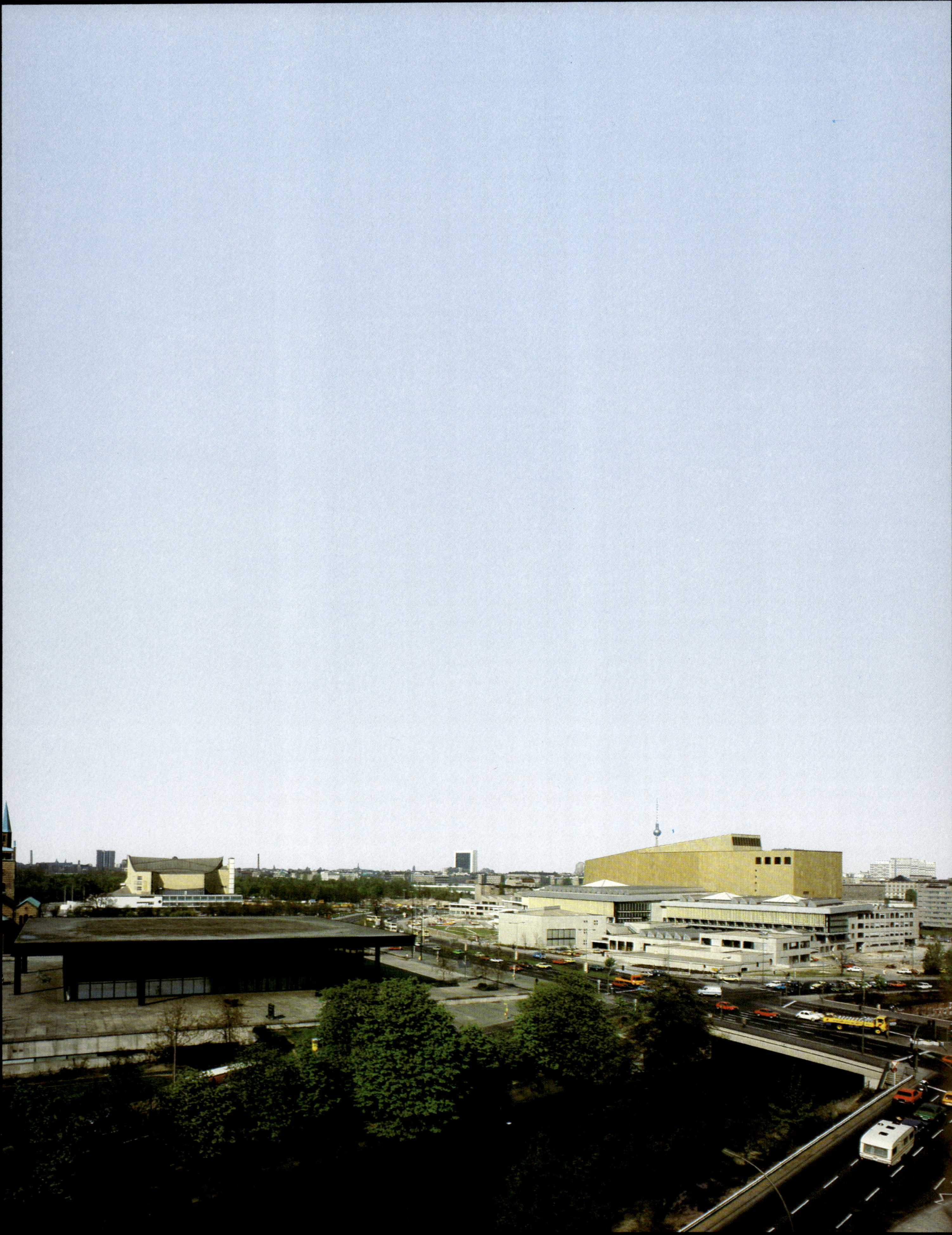

Bundeseinrichtungen

„... unser Wunsch, daß es zu keiner zu frühen Erstarrung der lebenskräftigen Bewegung, der lebendigen Wandlung kommen möge, zu keiner voreiligen Perfektion – auch nicht im Bereiche des Technischen. Daß vielmehr statt Perfektion Improvisation gelten möge, die den Weg der Entwicklung offenhält..." (Scharoun)

Behörden, Forschungs- und andere Anstalten, Institute, Stiftungen und dergleichen sind als Einrichtungen des Bundes in Berlin (West) und über das gesamte Bundesgebiet verteilt.
Die bestehenden Einrichtungen sind in der Regel am alten Standort geblieben, neuen Einrichtungen wurden im Rahmen der Bundesraumordnungs-Programme Standorte zugewiesen. Ein großer Teil der nachgeordneten Dienststellen – etwa 60 mit rd. 27000 Bundesbediensteten – hat seinen Sitz in Berlin (West). Der Situation Berlins hat immer die besondere Aufmerksamkeit der Bundesregierung gegolten. Berlin soll eine Stätte der Bildung, der Wissenschaft und der Kunst bleiben. Vor allem solche Einrichtungen und Veranstaltungen werden gezielt gefördert, die Berlins internationale Ausstrahlungs- und Anziehungskraft stärken.
Berlin (West) verfügt über ein vielfältiges kulturelles Angebot. Es ist Treffpunkt mit einem breitgefächerten Freizeitangebot. Viel-

falt und Lebendigkeit der kulturellen Einrichtungen werden ständig ausgestaltet.

Die Stiftung Preußischer Kulturbesitz ist als bundesunmittelbare Stiftung des öffentlichen Rechts mit dem Sitz in Berlin (West) errichtet worden. Sie ist Rechtsträger der Kulturgüter des ehemaligen preußischen Staates, die sie für das deutsche Volk zu bewahren, zu pflegen und zu ergänzen hat. Im Jahre 1962 hat sie ihre Arbeit Berlin (WEST) aufgenommen.

Zu den Einrichtungen, die von der Stiftung von diesem Zeitpunkt zu betreuen sind, zählen die Staatlichen Museen, die Staatsbibliothek, das Geheime Staatsarchiv, das Ibero-Amerikanische Institut und das Staatliche Institut für Musikforschung.

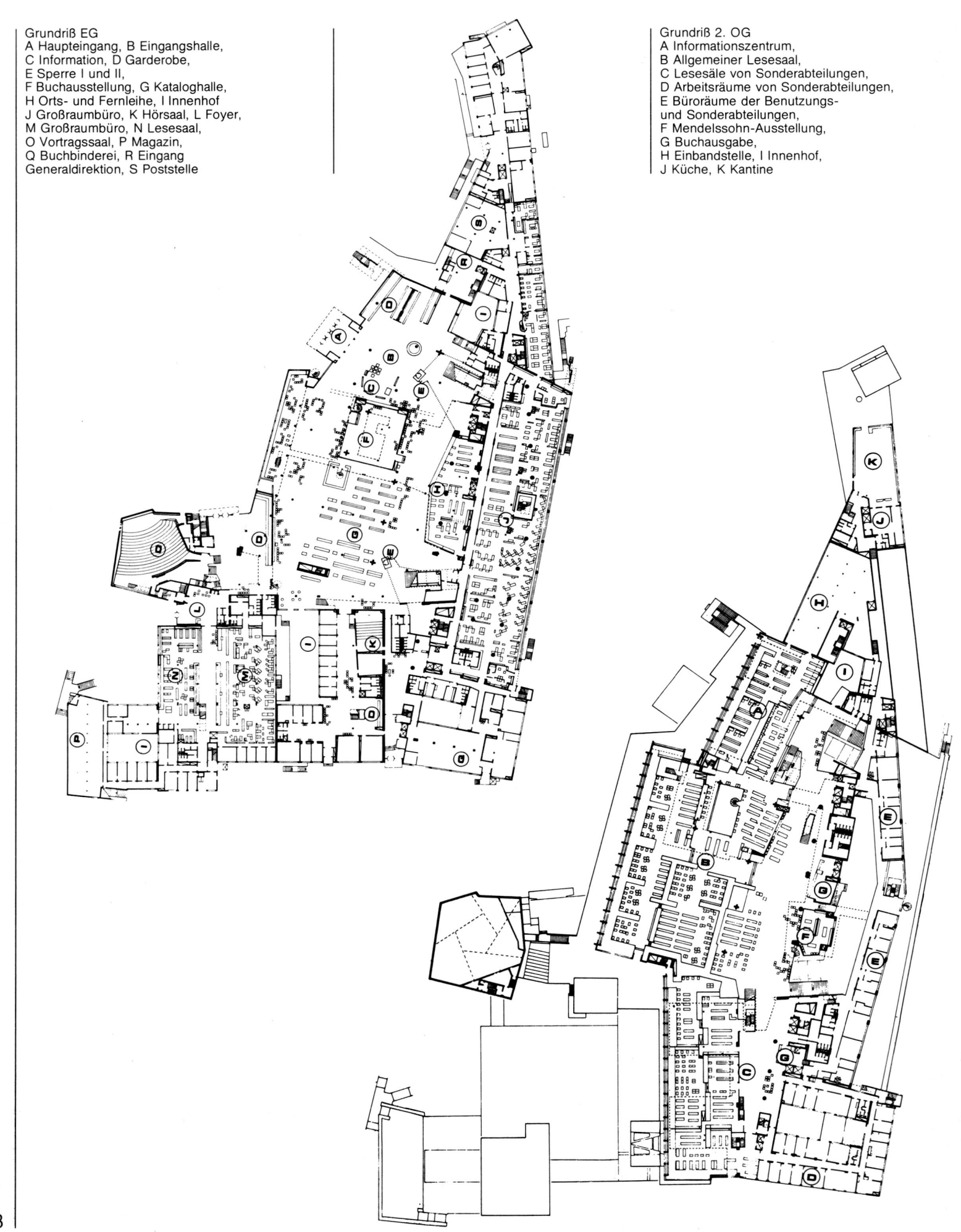

Grundriß EG
A Haupteingang, B Eingangshalle,
C Information, D Garderobe,
E Sperre I und II,
F Buchausstellung, G Kataloghalle,
H Orts- und Fernleihe, I Innenhof
J Großraumbüro, K Hörsaal, L Foyer,
M Großraumbüro, N Lesesaal,
O Vortragssaal, P Magazin,
Q Buchbinderei, R Eingang
Generaldirektion, S Poststelle

Grundriß 2. OG
A Informationszentrum,
B Allgemeiner Lesesaal,
C Lesesäle von Sonderabteilungen,
D Arbeitsräume von Sonderabteilungen,
E Büroräume der Benutzungs-
und Sonderabteilungen,
F Mendelssohn-Ausstellung,
G Buchausgabe,
H Einbandstelle, I Innenhof,
J Küche, K Kantine

Staatsbibliothek Preußischer Kulturbesitz Berlin (West)

Gesamtleitung:
Bundesbaudirektion
Entwurf:
Architekt Prof. Dr. Ing. e.h. Hans Scharoun (nach beschränktem Bauwettbewerb, 1964)
Teilplanungen und Bauleitung:
Bundesbaudirektion
Künstlerische Beratung:
Dipl.-Ing. E. Wisniewski, Berlin

Das Gebäude der Staatsbibliothek bildet den Übergang von der Stadtlandschaft des Tiergartens zum vorgesehenen City-Band südlich des Landwehrkanals. Zugleich ist durch den hochaufragenden Baukörper die östliche Begrenzung des entstehenden Kulturzentrums um die Matthäikirche gesetzt und die hinter der Staatsbibliothek geplante Westtangente abgeschirmt.
Das Motiv des sockelartigen Unterbaues mit der sich darauf erhebenden Dreiheit der gläsernen Lesesaalkuben wird von der Neuen Nationalgalerie Mies van der Rohes städtebaulich weitergeführt.
„Die Silhouette des Magazingebäudes paraphiert die steigende Bewegung der Westtangente und bildet zugleich den Übergang zum Tiergarten und zum Maßstab der Philharmonie", (Scharoun).
Eine goldgetönte, metallische Haut umschließt den Magazinbaukörper und unterstreicht die übergeordnete Bedeutung des Gebäudes in der Stadtlandschaft.

Der Besucher wird stufenweise vom „offenen Bezirk", im Eingangsbereich an die „stillen Bezirke" des Lesens herangeführt. Die Lesesaalgruppe wird als eine differenzierte Einheit empfunden. Neben der Hauptgruppe (Speziallesesäle, allgemeiner Lesesaal) gibt es auch überschaubare, intimere Untergruppen.

Die Fensterfront der Lesesäle an der Westseite kann mit den zentral steuerbaren senkrechten Lamellen gegen die Sonneneinstrahlung geschützt werden.

Auf dem Wege von der Kataloghalle im Erdgeschoß zum Lesesaal durchschreitet der Benutzer das Ostfoyer als eine Zone der Entspannung (Cafetria) und der Information (wechselnde Ausstellungen).

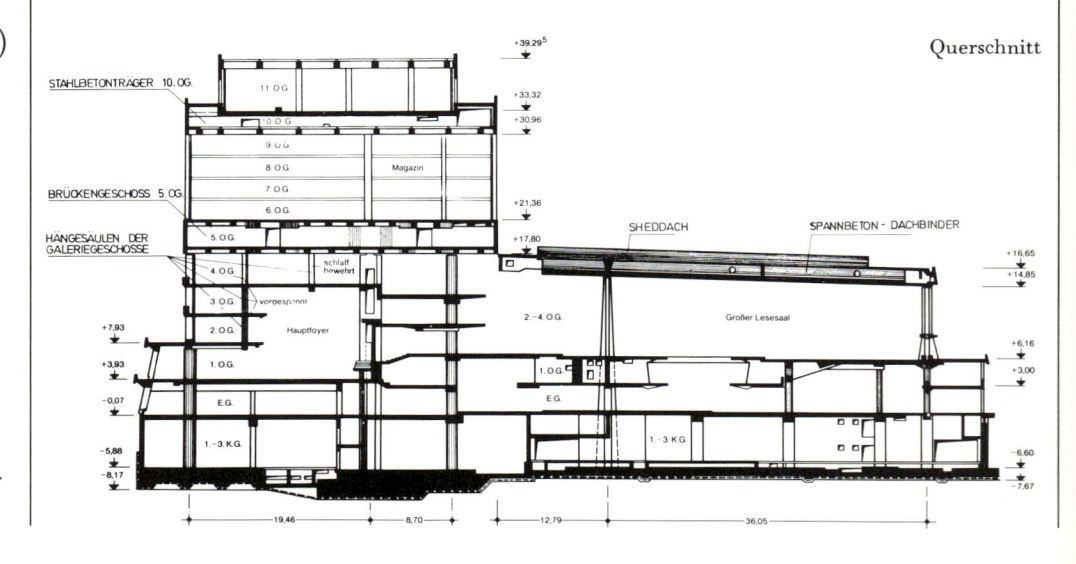

Querschnitt

Vier Millionen Bücher sind schon in der ersten Bauphase den Menschen durch ein umfangreiches technisches System von Fördereinrichtungen und Informationsmedien erschlossen. Ungewöhnlich ist dieser Bau in seiner Architektur, seiner Größe und seiner Bedeutung. Bemerkenswert, daß sich die Organe, die seinerzeit über das Entstehen dieses Werkes zu befinden hatten, für den Entwurf von Prof. Scharoun mit seinen vielen Unbekannten entschieden, bemerkenswert deshalb, weil sie sich mit ihrer Zustimmung zum überragenden künstlerischen Wert bekannten und ihn den fiskalischen, ökonomischen, rationellen Erwägungen überordneten. Zuvor entschied 1964 ein Preisgericht unter Vorsitz von Prof. Hebebrandt, Hamburg, den beschränkt ausgeschriebenen Architektenwettbewerb zugunsten von Prof. Hans Scharoun.

Hierzu ein Auszug aus dem Urteil:

„Die städtebauliche Konzeption dieses Entwurfes ist meisterhaft. Jedem einzelnen Bauwerk des kulturellen Zentrums am Kemper-Matthäi-Kirchplatz wird die ihm gebührende Bedeutung zugemessen, und doch fügen sich diese – durch Funktion und Gestalt so verschiedenartigen und eigenwilligen – Gebäudegruppen zu einem überzeugenden und harmonischen Ensemble zusammen.
Das Forum entwickelt den auf den Menschen bezogenen Maßstab der an ihm entworfenen Gebäude aus der vorgegebenen zierlichen Gliederung der Matthäikirche; sein sich nach Norden öffnender Raum bezieht zunächst den im Maßstab kleiner geformten Kammermusiksaal der Philharmonie und dann die im Hintergrund aufragenden größeren Baumassen dieses Gebäudes in glücklicher Weise ein.
Das Ausstellungsgebäude von Mies van der Rohe – seine Integrierung ist eine besonders schwierige Aufgabe dieses Wettbewerbs – ist ausgezeichnet eingefügt in die großzügig terrassierten Baumassen des Gästehauses und findet seine maßstäbliche und formale Entsprechung in dem der Gebäudemasse der Staatsbibliothek – gleichfalls auf einer Terrasse – vorgelagerten großen Lesesaal. Die Disposition der Baumassen der Staatsbibliothek, dem Forum, dem Gästehaus, dem Ausstellungsgebäude Mies van der Rohes zugewandt, die gegliederten und zugleich öffentlichkeitsbezogenen Gebäudegruppen – Eingangsbereich, Vortragssaal, Lesesaal, Verwaltung, Restaurant, zur Westtangente angeordnet die Magazine – führt zu einer zugleich maßstäblich, funktionell und städtebaulich hervorragenden Lösung. Diesem Entwurf gelingt es, auch an der Stadtautobahn einen plastisch durchgebildeten großzügigen Baukörper zu planen, der durch Form und Größe der Aufnahmefähigkeit sich schnell fortbewegender Autofahrer angemessen ist und ihnen einen Eindruck der Staatsbibliothek vermittelt, der aber zugleich – den Wünschen des Auslobers entsprechend – die Benutzerräume akustisch, optisch und gegen Staubbelästigung von der Autobahn abschirmt. Diese Disposition der Baumassen hat noch ein zweites wichtiges Ergebnis: Die aus der Form der Baukörper ablesbaren, für eine Bibliothek typischen Funktionen – Lesesäle und Magazine – geben dem Gebäude im Gegensatz zu den meisten anderen Entwürfen den charakteristischen Ausdruck einer großen Bibliothek. Der eindeutige und klare Aufbau des Baukörpers wirkt sich konsequent auch im inneren Raumgefüge aus. Die Führung des Besuchers durch die Eingangshalle zum Besucherkatalog, von dort über die rampenartigen, sehr flachen und gegliederten Treppen in den großen Lesesaal, vermittelt Raumerlebnisse, die dem hohen Anspruch einer Staatsbibliothek gerecht werden. Der Lesesaal, in mehreren Ebenen eindrucksvoll, lebendig und zweckmäßig konzipiert, ist gut der Saalausleihe angeschlossen. Der Ausgang über eine Galerie und eine zweite intimere Treppenanlage läßt neue Raumeindrücke entstehen."

Text der Urkunde für den Grundstein des Neubaues der Staatsbibliothek:
Die Preußische Staatsbibliothek, als Churfürstliche Bibliothek am 20. April 1659 durch Dekret des Großen Kurfürsten gegründet und durch Wilhelm von Humboldt zum zentralen wissenschaftlichen Institut des Preußischen Staates erhoben, hat sich in 300jähriger Geschichte zur führenden deutschen Bibliothek entwickelt, die auch Funktionen einer Nationalbibliothek wahrnahm und mit den großen Bibliotheken der Welt in einer Reihe stand. Am Ende des zweiten Weltkrieges teilte sie das Schicksal des deutschen Vaterlandes und seiner Hauptstadt.
Sie verlor den Staat, der sie trug, und wichtige Bestände. Als Treuhänder nahm sich das Land Hessen, dann die Gemeinschaft der Länder der Bundesrepublik des verpflichtenden Erbes an, bis die Stiftung Preußischer Kulturbesitz, getragen von der Bundesrepublik Deutschland und den Ländern Baden-Württemberg, Berlin, Nordrhein-Westfalen und Schleswig-Holstein, an ihre Stelle traten.

Jeder, der die Potsdamer Straße entlangfährt oder aber als Fußgänger auf der großen gegenüber liegenden Plattform der Nationalgalerie verweilt, ist von diesem Bauwerk und seiner suggestiven Ausstrahlung stark beeindruckt. Welch ein Unterschied zur Monotonie der gebauten Umwelt auf dem Wege zum neuen Zentrum von Berlin – nun im Westen gelegen – dort, wo noch einmal Qualität der gebauten Form in Verbindung mit der Ruine der Kaiser-Wilhelm-Gedächtniskirche erfahren werden kann. Mit der Erwähnung der drei Bauten sind gleichzeitig Namen von Architekten-Persönlichkeiten verbunden, die nicht mehr unter uns sind: Scharoun, Mies van der Rohe, Eiermann.

Die architektonische Form der Staatsbibliothek führte zu unregelmäßig gestalteten Stützen, Wänden und Balken und damit zu komplizierten statischen Systemen, die sich kaum wiederholen und die einen nicht abzuschätzenden Umfang an konstruktiver Bearbeitung mit sich brachten. Zum Schutz gegen den Verkehrslärm wurden lärmgeschützte Fensterkonstruktionen verwendet. Das gesamte Haus ist vollklimatisiert. Für den Buchtransport gibt es eine Kastenförderanlage, die sowohl horizontal als auch vertikal (2500 m und 65 Stationen) fördert. Außerdem ist eine Rohrpostanlage installiert, die ebenfalls alle wesentlichen Abteilungen und Magazine miteinander verbindet.

Die Bundesbaudirektion, verantwortlich für die Verwirklichung des Projektes, hatte sich nach dem Tod von Scharoun und der Auflösung seines Büros im Jahre 1972 mit großem Engagement für die Aufgabe eingesetzt, die Idee des Architekten unverfälscht und rein zu realisieren. Mit Unterstützung des langjährigen Mitarbeiters von Scharoun, Dipl.-Ing. Wisniewski als künstlerischer Berater der Bundesbaudirektion, konnte der Bau wie geplant zuende geführt werden.

Welch ein Glücksfall für Berlin, die beiden Monumente – Philharmonie und Staatsbibliothek –, die das wesensgemäße einer Aufgabe so rein ausdrücken und in ihrer Nachbarschaft die aus anderem Geiste geformte Nationalgalerie zu besitzen. Die neue Staatsbibliothek ist ein Werk der Baukunst.

Grundstücksgröße:	38 000 qm
Bebaute Fläche:	19 400 qm
Größte Länge des Gebäudes:	229 m
Größte Breite des Gebäudes:	152 m
Größte Höhe des Gebäudes:	42,6 m
Gesamtgeschoßfläche:	81,300 qm
Gesamtnutzfläche:	48,000 qm
Bauvolumen:	420,000 cbm
Buchmagazine: – vier Millionen Bände –	20,000 qm
Baukosten mit Einrichtung:	rd. 226 Mio /DM
Baubeginn:	1967
Fertigstellung:	1978

Die Staatlichen Museen Preußischer Kulturbesitz Berlin (West)

Entwurf:
Prof. W. Ebert, Dipl.-Ing. F. Bornemann, Berlin
Bauleitung:
Bundesbaudirektion

Die Museen in Berlin-Dahlem haben nach Größe der Bauten und nach dem Umfang ihrer Sammlungen nur wenig Vergleichbares in der Welt. Sie beherbergen bis zur Fertigstellung der Neubauten für die Sammlungen der europäischen Kunst am Tiergarten, deren erster Bauabschnitt für das Kunstgewerbemuseum bereits begonnen wurde, sieben Museen mit Schauräumen, Studiensammlungen, Bibliotheken, Werkstätten und Verwaltungsräumen. 400 Mitarbeiter, unter ihnen 50 Wissenschaftler, sind hier tätig. Im einzelnen handelt es sich um die Abteilungen für indische Kunst, Alt-Amerika, Völkerkunde und Südsee – im Altbau von Bruno Paul die Skulpturenabteilung, die Gemäldegalerie, das Kupferstichkabinett – ferner die Museen für ostasiatische und islamische Kunst sowie die Abteilungen Südasien und Südsee.

Der Gang durch die Abteilungen ist ein aufregendes Erlebnis. Die ständig ansteigende Zahl der Besucher der Museen zeigt das Interesse an diesen außergewöhnlichen Sammlungen und bestätigt die Richtigkeit der Konzeption für die umfangreichen Neubauten, die davon ausging, die räumlichen und organisatorischen Bedingungen zu schaffen, um die großartigen und weltberühmten Museumsbestände unter besten Bedingungen zu bewahren und sie dem Besucher vorzustellen. Es ist sehr viel getan worden, um die Besucher durch Schaubilder, Übersichtskarten, Lose-Blatt-Führer so zu informieren, daß ihnen der Einstieg in die kunst- und kulturgeschichtlichen Themen erleichtert wird. Dazu kommt die klare und übersichtliche räumliche Gliederung. Beeindruckend ist der einladende Eingangsbau. In den Museumsräumen wird die Absicht der Museumsleitung spürbar, den Gast zum Verweilen und zur Wiederkehr anzuregen. Der Erfolg rechtfertigt die Anstrengungen.

Die Ausstellungsgegenstände – aus ihrer früheren Umwelt herausgelöst – und nun eingefügt in einen neu gestalteten Zusammenhang, werden zu lebendigen Zeugnissen früherer Kulturen.

54

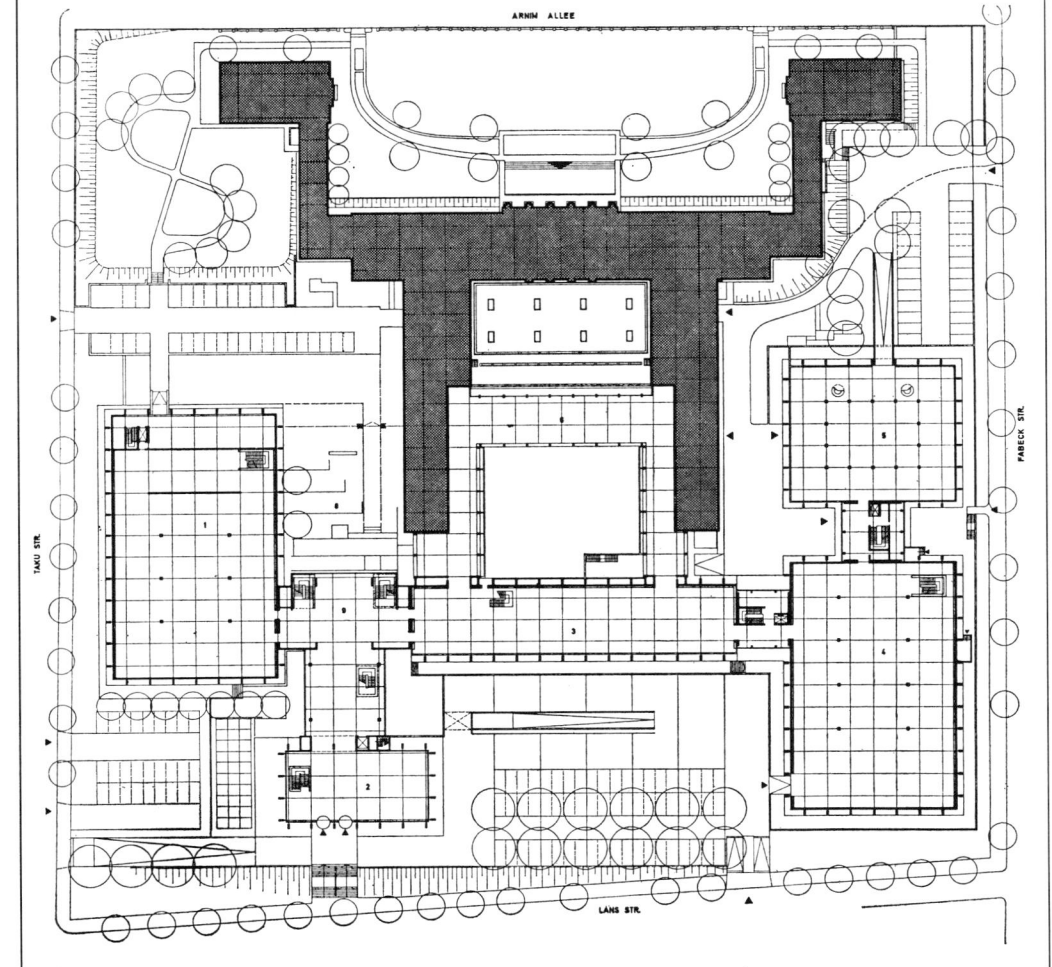

1 Haus der Asiatischen Kunst, EG Indien, OG Islam und Ostasien
2 Eingangspavillon, EG Garderobe und Information, UG Hörsaal mit Foyer, OG Wechselausstellungssaal
3 Völkerkunde, EG Alt-Amerika, OG Südasien
4 Südsee-Pavillon
5 Studiensammlungsgebäude des Museums für Völkerkunde
6 Skulpturenabteilung (1. Bauabschnitt)
7 Altbau mit Gemäldegalerie und Kupferstichkabinett
8 Kaffeegarten
9 Haupttreppenhaus, UG Café, EG Verkaufsstand, OG Ruheplatz

Das Museum in Dahlem ist attraktiv, lebendig und gegenwärtig. In seiner Gesamthaltung ist nichts mehr spürbar vom Hauch der „Heiligen Hallen" früherer Musentempel.
Zum Zeitpunkt der Gründung der Stiftung Preußischer Kulturbesitz im Jahre 1957 stand den staatlichen Museen nur der Bruno-Paul-Bau als Ausstellungsbau zur Verfügung. 1962 wurde ein umfassendes Programm für die Einrichtungen der Stiftung erarbeitet und 1965 der Bau- und Austellungsentwurf durch Architekt F. Bornemann aufgestellt. Bemerkenswert am Entwurf waren die reinen Kunstlicht-Ausstellungsräume für den Pavillon Südsee, sowie für den Pavillon der drei asiatischen Kunstmuseen und die einseitige Tagesbelichtung für die Völkerkundeabteilungen, Amerikanische Archäologie und Südasien.
Die Ausstellungsbereiche erhielten keine Raumunterteilungen, wohl aber bei der Höhe von 5,50 m Galerien, die für Ausstellungszwecke genutzt werden.
Bauart: Geschlossene Fassadenflächen, Mauerwerk zwischen Stahlstützen mit hinterlüfteten Natursteinplatten außen. Fenster in Leichtmetall, Dreischeiben-Isolierglas. Zur variablen Nutzung Spotlights als Beleuchtung. Schaukastenvitrinen in spezieller Ausbildung.
Mit diesem Museumsbau sind die Bedingungen geschaffen worden, die zum Teil weltberühmten Bestände wissenschaftlich zu bearbeiten, zu restaurieren und zu bewahren und das Bildungsangebot in Berlin vielseitiger zu gestalten.

Geschoßflächen:	31 525 qm
Umbauter Raum:	171 385 cbm
Baukosten:	42,3 Mio DM
Fertigstellung:	1965/66
	1970/71

Gästehaus der Deutschen Stiftung für Internationale Entwicklung, Berlin (West)

Entwurf und Bauleitung
Bundesbaudirektion

Die Familie Borsig erwarb Ende des vorigen Jahrhunderts die Inseln im Tegeler See, die sie durch eine Landbrücke zu der Halbinsel Reiherwerder umgestalteten, um sich hier ein Wohnhaus zu errichten.
Ernst von Borsig, der die Gartenbaukunst als Liebhaberei betrieb, ließ den heutigen Park anlegen und den außergewöhnlichen Baumbestand auf dieser Halbinsel anpflanzen. 1911 wurden die Architekten Salinger und Schmohl beauftragt, das repräsentative Gebäude im Stil eines schloßartigen brandenburgischen Herrensitzes auszuführen.
Das Haus wurde nach seiner Fertigstellung bis 1933 von der Familie Borsig genutzt. Nach dem Tode Ernst von Borsigs überließ die Familie den Besitz der Finanzverwaltung, die hier eine Akademie unterbrachte. Nach 1945 diente der Besitz als Residenz des Hohen Kommissars der französischen Regierung. Im Jahre 1959 übernahm die Stiftung für Internationale Entwicklung in Berlin dieses Gebäude für ihre Zwecke.
Gäste aus dem Ausland, vorwiegend verantwortliche Persönlichkeiten der Dritten Welt, nehmen an Seminaren und Fachtagungen des Zentrums für Wirtschafts- und Sozialentwicklung der Stiftung teil. Der nachhaltige Erfolg und das wachsende Interesse an diesen Seminaren erforderten weitere Unterbringungsmöglichkeiten auf dem Gelände der Stiftung.

In Verbindung mit der repräsentativen „Villa Borsig" wurde ein Gästehaus errichtet, dessen Standort in diesem von E. von Borsig gestalteten Park wegen der hervorragenden landschaftlichen Situation und wegen des vorhandenen denkmalswerten Gebäudes den Natur- und Landschaftsschutz sowie den Landeskonservator beschäftigte.
Das Bauprogramm umfaßte u.a. 30 Appartements und einen hochwertig ausgestatteten Tagungsraum mit Dolmetscherkabinen.

Hauptnutzfläche:	rd. 1000 qm
Bauvolumen:	rd. 8800 cbm
Gesamtkosten:	rd. 4,15 Mio DM
Baubeginn:	3/1974
Fertigstellung:	4/1977

Laborgebäude für das Robert-Koch-Institut Berlin (West)

Entwurf und Bauleitung:
Bundesbaudirektion

Für das Robert-Koch-Institut des Bundesgesundheitsamtes wurde auf dem vorhandenen Grundstück ein neues Laborgebäude errichtet. Die Lage des Grundstücks und die Umgebung ließen eine räumliche Ausdehnung über die derzeitigen Grundstücksgrenzen hinaus nicht zu.

Durch den Abbruch alter unrentabel gewordener Tierhaltungsgebäude, die nicht mehr den heutigen Anforderungen entsprachen, wurde der Bauplatz geschaffen. So entstand ein annähernd dreieckiger Baukörper, dessen Laborteil fünfgeschossig ausgeführt wurde. Diesem ist ein eingeschossiger Bauteil vorgelagert, der zu einem Innenhof orientiert ist; er nimmt im wesentlichen die Elektronen-Mikroskopie auf. In einem viergeschossigen Gebäudeflügel sind die Verwaltung, eine Kantine und Wohnungen für Betriebspersonal untergebracht.

Die Veranlassung für diesen Neubau war die Forderung, daß das Institut über seine bisher mehr gutachtlich orientierte Tätigkeit hinaus Forschungsaufgaben übernehmen soll. Die Aufgabe erforderte den Entwurf für ein Institutgebäude, das möglichst vielseitig nutzbar ist

Hauptnutzfläche:	6700 qm
Bauvolumen:	62510 cbm
Baukosten:	52,5 Mio DM
Baubeginn:	1973
Fertigstellung:	1979

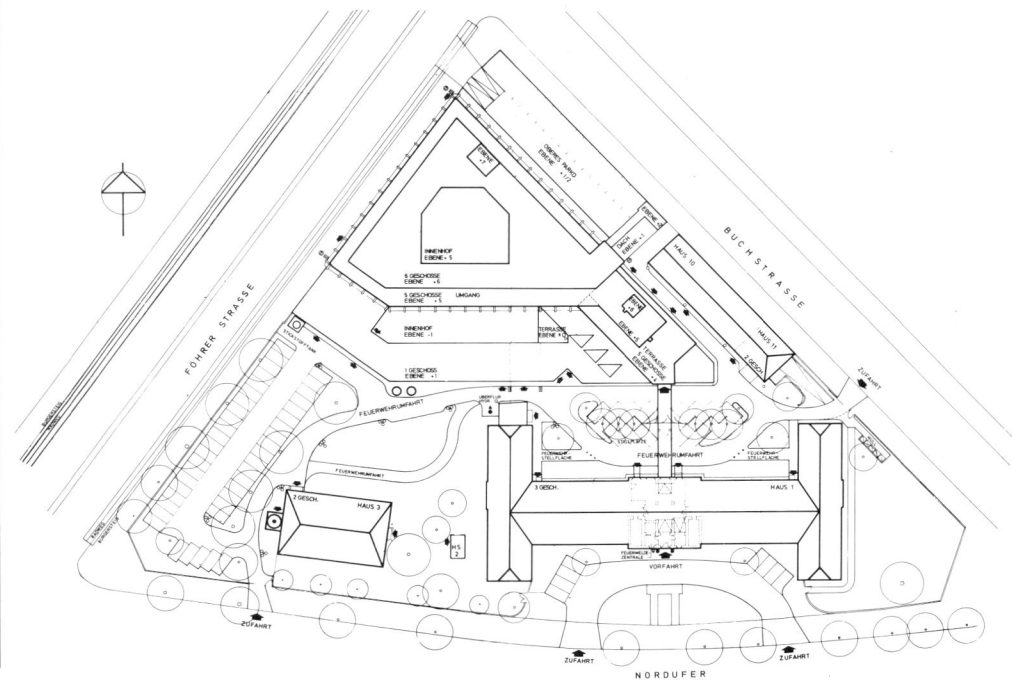

Hahn-Meitner-Institut für Kernforschung Berlin-West

Entwurf:
Architekten Prof. K. Dübbers,
Prof. Dr.-Ing. F. W. Krahe, Berlin
Bauleitung:
Bauamt-Süd der Oberfinanzdirektion Berlin (West)

Das Gelände liegt im Südwesten Berlins und wurde vor allem nach dem Gesichtspunkt größtmöglichen Abstandes zu Wohngebieten ausgewählt.

Das Hahn-Meitner-Institut war zu Anfang als eine sehr begrenzte Anlage für Kernchemie und Kernphysik konzipiert und im ersten Abschnitt mit dem ersten Berliner Reaktor, BER I, realisiert worden.

Dieser Reaktor vom Typ „boiling water" mit 50 KW thermischer Leistung mußte aus technologischen Gründen nach dreizehn Jahren ununterbrochenen Betriebes stillgelegt werden. Ein stärkerer Reaktor und „heiße Zellen" wurden notwendig. Unter Berücksichtigung eines optimalen Strahlenschutzes wurde der Reaktor BER II, Typ „Schwimmbad" mit einer Leistung von 5,0 MW gewählt. Dieser Typ zeichnet sich durch eine große Sicherheit im Betrieb aus. Der Reaktor hängt an einer verfahrbaren Brücke in einem etwa 7,5 m tiefen Wasserbecken. Den Strahlenschutz übernimmt ein Betonmantel aus Schwerbeton.

Die Reaktorhalle wurde als Stahlskelett mit einer Ausfachung in Mauerwerk ausgeführt.

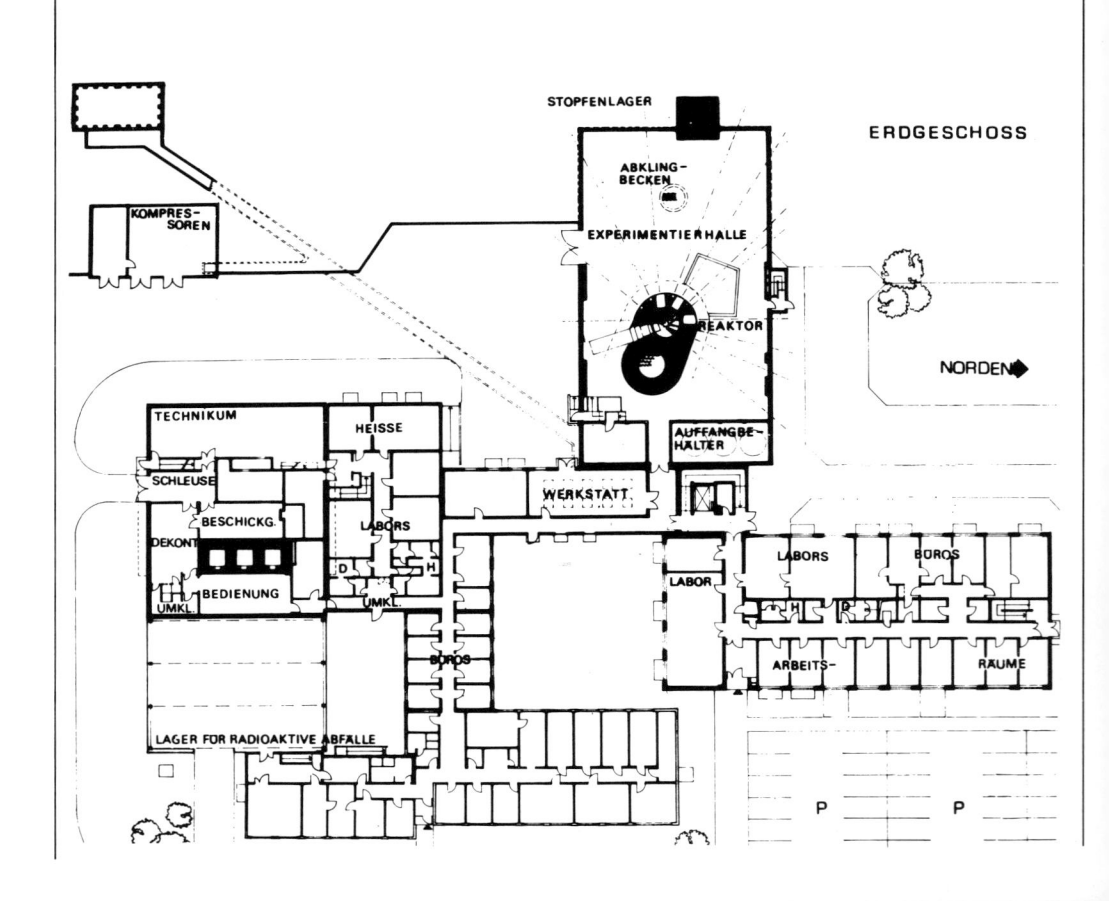

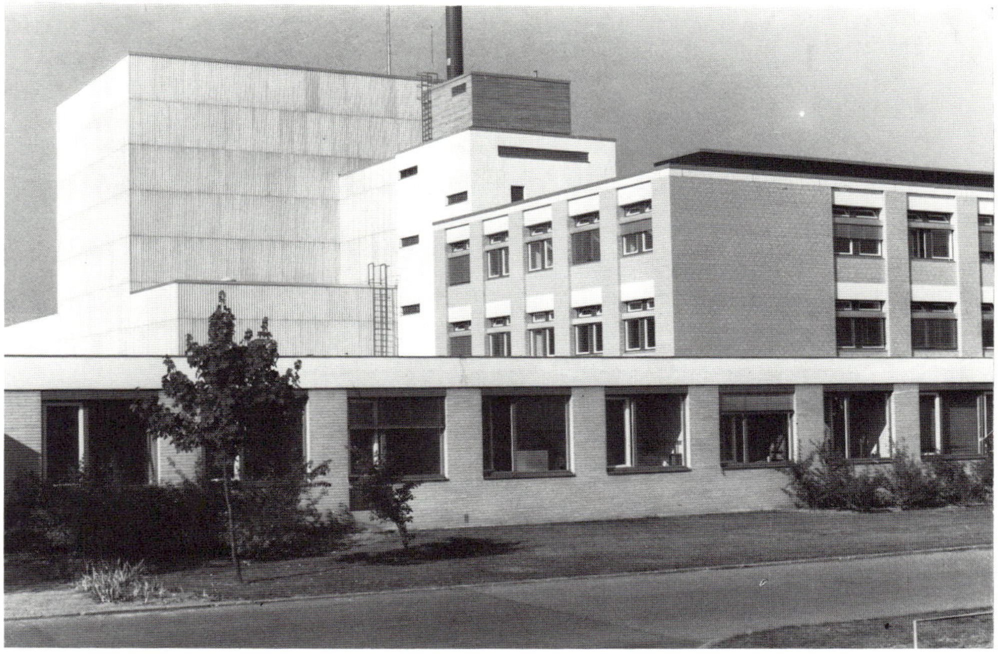

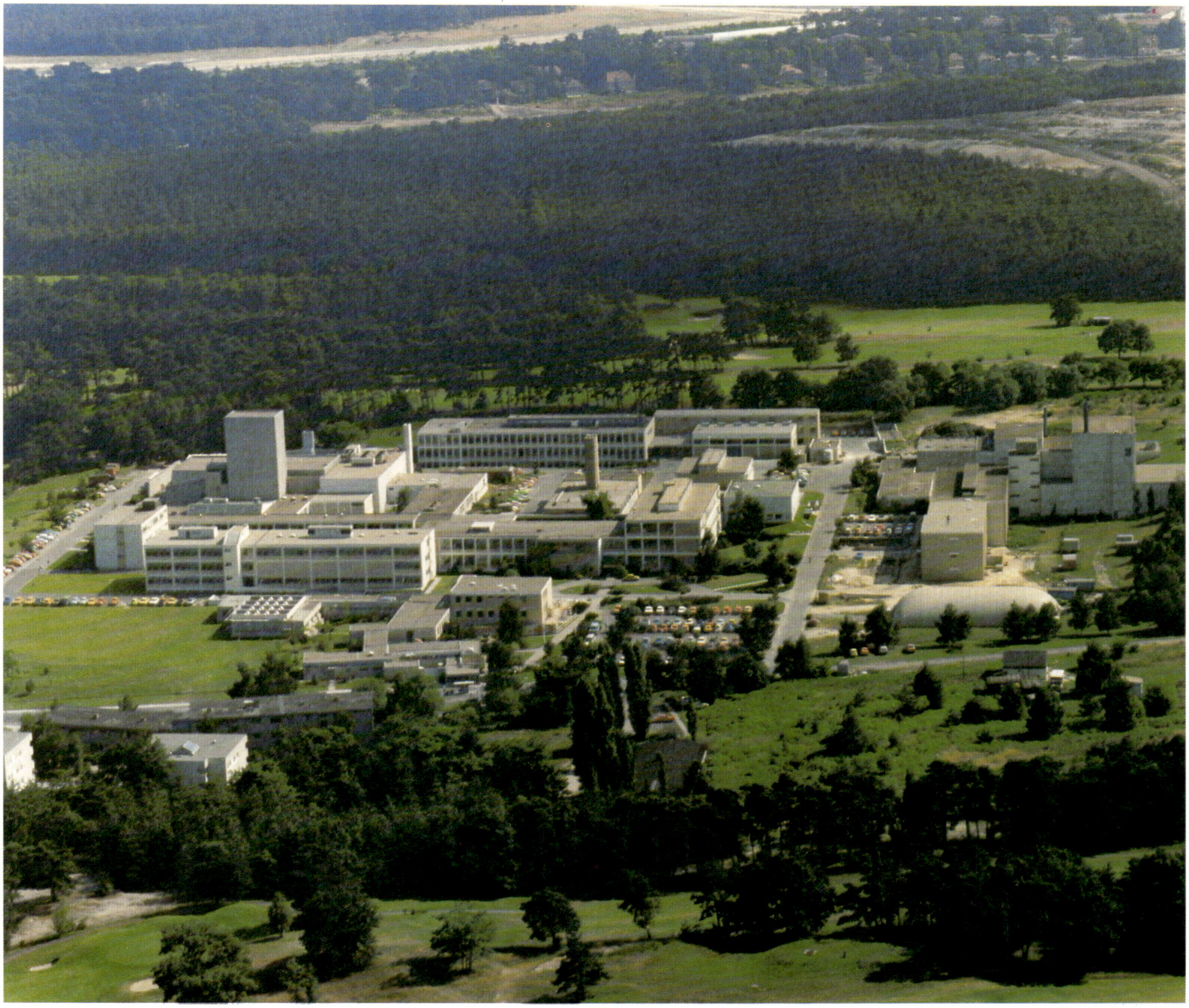

Olympia-Stadion Berlin (West)

Teilüberdachung der Tribünen
Gesamtleitung:
Bauamt Nord der Sondervermögens- und Bauverwaltung Berlin (West)
Entwurf:
Prof. Dr.-Ing. F. W. Krahe, Berlin (West)
Gesamtausführung:
Firma MERO, Dr.-Ing. M. Mengeringhausen

Teilüberdachung durch Stahlrohrkonstruktion mit lichtdurchlässiger Dachhaut aus gedecktem ACRYL-Glas als Wetterschutz für ca. 29 000 Zuschauer.

Je Dachfläche:	
Länge	110 m bis 150 m
Tiefe	58 m
Fläche	rd. 7500 qm
Höhe über Spielfeld	35 m

Baukosten:	rd 12 M DM
Baubeginn:	12/1971
Fertigstellung:	8/1973

Der Presseclub Bonn

Entwurf und Bauleitung:
Bundesbaudirektion

Zur Bonner Bundespressekonferenz zählen 400 Deutsche Korrespondenten. 200 Ausländer haben sich im Verein der Auslandspresse zusammengeschlossen. Mit bemerkenswertem Einfühlungsvermögen konnte ein vorhandenes 1909 errichtetes und ursprünglich Wohnzwecken dienendes Gebäude so umgebaut und erweitert werden, daß es den Erfordernissen des Deutschen Presseclubs und des Vereins der Auslandspresse als Begegnungs- und Informationsstätte voll entspricht. Repräsentation, private Atmosphäre und eine gut funktionierende Gastronomie sind auf knapper Fläche miteinander vereint. Im Grundriß wird der Grundgedanke deutlich – der Kreis – die klassische Form der geselligen Runde.
Durch überlagerte und versetzte Ebenen entstand ein vielfach gegliederter Raum, der die Kommunikation fördert.

Clubräume, Gastronomie	250 Plätze
Weinstube	75 Plätze
Baukosten:	rd. 3,75 Mio DM
Einrichtung:	rd. 0,63 Mio DM
Fertigstellung:	9/1977

Stiftung Bundeskanzler-Adenauer-Haus Rhöndorf

Gesamtleitung:
Bundesbaudirektion
Entwurf und Bauleitung:
Arch. Dipl.-Ing. C. G. Band, Köln

Der Stiftungsneubau unterhalb des Adenauer-Wohnhauses in Rhöndorf birgt eine Ausstellung von Zeitdokumenten, Bildern und persönlichen Gegenständen, die sich auf das politische Wirken Adenauers beziehen. Die Gedenkstätte ist der Allgemeinheit zugänglich.
Die Raumgruppen liegen – der Hanglage folgend – auf unterschiedlichem Niveau. Der Weg vom Eingang zum höher liegenden Ausstellungsraum mit Vortragssaal und zur Ausstellungsempore führt weiter hinauf in den Garten bis hin zum hochgelegenen Wohnhaus, das heute vorwiegend der Verwaltung dient. Die Holzkonstruktion bestimmt das Erscheinungsbild des Neubaues.

Nutzfläche:	rd. 565 qm
Bauvolumen:	rd. 2.700 cbm
Baukosten:	rd. 1,9 Mio DM
(ohne Einrichtung)	
Baubeginn:	5/1974
Fertigstellung:	12/1975

Bundeskriminalamt Meckenheim-Merl

Entwurf und Bauleitung:
Bundesbaudirektion

Der Neubau wird auf einem 10,8 ha großen Gelände zwischen der Bundesautobahn 565 und der Bundesstraße B257 errichtet.
Die Sicherungsgruppe Bonn hat Staatsschutz-, Personenschutz- und Objektschutzaufgaben. Der Neubau verfügt über Sondereinrichtungen wie: *Schulungsräume, Sportanlagen, Bibliotheks- und Archivräume, Lagezentrum mit Einrichtungen zur Datenerfassung und -übermittlung, Kraftfahrzeugdienst für 110 Einsatz- und Sonderfahrzeuge.*

Hier werden in Zukunft 850 Bedienstete tätig sein. Zum Gebäudekomplex gehört auch ein Gästehaus mit Übernachtungsmöglichkeiten für 40 Lehrgangsteilnehmer.
Für die Beheizung wird eine Gasabsorptions-Wärmepumpe eingesetzt, die über ein System von 8 km langen, im Erdreich verlegten Kunststoffrohren mit Erdwärme versorgt wird.

Geschoßfläche:	34 851 qm
Nutzfläche:	19 784 qm
Bauvolumen:	116 792 cbm
Baubeginn:	9/1978
Fertigstellung voraussichtlich	1981

Institut für chemisch-technische Untersuchungen Swisttal-Heimerzheim

Gesamtleitung:
Finanzbauamt Bonn
Entwurf:
Ing. Gesellschaft Höpfner, Köln
Bauleitung:
Ing. Gesellschaft Höpfner, Köln

Das Institut ist auf einem 14 ha großen, von einem Hochwald umschlossenen Grundstück errichtet worden. Die Gesamtanlage wurde in drei Bauabschnitte aufgeteilt, den chemisch-physikalischen Laborbereich, den Verwaltungs- und Werkstattbereich und den Bereich mit einem hohen Gefährlichkeitsgrad.
Unter Beachtung des Landschaftsschutzes und der größeren Sicherheitsanforderungen sind die Bauwerke des dritten Abschnittes 1-geschossig mit den erforderlichen Sicherheitsabschnitten ausgeführt worden. Wegen des Umfangs der zu überwachenden komplizierten technischen Anlagen wurde das Institut mit einer „Zentralen Leitanlage" ausgestattet; sie soll Betriebssicherheit, Produktivität und Kosteneinsparungen gewährleisten.

Bruttogrundrißfläche:	15 450 qm
Gesamtkosten, einschl. Grunderwerb:	43,08 Mio DM
Baubeginn:	1969
Fertigstellung:	1977

Verwaltungszentrum der Bundesanstalt für Arbeit Nürnberg

Entwurf:
Architekten Fischer, Krüder, Rathai, Wiesbaden
Bauleitung:
Integral, Architekten und Ingenieure, Düsseldorf

Im Verwaltungszentrum sind die Hauptstelle der Bundesanstalt für Arbeit mit ihrem Institut für Arbeitsmarkt- und Berufsforschung, das Zentralamt mit Rechenzentrum und das Landesarbeitsamt Nordbayern untergebracht.
Das Grundstück – 55000 qm groß – liegt im Osten der dicht bebauten Südstadt von Nürnberg und wird in Ausnutzung der guten Verkehrsverbindungen von drei Seiten erschlossen. Im Zentrum steht das sternförmige Hochhaus – 78,0 m hoch – mit drei Flügeln für die Hauptstelle und das Zentralamt. Daran schließt sich das Institut in einem besonderen Flügel an. In einem getrennten Gebäude ist das Landesarbeitsamt untergebracht.
Die Funktion bestimmt die Gliederung der Baukörper. Nach der Art ihrer Tätigkeit sind die Mitarbeiter in Einzel- bzw. Gruppenräumen untergebracht. Es entstand eine weitgehend zweibündige Grundrißanlage für insgesamt 1650 Mitarbeiter.
Die unterschiedlich hohen Baukörper prägen das Erscheinungsbild. Naturfarbene Aluminiumpaneele der Balkonbrüstungen kontrastieren zu den bronzefarbenen Sprossen, Brüstungen und Giebelflächen. Die Fenster erhielten wärmereflektierendes Sonnenschutzglas.
Die zentrale Leitwarte zur Überwachung aller haustechnischen Anlagen gewährt ein Höchstmaß an Sicherheit, Übersichtlichkeit und Bedienungsvereinfachung.
Konstruktion: Ortbeton, Stahlbetonfertigteile, Stahlstützen.

Geschoßflächen:	49 827 qm
Bauvolumen:	347 722 cbm
Baukosten:	165 Mio DM
Baubeginn:	10/1970
Fertigstellung:	5/1973

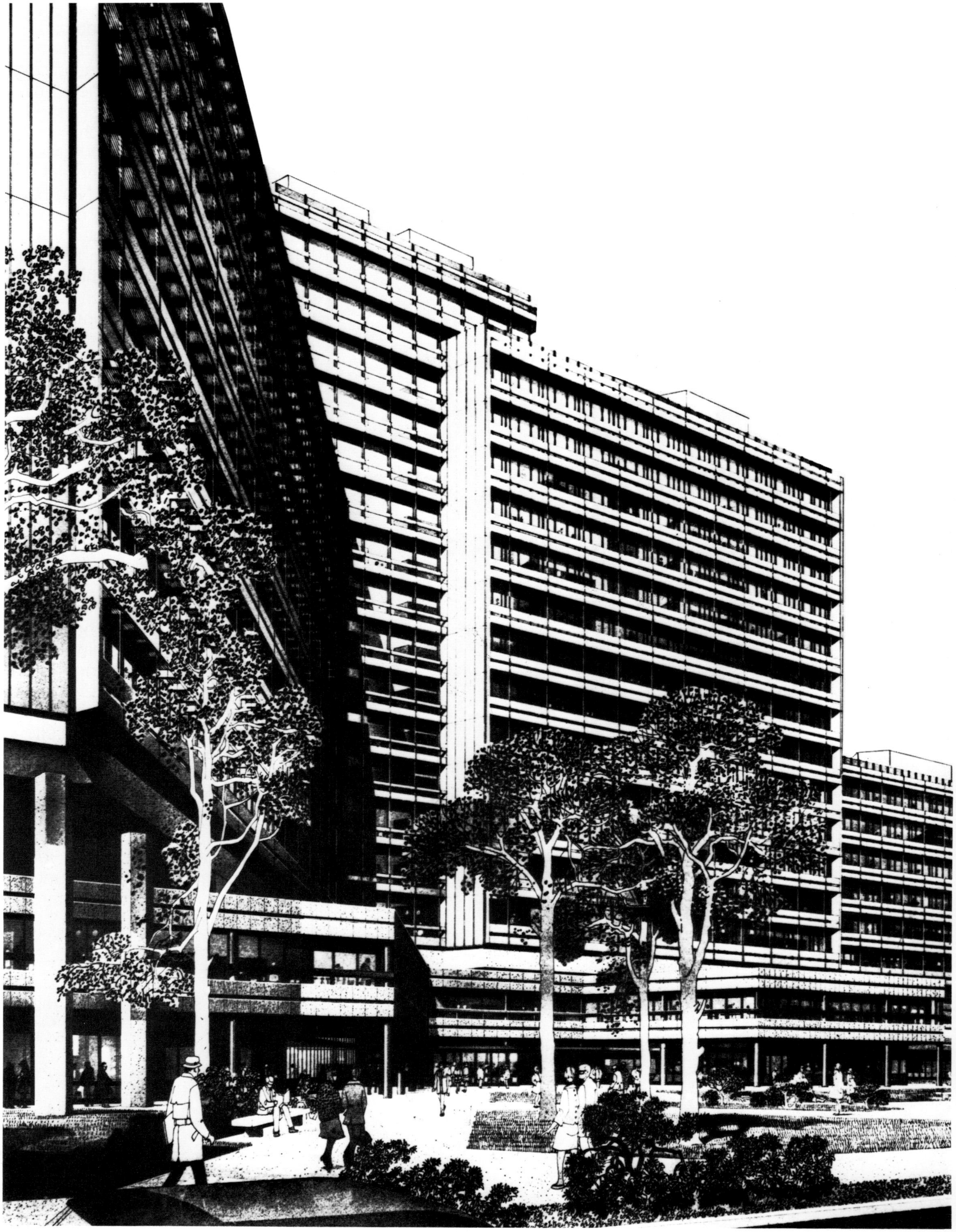

69

Bundesanstalt für Milchforschung Kiel

Gesamtleitung:
Landesbauamt Kiel II
Entwurf und Bauleitung:
Arch. Otto Christophersen, Kiel

In dem 14-geschossigen neuen Laborgebäude wurden die Institute für Hygiene und Mikrobiologie und die elektronische Datenverarbeitung untergebracht. Es wurde als Stahlbeton-Skelettbau errichtet. Die Fassade erhielt Fluchtbalkone, die gleichzeitig als Sonnenschutz dienen und die Wartungsarbeiten erleichtern.

Nutzfläche:	4 700 qm
Bauvolumen:	45 000 cbm
Baukosten:	rd. 25 Mio DM
Baubeginn:	4/1975
Fertigstellung:	8/1979

Erweiterung der Oberfinanzdirektion Kiel

Gesamtleitung:
Landesbauamt Kiel I
Entwurf und Bauleitung:
Schnittker, Architekten-Planer-Ingenieure, Kiel

Zwei vorhandene Altbauten bilden den Bestand. Ein 13-geschossiges Hochhaus, ein 3-geschossiges Rechenzentrum und ein 4-geschossiges Parkhaus wurden zusätzlich errichtet.
Das tragende Systen der Neubauten besteht aus einer Kombination von Stahlbetonstützen und Stahl-Platten-Balken-Decken.
Die Außenwände der Geschosse erhielten Sichtbeton-Brüstungsbänder, die beim Hochhaus und dem Rechenzentrum mit braun einbrennlackierten Aluminiumfenstern und beim Parkhaus mit feuerverzinkten Stahlrosten kombiniert wurden.

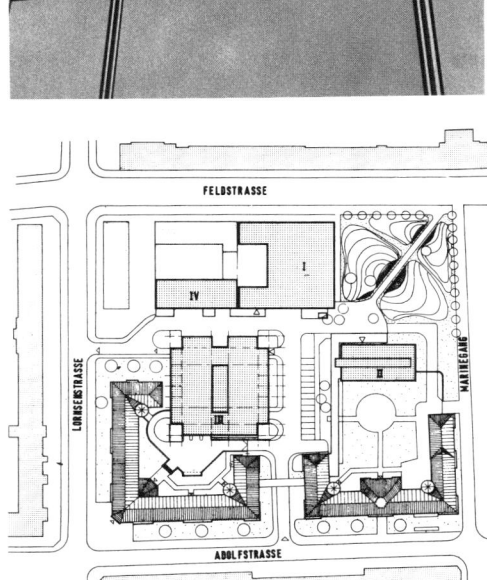

Hauptnutzfläche:	rd. 6 500 qm
Bauvolumen:	rd. 62 000 cbm
Gesamtkosten:	rd. 16,9 Mio DM
Baubeginn:	1974
Fertigstellung:	1978

Lageplan. I Rechenzentrum, II Hochhaus, III Parkhaus mit Fahrbereitschaft, IV Küchen- und Kantinengebäude.

Laboratorium mit Bibliotheksgebäude bei der Meeresstation der Biologischen Anstalt Helgoland

Gesamtleitung:
Landesbauamt Itzehoe
Entwurf:
Landesbauamt Itzehoe
Bauleitung:
Arch. Marlow und Partner, Hamburg

Die Gebäudegruppe liegt auf dem Unterland der Insel.
Im Zentrum der wissenschaftlichen Arbeit stehen ökologisch orientierte Forschungsaufgaben der Meeresbiologie, hier insbesondere in den Bereichen Meeresverschmutzung und Nutzung des Meeres als Nahrungsquelle. Der Seewasser-Hochbehälter ist nicht nur ein signifikantes Merkmal, sondern auch der für die wissenschaftliche Arbeit wesentliche Teil der Anlage. Dort werden in zehn Kammern neun verschiedene Seewassersysteme mit unterschiedlichem Mineral- und Sauerstoffgehalt gespeichert. Die Auswertung erfolgt in dem zweigeschossigen Labortrakt.
Ausführung: Stahlbetonskelett mit massiven Deckenscheiben. Die Fassade besteht aus vorgefertigten Stahlbeton-Sandwich-Tafeln mit außenseitiger braunroter Riemchenverkleidung und glatten Sichtbetonflächen.

Hauptnutzfläche:	1 660 qm
Bauvolumen:	17 700 cbm
Baukosten:	12,1 Mio DM
Baubeginn:	8/1972
Fertigstellung:	7/1976

Bundesanstalt für Geowissenschaften und Rohstoffe Hannover

Gesamtleitung:
Staatshochbauamt Hannover III
Entwurf:
Architekten Dipl.-Ing. Martin Düker, Dipl.-Ing. Inge Düker
Bauleitung:
Architektengemeinschaft Brandes

Ein Entwurf, der durch seine ausgewogenen Verhältnisse auffällt und der sich städtebaulich der Hochhausumgebung gut einfügt.
Der Gebäudeeinheit von Flachtrakt und Bürohochhaus sind zwei 4-geschossige Laborgebäude zugeordnet. Über dem Flachtrakt erhebt sich ein 13-geschossiges Bürogebäude auf dreibündigem Grundriß. Der Flachtrakt mit Haupteingang und Verteilerhalle nimmt sämtliche Sonderräume auf (Sitzungsräume, Bibliothek, Leseräume, Archiv, Ausstellungen, Kantine).
Die tragende Konstruktion ist aus Stahlbeton. Fenster in Holz-Alu eloxiert, Brüstungen in Hochhaus-Sicherheits-Rohglas.

Grundstücksfläche:		rd. 43 250 qm
Bebaute Fläche:		rd. 13 000 qm
Bauvolumen:		124 600 cbm
Baubeginn:	1 BA	10/1961
	2 BA	10/1971
Fertigstellung:	1 BA	12/1964
	2 BA	1975

Wasser- und Schiffahrtsdirektion Freiburg

Entwurf und Bauleitung:
Staatliches Hochbauamt II, Freiburg

Das kleine Grundstück, der geringe Abstand der Nebengebäude und die geforderten 50 PKW-Abstellplätze zwangen zu einer starken Konzentration der Baumassen in einem quadratischen, punktförmigen Hochhauskörper mit 10 Vollgeschossen. Seine Drehung um 15° gegenüber dem Erdgeschoß erfolgte, um die räumliche Beziehung zu den in der Nähe liegenden Universitätsinstituten herzustellen. Nicht nur das Erdgeschoß, sondern auch das Treppenhaus und der Dachaufbau behielten ihre an der Straßenflucht der Stefan-Meier-Straße orientierte Richtung bei. Hierdurch ergab sich eine reizvolle Spannung der um die Festpunktachse verschobenen Baukörper.

Baukosten: rd. 3,6 Mio DM
Bauzeit: 1967/68

Oberfinanzdirektion Hauptzollamt Saarbrücken

Gesamtleitung:
Finanzbauamt Saarbrücken
Entwurf und Bauleitung:
Arch. AKS Dipl.-Ing. Kugelmann und Alt, Saarbrücken (nach öffentlichem Wettbewerb)

Der auf dem langgestreckten, dreiecksförmigen Grundstück zu planende Baukörper hatte Höhenbeschränkungen und die gegenüberliegende Kirche zu berücksichtigen. Das Gebäude bildet den Schlußpunkt der Bebauung des sogenannten Behördenufers. Sie beginnt am Saarbrücker Schloß und umfaßt eine Reihe von Gebäuden der Landesregierung.

Das Gebäude besteht aus zwei abgewinkelten, übergreifenden, zweibündigen Baukörpern. Sie sind höhenmäßig gestaffelt. Ein Anbau im Norden enthält den Haupteingang. Die Eingangsebene ist gegenüber dem Straßenniveau angehoben, auf der Rückseite von einem Teil der Stellplätze in Anspruch genommen und über eine Rampe mit der darunterliegenden Stellplatzebene verbunden.

Als Konstruktion wurde ein Stahlbetonskelett mit vorgehängten Betonfertigteilen angewendet. Die grün einbrennlackierten Leichtmetallfenster sind mit einem außenliegenden, beweglichen Sonnenschutz versehen. Über Wettbewerbe und freie Beauftragung sind mehrere bildende Künstler an der Baumaßnahme beteiligt worden. Auf dem Vorplatz wurde eine Bronzeplastik von Max Mertz (Saarbrücken) aufgestellt und eine Serie von Natursteinplastiken von Leo Kornbrust (St. Wendel) in die Pflastergestaltung einbezogen. Am Haupteingang zieht sich von außen eine farblich gestaltete Betonreliefwand in die Eingangshalle, entworfen von Jo Enzweiler (Saarbrücken), der das gleiche Motiv dem Farbleitsystem des Gebäudes zugrunde legte. In der Eingangshalle wurden als Lichtplastik freihängende zum Teil bewegte Objekte aus Plexiglas von G. Koellmann (Saarbrücken) angebracht.

Nutzfläche:	8380 qm
Bauvolumen:	65300 cbm
Baukosten:	19674000 DM
Baubeginn:	1/1975
Fertigstellung:	2/1978

Rundfunkanstalten Deutschlandfunk und Deutsche Welle Köln

Entwurf:
Deutschlandfunk
—DLF— Arch. Prof. Weber und Partner, München
Deutsche Welle —DW— Planungsgruppe Stieldorf. (Arch. Adams, Glazer, Hornschuh, Pollich, Türler) (Nach beschränktem Bauwettbewerb)
Bauleitung:
Deutsche Bau- und Grundstücks-AG, Bonn

Die Rundfunkanstalten Deutschlandfunk und Deutsche Welle sind als Körperschaften des öffentlichen Rechts zwei selbständige Rundfunkanstalten. Aufgabe beider Anstalten ist, ein umfassendes Bild des politischen, kulturellen und wirtschaftlichen Lebens in Deutschland zu vermitteln. Hinsichtlich der Zielgebiete liegt das Schwergewicht der Deutschen Welle auf den überseeischen Ländern, während der Deutschlandfunk für Deutschland und das europäische Ausland sendet.
Die DW benutzt dafür das Medium der Kurzen Welle, der DLF das der Lang- und Mittelwelle.
Die DW produziert Programme in 34 Sprachen, darunter in vielen afrikanischen und asiatischen Vernakulärsprachen. Der DLF produziert Programme in 14 Sprachen.

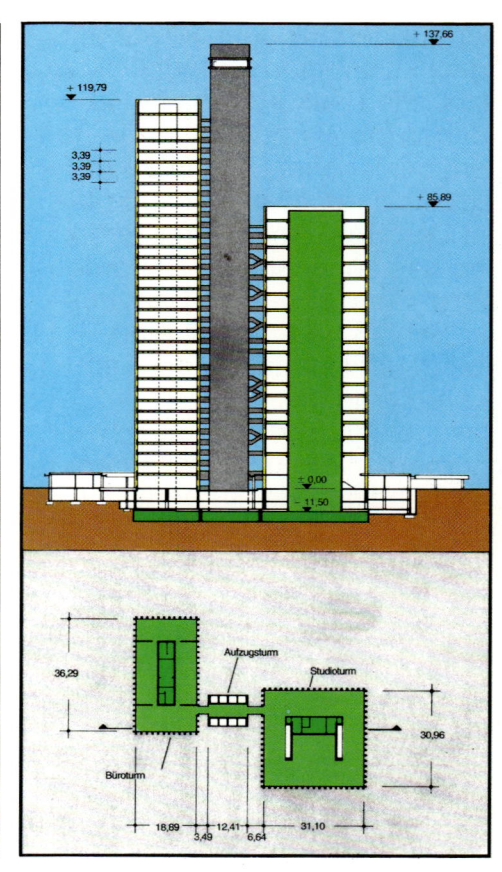

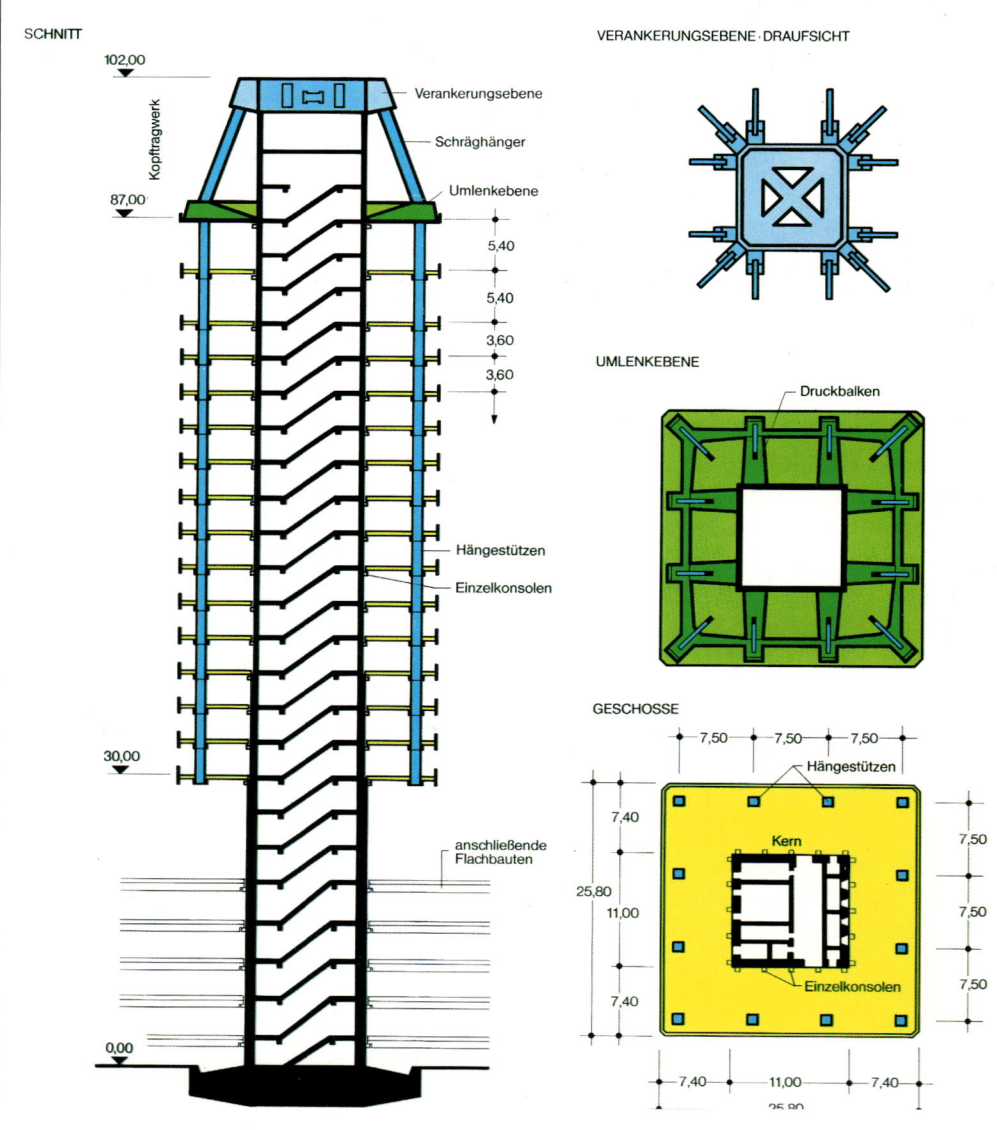

Viele Redakteure und Sprecher beider Anstalten kommen aus den Ländern ihrer jeweiligen Muttersprache. Im Gegensatz zu den anderen deutschen Rundfunkanstalten sind beide Häuser im Hinblick auf Mitarbeiter und Programme durch ihre Internationalität geprägt.

Obwohl es sich rechtlich um zwei selbständige Anstalten handelt, entstehen die Neubauten als eine gemeinsame Gebäudeanlage. Mit ihren insgesamt vier Türmen setzt die Baugruppe ein signifikantes Zeichen im Süden der Stadt Köln.

Die Baukörper beider Anstalten erheben sich über einem gemeinsamen Sockelbauwerk. Die repräsentative Vorfahrt zur DW und zum DLF führt über eine Rampe vom Raderberggürtel auf die Basisplatte, die etwa einen Meter über dem Straßenniveau liegt. Ein Zwischenbau dient der DW als Eingangshalle mit ebenerdigem Zugang zu den Türmen und als interne Verbindung der beiden Anstalten untereinander. Der Haupteingang des DLF liegt westlich davon vor dem Turm des DLF.

Das neue Verwaltungs- und Sendezentrum –DLF– wird von einem 100 m hohen Redaktionshaus bestimmt, um das sich dreigeschossige Flachbauten gruppieren. Sie enthalten tontechnische Bearbeitungsräume und Studios für Produktion und Sendung sowie einen Sendesaal. Das Hochhaus wurde als Hängekonstruktion — abgehängte Stahlbetondecken an vorgespannten Betonsäulen — konzipiert. Am Kopf des 102 m hohen Stahlbetonkernes hängen insgesamt 15 Geschosse. Eine Anzahl wichtiger Einrichtungen wie Großstudios, Mehrzweckstudios und Sendesaal, Kantine, Bibliothek, Versorgungsanlagen, dient beiden Rundfunkanstalten gemeinsam.

Umbauter Raum:	210 000 cbm
Baubeginn:	6/1974
Fertigstellung:	1978

Der Entwurf für den Neubau der Deutschen Welle ist städtebaulich auf den Entwurf für den DLF, der bereits vorlag, abgestimmt worden. Funktionelle Forderungen und ein beengtes Grundstück führten zwangsläufig zur Hochhausform. Die Redaktions- und Studiotürme der DW und das Hochhaus des DLF bilden eine in ihren Verhältnissen gut abgestimmte und räumlich eindrucksvolle Anlage.
Die Deutsche Welle ist ein „Haus der kurzen Wege". Redaktionen und dazugehörige Studios liegen in den beiden Türmen jeweils auf der gleichen Ebene. Das weitläufige Gartengeschoß bietet Platz für Gemeinschaftseinrichtungen, Werkstätten und Labors.
Beide Hochhaustürme – 110 m und 125 m hoch – wurden in Stahl mit aussteifendem Betonkern konstruiert. Die Fassaden wurden in Leichtmetall, farblich abgestuft, ausgeführt.

Nutzfläche:	77 500 qm
Umbauter Raum:	361 500 cbm
Baubeginn:	3/1975
Fertigstellung:	1980
Gesamtkosten:	
DLF/DW	325 Mio DM

Forschungs- und Meßreaktor der Physikalisch-Technischen Bundesanstalt Braunschweig

Entwurf und Bauleitung:
Staatshochbauamt II, Braunschweig

Wegen der schnell fortschreitenden Entwicklung der Kernphysik und der Kerntechnik, insbesondere auch auf dem Gebiet des Reaktorbaues, mußte die Physikalisch-Technische-Bundesanstalt (PTB) einen eigenen Reaktor errichten, um ihre Verpflichtungen zur Entwicklung und Bereitstellung von Meßverfahren für die physikalisch-technischen Größen auf diesem neuen Gebiet erfüllen zu können.
Nach dreijähriger Bauzeit und nach gründlicher Erprobung aller Anlageteile, ist eine sich selbst erhaltende Kettenreaktion der Kernspaltung erzeugt worden. Neben den Forschungs- und Meßaufgaben haben Sicherheitsanforderungen den Entwurf der gesamten Anlage weitgehend beeinflußt.

Baubeginn:	1964
Fertigstellung:	1967

Bundesanstalt für Fleischforschung Kulmbach

Gesamtleitung:
Finanzbauamt Bayreuth
Entwurf und Bauleitung:
Arch. Gemeinschaft Dipl.-Ing. W. Schneeberger, Weiden,
Dipl.-Ing. L. Wagner, Weiden
Dipl.-Ing. N. Koch, München
(Nach beschränktem Bauwettbewerb)

Die Bundesanstalt hat vier Institute: für Fleischerzeugung, für Technologie, für Bakteriologie/Histologie und für Chemie/Physik, deren Labors völlig unterschiedlich voneinander arbeiten. Sie verfügen über sehr anspruchsvolle technisch spezielle Ausstattungen.
Wegen der raschen Entwicklung von Wissenschaft und Forschung wurde der Bau flexibel entworfen. Eine Anpassung an wechselnde Bedingungen ist jederzeit möglich.
Auffallend an der äußeren Erscheinung ist die Verkleidung in Corten-Stahl. In Verbindung mit den Bauteilen in Sichtbeton gibt dieser Stahl, der keiner Unterhaltung bedarf und der mit zunehmendem Alter eine braun-violette Färbung bekommt, dem Bau das besondere Gepräge.

Gesamtnutzfläche:	7500 qm
Bauvolumen:	57 000 cbm
Gesamtkosten:	rd. 33 Mio DM
Baubeginn:	6/1972
Fertigstellung:	9/1976

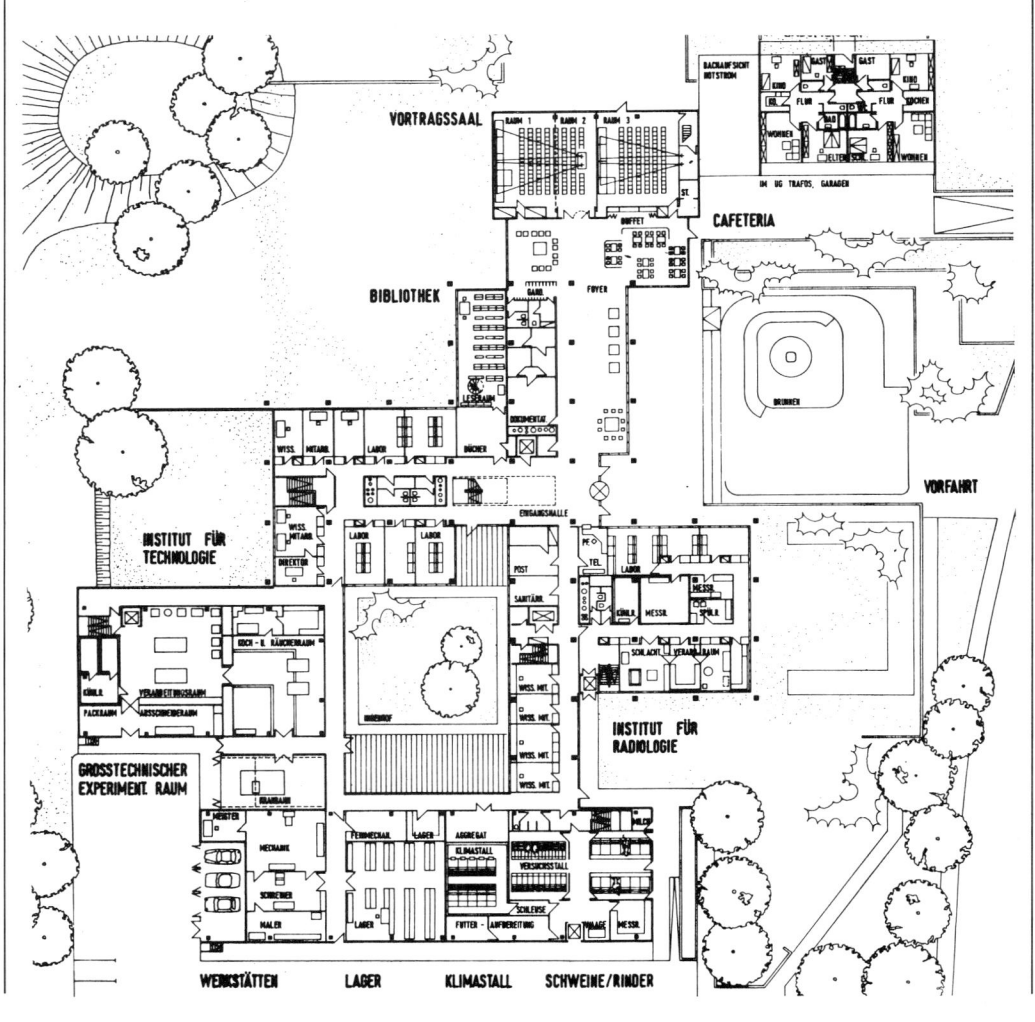

Bundesmonopolverwaltung für Branntwein München

Gesamtleitung:
Finanzbauamt München I
Entwurf:
Finanzbauamt München I mit
Arch. Dipl.-Ing.
A. und H. Schnierle
Bauleitung:
Ing.-Büro Dipl.-Ing. Raffelt, München

Die Neubauten und betriebstechnischen Anlagen umfassen ein 25 m hohes Apparate- und Fabrikationsgebäude, in dem die kontinuierlich arbeitende Branntweinreinigungs- und Absolutierungsanlage installiert ist.
Als Vorrats- und Zwischenlagerung dient ein oberirdisches Betriebstanklager, das aus 6 stehenden Großstahlbehältern mit je 80 cbm besteht. Dazu ein 2-geschossiges Werkstattgebäude.
Aus Sicherheitsgründen ist wegen der brennbaren Flüssigkeit eine 3 m hohe dichte Auffangwanne hergestellt worden.
Die Außenwände des Apparatehauses und des Werkstattgebäudes sind in Sichtbeton ausgeführt.

Brutto-Grundrißfläche:	1800 qm
Bauvolumen:	7600 cbm
(Apparatehaus, Werkstattgebäude)	
Gesamtkosten:	rd. 3,5 Mio DM
Baubeginn:	1973
Fertigstellung:	1976

Gesellschaft für Strahlen- und Umweltforschung München (GSF)

1. Neubau des Biologie-Department

Gesamtleitung:
Finanzbauamt II, München
Entwurf:
Dipl.-Ing. Kiessling, Prof. W. Eichberg, München
Bauleitung:
Finanzbauamt München II

Das Institut für Biologie liegt zentral im Bereich des GSF-Grundstücks, München-Neuherberg. Das Forschungsprogramm erstreckt sich von der medizinisch-biologischen Grundlagenforschung über Tierexperimente bis hin zur Mitarbeit an klinischen Fragestellungen und epidemiologischen Studien. Hinzu kommen ausgedehnte Anlagen zur Züchtung und Haltung von Versuchstieren sowie zentrale Bestrahlungsanlagen.

Bauart:
Massivbauweise. Außenwandverkleidung mit Asbestzementplatten auf Wärmedämmung. Fenster: Leichtmetallkonstruktion mit Isolierverglasung. Jalousetten als Sonnenschutz, im Isothopenhaus gasdichte Ausführung.

Bruttogrundrißfläche:	22 134 qm
Bauvolumen:	250 532 cbm
Gesamtkosten:	rd. 79,50 Mio DM
Baubeginn:	6/1969
Fertigstellung:	11/1974

2. Neubau Forschungsreaktor Typ Triga Mark II

Gesamtleitung:
Finanzbauamt München II
Entwurf und Bauleitung:
Lenz Planen + Beraten, Wiesbaden-Biebrich
Der Standort liegt im Nordwestbereich des GSF Grundstücks. Der Reaktor-Bau wird für medizinisch-biologische Grundlagenforschung und für Strahlenschutzuntersuchungen genutzt.
Leistung: 1 MW
Bauart:
Zentral gelegene Reaktorhalle in massivem, gasdichtem Stahlbeton mit hinterlüfteter Außenwandverkleidung aus Trapezblechen in Alu auf Wärmedämmschicht. Umgebender Institutsteil als Stahlbetonskelett mit Ausfachung aus Stahlbeton und mit Außenverkleidung aus dampfgehärteten Asbestzementplatten auf Wärmedämmschicht. Zwischenwände in Stahlbeton, Ziegelmauerwerk, Ytongmauerwerk.
Decken:
Stahlbetonmassivdecken mit abgehängten Leichtmetalluntersichten soweit erforderlich.
Fenster:
Leichtmetallkonstruktion mit Isolierglasscheiben. Leichtmetall-Jalousetten als Sonnenschutz.
Türen:
Zur Reaktorhalle gasdichte Stahltüren bzw. Tore, sonst Stahlblech- bzw. Sperrholztüren (Feuerhemmend in Stahlzargen).
Fußbodenbeläge:
Geschweißte Kunststoffbahnen auf schwimmendem Estrich im Kontroll- und übrigen Dienstraumbereich.

Bauvolumen (mit Institutsteil):	rd. 38 880 cbm
Bruttogrundrißfläche:	rd. 6 868 qm
Gesamtkosten:	12,5 Mio DM
Baubeginn:	5/1969
Fertigstellung:	5/1972

Deutscher Wetterdienst München

Entwurf und Bauleitung:
Finanzbauamt München I

Die Nähe zum Schloß Schleißheim und zur benachbarten Einfamilienhaussiedlung verlangte eine maßvolle Einordnung in die örtliche Umgebung und damit auch eine zurückhaltende Höhenentwicklung der Baukörper. Entsprechend der räumlichen Organisation der beiden hier untergebrachten Dienststellen wurde der 2-geschossige Hauptbau 3-bündig und versetzt angeordnet. Der erdgeschossige Werkstatt- und Garagenbau ist winkelförmig angebaut.
Bestimmend für die 3-bündige Anlage des Hauptgebäudes war die Anordnung des fensterlosen Großraumes zur Unterbringung des Windkanals. Diese Kernbaulösung dient vor allem der Lärmabschirmung.

Bauart:
Stahlbetonskelett mit Decken in herkömmlicher Betonbauweise.

Fassaden:
Hinterlüftete Weisse-Eternit-Plattenverkleidung.

Fenster:
Dunkelbraun-eloxierte Aluprofile.
Der Werkstatt- und Garagenbau in Sichtbeton mit Struktur.

Nutzflächen:	rd. 7000 qm
Bauvolumen:	rd. 20 500 cbm
Gesamtkosten:	rd. 7 Mio DM
Baubeginn:	1973
Fertigstellung:	1976

Zentrum für Katastrophenschutz München

Gesamtleitung:
Finanzbauamt I, München
Entwurf und Bauleitung:
Planungsbüro Obermeyer, München

Die Anlage besteht aus 2 Gebäuden. Zu dem 3-geschossigen Verwaltungsbau mit Büro- und Unterrichtsräumen, Lagern und Werkstätten, gehört der ca. 30 m hohe Schlauchtrockenturm. Das Garagengebäude im EG nimmt 150 Einsatzfahrzeuge auf.
Bauart: Betonskelett mit Fertigteilstützen. Vorhangfassade mit umlaufenden Balkonen und Sonnenblenden.

Nutzfläche:	rd. 20 000 qm
Bauvolumen:	rd. 80 000 cbm
Gesamtkosten:	rd. 19 Mio DM
Baubeginn:	1971
Fertigstellung:	1973

Bundesverwaltungsgericht München – Wehrdienstsenate und Bundeswehr-Disziplinaranwalt

Gesamtleitung:
Finanzbauamt München I
Entwurf und Bauleitung:
Architekt Prof. K. Ackermann und Partner, München

Das Verwaltungsgebäude besteht aus zwei verschieden langen, aber einheitlich dreigeschossigen Bürotrakten, die parallel zur Straße hintereinander gestaffelt sind.
Die Eingangshalle ist gleichzeitig Wartehalle für die Verfahrensbeteiligten und das Publikum. Sie verbindet erdgeschossig die zwei zur Straße vorgelagerten polygonal geformten Gerichtssäle. Aus Sicherheits- und Lärmschutzgründen hat der Gerichtsbereich Oberlichter erhalten.
Bauart: Stahlbetonskelett (Rohbauraster 8,40 m x 7,20 m, Ausbauraster 1,20 m). Sichtbare Rippendecken. Fassaden in geschoßhohen, natureloxierten Aluminiumelementen. Vorgehängte Fassadenelemente, senkrechte Lisenen und dazwischen horizontal liegende Blechbänder bilden geschlossene Wandflächen.

Nutzfläche:	4 117 qm
Bauvolumen:	19 100 cbm
Gesamtkosten:	rd. 6,5 Mio DM
Baubeginn:	6/1974
Fertigstellung:	6/1976

Arbeitsamt Neuwied

Entwurf und Bauleitung:
Finanzbauamt Koblenz

Das ebene Grundstück — rd. 4500 qm groß — liegt im Stadtzentrum von Neuwied. Die Gebäudeanlage besteht im wesentlichen aus drei zum Teil terrassenförmig abgestuften Baukörpern, die im Winkel zueinander angeordnet wurden. Konstruktion in Stahlbeton. Giebel und Fensterbrüstungen in Stahlbetonfertigteilen als Sichtbeton.

Nutzfläche:	rd. 3000 qm
Bauvolumen:	rd. 20 500 cbm
Baukosten:	rd. 6,25 Mio DM
Baubeginn:	6/1974
Fertigstellung:	6/1976

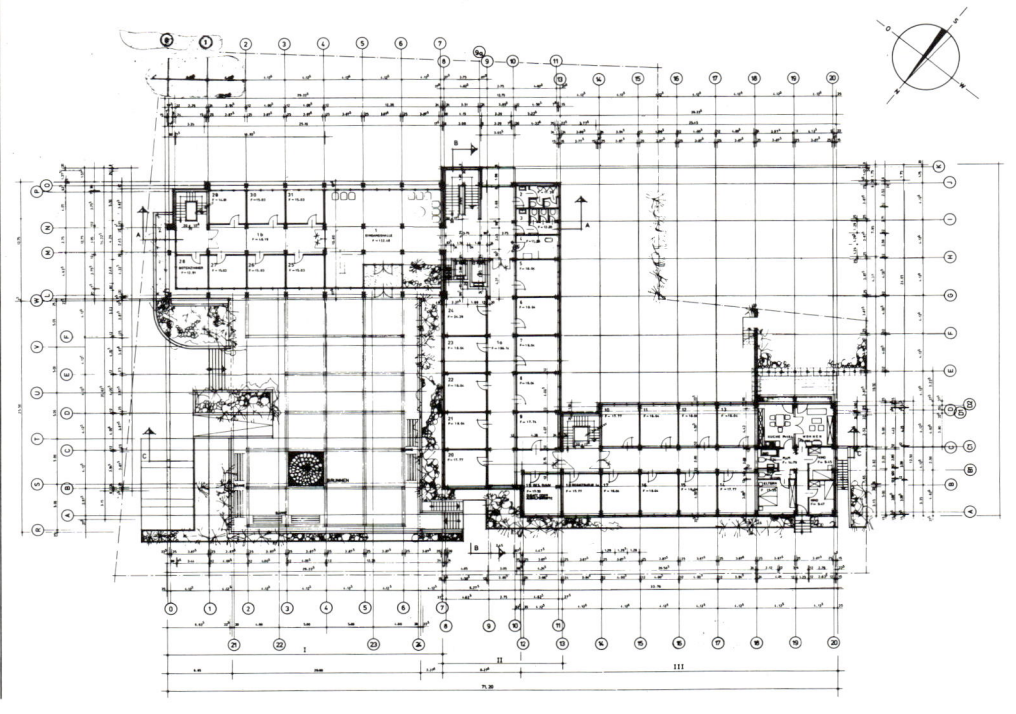

Bundesanstalt für Arbeitsschutz und Unfallforschung Dortmund

Gesamtleitung:
Finanzbauamt Dortmund
Entwurf und Bauleitung:
Architekten Laskowski, Thenhaus, Kafka, Dortmund und Gevelsberg
nach beschränktem Bauwettbewerb 1972

Die Bundesanstalt für Arbeitsschutz und Unfallforschung wurde 1972 in Dortmund gegründet. Die Einrichtung untersteht dem Bundesminister für Arbeit und Sozialordnung. Sie betreibt nicht nur theoretisch-wissenschaftliche, sondern wesentlich auch praxisnahe Forschung. Dem Ziel der Humanisierung des Arbeitslebens dienen auch die Fortbildungslehrgänge, an denen interessierte Kreise aus dem In- und Ausland, darunter Betriebsärzte und Sicherheitsingenieure, teilnehmen.
Als Standort wurde ein etwa 40000 qm großes Gelände in Dortmund-Dorstfeld, nördlich der Bundesstraße 1, gegenüber der Universität, bereitgestellt.
Das sechsgeschossige Institutsgebäude enthält in der Mehrzahl Büroräume und Funktionsräume (Laborräume, Sitzungssäle, Bibliothek, Hörsaal für 320 Personen, Seminarräume und eine Kantine).
Die Außenstützen und die Außenwände bestehen aus strukturierten Fertigbetonelementen, die im Ockerton eingefärbt sind. Die Oberflächen wurden im Fertigteilwerk handbearbeitet und sandgestrahlt. Die tragenden und aussteifenden Innenwandelemente und Innenstützen bestehen im Sockelgeschoß aus Ortbeton, in den übrigen Geschossen aus Fertigbetonelementen. Das viergeschossige Internatsgebäude schließt südlich an das Institutsgebäude an. Die tragenden Außenwände und Stützen sind aus Stahlbeton, teilweise aus Gasbeton. Die Außenwände haben vorgehängte Betonfertigteilelemente, eingefärbt wie beim Institutsgebäude. Im Erdgeschoß wurden sechs der insgesamt 39

Lageplan

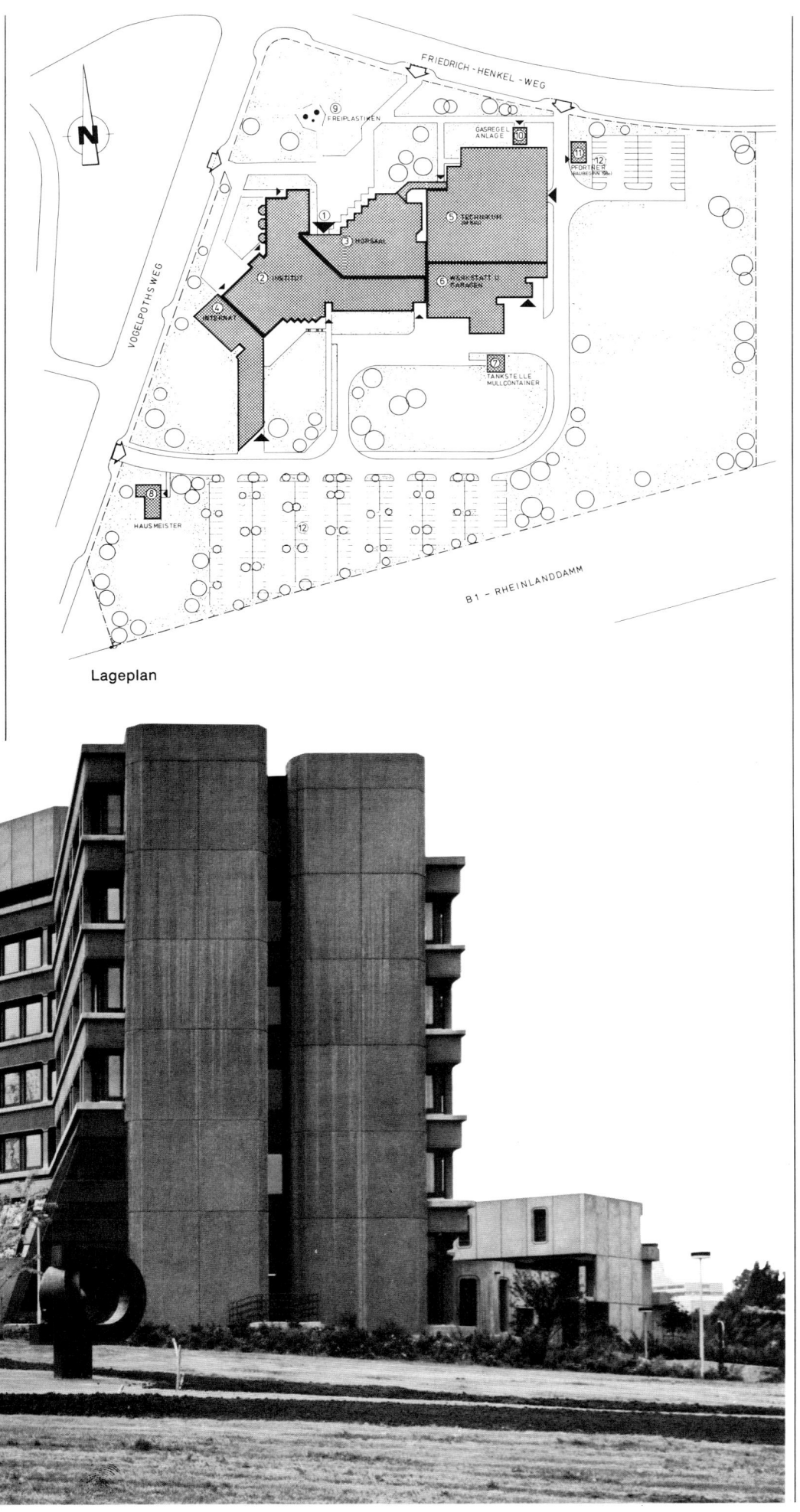

Appartements für Schwerbeschädigte angeordnet. Die Fenster des Instituts- und des Internatsgebäudes bestehen aus nordischem Kiefernholz; sie sind wegen der Sonderbedingungen mit spezieller Schallschutzverglasung versehen.

Das Technikum-Gebäude, auf fast quadratischem Grundriß, liegt zwischen Hörsaal und Werkstattgebäude. Es ist ein Stahlbetonskelettbau mit vorgehängter Fertigteilfassade.

Um eine zentral angeordnete Versuchshalle, die sich über zwei Geschosse erstreckt, gruppieren sich Labors und Meßräume, Beschallungs- und Audiometerräume. Aus Gründen der Akustik wurde eine „Raum-in-Raum" Bauweise ausgeführt. Die Innenräume stehen auf schalldämpfenden Federkörpern. Decken, Wände, Böden erhielten Schallschluckkonstruktionen bis zu einer Dicke von 1,60 m. Der Zwischenboden des Beschallungsraumes besteht aus einem begehbaren Stahlnetz.

Hauptnutzfläche:	rd. 6814 qm
(Institutsgeb. mit Lehrsaal, Werkstatt, Garagen, Wohnhaus)	
Bauvolumen:	rd. 38 000 cbm
Baukosten:	rd. 18,35 Mio DM
Baubeginn:	3/1975
Fertigstellung:	12/1977
Internatsgebäude	
Hauptnutzfläche:	rd. 860 qm
Bauvolumen:	rd. 6200 cbm
Baukosten:	rd. 2,85 Mio DM
Baubeginn:	3/1976
Fertigstellung:	12/1977

Bundesanstalt für Flugsicherung Frankfurt

Zur Regelung und Überwachung des Flugverkehrs im Luftraum über der Bundesrepublik wurden im Rahmen eines Aufbauprogramms zahlreiche Neubauten erstellt, u.a.
Regionalstellen (4), die den zivilen und den militärischen Luftverkehr betreuen,
örtliche Kontrollstellen, die ihre anfallenden Informationen an die Regionalstellen weiterleiten; sie betreuen den örtlichen Luftverkehr nach Sicht- bzw. Instrumentenflugregeln.
Die Flugsicherungs-Leitstelle, München-Riem,
die Erprobungsstelle, Frankfurt,
die Flugvermessungsstelle Lechfeld.

Radarstation Boostedt, Schleswig-Holstein
Die Radaranlagen bestehen aus einem Betriebsgebäude und einem Antennenturm mit Rundsichtradaranlage in einer Höhe von 35,0 m.

Bauvolumen:
Betriebsgeb.
+ Antennenturm　　　　rd. 14 000 cbm
Baukosten:　　　　　　rd. 6,5 Mio DM
Bauzeit:　　　　　　　　1972/1974

Flugsicherungs-Leitstelle München-Riem
Dienstgebäude und Antennentürme.
Entwurf und Bauleitung:
Prof. K. Ackermann, München
Stahlbetonskelett bzw. Ziegelbau mit schwarzer Fliesenverkleidung und Alu-Fensterband.
Baujahr: 1965

Erprobungsstelle in Frankfurt
Entwurf und Bauleitung:
Staatsbauamt Frankfurt
Bauzeit:
1974–1976

Flugvermessungsstelle Lechfeld

Rahmenentwurf und Bauleitung: Finanzbauamt Augsburg

Nach dem Abkommen über die internationale Zivilluftfahrt ist die Bundesrepublik Deutschland verpflichtet, auf ihrem Hoheitsgebiet ein den Erfordernissen des modernen Luftverkehrs genügendes Flugsicherungssystem zu betreiben und auf dem neuesten technischen Stand zu halten. Die zu diesem Zweck installierten Flugnavigationsanlagen, wie Funkfeuer, Gleitwegsender usw., müssen ständig durch periodisch wiederholte Flugvermessungen auf ihre betriebliche Genauigkeit hin kontrolliert werden.

Zur Erfüllung dieser Aufgaben unterhält die Bundesanstalt für Flugsicherung eine eigene Flugvermessungsstelle.

Die ständig zunehmende Dichte des zivilen und militärischen Luftverkehrs und die damit wachsenden Sicherheitserfordernisse zeigten bereits nach kurzer Zeit die Notwendigkeit einer Koordinierung und einheitlichen Flugvermessung auf. 1972 wurde die Zusammenlegung beider Flugmeßeinheiten beschlossen.

Als geeigneter Standort bot sich ein im Nordosten an den NATO-Flugplatz Lechfeld anschließendes bundeseigenes Gelände an.

Die Baumaßnahme umfaßte eine Flugzeugabstellhalle, eine Werfthalle, sowie Werkstatt-, Lager-, Elektroniklabor- und Auswertungsräume. Zu den Außenanlagen gehörte das 120 Meter lange und 100 Meter tiefe Vorfeld der Werft- und der Abstellhalle, der Flugzeugzurollweg zur Startbahn. Für die Flugzeughallen forderte die Bundesanstalt für Flugsicherung eine stützenfreie Torweite über die gesamte Hallenbreite. Als Tragkonstruktion kamen jeweils elf 31 Meter (Werfthalle) bzw. 45 Meter (Abstellhalle) frei auskragende Stahlbinder zur Ausführung, die über 23 Meter hohe Stahlbetonpylone durch Stahllamellen und hintere Stahlzugstangen rückwärts abgespannt wurden. Die Umfassungswände bildeten wärmegedämmte doppelschalige Trapezblechelemente; das bekieste Trapezblechdach schließt den Hallenraum oben ab.

Der mit Spitzenwerten von 115 db gemessene Fluglärm stellte besondere Anforderungen an die Konstruktion der raumabschließenden Bauteile der Hallenanbauten. Sie wurden in Stahlbetonfertigteilen ausgeführt; hierbei besteht die Tragkonstruktion aus vorgefertigten Stützen im Abstand von 2,50 m. Die zweischaligen Außenwände bestehen aus großformatigen Stahlbetonplatten, die unabhängig voneinander an den Stützen aufgehängt wurden, wobei die inneren Schalen Wärme- und Schalldämmplatten erhielten.

Folgemaßnahme war die künstliche Be- und Entlüftung sämtlicher schallgeschützter Räume. Laborräume, in denen hochempfindliche Meßeinrichtungen installiert sind, wurden wegen der geforderten Temperatur- und Luftfeuchtekonstanz vollklimatisiert. Dieser hohe bautechnische Aufwand machte sich bezahlt. Nach Inbetriebnahme konnte in den Anbauten ein Schallpegel von ca. 50 db gemessen werden.

Brutto-Grundrißflächen:	14 420 qm
Bauvolumen:	169 650 cbm
Gesamtkosten:	rd. 20,2 Mio DM
Baubeginn:	10/1974
Fertigstellung:	10/1976

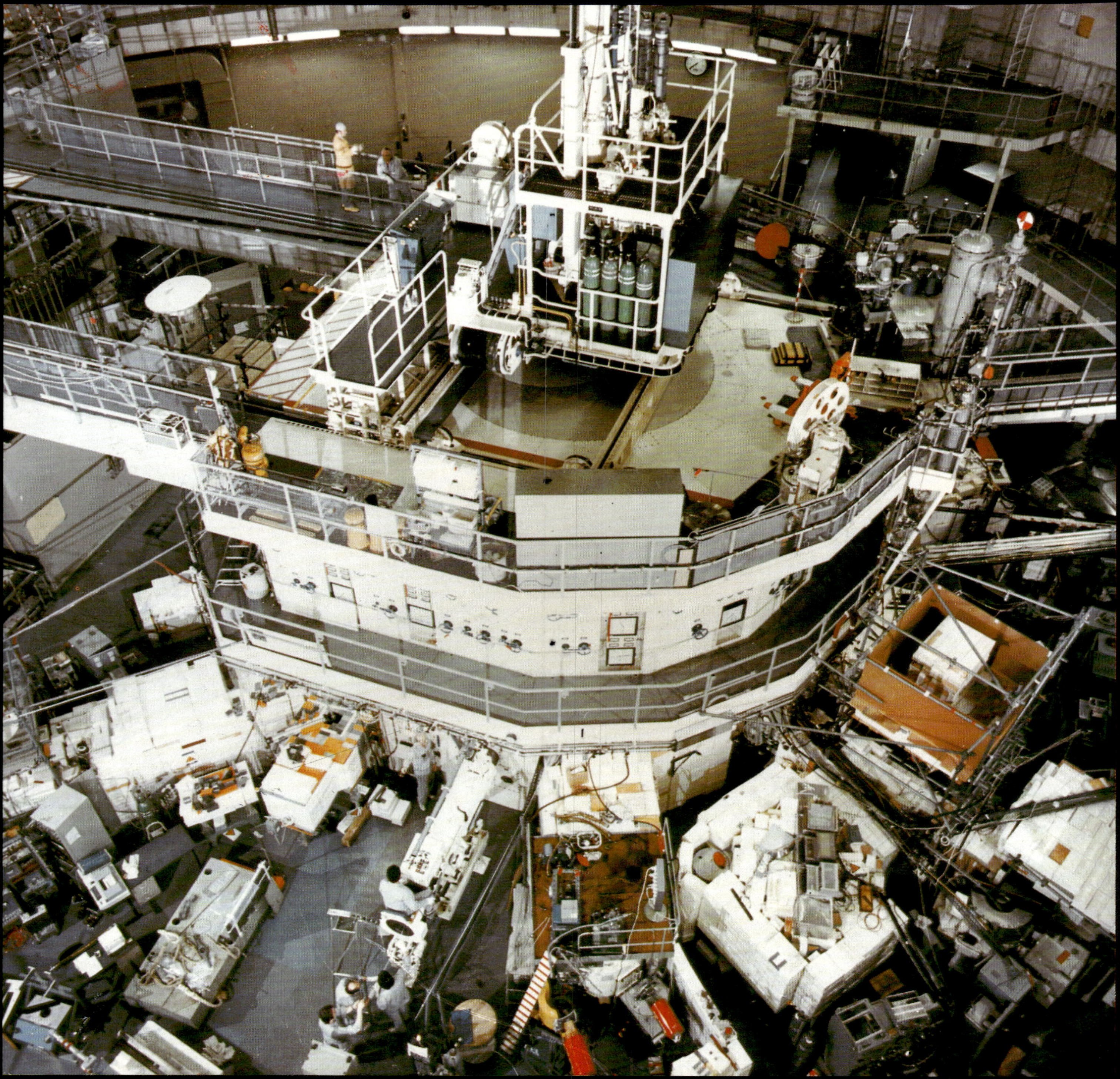

Großforschungs-
einrichtungen

Kernforschungszentrum Karlsruhe

Der technisch-wissenschaftliche Fortschritt bestimmt die Entwicklung der Welt. Kein Land – schon gar nicht ein Industriestaat wie die Bundesrepublik Deutschland kann sich der Herausforderung entziehen.
Bei der Bewältigung der Probleme von Wissenschaft und Technik müssen der Nutzen optimiert und Gefahren ausgeschlossen werden.
Der Bund fördert in großem Umfang Forschungseinrichtungen mit dem Ziel, die Lebens- und Arbeitsbedingungen der Bürger, die wissenschaftliche Leistungsfähigkeit und die öffentlichen Dienstleistungen zu verbessern. Die von Bund und Ländern getragenen Großforschungseinrichtungen bilden einen Teil der forschungspolitischen Zielsetzungen. Besonderes Gewicht wurde auf die Energieforschung gelegt. Die Forschung erstreckt sich auch auf die Raumflugtechnik. Die Deutsche Forschungs- und Versuchsanstalt für Luft- und Raumfahrt —DFVLR— hat zur Durchführung des Regierungsprogramms zahlreiche Bauvorhaben erstellen lassen.

Inmitten eines Waldgebietes etwa 12 km nördlich der Stadt Karlsruhe liegt das zwei Quadratkilometer große Gelände mit zahlreichen Instituten und wissenschaftlich-technischen Einrichtungen, in denen etwa 4000 Beschäftigte arbeiten.
Das Kernforschungszentrum wird von der Gesellschaft für Kernforschung (GFK) betrieben. Es befaßt sich mit Aufgaben der angewandten Forschung – Energie und Umwelt –. Die Arbeiten konzentrieren sich auf drei Bereiche der Kerntechnik:
Sicherung der Brennstoffversorgung für die Kernenergieversorgung,
Aufarbeitung und Endlagerung radioaktiven Materials,
Sicherheit kerntechnischer Anlagen.
Arbeitsschwerpunkte sind u.a.
Schneller Brutreaktor,
Wiederaufarbeitung und Abfallbehandlung,
nukleare Sicherheit.
Sichtbarer Mittelpunkt des Kernforschungszentrums ist der

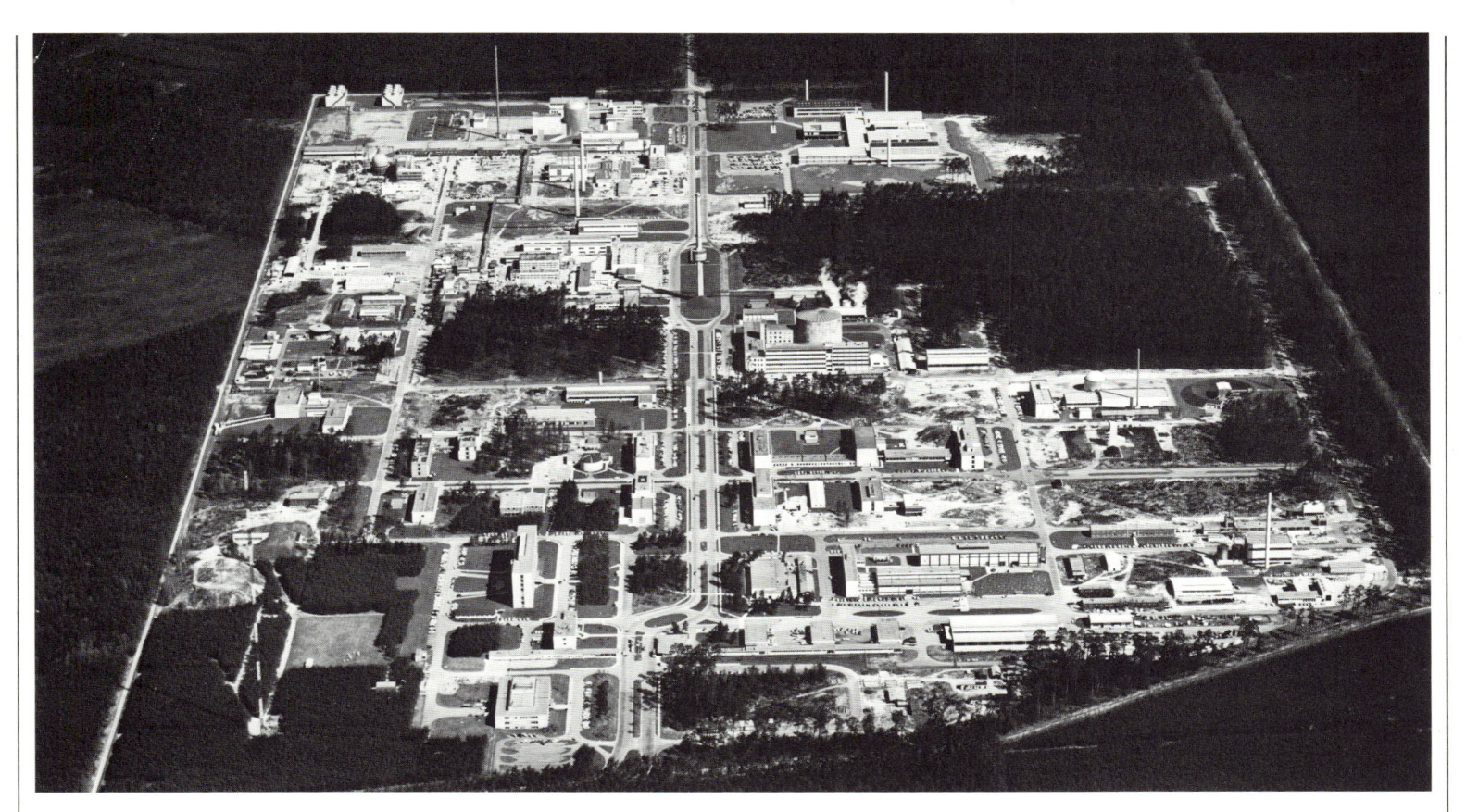

Forschungsreaktor FR 2

Planung und Bauleitung:
Bauabteilung der GFK
Die Experimentierhalle des FR 2 enthält in der Mitte den Reaktorblock, der hinter der äußeren Stahlschale eine 2,5 m dicke Betonschicht zur Abschirmung der Strahlung besitzt. Als Kernbrennstoff dient Uranoxyd. Daneben sind noch 4 weitere Reaktoren im Einsatz.

Laboratorien und Experimentieranlagen der Abteilung Behandlung radioaktiver Abfälle (ABRA).
Planung:
Arch. Gemeinschaft Sack, Zimmermann, Fritz, Karlsruhe
Bauleitung:
Bauabteilung der GFK
Es werden Versuche mit radioaktiven Abfällen durchgeführt, um eine Verringerung der Ableitungen radioaktiver Rückstände und eine Verbesserung der Qualität der zur Endlagerung kommenden radioaktiven Produkte zu erreichen.

Baubeginn: 1976
Fertigstellung: 1978

Gesellschaft für Kernenergieverwertung in Schiffbau und Schiffahrt (GKSS) Hamburg – Geesthacht

Die GKSS hat die Aufgabe, Forschung und Entwicklung zu betreiben. Die Arbeiten haben öffentliches Interesse (Sicherheit, Umwelt) und liegen vor einer industriellen Anwendung.
Die GKSS ist 1956 gegründet worden. Sie hatte zunächst die Aufgabe, Aufbau und Betrieb des Forschungsreaktors Geesthacht sowie die Entwicklung von Kernenergie-Schiffsantrieben in die Wege zu leiten.
Die inzwischen in Betrieb genommenen Reaktoren FRG-1 und FRG-2 sind weiterhin wichtige Instrumente für die Durchführung der Forschungsprogramme.
Das gegenwärtige Forschungs- und Entwicklungsprogramm der GKSS hat 6 Schwerpunkte:
- Kernenergieschiffsantriebe,
- Werkstofftechnologie,
- Reaktorsicherheitsforschung,
- Meerwasserentsalzung und Meerwasserchemie,
- Meerestechnik,
- Umweltforschung.

Deutsches Elektronen - Synchrotron - DESY Hamburg

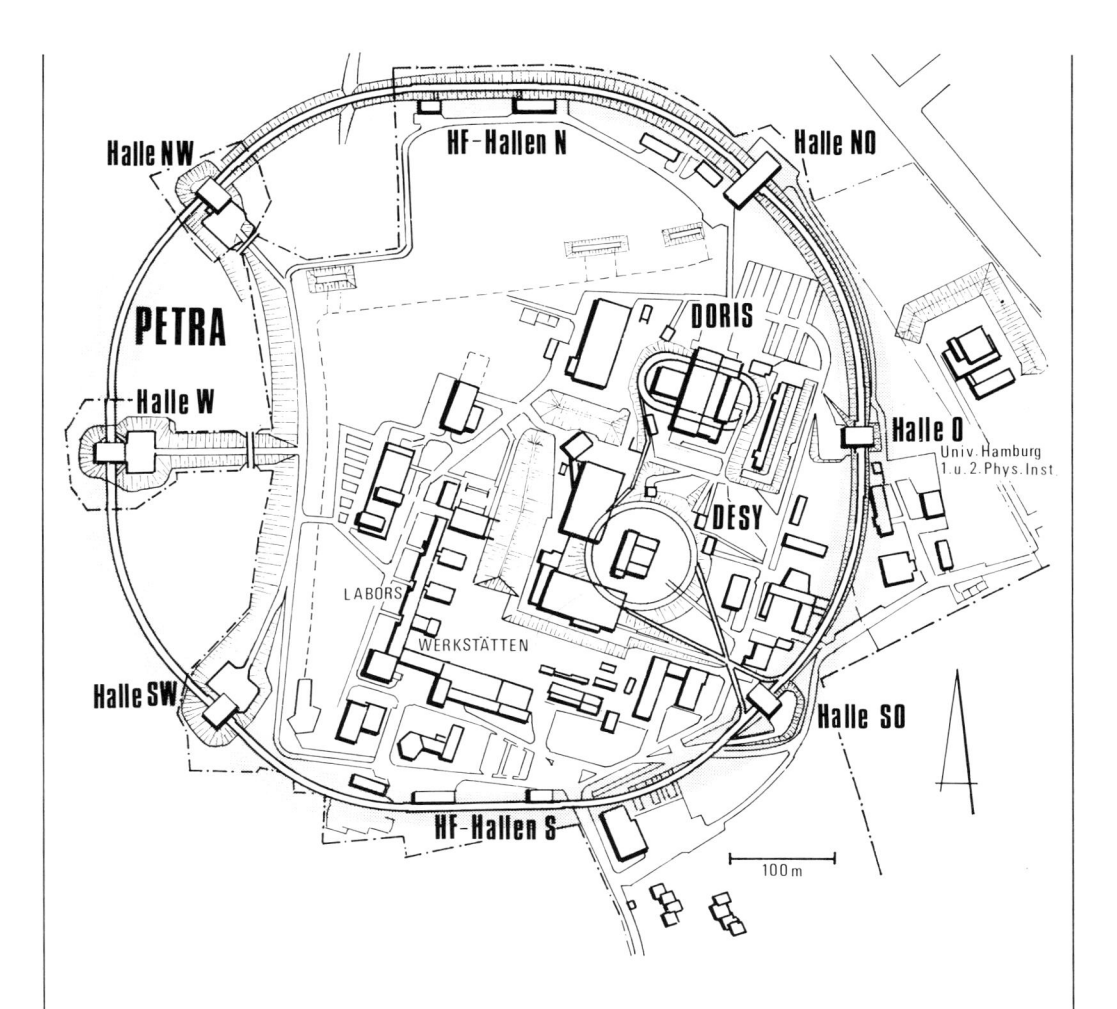

Das Großforschungszentrum —DESY— wurde 1959 von der Bundesrepublik und der Freien und Hansestadt Hamburg als Stiftung errichtet. Seit 1964 ist DESY für die Erforschung der subatomaren Welt eingesetzt. Auf dem Gebiet der Grundlagenforschung ist DESY heute eines der größten und bedeutendsten Großforschungszentren der Welt. Seit 1974 ist DORIS, ein Doppel-Ring-System, im Einsatz. 1978 hat PETRA nach zweieinhalbjähriger Bauzeit die Arbeit aufgenommen. Sie ist die größte Ringbeschleuniger-Anlage der Welt. (Umfang 2,3 km).

In der Gesamtanlage sind 1050 Mitarbeiter beschäftigt, davon etwa 900 unmittelbar in den Forschungszentren.

Für die wissenschaftliche Welt der Physiker bedeutete die Inbetriebnahme von PETRA ein außergewöhnliches, aufregendes Ereignis. PETRA soll so schnell wie möglich in die noch unerforschten Bereiche höherer Strahlenenergien vordringen. Die DESY-Physiker verfügen mit DORIS und PETRA über einen lückenlosen Energiebereich, um nach neuen Teilchen suchen zu können. Die Hochenergiephysiker sind der Auffassung, daß die neuen Teilchen die wesentlich zur Vereinfachung unserer Vorstellungen von den kleinsten Bausteinen der Materie beitragen, am besten in Elektron-Positron-Speicherringen untersucht werden können.

Die Hochenergiephysik, welche der Erforschung der Elementarteilchen gilt und einen Einblick in den Ursprung der Kernkräfte vermitteln will, bedarf sehr großer und komplizierter Anlagen. Der ungewöhnlichen Kleinheit der zu erforschenden Materie steht die Größe der hierfür erforderlichen Bauten gegenüber.

Bemessung und Ausstattung des Deutschen Elektronen-Synchrotrons (DESY) sind bestimmt durch die Aufgabe, erforderliche Teilchen-Energie von 6 Milliarden Elektronen-Volt zu erzielen. Erst dann sind die die Elektronen begleitenden Wellen für die Darstellung des Atomkerns und der Elementarteilchen kurz genug. DESY ist also in erster Linie als ein Riesenmikroskop anzusprechen. Daneben dient die Anlage der gezielten Erzeugung von Elementar-Teilchen.

Baukosten:	rd. 98 Mio DM
Baubeginn:	1976
Fertigstellung:	7/1978

Deutsche Forschungs- und Versuchsanstalt für Luft- und Raumfahrt Köln-Porz

Die Deutsche Forschungs- und Versuchsanstalt für Luft- und Raumfahrt —DFVLR— als größte ingenieur-wissenschaftliche Großforschungsanstalt der Bundesrepublik ist eine Einrichtung der Angewandten Forschung. Sie forscht in Zusammenarbeit und Abstimmung mit Staat, Industrie und Hochschulen überwiegend auf dem Gebiet der Luft- und Raumfahrt. Ihre Programme liegen im Vorfeld der Industrie, sie schaffen die Voraussetzungen für künftige Projekte der Industrie. Forschungszentren gibt es in: Braunschweig, Göttingen, Köln-Porz, Stuttgart, Oberpfaffenhofen, Lichtenau–Weilheim.
Insgesamt sind von den rd. 3200 Mitarbeitern rd. 1700 als Wissenschaftler bzw. wissenschaftliche Hilfskräfte tätig. Die DFVLR wurde 1969 gegründet.
Die Baumaßnahmen der DFVLR werden vom Bund mit 90 teilweise 100% im Wege von Zuwendungen finanziert und von einer eigenen Bauabteilung oder von freischaffenden Architekten geplant.

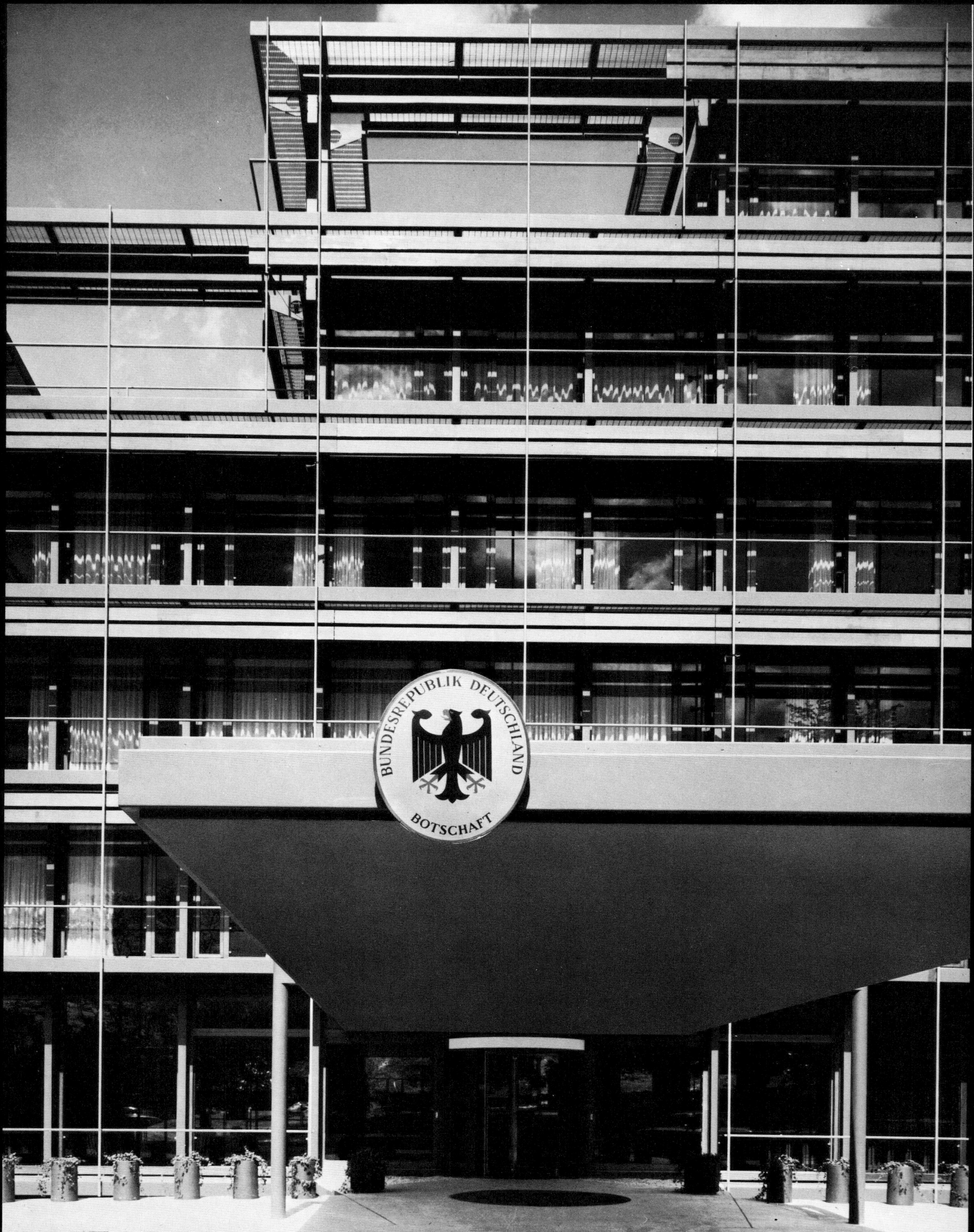
BUNDESREPUBLIK DEUTSCHLAND
BOTSCHAFT

Die Vertretungen im Ausland

Die Vertretungen im Ausland

Bei den Bauten des Bundes im Ausland handelt es sich vorrangig um Vorhaben der diplomatischen Vertretungen, der Deutschen Schulen und Kulturinstitute, aber auch der archäologischen, der historischen Institute und um Weltausstellungspavillons. Zu diesen von der Bundesbauverwaltung zu betreuenden Aufgaben gehören auch die Messen im Ausland, die technische und kirchliche Entwicklungshilfe und die Vorhaben des Volksbundes Deutsche Kriegsgräberfürsorge im Ausland (Zuwendungsmaßnahmen).

a) Der Auswärtige Dienst
Dem Auswärtigen Amt obliegt im Bereich der Exekutive die Lenkung und Koordinierung der Außenpolitik und des Verkehrs mit allen Mitgliedern der Völkergemeinschaft. Der Auswärtige Dienst verfügt gegenwärtig über 123 Botschaften, 59 Generalkonsulate, 7 Konsulate und 8 Vertretungen bei internationalen Organisationen.

In welchem Umfang sich der Auswärtige Dienst vergrößert hat, zeigt ein Rückblick auf den Zustand vor 100 Jahren. Damals gab es in Europa erst 16 Staaten, die untereinander diplomatisch vertreten waren. Insgesamt existierten auf der Welt 40 Staaten, die sich am diplomatischen Verkehr beteiligten. Heute sind es 161 Staaten. Zu 149 von ihnen unterhält die Bundesrepublik diplomatische Beziehungen. Die meisten von ihnen sind erst nach dem zweiten Weltkrieg entstanden. Dazu kommen die internationalen Organisationen, von denen heute 200 existieren. Diese Mehrung der Staatsgebilde bewirkte die enorme Ausweitung des diplomatischen Dienstes. Bismarcks Auswärtiges Amt in der Wilhelmstraße in Berlin, am 1. 1. 1870 gegründet, kam noch mit 345 Beschäftigten aus. Heute sind es rund 6500 Beschäftigte.

Das Deutsche Kaiserreich kannte 5 wichtige Auslandsmissionen: Wien, Paris, London, Petersburg und die Gesandtschaft bei der Hohen Pforte in Konstantinopel. Die Bauten der Botschaften (Residenz und Kanzlei) nehmen wegen ihres repräsentativen Anspruches einen besonderen Platz ein. Je nach den räumlichen Anforderungen und den Grundstücksverhältnissen werden alle Bereiche der diplomatischen Vertretung in einem oder in mehreren Gebäuden vorgesehen. In der Regel werden der Repräsentationsbereich, der private Wohnbereich und der Wirtschafts- und Personalbereich in einem Gebäude der Residenz untergebracht. Der Verwaltungsbereich erhält dann einen eigenen Gebäudetrakt, die Kanzlei. Die Räume im offiziellen Bereich der Residenz — Empfangsraum, Salons, Speiseraum — werden einander so zugeordnet, daß bei Empfängen eine Zirkulation möglich ist, das heißt, die Gäste können die Gesellschaft verlassen ohne nochmals am Begrüßungsplatz vorbeigehen zu müssen.
Dieses diplomatische Zeremoniell bestimmt den Entwurf der Repräsentation mit einer Folge fließender, großzügiger Räume.
Die Kanzlei ist nach heutiger Definition ein reiner Verwaltungsbau zur Unterbringung der einzelnen Geschäftsbereiche, die entsprechend dem betrieblichen Ablauf einander zugeordnet sind.

b) Das Goetheinstitut und seine Zweigstellen
Die kulturellen Beziehungen sind wichtige Brücken zu anderen Ländern. Ziel der Kulturpolitik: Förderung der Deutschen Sprache und Kultur im Ausland durch Begegnung, Information, Austausch und Partnerschaft. Der kulturelle Austausch zwischen der Bundesrepublik und dem Ausland vollzieht sich u.a. über das „Goethe Institut zur Pflege der deutschen Sprache im Ausland und zur Förderung der internationalen kulturellen Zusammenarbeit e.V." in München und seine 112 Zweigstellen und 20 Nebenstellen in 67 Ländern.
In den Zweigstellen werden allgemein ein Ausstellungsraum, ein Informationsraum, eine Bibliothek, Mediothek, ein Vortragssaal und Räume für den Sprachunterricht vorgesehen.

c) Auslandsschulen
Über die Aufgabe hinaus, die deutsche Sprache zu vermitteln, soll eine Auslandsschule die Möglichkeiten des Zusammenlebens von Kindern verschiedener Nationalitäten verbessern und neue Formen für diese Begegnung erarbeiten. Eine Auslandsschule ist daher nicht einer innerdeutschen Schule gleichzusetzen. Sie muß eine Form zwischen den Bedürfnissen einer Deutschen Schule und denen des Gastlandes finden.
Sie wird somit gleichsam zur Mittlerin zwischen zwei Nationen und Kulturen. Das bedeutet aber auch, Unterrichtsformen zu finden, die in starkem Maße auf die Individualität der Schüler Rücksicht nehmen.
Die Schüler werden so angeleitet, daß jeder bei dem hier möglichen vielfältigen Angebot und dem differenzierten Unterrichtssystem einen seiner Begabung, Neigung und Leistung gemäßen Schulabschluß erreichen kann.
Für die Schule in Barcelona wurde ein Typ gewählt, der später einmal eine Gesamtschule werden kann, während die Schule in Washington von vornherein als Gesamtschule gebaut worden ist.
Aus der Sicht eines Auslandspädagogen ist

„unsere Gesellschaft alles andere als uniformiert und gleichgeschaltet. In der Pflege gerade der Individualität liegt das wirksamste Erziehungsmittel gegen das Mechanische, das Vermassende. Das Ziel der Erziehung ist nicht nur Wissen zu vermitteln, sondern auch persönliches Wollen zu stärken, in einem Prozeß der Freimachung der Einzelpersönlichkeit....
Die Frage nach der rechten Or-

ganisation und nach der Demokratisierung einer Auslandsschule hat in den letzten Jahren im Mittelpunkt des öffentlichen Interesses gestanden. Demokratisierung der Bildung kann, wenn es mehr als ein politisches Schlagwort sein soll, wirklich ein Programm darstellen, das in der Geschichte der Schule ein Novum ist. Demokratisierung bedeutet als Zielvorstellung, daß einem Jeden, unabhängig von seiner gesellschaftlichen Eingliederung, die Bildungsmöglichkeiten unserer Zeit, entsprechend seinen Fähigkeiten, angeboten werden. Chancengleichheit bedeutet nicht gleiche Ausbildung für alle, sondern Ausbildung den Fähigkeiten entsprechend für jeden."
(Horst Breckwoldt)

Deutsche Botschaft Wien

Residenz, Kanzlei und Wohnungen für Bedienstete
Entwurf:
Architekt Prof. Rolf Gutbrod, Stuttgart (nach beschränktem Wettbewerb)
Bauleitung:
Bundesbaudirektion

Anstelle der zerstörten alten reichseigenen Botschaft wurde auf einem 5200 qm großen Grundstück im Diplomatenviertel eine neue Unterkunft für die Vertretung der Bundesrepublik errichtet.
Sie gliedert sich in 3 Gebäudegruppen.
Die Kanzlei im Winkel mit je einem sieben- und fünfgeschossigen Trakt. Die Residenz ist ebenfalls ein zum Innenhof geöffneter Winkelbau, der sich 3-geschossig an das Kanzleigebäude anlehnt. Im Erdgeschoß liegt die Halle mit Vortrags- und Konferenzsaal. Im 1. Obergeschoß liegen die Repräsentationsräume. Im 2. Obergeschoß befindet sich die Wohnung des Botschafters mit 3 Gästeappartements.
Das Wohnhaus für Beschäftigte mit 6 Geschossen und 3 Wohnungen ist von der Kanzlei und der Residenz getrennt; es deckt zugleich den störenden Nachbargiebel ab. Diese 3 Gebäudegruppen umschließen einen Terrassenhof mit Wasserbecken, Quellstein und steinerne Sitz-

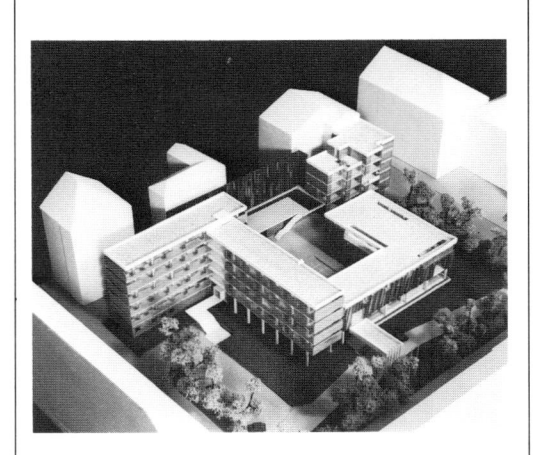

Deutsche Botschaft London

Zweiter Erweiterungsbau der Kanzlei
Entwurf:
Dr. Walter Betz und Dipl.-Ing. Bea Betz, München (nach beschränktem Wettbewerb)
Bauleitung:
Bundesbaudirektion

gruppen. Er ist durch eine hohe Wand gegen Einsicht von der Nachbarschaft abgeschirmt.

Ausführung:
Stahlbetonskelettbau mit Ziegelsteinausfachung, die konstruktiven Glieder in Sichtbeton. Fassaden in Naturstein (Muschelkalk und Quarzit)
Wohnhaus:
Putz – Sichtbeton.

Nutzflächen:
Residenz mit Wohnung: rd. 900 qm
Kanzlei: rd. 1700 qm
Umbauter Raum: rd. 28 000 cbm
Baukosten: rd. 7,0 Mio DM
Baubeginn: 1961/62
Fertigstellung: 1964/65

Die Botschaft liegt im Gebiet des im viktorianischen Stil erbauten Belgrave Square. Der Duke of Westminster hat die Gebäude der Botschaft für die Dauer von 82 Jahren an die Bundesrepublik verpachtet, mit der Möglichkeit, zusätzliche Bauten für Zwecke der Botschaft neben dem unter Denkmalschutz stehenden Gebäude der Residenz zu errichten. In den fünfziger Jahren wurden tiefgreifende Umbaumaßnahmen an der Residenz unter Belassung der Fassade durchgeführt und ein erster Kanzleibau angefügt. Der jetzige zweite Bauabschnitt stellt eine Erweiterung der vorhandenen Kanzlei dar.

Im Grundriß fällt die großräumig angelegte Warte- und Schalterhalle für die Rechts- und Konsularabteilung auf, die sich vom Untergeschoß bis ins Erdgeschoß erstreckt. Im 1. und 2. Obergeschoß befinden sich Büro- und Konferenzräume, im 3. Obergeschoß die Kantine. Im 4. Obergeschoß liegen die Räume der Technik, nach außen durch die dunkel gehaltenen Aufbauten gekennzeichnet.

Die Ansicht zum Belgrave Square ist rhythmisch gegliedert. Maßstäblich fügt sie sich dadurch harmonisch den Gegebenheiten des architektonischen Raumes ein.

Die Bronzeplastik – Große Flora – von Prof. König ist neben dem Haupteingang günstig plaziert; sie kommt gut zur Geltung und unterstreicht die Architektur.

Bauart:
Stahlbetonskelettbau mit Betonfertigteilen für die Fassade, mit weißem Anstrich in geforderter Anpassung an das „Belgrave-Weiß" der Nachbargrundstücke. Fenster in dunkel eloxiertem Aluminium.

Der Bau wurde mit dem ersten Preis des Britischen Betonvereins für 1978 ausgezeichnet. In der Bewertung des Preisgerichts heißt es: „Es handelt sich um ein ausgezeichnetes Beispiel bei der Anwendung von Beton als harmonische Einfügung in eine Nachbarschaft besonderer Prägung. Das Gebäude ist eine Bereicherung in einem Bezirk mit einer einheitlichen Bebauung von hohem Standard."

Baukosten:	20 Mio DM
Baubeginn:	1/1976
Fertigstellung:	10/1978

Deutsche Botschaft Washington

Neubau der Kanzlei
Entwurf:
Architekt Prof. Egon Eiermann
Bauleitung:
Bundesbaudirektion

Architekturpreise f. Prof. Egon Eiermann
1) „AISC 1965 Architectural Award of Excellence" durch das American Institute of Steel Construction, New York.
2) „Certificate of Merit for Excellence in Architecture" durch das Metropolitan Washington Board of Trade, Washington.

Das rund 6000 qm große Grundstück liegt nordwestlich des Stadtteils Georgetown in einer guten Wohngegend.
Die ungewöhnliche Entwurfslösung ist hervorzuheben. Mit seiner höchsten Höhe von sechs Geschossen im hinteren Bereich des Grundstücks und von zwei Geschossen an der fünfzehn Meter breiten Straße stuft sich das Gebäude zur Straßenfront hin ab. Die Architektur mit ihrem feinmaßstäblichen Linienwerk aus dünnem Stahl entwickelt sich folgerichtig aus dem strukturellen System des Stahlskeletts. Sie verbindet sich mit der Landschaft und ihrem Baumbestand. Das Haus hat Würde und Eleganz.
Die äußeren Bauelemente bestehen aus Ziegelmauerwerk, grau gestrichenem Stahl, hellem, naturbelassenem Holz der Fenster und Sonnenblenden. Die Materialien im Äußeren sind auch im Innern des Gebäudes vorhanden. Ziegelmauerwerk für die Wände der Eingangshalle, des Auditoriums — etwas tiefer liegend als die Halle —, der Cafeteria und des Gebäudekerns. Für die Stützen und Verkleidungen dunkelgrau gestrichener Stahl bzw. dunkelgrau eloxiertes Aluminium. Für die Decken in der Eingangshalle und im Auditorium Naturholz. Fußböden aus kleinen, farbigen Plättchen aus Ton dort, wo auch Ziegelwände ausgeführt wurden. Die Büros erhielten geputzte helle Wände und Decken sowie Fußböden aus Gummi.

Geschoßflächen:	rd 9000 qm
(140 Büroräume)	
Baukosten:	rd. 6 Mio DM
	(3,3 Mio Dollar)
Baubeginn:	1964
Fertigstellung:	1966

Deutsche Botschaft Montevideo Uruguay

Neubau der Kanzlei
Entwurf und Bauleitung:
Bundesbaudirektion

Das Grundstück, lediglich 2500 qm groß, hat eine bevorzugte Lage an der Uferstraße des Rio de la Plata. Der stark gegliederte Bau orientiert sich nach dieser Seite und verdeckt die an der rückwärtigen Grenze bestehende häßliche Sporthalle.
Der Künstler O. H. Hajek, Stuttgart, gestaltete starkfarbige, architekturplastische Elemente in unmittelbarer Verbindung mit dem Gebäude. Im Vorfahrtsbereich sind es verschiedenfarbige Pflasterungen und eine Brunnenanlage, am Saal ein Fries – reliefartig durchgebildet – davor eine farbige Betonstele; im Eingang und Foyer teils plastische, teils graphische Oberflächengestaltung der Wände. (S. hierzu auch 12. Kap.)

Nutzflächen einschl.
3 Wohnungen u. Saal
(150 Pers.) rd. 2900 qm
Bauvolumen: rd. 10000 cbm
Baukosten: rd. 3,6 Mio DM
Baubeginn: 1971
Fertigstellung: 1974

Deutsche Botschaft Brasilia

Entwurf:
Arch. Prof. Dr.-Ing. Hans Scharoun
Bauleitung:
Bundesbaudirektion

Als der Portugiese Cabral nach Indien unterwegs war und unverhofft auf Land stieß, nannte er es „Insel des Wahren Kreuzes". Dann setzte er seine Route fort, ohne zu ahnen, daß er Brasilien entdeckte, das heute viertgrößte Staatsgebilde der Erde, in dem die Bundesrepublik fünfunddreißigmal Platz finden würde. Vierhundertsechzig Jahre später, am 21. April 1960 landeten auf einer improvisierten Rollbahn im grünen Herzen dieses Landes pausenlos Flugzeuge. Zehntausend Menschen waren es, die an diesem Tage Rio de Janeiro als Hauptstadt entthronten und die neue Hauptstadt Brasilia gründeten.

Bereits 1789, als Brasilien noch portugiesische Kolonie war, stand das Vorhaben auf dem Programm der Vorkämpfer für die Unabhängigkeit. Aber erst dem von 1957 bis 1961 amtierenden Präsidenten Kubitschek blieb es vorbehalten, den alten brasilianischen Traum zu verwirklichen. Auf einem trostlosen Savannenstück in Goias wurde im Jahre 1957 eine Feldmesse zelebriert und damit dem Beispiel der Entdecker gefolgt, die jede Neugründung, jede „Terra Nova" unter das „Zeichen des Wahren Kreuzes" stellten. Es wurde ein Ideenwettbewerb ausgeschrieben, den der Brasilianer Lucio Costa gewann. Sein Plan war verblüffend einfach. Er

„Plano piloto" von Brasilia

ging vom ursprünglichen Zeichen aus, mit dem ein Platz gekennzeichnet wurde, von dem man Besitz ergreifen wollte: Zwei Achsen, die sich im rechten Winkel kreuzen – einem Kreuz –. Da der Grundriß auch dem eines Flugzeuges glich, bürgerte sich die Bezeichnung „Plano Piloto" ein.
Der „Plano Piloto" sah vor, daß an der Längsachse die öffentlichen „Blocos" der Regierungs- und Kulturviertel, der Vergnügungs- und Bankenviertel und an der leicht abgewinkelten Querachse die Wohnviertel liegen sollten, mit jeweils vier „Superquadras" als Einheit. Unterhalb dieser Superquadras, zum Stausee hin, wurden die Grundstücke für die Auslandsvertretungen ausgewiesen.
Das Material für den Bau der neuen Stadt wurde über Tausende von Kilometern auf Lastwagen herangeschafft.

Die von Scharoun entworfene Botschaft – Residenz, Kanzlei, Dienstwohnungen – steht als Bau im Gegensatz zu den großen kubischen Formen der von Oskar Niemeyer entworfenen Gebäude dieser „Stadt aus der Retorte". Residenz und Kanzlei sind über eine Brücke miteinander verbunden. Die Anpassung an die Geländestruktur führte im Inneren, besonders im Bereich der Residenz, zu einer bewegten Gliederung und zu fließenden Raumgruppen, die sich in ihrer Großzügigkeit für repräsentative, festliche Veranstaltungen besonders gut eignen. In den Garten herunterführende Treppen und Terrassen sowie die Gartengestaltung von Burle Marx setzen den Baugedanken Scharouns fort. Der Bildhauer G. F. Ris hat mit seinen drei verschieden großen zylindrischen Stelen aus Edelstahl und geformtem Plexiglas einen wirkungsvollen Gegensatz zu der

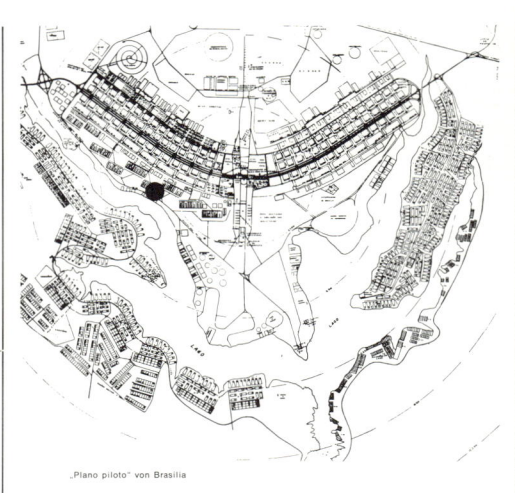

Architektur und Landschaftsgestaltung hergestellt. (s. hierzu auch 12. Kap.)
Die Fassaden der Residenz und der Kanzlei erhielten eine vorgehängte Natursteinverkleidung aus rotem Sandstein. Die Außenwände der Wohngebäude wurden zweischalig mit roten Verblendziegeln ausgeführt. Brüstungen und Gesimse sind mit Leichtmetallelementen verkleidet.
Beim Bau der Kanzlei wurde die schräg nach vorn ausladende Leichtmetallbrüstung durch eine „brise soleil" verlängert, die zusammen mit den Jalousetten einen ausreichenden Sonnenschutz gewährleistet. Fenster und Türen wurden in Leichtmetall ausgeführt.
Die Repräsentationsräume der Residenz erhielten einen Fußbodenbelag aus weißem Marmor, die privaten Räume Spannteppich. Für sämtliche Türen und Einbauschränke ist Pau-Ferror (Indienpalisander) verwendet worden.
Außer G. F. Ris haben Prof. Koenig und Prof. Schumacher künstlerische Beiträge geliefert. Wandteppiche nach Entwürfen von Quinte, Öhm und Baumann schmücken die Empfangsräume und den Speisesaal.

Nutzflächen:
Residenz	rd. 1 530 qm
Kanzlei	rd. 3 000 qm
Wohngebäude	rd. 540 qm
Bauvolumen:	rd. 10 600 cbm
Baukosten:	11,4 Mio DM
Baubeginn:	1968
Fertigstellung:	1971

Deutsche Botschaft Teheran/Iran

Entwurf:
Architekten Au und Malisch, Mannheim (nach beschränktem Wettbewerb)
Bauleitung:
Bundesbaudirektion

Auf dem parkartigen Grundstück – 53000 qm groß – wurden getrennte Bereiche für die Residenz, das Wohnhaus des Botschaftsrats und für die Dienerquartiere ausgewiesen. Auch der Standort für den zu einem späteren Zeitpunkt zu erwartenden Kanzlei-Neubau wurde berücksichtigt.
In Anpassung an die benachbarte villenartige Wohnhausbebauung orientiert sich der Residenzneubau zum Park hin, mit Blick zum Elbrus-Gebirge.
Der offizielle Teil befindet sich im Erdgeschoß. Um die Eingangshalle sind die Empfangsräume, das Damen- und Herrenzimmer sowie das Speisezimmer gruppiert. Im Obergeschoß liegt die Botschafterwohnung. Gästezimmer im Erd- und Obergeschoß.
Ausführung:
Stahlbeton und Mauerwerk, Ziegelsichtmauerwerk, Aluminiumfenster, Natursteinböden, Textilauslegware. Teilklimatisierung und Einzelgeräte. Eigene Trinkbrunnenanlage.

Nutzfläche:	rd. 850 qm
Bauvolumen:	rd. 11 500 cbm
Baukosten:	rd. 8,6 Mio DM
Baubeginn:	1972
Fertigstellung:	1977

Deutsche Botschaft Bangkok Thailand

Entwurf und Bauleitung:
Bundesbaudirektion

Bangkok liegt am Golf von Siam. Sie ist die Metropole eines monarchistisch regierten Landes, das in der Vergangenheit an den Grenzen ehemals englischer und französischer Interessengebiete niemals Kolonie gewesen ist.
Das Grundstück — im Diplomatenviertel gelegen — auf dessen rückwärtigen Teil sich die Residenz befindet, ist ein großer Park. Alter Baumbestand, tropische Pflanzen, im Ganzen eine üppige Vegetation, die mit den das Grundstück begrenzenden Klongs, den Wasserläufen, das Landschaftsbild bestimmen.
Die Front an der Hauptstraße ist verhältnismäßig schmal, sie beträgt 32 Meter und erst im rückwärtigen Bereich öffnet sich das Grundstück zur vollen Breite von 105 Meter. Um Residenz und Garten möglichst ungestört zu belassen, wurden die Neubauten im mittleren Bereich angeordnet. Der Neubau der Kanzlei wendet sich dem Besucher mit seiner Hauptfront zu. Das Wohn-Dienstgebäude wurde zwischen Residenz und Kanzlei zurückgesetzt. Zur Kennzeichnung der Botschaft von außen her, wurden Tor und Einfriedung in einprägsamer Weise künstlerisch gestaltet. Konstruktion in Stahlbeton. Unter Berücksichtigung der tropischen Klimaverhältnisse mit Temperaturen von + 20° bis + 40° Celcius und einer relativen Feuchte von durchschnitlich 85 bis 95 % wurden die Fassaden entsprechend ausgebildet. Vorgehängte Betonplatten — weiß gestrichen —, Leichtmetallblenden. Vorgehängte, hinterlüftete Verkleidung aus weißen Eternitplatten. In den Fensterbrüstungen jedes Büroraumes Einzelklimageräte.

Nutzflächen:	rd. 1 040 qm
Bauvolumen:	rd. 9 600 cbm
Baukosten:	rd. 3,4 Mio DM
Baubeginn:	1972
Fertigstellung:	1974

Deutsche Botschaft Seoul Süd-Korea

Entwurf und Bauleitung:
Bundesbaudirektion

Am Rande der wohl zur Zeit dynamischsten Metropole im Fernen Osten, der Hauptstadt Seoul, die ihre Silhouette in den letzten zehn Jahren durch Hochhäuser mit über 30 Stockwerken verändert hat und über sieben Millionen Einwohner zählt, liegt in dem ruhigen Vorort Song buk Ding das 6800 m große Grundstück für die Residenz.
Der Neubau enthält die offiziellen Empfangsräume und den privaten Wohnteil des Botschafters. In einem separaten Gebäude sind die Hausmeisterwohnung und die Dienerquartiere untergebracht. Im Entwurf wurde die starke Hanglage in einer bewegten Hügellandschaft gestalterisch berücksichtigt. Der Repräsentationsbereich im Erdgeschoß mit großer Terrasse und Garten ist nach Süden orientiert. Von hier aus gibt es einen einzigartigen Blick auf die Landschaft und die Hauptstadt Seoul.

Für die Ausstattung wurden Bilder von Paul Uwe Dreyer, Max Kaminski, Klaus Fusmann und ein Wandteppich von L. Rietz-Ebelt gewählt.
Konstruktion in Stahlbeton. Tragendes Ziegelsichtmauerwerk. Sichtbeton, Schiefereindeckung, dunkel gebeizte Holzfenster, Fußböden in Parkett und Naturstein.
Unter Berücksichtigung der klimatischen Verhältnisse – sehr heiße Sommer bis 40 Grad C und Luftfeuchtigkeit um 90% sowie kalte, trockene Winter – wurden sämtliche Räume voll klimatisiert.

Empfangsräume:	rd. 460 qm
Wohnräume:	rd. 220 qm
Umbauter Raum:	rd. 6000 cbm
Baubeginn:	12/1974
Fertigstellung:	10/1976

Goethe-Institut London

Entwurf:
Bundesbaudirektion
Bauleitung:
Bundesbaudirektion mit Architekt Dr. Marmorek, London

Durch die Verbindung zweier unmittelbar benachbarter Grundstücke konnte sich das Institut räumlich erweitern. Die alten, unter Denkmalschutz stehenden Fassaden aus der viktorianischen Zeit durften nicht verändert werden.
Für die Ausgestaltung der Räume wurden Kunstwerke der Künstlerinnen Bauermeister (Stele) und Schäffler-Wolf (Gobelin) sowie ein Bild des Malers Georgi erworben.

Gesamtkosten:	rd. 4,7 Mio DM
Baubeginn:	1975
Fertigstellung:	1978

Goethe-Institut Seoul Süd-Korea

Entwurf und Bauleitung:
Bundesbaudirektion

Der Neubau wurde großzügig, offen und einladend entworfen. Die Eingangshalle ist gleichzeitig auch Ausstellungsraum. Die anschließenden Räume – Informationszentrum und Bibliothek – sind die Orte der Begegnung mit dem Gast.
Bedingt durch die starke Hanglage (14,0 m) ist die Raumfolge fließend über mehrere Stufen. Dem Empfangsbereich schließt sich über eine breite Treppe der Vortragssaal an, der sich zu einer Dachterrasse hin öffnet. In den weiteren Ebenen des abgestuften Baues befinden sich die Fachklassen, das Sprachlabor und die Verwaltungsräume. Sämtliche Räume sind über den Haupteingang durch interne Flure und Treppen zu erreichen.
Das Interesse des Koreaners an Deutschland und seiner Kultur, insbesondere an der Musik und Literatur ist außergewöhnlich. Ähnlich geht es uns mit Korea. Das Goethe-Institut möchte diesen besonderen Interessen gerecht werden.
Die Lebensanschauungen der Asiaten sind für uns fremdartig geblieben. Für den Asiaten ist nicht der einzelne Mensch Mittelpunkt des geschichtlichen, geschweige denn des kosmischen Geschehens. Der Einzelne kommt und geht, so sagt man in Asien, was bleibt sind die Kräfte der Natur und die Geister der Toten. Mit Zauberformeln, Bildern und Statuen werden die Geister beschworen. Die Sakralbronzen haben eine besondere magische Bedeutung, weil Bronze die Macht hat, unheilvolle Einflüsse aus dem Kosmos abzuwehren. Der Geisterkult übertrug sich über Jahrhunderte auf das tägliche Leben der Menschen bis in die Gegenwart hinein. Noch heute fordert kein Koreaner das Schicksal heraus. Vor jedem wichtigen Ereignis des Lebens, auch zum Beispiel beim Neubau eines Gebäudes, werden Astrologen oder Wahrsager befragt, die ihre Weisheit aus dem Buch der Weisen schöpfen, das orientalische Philosophie und konfuzianisches Gedankengut zum Inhalt hat.
Auch beim Neubau des Goethe-Institutes wurde zu Beginn der Baumaßnahme nach altem Ritus ein Astrologe eingeschaltet.

Grundstücksgröße:	2160 qm
Baukosten:	rd. 4,7 Mio DM
Baubeginn:	1976
Fertigstellung:	1978

Informations- zentrum mit Generalkonsulat Zagreb Yugoslawien

Entwurf und Bauleitung:
Bundesbaudirektion

Das Grundstück liegt an der Hauptstraße des Verwaltungs- und Hochschulviertels.
Das Informationszentrum hat im Erdgeschoß die der Öffentlichkeit zugängliche Bibliothek, den Leseraum, das Ausstellungsfoyer und den Konzertsaal. Im Obergeschoß liegt die Verwaltung.
Im Eingangsbereich der Kanzlei des Generalkonsulats und im Foyer des Informationszentrums wurden raumhohe Stelen, aus einzelnen Plexiglaselementen künstlerisch gestaltet, aufgestellt. (Künstler: Dr. Luther, Krefeld).

Ausführung:
Stahlskelettbau mit Natursteinverkleidungen aus örtlichem Material. Leichtmetallfenster dunkel eloxiert.

Nutzfläche Kanzlei:	rd. 1 865 qm
Informationszentrum:	rd. 1 849 qm
Baukosten:	rd. 6,7 Mio DM
Baubeginn:	1975
Fertigstellung:	1977

Deutsche Schule in Brüssel Belgien

Entwurf:
Architekt Prof. Dipl.-Ing. K. Otto,
(n. beschr. Wettbewerb)
Bauleitung:
Bundesbaudirektion

Wegen des knapp bemessenen und stark ansteigenden Geländes bot sich ein zusammenhängender nach Raumfunktionen gegliederter und in seinen Baumassen differenzierter Baukörper an. Dadurch wurde die städtebauliche Einbindung in die niedrige umgebende Bebauung erreicht.

Der 2–3-geschossige Hauptbau bildet das Zentrum der Anlage. Hierin sind die Oberschulklassen und die Fachräume sowie die Räume der Verwaltung untergebracht. Grundschule und Kindergarten bilden eine 1-geschossige Raumgruppe. Die Schule kann insgesamt 640 Schüler aufnehmen.

Für die Ausführung wurde — auch mit dem Ziel der Bauzeitverkürzung — eine Fertigbauweise mit einem Grundraster 1 × 1 m und einem Höhenraster 60 cm gewählt. Die Plastik am Eingang der Schule hat der Berliner Bildhauer Henner Kuckuck geschaffen.

Aufgrund der ständig steigenden Schülerzahl wurde mit einem Erweiterungsbau auf der gegenüberliegenden Straßenseite begonnen.

Grundstücksgröße:	15 400 qm
Umbauter Raum:	29 774 cbm
Baukosten:	rd. 7,6 Mio DM
Baubeginn:	1968
Fertigstellung:	1969/70

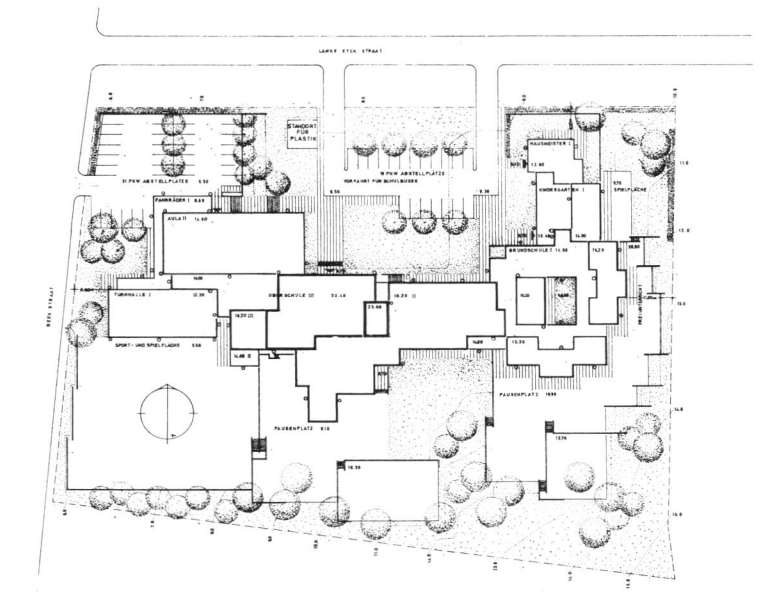

Deutsche Akademie Villa Massimo Rom

Herrichtung der 10 Studios, des Gästehauses und des Hauptgebäudes
Entwurf und Bauleitung:
Bundesbaudirektion

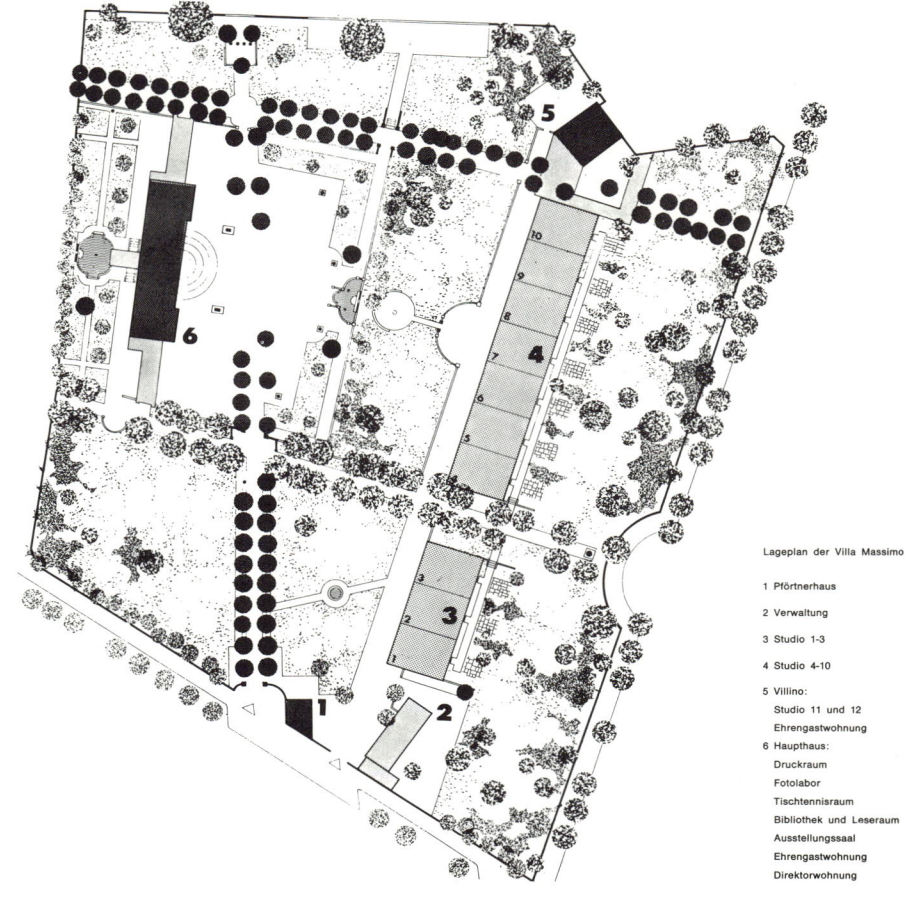

Lageplan der Villa Massimo

1 Pförtnerhaus
2 Verwaltung
3 Studio 1-3
4 Studio 4-10
5 Villino:
　Studio 11 und 12
　Ehrengastwohnung
6 Haupthaus:
　Druckraum
　Fotolabor
　Tischtennisraum
　Bibliothek und Leseraum
　Ausstellungssaal
　Ehrengastwohnung
　Direktorwohnung

1910 stiftete der Industrielle Eduard Arnhold dem preußischen König die „Villa Massimo" in Rom mit Grundstück und 10 Ateliers, damit in ihr mit dem „Rom-Preis" ausgezeichnete bildende Künstler der Preußischen Akademie der Künste in Berlin untergebracht werden können. Während beider Weltkriege wurde die „Villa Massimo" jeweils beschlagnahmt, einige Zeit später aber wieder freigegeben. Nach der Auflösung Preußens wird die VM entsprechend dem Schenkungszweck jetzt vom Bund betrieben, während die Länder den Studiengästen finanziell helfen.
Die VM nennt sich Akademie nur, weil ähnliche Institute anderer Länder seit ihrer Gründung auch so heißen. Eine Akademie im eigentlichen Sinne einer Ausbildungsstätte ist sie nicht. Ihre Aufgabe liegt auch nicht darin, deutsche Kunst im Ausland zu repräsentieren oder gar deutsche Kulturpolitik im Ausland zu betreiben. Dafür bestehen andere Institutionen.

Die „Villa Massimo" in Rom ist eines der zahlreichen deutschen Institute, die in Rom vertreten sind. Neben dem Deutschen Archäologischen Institut, dem Deutschen Historischen Institut und dem Goethe-Institut „Biblioteca Germanica" als staatlichen Einrichtungen der Bundesrepublik, gibt es wissenschaftliche und kulturelle Institutionen der Gesellschaften und der Kirche. (Max Planck-Institut für Kunstwissenschaften, Biblioteca Hertziana, die Studien-Kollegs am Campo Santo Teutonica, das Collegium Germanicum-Ungaricum).

Die „Villa Massimo" hat ihre spezielle Aufgabe. Neben Ehrengästen soll sie jedes Jahr 10 Maler, Bildhauer, Architekten, Schriftsteller und Komponisten aufnehmen. Diese Studiengäste werden von den Regierungen der deutschen Länder vorgeschlagen und durch eine unabhängige Jury ausgewählt. Das Stipendium dauert 10 Monate, die Familie ist in dem Aufenthalt in Rom einbegriffen. In der „Villa Massimo" standen bisher ein Atelierhaus, dazu Gemeinschaftsräume und ein großer Park zur Verfügung. Als die Akademie im Jahre 1957 wieder eröffnete, wurde der Kreis der Studiengäste erweitert. Ursprünglich nur für Maler und Bildhauer eingerichtet, kamen nun Musiker, Schriftsteller und Architekten hinzu. Um berufs- und familiengerechte Wohnungen zu schaffen, wurden bauliche Veränderungen durchgeführt; sie wurden 1977 abgeschlossen. Die Baukosten betrugen rd. 4,0 Mio DM.

„Ich glaube"...so sagte ein ehemaliger Stipendiat, „daß Institutionen wie die „Villa Massimo" immer wichtiger werden, weil sie Künstlern Spielraum geben...zur Muße, zum Sich-selbst-ausprobieren, zum Entfalten ohne den Marktzwang, mit dem die freie Entwicklung der Künste immer mehr eingeengt wird."

Deutsche Schule Barcelona

Entwurf:
Architekten Dipl.-Ing. Hans Joachim Pysall, Berlin, und Dipl.-Ing. Eike Rollenhagen, Berlin, (nach beschränktem Wettbewerb)
Bauleitung:
Bundesbaudirektion

Die Schulanlage liegt rd. 8 km vom Stadtzentrum entfernt an der Peripherie der Stadt Barcelona, im Gemeindebezirk Municipal de Esplugas.
Die Haupterschließung der Schule erfolgt von Norden über die Hauptstraße Avenida de Jacinto Esteva und führt über einen als Eingangsbezirk gestalteten Vorhof zum Haupteingang.
Das Grundstück – 32000 qm groß – steigt von Süden nach Norden etwa 8 m an.
Die Schule wurde als deutsch-spanische Begegnungsstätte für ca. 2500 Schüler errichtet. Neben dem Schulbereich – Grund-Real und Gymnasialstufe – liegt ein Kindergarten für ca. 500 Kinder.
Von der zentralen Eingangs- und Pausenhalle aus, die die allgemeinen Unterrichtsräume, Fachräume, Sportbereiche und Pausenplätze erschließt, hat man einen weiten Blick in die Landschaft.
Um einen größeren Flurbereich gruppieren sich die Klassenräume die – falls später erforderlich – durch Falt- und Schiebewände zu Räumen unterschiedlicher Größe zusammengefaßt werden können. Durch die Wahl des Konstruktionssystems (Skelettbau) ist die Möglichkeit der Anpassung an veränderte Lehrmethoden gegeben.
Die Aula wurde als besonders gestalteter Baukörper in den Gesamtkomplex einbezogen; gute Erschließung auch bei außerschulischen Veranstaltungen. Der Innenraum ist so gestaltet, daß kirchliche und kulturelle Veranstaltungen der Schule und der deutschen Gemeinde möglich sind.
Der Kindergarten ist in die landschaftlich reizvolle Nordwestecke gelegt worden.
Unter Ausnutzung des Geländegefälles sind alle Gruppenräume nach Süden geöffnet. Der Gemeinschaftsraum im Zentrum hat versetzte Ebenen (für Theater und Spiel günstig).
Die künstlerischen Beiträge sind überzeugend dem Bau eingefügt worden.
Auf dem Vorplatz befinden sich vertikale Alu-Elemente, an deren Enden sich horizontale, geneigte Flächenelemente im Winde bewegen. (Künstler: Hein Sinken, Berlin.)
Im Foyer zur Aula vermittelt das große Wandbild „Tanzender Reigen" Lebensfreude. (Künstler: Herbert Schneider, München.)
Geglückte Beiträge, in die ebenso auch das vom Architekten entworfene, starkfarbige Leitsystem im Innern einzubeziehen ist (s.a. 10. Kapitel).

Umbauter Raum:	rd. 73000 cbm
Gesamtkosten:	rd. 30 Mio DM
Baubeginn:	1972
Fertigstellung:	1977

EINGANGSGESCHOSS

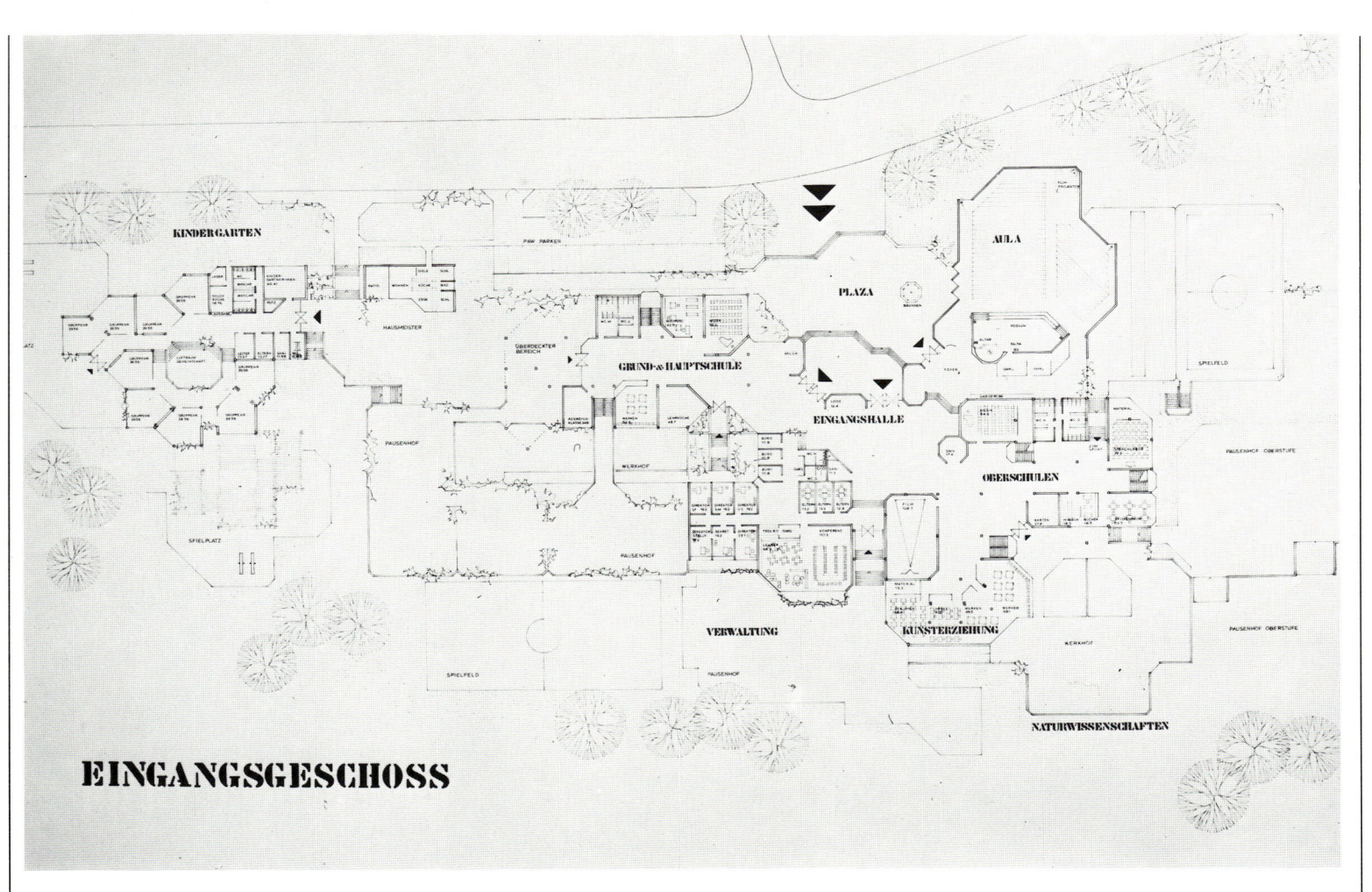

Deutsche Schule Washington

Entwurf:
Architektengemeinschaft Bassenge, Puhan-Schulz, Prof. Schreck
Bauleitung:
Bundesbaudirektion

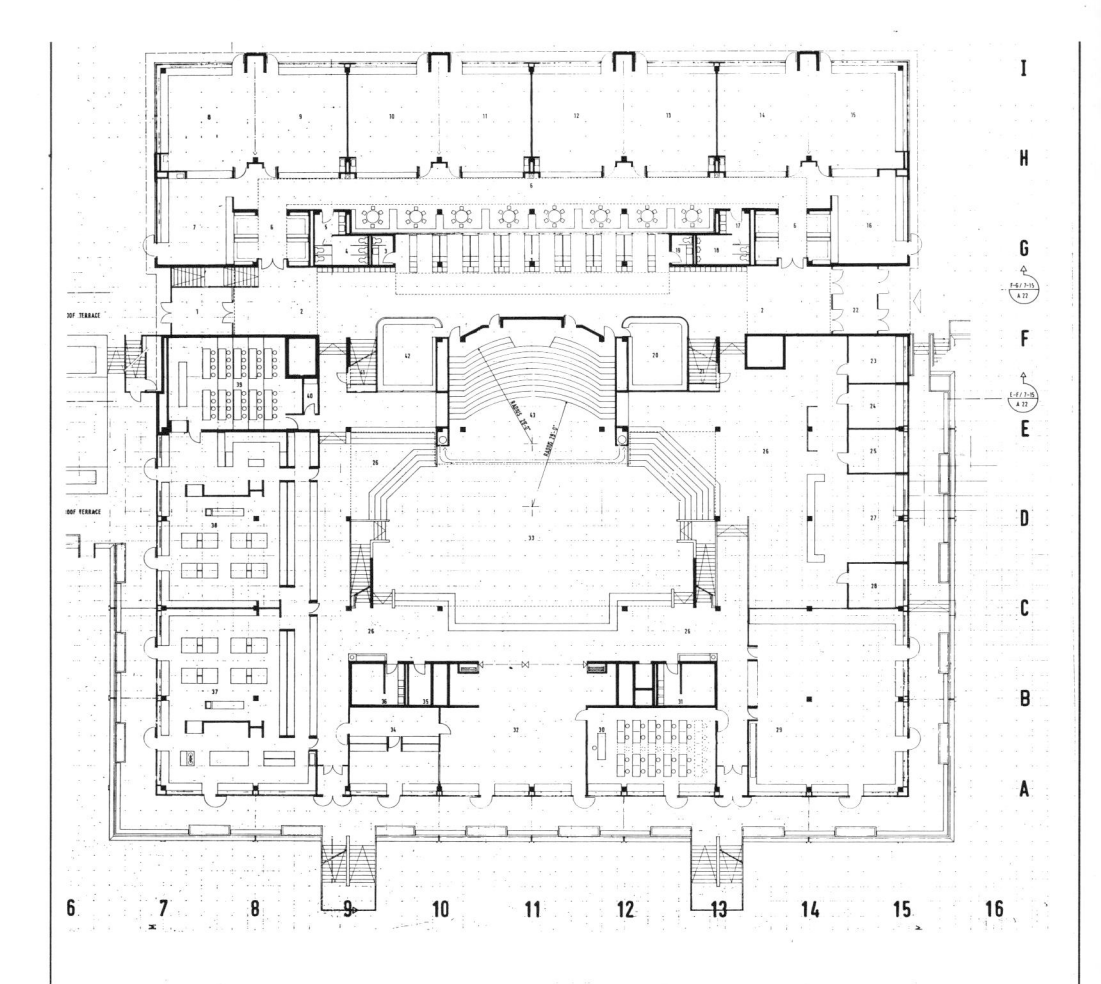

Die entwurfliche Leitidee „Partnerschaft" bedeutete, daß die Lehrer nicht mehr nur Vertreter staatlicher Autorität sind, sondern ebenso erfahrene Weggefährten der Kinder auf dem Wege zur Entfaltung ihrer individuellen Persönlichkeit.
Es wurden fließende Raumgruppen entworfen, sie sollen spielerisches, freudiges, zwangfreies, rücksichtsvolles Leben und Lernen ermöglichen und fördern.
Die Gesamtanlage besteht aus der Grundschule, der Oberschule mit Turnhalle, der Gymnastikhalle, dem Lehrschwimmbecken und dem Kindergarten, der einen eigenen Bereich bildet.
Die Grundschule liegt auf dem Niveau des Haupteingangs, während sich die Oberschule – der Hanglage angepaßt – über mehrere Ebenen entwickelt. Die zentral angeordnete Halle dient Großveranstaltungen sowie der Orientierung und der Gruppenbildung.
Der Musiksaal ist ihr als Bühne zugeordnet. Um diesen Zentralbereich herum liegen Unterrichtsräume, Verwaltung, Bibliothek und Lehrerräume.
Die Planung berücksichtigte über das Programm hinaus bereits Kriterien, die im Hinblick auf den angestrebten Gesamtschulcharakter zu beachten waren, u.a. Herstellung flexibler Raumgrößen durch versetzbare Trennwände.
Die verschiedenen Aktivitäten des Schulablaufes wurden zu Gunsten einer Überschaubarkeit soweit wie möglich in einem Großraum zusammengefaßt.
Diese Konzentration führte zu kurzen Wegen innerhalb des Gebäudes, wobei geräuschvolle Tätigkeiten in die Außenzone gelegt wurden. Aus der Summe der störungsarmen Betätigungen bildete sich eine bewegte Großraumlandschaft. Die Halle in der Mitte ist der Schnittpunkt aller Aktivitäten. Sie ist nicht nur für Schulzwecke nutzbar, sondern soll auch gewisse Aufgaben im deutschen Kulturleben Washingtons übernehmen.

Bemerkenswert sind die Arbeiten des Künstlers S. Kischko, Berlin. Architekten und Künstler waren sich einig, keine Kunst am Bau im Sinne des nachträglich Aufgesetzten, des dekorativ Hinzugefügten als ästhetische Zugabe zu verstehen. Ausgangspunkt aller Vorstellungen war, eine möglichst starke Integration des bildnerischen Designs mit der Architektur und der pädagogischen Struktur der Schule zu erreichen. Das bedeutete Verzicht auf ambitiöse künstlerische Selbstdarstellung. Für alle Bereiche wurde ein System von Orientierungs- und Identitätszeichen geschaffen, das sich aus Buchstaben, Zahlen, geometrischen Zeichen und bildhaften Symbolen zusammensetzt.

Schülerzahl:	650
Grundstücksgröße:	68 500 qm
Nutzfläche:	rd. 11 430 qm
Bauvolumen:	rd. 46 500 cbm
Baukosten:	rd. 20 Mio DM
Baubeginn:	1970/1973
Fertigstellung:	1975

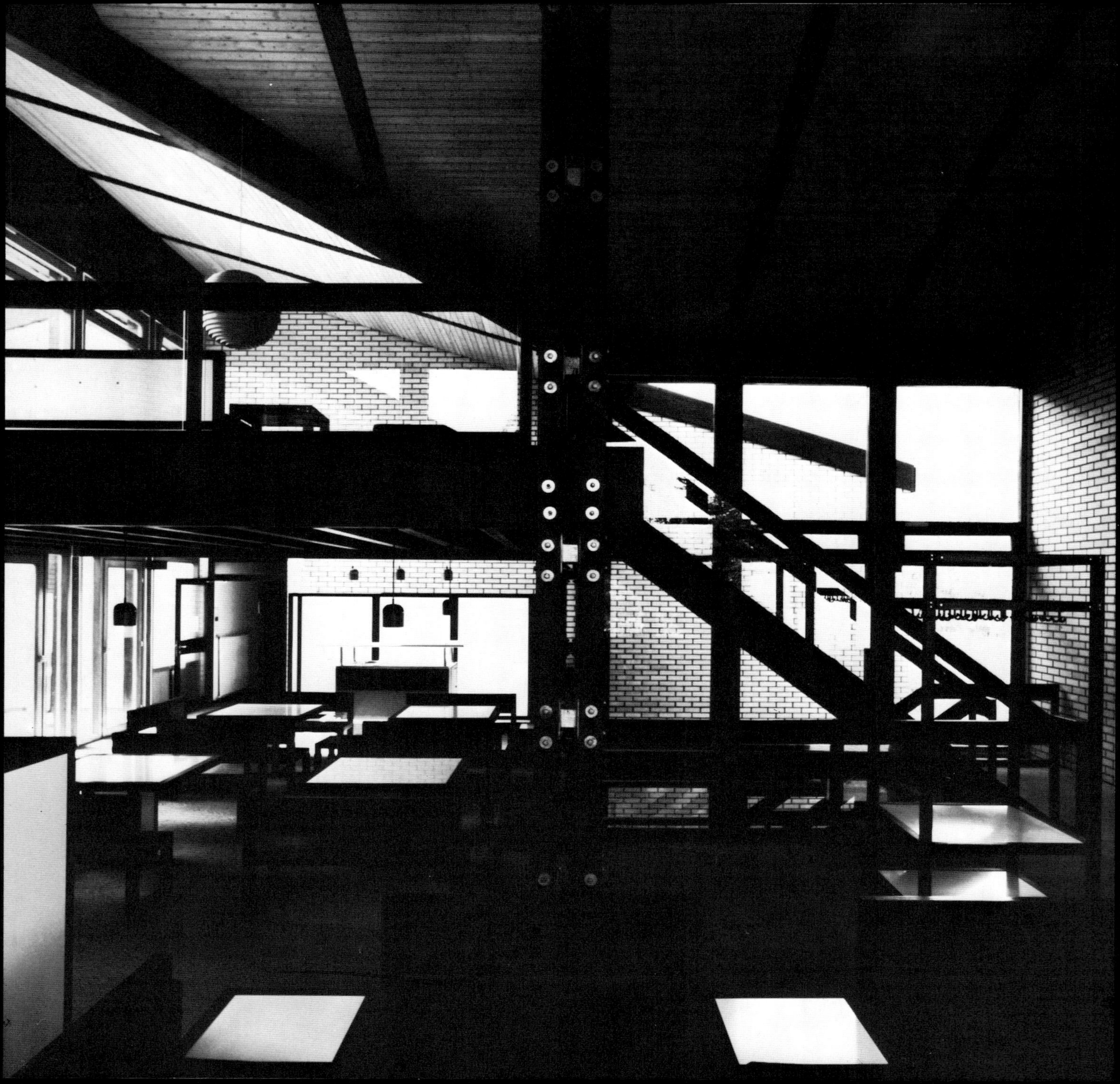

Ausbildungsstätten des Bundes 6

Ausbildungsstätte für den Auswärtigen Dienst Bonn

Entwurf:
Architekten: Dipl.-Ing. van Dorp, Dipl.-Ing. Hautz, Bonn
(Nach beschränktem Wettbewerb).
Bauleitung:
Bundesbaudirektion

Die Ausbildungsstätte ist für Anwärter des mittleren, gehobenen und höheren Dienstes bestimmt. Für etwa 200 Nachwuchskräfte ist eine internatsmäßige Unterkunft möglich.
Am Rande des Naturschutzparkes Kottenforst wurde der Neubau als 4-geschossige, kreuzförmige Anlage errichtet, deren Gebäudeflügel geschoßweise abgestuft wurden — eine Bauform, die den Anforderungen an den Landschaftsschutz entgegen kam.
Das Haus ist sehr übersichtlich gegliedert. Im Erdgeschoß befinden sich die Lehrsäle, die Bibliothek, der Gesellschaftsbereich mit Speisesaal sowie die Verwaltung. Die Obergeschosse dienen ausschließlich dem Wohnen. 195 Einzelappartements von je 15,4 qm Größe sowie 14 Doppelappartements von je 24 qm Größe, alle mit Dusche, WC, Waschbecken. Das Erdgeschoß ausge-

Plastik Prof. Wilhelm Loth, Karlsruhe

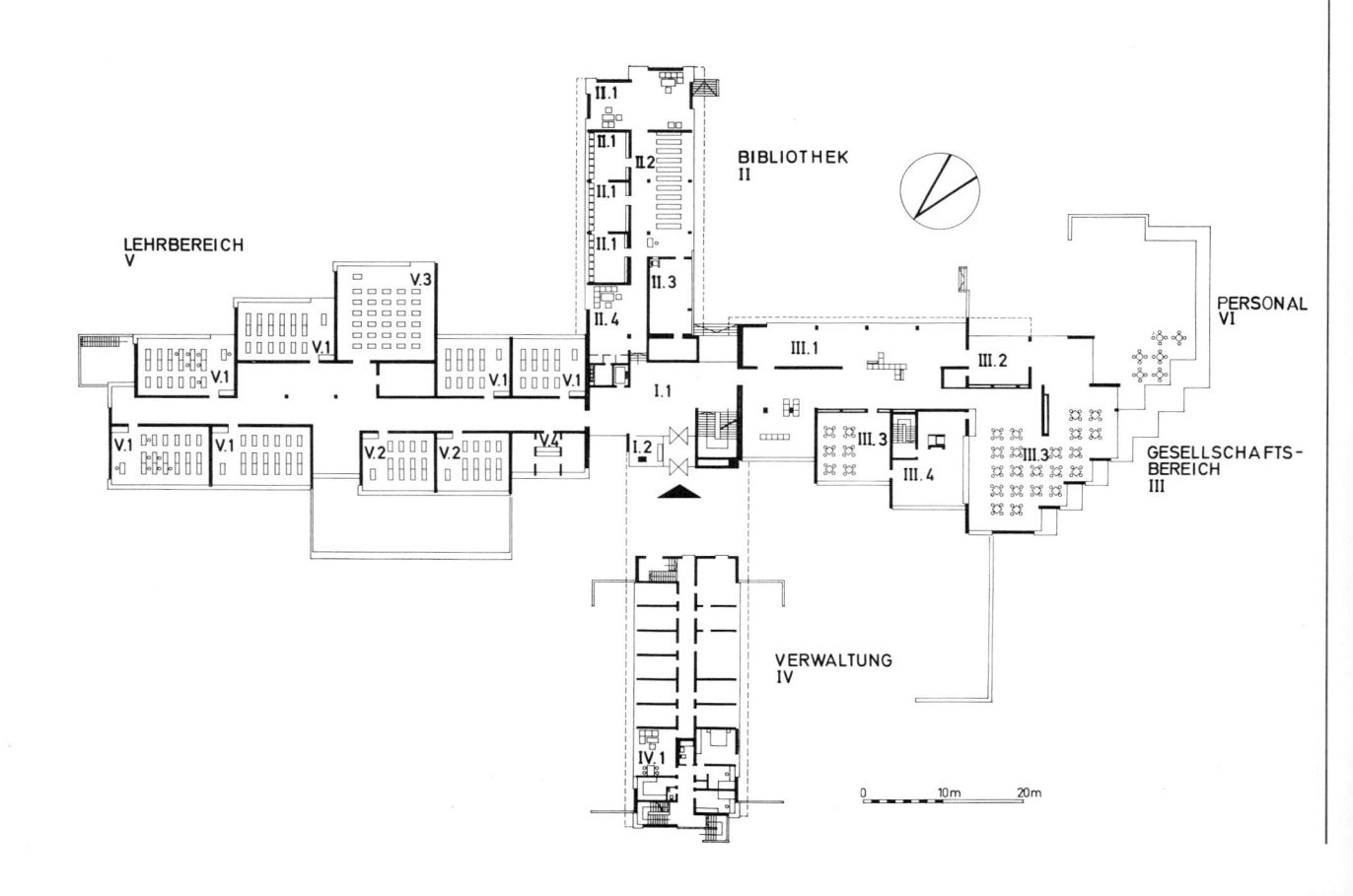

nommen, wurde eine Schottenbauweise in Stahlbeton mit vorgehängten Fassaden-Elementen aus Sichtbeton angewendet. Die durchlaufenden Fenster-Elemente sind in Leichtmetall.
Auf eine der Ausbildungsstätte angemessene Ausstattung ist besonderer Wert gelegt worden. Sie erhielt ihren künstlerischen Akzent durch den Beitrag der Künstler Prof. B. Dahmke und Knubel, die mit ihren großflächigen monochromen Elementen (gelb/orange) die Architektur der Räume überzeugend fortsetzen. Am Haupteingang wurde eine Aluminiumplastik des Bildhauers Prof. Wilhelm Loth aufgestellt.

Nutzfläche:	rd. 8 250 qm
Bauvolumen:	rd. 43 000 cbm
Gesamtkosten:	rd. 17,9 Mio DM
Baubeginn:	1970
Fertigstellung:	1973

Der Deutsche Entwicklungsdienst (DED) Berlin (West)

Entwurf:
Arch. Gemeinschaft AGP Heidenreich, Polensky, Vogel, Zeumer, Berlin
Bauleitung:
Bundesbaudirektion

Der Deutsche Entwicklungsdienst (DED) in Berlin-Kladow ist ein „Fachdienst mit sozialem Engagement"; er arbeitet vorwiegend in den ärmsten Ländern und den am wenigsten entwickelten Regionen. Bei einem besonders hohen Bedarf an qualifizierten Facharbeitern sind Entwicklungshelfer heute zu mehr als 40% Absolventen von Hoch- und Fachschulen.
Beim 1. Bauabschnitt (1969–1971) wurden alle Unterrichtsräume in einem Gebäude und die Unterkünfte in rückwärtigen Wohnhäusern angeordnet. Die Erweiterung der Vorbereitungsstätte mit den Bereichen Wohnen, Lernen und Freizeit, wurde in einem Baukomplex zusammengefaßt. Die „Schulstraße" ist das zentrale Verkehrs- und Kommunikationselement. An der Südseite befinden sich Unterrichts- und Freizeiträume, an der Nordseite Mensa und Bibliothek.

Die nach Süden zur Landschaft orientierten Wohnbereiche sind um jeweils eine Ebene nach oben und unten, zum Geschoß der „Schulstraße" versetzt, angeordnet worden.
Ausführung in Stahlbetonfertigteilen mit elementiertem Ausbau.
Die künstlerische Ausgestaltung im Gebäudeinneren übernahmen Ursula Sax, Berlin (nach beschränktem Wettbewerb) und Wolf Vostell, Berlin.
Ansgar Nierhoff, Köln, schuf die Freiplastik „Schranke" auf der Freifläche vor dem Verwaltungsgebäude. (S. hierzu auch 10. Kap.)

Nutzfläche:	rd. 5 600 qm
Bauvolumen:	rd. 42 600 cbm
Baukosten:	rd. 19,0 Mio DM
Baubeginn:	7/1975
Fertigstellung:	1977

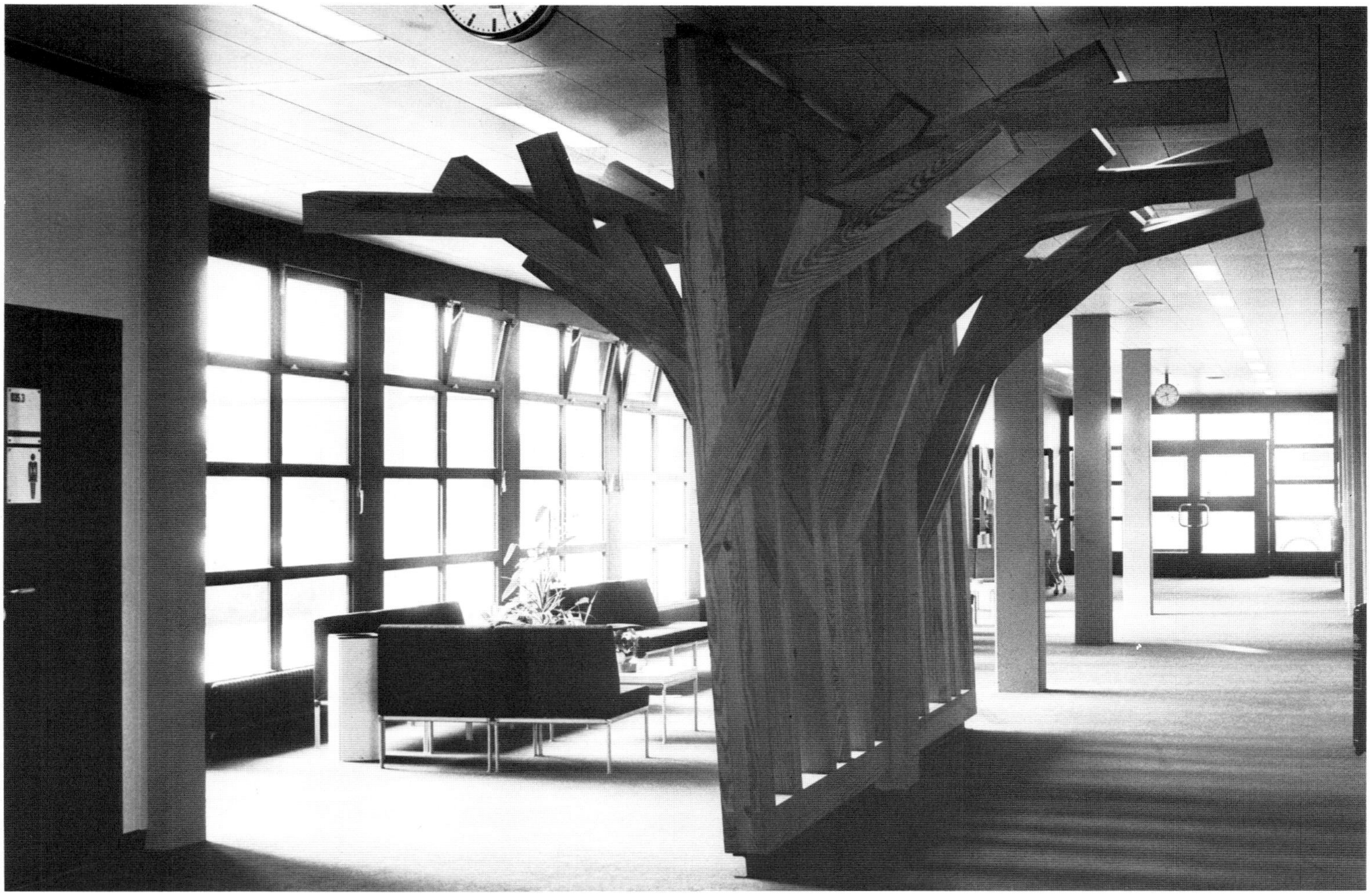

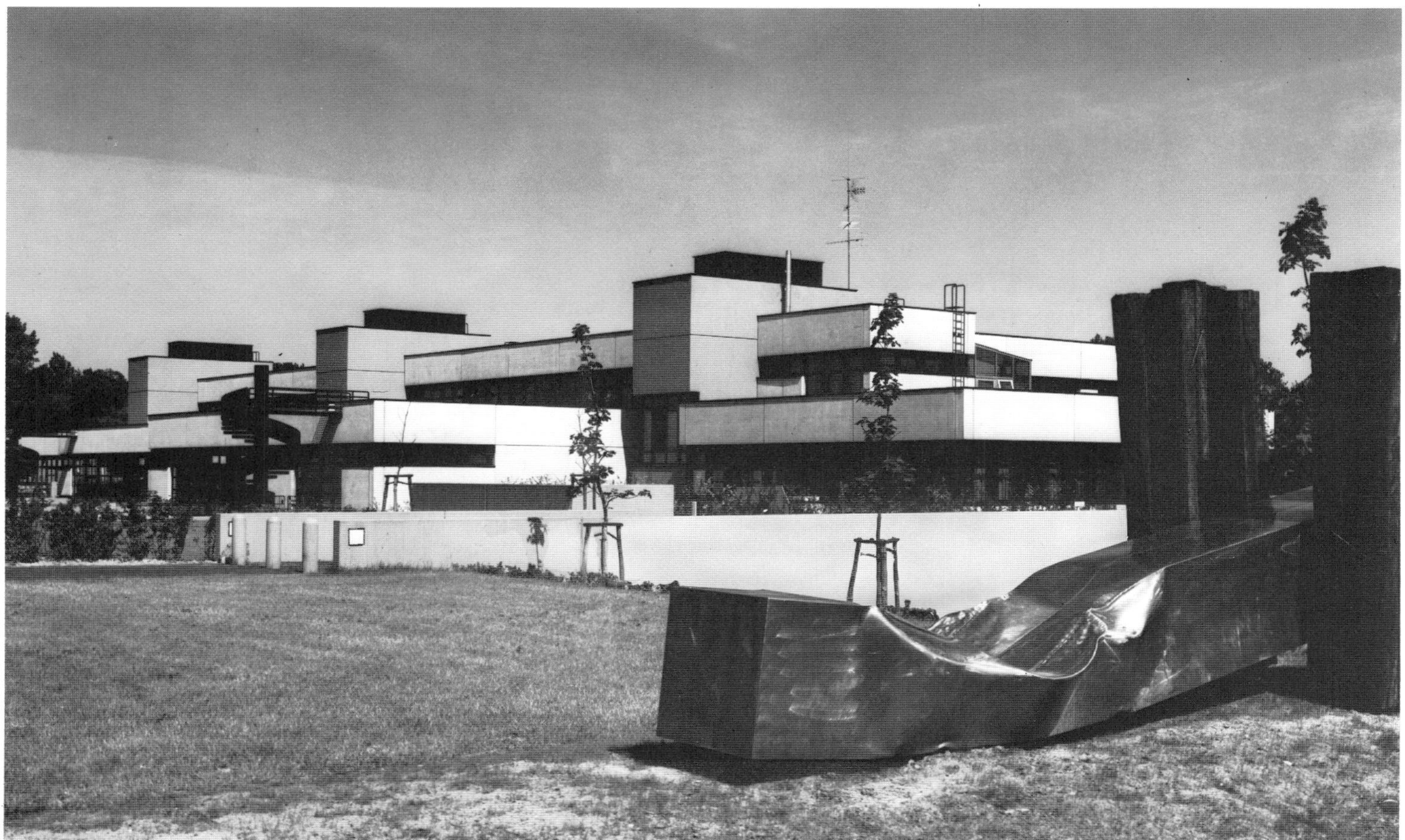

Bildungszentrum der Bundesfinanzverwaltung Sigmaringen

Entwurf:
Staatl. Hochbauamt III Stuttgart
Bauleitung:
Staatl. Hochbauamt II Ravensburg

Das Bildungszentrum in Sigmaringen dient der Ausbildung und Schulung von Nachwuchskräften und der Fortbildung von Beamten der Bundesfinanzverwaltung. Das Hanggelände grenzt an einen Wald und ist blickorientiert zur Schloßanlage und dem Stadtkern von Sigmaringen.
Die Baumassengruppierung unterstützt diese Entwurfsidee.
Die senkrecht zum Hang angeordneten 6 Wohngebäude können in Ein-Zwei-und Dreibetträumen bis zu 600 Lehrgangsteilnehmer aufnehmen.
Zehn Prozent der Schüler sind weibliche Teilnehmer. Für diese ist ein dem jeweiligen Hauptgebäude vorgelagerter 2-geschossiger Gebäudeteil vorbehalten (Zweibettzimmer).
Dominierender Kern der Anlage ist das langgestreckte auf Stützen stehende Lehr- und Unterrichtsgebäude; zentraler Platz ist der gepflasterte Freiraum vor diesem Gebäude. Er dient der Information und Kommunikation der Gruppen untereinander.
Seine Betonung erhält er durch die Freiplastik des Bildhauers Nagel.

Neben dem Lehrsaalgebäude liegt, durch einen gedeckten Gang verbunden, das Wirtschaftsgebäude mit einem Speisesaal für 300 Personen, der außerdem auch für Veranstaltungen und Schulfeste zur Verfügung steht. Das anschließende Kasino kann flexibel genutzt werden. Eine Verbindung zwischen Kasino und dem benachbarten Speisesaal ist bei Großveranstaltungen möglich.

Bauart:
Stahlbeton in Ort- und Fertigbauweise, Wandelemente in Sandwichkonstruktion.

Umbauter Raum:	rd. 84 750 cbm
Gesamtbaukosten:	rd. 26,0 Mio DM
Baubeginn:	1969
Fertigstellung:	1973

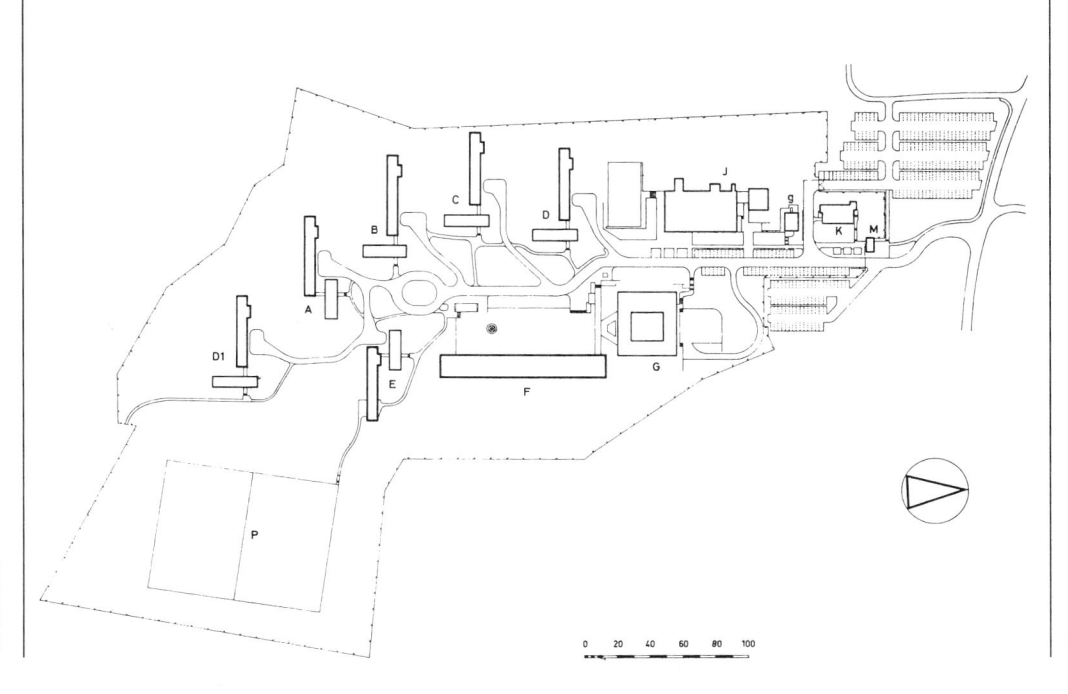

Offiziersschule der Luftwaffe Fürstenfeldbruck

Gesamtleitung:
Finanzbauamt II, München
Entwurf:
Prof. K. Ackermann + Partner, München
Entwurf des Wirtschaftsgebäudes:
Finanzbauamt II, München
Bauleitung:
Prof. K. Ackermann + Partner, München

Im Rahmen der von Prof. Ackermann erarbeiteten Gesamtplanung für die OSLw umfaßte die Entwurfsaufgabe im einzelnen ein Hörsaalgebäude, ein Wirtschaftsgebäude mit Offiziersheim, 4 Inspektionsgebäude mit Verwaltung und Unterkunftsräume für 1100 Absolventen der OSLw, ein Unterkunftsgebäude für die Stamm- und Lehrkompanie, ein Stabsgebäude, eine Sporthalle mit Sportbereich und technische Versorgungseinrichtungen.
Der Studienbetrieb gleicht dem eines englischen College. Arbeiten, Wohnen und Freizeit erhalten gleichwertige Bedeutung. Die Bauidee folgt diesem Prinzip. Räumliche Gruppierung von Baukörpern mit geringer Höhenentwicklung. Maßstäbliche Einfügung in Landschaft und bauliche Umgebung. Gruppierung der Unterkünfte um das Hörsaalgebäude. Klare Gliederung der architektonischen Gestalt. Raumbildende Außen- und Zwischenbereiche von Architektur und Landschaft. Einbindung der Vegetation in den Gesamtorganismus. Die Anlage zeichnet sich weiter aus durch eine technisch einfache, klare, wirtschaftliche Konstruktion.
Das Hörsaalgebäude bildet die bauliche Mitte mit günstiger Lage und kurzen Wegen zu allen zugeordneten Bauten. Das Gebäude ist dreibündig, mit dem Audimax (900 Plätze) im Kernbereich. Die räumliche und optische Verbindung vom Erdgeschoß über breite Treppen zum Foyer bis hin zu den Vortragssälen ist großzügig entwickelt und architektonisch besonders eindrucksvoll.
Entsprechend den Zugängen im Erdgeschoß, verbinden 4 schmale, verglaste Stahlfachwerkbrücken im Obergeschoß die Unterkünfte mit dem Hörsaalgebäude und ein breiterer Übergang gleicher Bauart führt von dort zum Wirtschaftsgebäude.
Bei den Unterkünften wurde eine Wohnbebauung mit hohem Wohnwert erzielt. Durch die Anordnung der Innenhöfe ergeben sich erlebnisreiche Außenanlagen, die über die terrassierten Wohnbereiche mit dem dicht

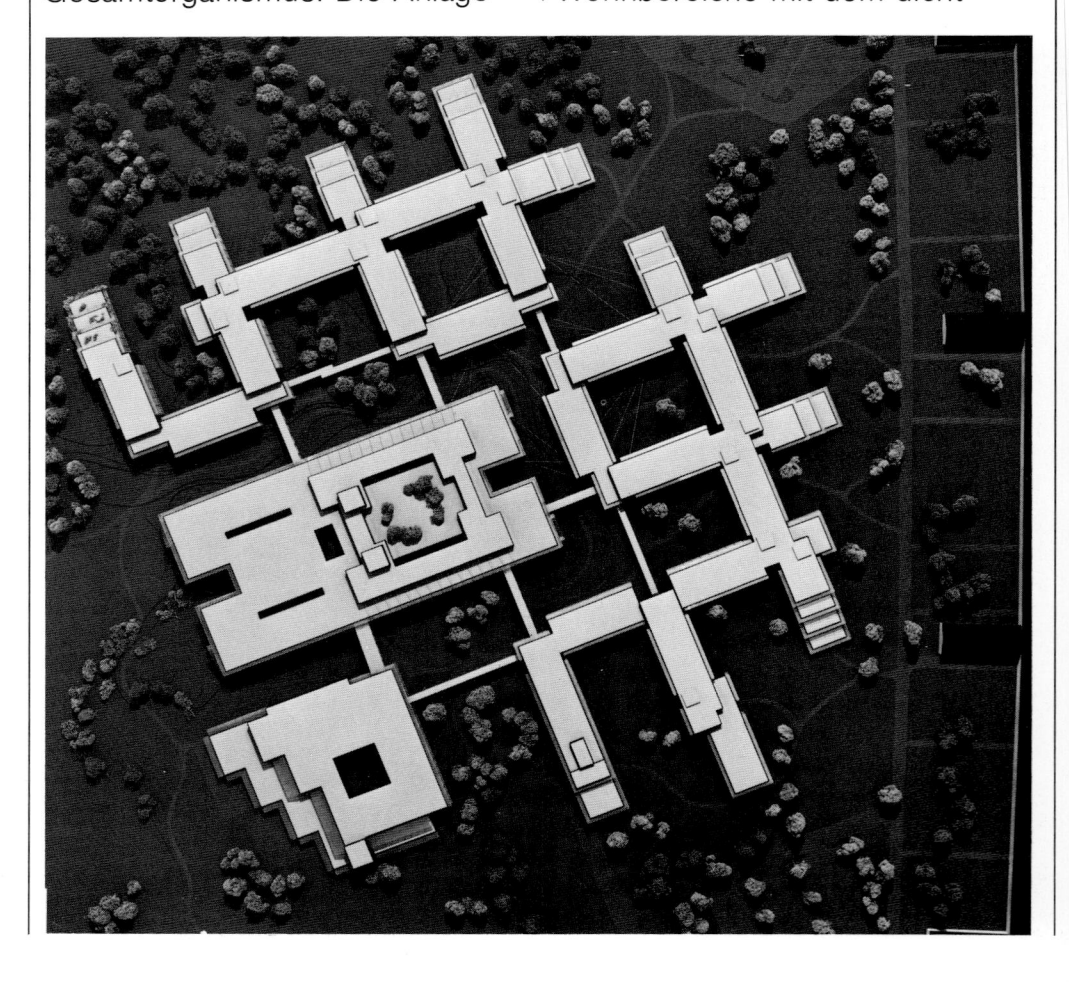

heranreichenden Waldgürtel in enger Verbindung stehen. Alle Außenbereiche wurden als verkehrsfreie Fußgängerzonen konzipiert. Die Freibereiche ermöglichen Kommunikation und Erholung.

Die OSLw konnte in allen Bereichen vom Autoverkehr freigehalten werden. Alle notwendigen Funktionen der Ver- und Entsorgung werden über einen Leitungskanal im Untergeschoß abgewickelt, der alle Gebäude miteinander verbindet.

Das Wirtschaftsgebäude hat den Charakter einer Großgaststätte. Es enthält eine Truppenküche (1400 Essen) und einen Kantinenwirtschaftsbetrieb (400 Essen); außerdem ein Fähnrichsheim mit Speisesaal und Heimräumen im Erdgeschoß, ein Offiziersheim mit Speisesaal und Heimräumen im Obergeschoß. Durch Falt- und Schiebewände wird die flexible Nutzung der

Hochschule der Bundeswehr München

Standort: Neubiberg
Gesamtleitung:
Finanzbauamt München II
Entwurf:
Architekten Prof. Heinle, Wischer u. Partner, Stuttgart
Bauleitung:
Finanzbauamt München II

Speise- und Aufenthaltsräume für Großveranstaltungen sichergestellt. Ein Blick von der Cafeteria in den Innenhof, der mit Brunnen, Rankgerüsten und modellierten Geländeformationen sowie durch eine immergrüne Vegetationsdecke gestaltet wurde, zeigt die Möglichkeiten, innen und außen angenehm miteinander zu verbinden.
Bauart: Stahlbeton mit Pilzkopfdecken. Vorhangfassade mit Fenster- und Paneelbereichen in thermisch getrennter Pfosten-Riegelbauweise. In den Bereichen mit starker Sonneneinstrahlung wurde ein starrer Sonnenschutz mit Alu-Lamellen eingebaut.

Nutzfläche:	rd. 21 000 qm
Bauvolumen:	rd. 295 000 cbm
Gesamtkosten: (ohne Kesselhaus)	90 Mio DM
Baubeginn:	4/1975
Fertigstellung:	5/1977

Die Hochschule der Bundeswehr München in Neubiberg dient der wissenschaftlichen Ausbildung von Offizieren der Bundeswehr. Sie ist als Gesamthochschule für rd. 2500 Studenten der Fachrichtungen Pädagogik, Wirtschafts- und Organisationswissenschaften, Elektrotechnik, Luft- und Raumfahrttechnik, Informatik, Bauingenieurwesen und Vermessungswesen konzipiert.

Das ca. 322 ha große Hochschulgelände befindet sich südöstlich von München im Bereich der Gemeinde Neubiberg. Durch die zentrale Anordnung der Gebäude ergeben sich kurze Wege zu allen Funktionsbereichen; Fahr- und Fußgängerverkehr wurden dabei getrennt.

Da mehr als ein Drittel der geforderten Gesamtfläche in der Altbausubstanz schon vorhanden war, mußten die neu zu schaffenden Nutzflächen in unmittelbarer Nähe liegen. Die für die Bebauung realisierte „Diagonallösung" beruht auf der Zuordnung des studentischen Wohnbereichs zur Gemeinde Neubiberg und zum Flächenschwerpunkt der vorhandenen bzw. der neu zu errichtenden Lehrgebäude. Dazwischen liegt als übergeordnete, zentrale Einrichtung die Mensa. Die Wohnanlage der Hochschule besteht aus elf Gebäudegruppen von je vier bis sechs Häusern einschließlich Gemeinschaftsbau und Wohnhof. Jeder Student bewohnt ein ca. 18 qm großes Einzelzimmer mit Waschbecken und WC. In einem Haus sind 36 Einzelzimmer enthalten, von denen jeweils 18 eine Wohngruppe mit Teeküche, Eßplatz sowie Sammelduschen bilden. Mehrere Wohngruppen stellen eine Wohngemeinschaft dar, der ein Gemeinschaftsbau zugeordnet ist.

Die Wohngemeinschaften bilden jeweils in sich abgeschlossene Einheiten, wobei die Häuser so gestellt sind, daß kein Studentenzimmer nach Norden ausgerichtet ist. Die ihnen zugeordneten grünen Wohnhöfe, von alten Bäumen bestanden und mit individueller Geländemodellierung und Wegeführung, tragen zur

stärkeren Identifikation des Studenten mit „seinem" Haus bzw. mit „seiner" Wohngemeinschaft bei.
Der zu einer Wohngemeinschaft gehörende Gemeinschaftsbau grenzt an seinen Stirnseiten an drei Wohnhäuser.
Die Konstruktion der Wohnhäuser besteht für die tragenden Teile aus Stahlbeton in Schottenbauweise, für die nicht tragenden Teile aus Kalksandstein-Sichtmauerwerk. Die Gemeinschaftsbauten wurden weitgehend aus vorgefertigten Holzbauteilen errichtet.

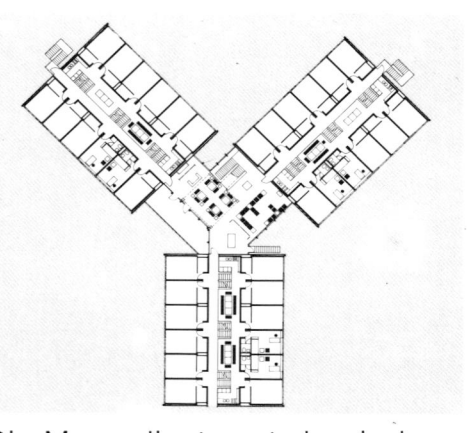

Die Mensa liegt zentral zwischen den Hochschulbauten und dem Wohnbereich der Studenten. Als gemeinsamer Kommunikations- und Freizeitbereich für Studenten und Lehrpersonal kommt ihr innerhalb der Hochschule eine übergeordnete Bedeutung zu.
Zur besseren Orientierung und zur Unterstützung des städtebaulichen Konzepts wurde der zentrale Hochschulweg, an dem sich der überdeckte Zugang zur Mensa befindet, über dem Geländeniveau angelegt. Die Mensa wurde noch etwas weiter angehoben, so daß man vom Straßencafé aus die ganze Anlage überschauen kann.
Der Speiseraum ist nach Süden, die ihm angeschlossene Cafeteria nach Westen ausgerichtet. Täglich können bis zu 3200 Mittagessen zubereitet werden.
Für den quadratischen Baukörper wurde ein einheitliches Stützenraster von 10,80 × 10,80 m ausgewählt.
Erdgeschoß und Obergeschosse sind als Stahlkonstruktion ausgeführt.
Die vorgehängte Fassadenkonstruktion in Elementbauweise, mit thermisch getrennten Aluminiumprofilen, besteht aus hinterlüfteten, vorgehängten, kunststoffbeschichteten Leichtmetallblechen und Zweischeiben-Isolierglas.

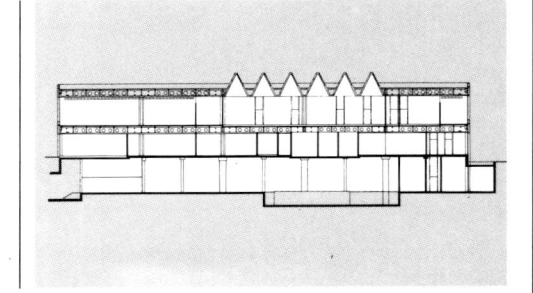

Die Werkhalle mit den Abmessungen 129,60 × 64,80 m ist über Galeriebrücken an das Lehrgebäude angeschlossen. In dem Gebäude sind hauptsächlich Schwerlabors, Werkstätten und Lagerräume untergebracht.
Die vorgehängte Fassadenkonstruktion in Elementbauweise in gleicher Ausführung wie beim Bau der Mensa.

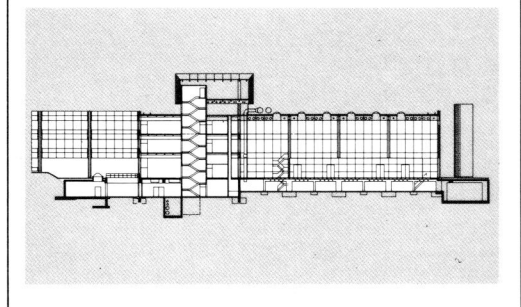

Der Hochschulweg führt über das Forum zum Haupteingang des Lehrgebäudes, dessen zentrales Treppenhaus die einzelnen Trakte kreuzförmig erschließt.
Die Labor- und Praktikaräume, die den größten Nutzungsbereich darstellen, liegen in enger räumlicher Verbindung zu dem über Brücken angebundenen Galeriebereich der Werkhalle.
Das Forum vor dem Lehrgebäude ist durch eine 23 m hohe kinetische Arbeit von Heinz Mack akzentuiert. Diese Kunstrichtung entspricht am ehesten einer Hochschule mit bedeutenden Fachbereichen für Luft- und Raumfahrttechnik, Informatik und Elektrotechnik.

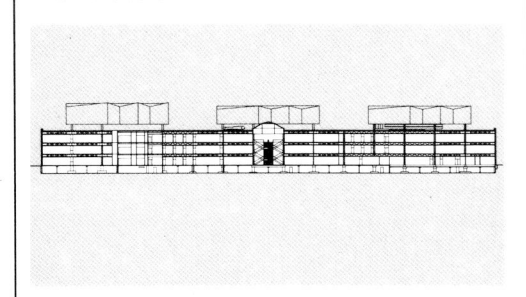

Gesamtlage:
Neubauten und Umbauten:
Bruttogeschoßfläche: 199 498 qm
Hauptnutzfläche: 106 889 qm
Umbauter Raum: 818 027 cbm
Gesamtherstellungskosten einschl. betriebliche Einrichtungen,
Außenanlagen, Gerät: rd. 500 Mio DM
Baubeginn: 9/1974
Fertigstellung: 3/1978

Bundeswehrfachschule Karlsruhe

Entwurf und Bauleitung:
Staatliches Hochbauamt II, Karlsruhe

Das 2,8 ha große Gelände – etwa 3 km östlich des Stadtkerns gelegen – wird zur Hälfte für den Bau der Bundeswehrfachschule genutzt. Die übrige Fläche ist ebenfalls Vorhaben der Bundeswehrverwaltung vorbehalten.
Die Bundeswehrfachschule setzt sich zusammen aus Schule, Internat und Wirtschaftsteil. Zusätzlich sind Quartiere für 7 Offiziere und 18 Feldwebel gebaut.
Über einer durchgehenden Erdgeschoßzone (Breitfuß) gliedert sich der Entwurf entsprechend den Funktionen in den Internatsteil für 150 Schüler, verteilt auf jeweils 5 Obergeschosse in 2 Gebäudeteilen und den im Südosten anschließenden Bauteil für Fremdquartiere mit 3 Obergeschossen.

Zentral liegt im Erdgeschoß unter dem nordöstlichen Internatsteil die zivile Schulverwaltung einschließlich der zugehörigen Nebenräume; unter dem südwestlichen Internatstrakt ist die militärische Verwaltung untergebracht. Der im Nordosten an den zivilen Verwaltungsbereich angrenzende 1- bzw. 2-geschossige Schulteil wird ebenfalls über den Haupteingang erschlossen.
Anschließend an den militärischen Verwaltungsteil fügt sich als südwestlicher Bauteil der Wirtschaftstrakt an. Dieser ist sowohl über den Haupteingang als auch über einen separaten Zugang erreichbar.
Ausführung: Skelettbauweise mit aussteifenden Kernzonen; gelenkig angebundene Treppentürme.

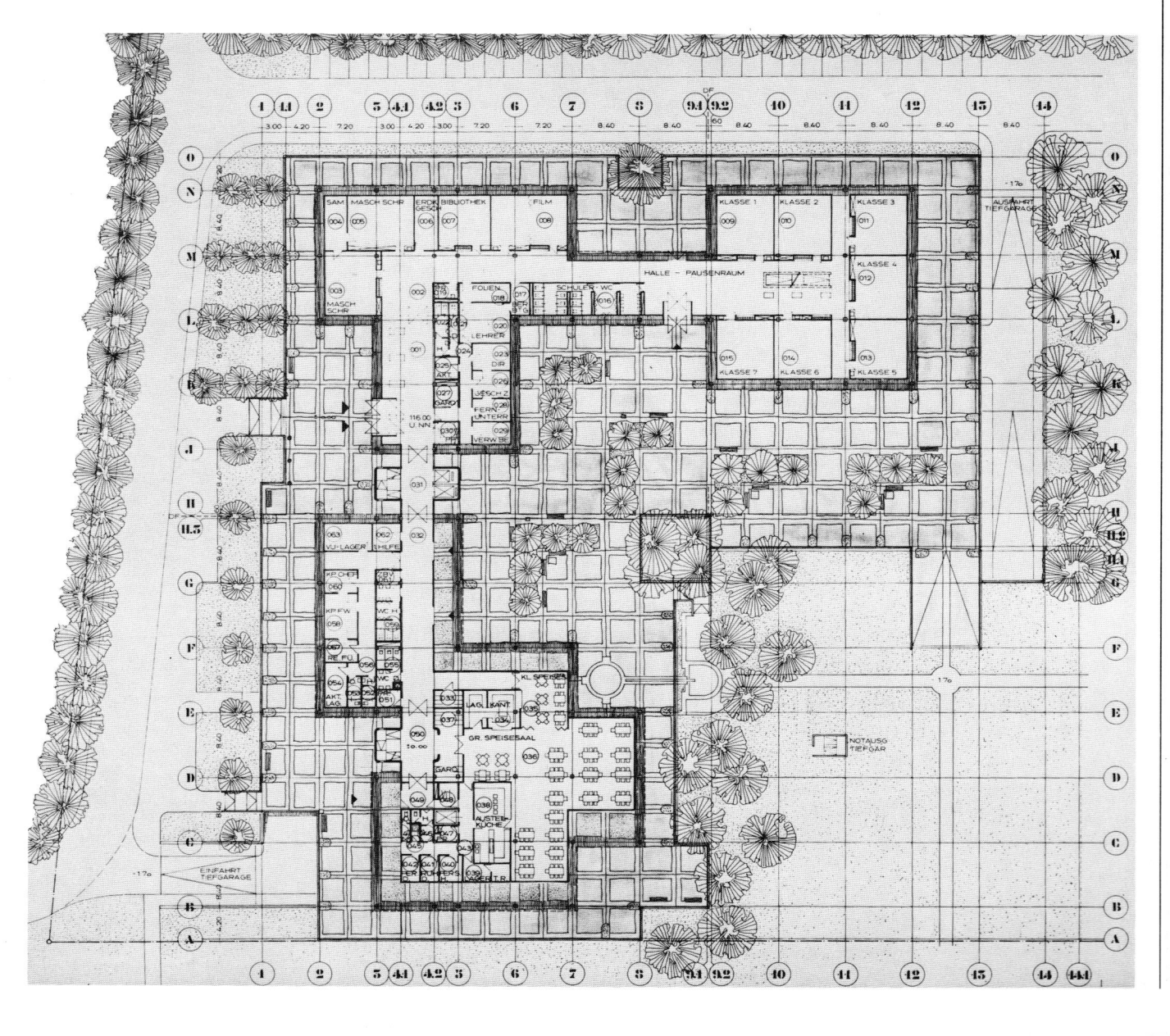

Leichte, selbsttragende, raumhohe Außenwandelemente; abgestimmt auf den Euroraster von 1,20 m. Vollwandflächen als Sandwichkonstruktion.
Am Nordost-Giebel des sechsgeschossigen Internatsbaues führt eine einläufige Treppe aus Stahlbeton als Nottreppe bis auf das Dach des eingeschossigen Schultraktes.

Bruttogeschoßfläche:	20 026 qm
Bauvolumen:	66 673 cbm
Baukosten:	rd. 19 Mio DM
Baubeginn – Hochbau	11/1975
Fertigstellung:	1978/79

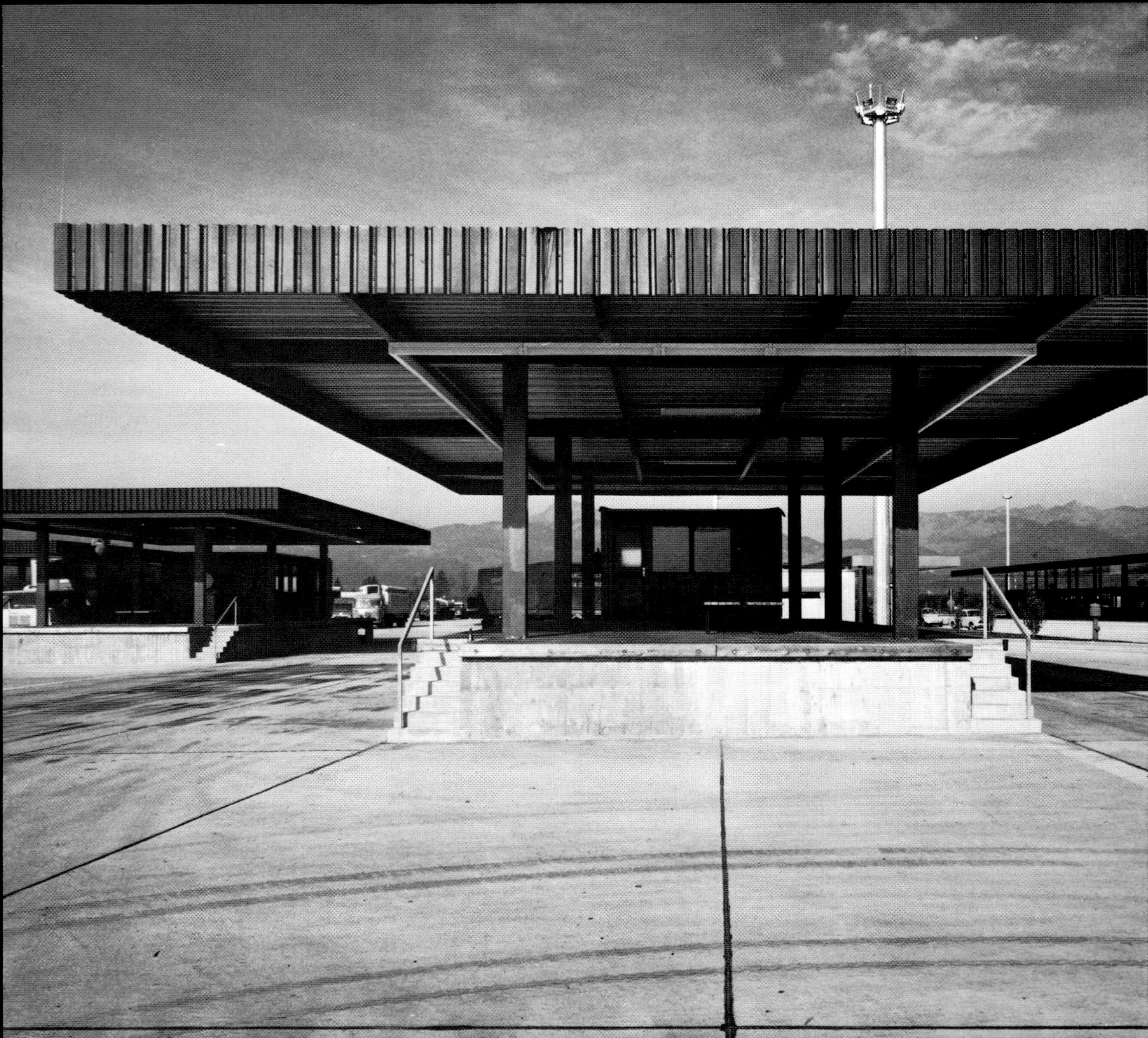

Zoll und Bundesgrenzschutz

Zoll – Bundesgrenzschutz

Die Zollverwaltung überwacht u.a. den grenzüberschreitenden Verkehr und sie nimmt grenzpolizeiliche Aufgaben wahr; sie ist aber ebenso auch im Binnenland tätig.
Sie bedient sich zur Erledigung ihrer Aufgaben der Hauptzollämter, denen ortsnahe Zollämter, Grenzkontrollstellen und Zollkommissariate zur Verfügung stehen.
Die Zollverwaltung geht bei neuen baulichen Anlagen im Hinblick auf die strukturelle Anpassung an den künftigen größeren Wirtschaftsraum der Europäischen Gemeinschaft mit großer Behutsamkeit vor. Neue Grenzübergänge, die im Zuge der Straßenplanungen noch notwendig sind, wurden bzw. werden als Gemeinschaftszollämter errichtet. Die Abfertigung wird in einem Arbeitsgang mit der Nachbarzollverwaltung vorgenommen, der Grenzübergang dadurch erleichtert und beschleunigt.

Deutsch-Österreichisches Gemeinschaftszollamt

Kiefersfelden–Autobahn

Entwurf (Hochbau) und Bauleitung:
Finanzbauamt Rosenheim

Die meisten Gebäude sind aus vorgefertigten Teilen in Stahl bzw. Stahlbeton erstellt, die Abfertigungs-Kioske aus Holz.

Bruttogrundrißfläche:	rd. 3640 qm
Bauvolumen:	rd. 19360 cbm
Gesamtkosten:	
für die Hochbauten:	rd. 4,8 Mio DM
Baubeginn: (Hochbauten)	6/1967
Fertigstellung:	7/1968

Ca. 3 km nördlich von Kufstein liegt an der Europastraße E 86 das Gemeinschaftszollamt Kiefersfelden-Autobahn.
Sämtliche Zollbauten sind ebenerdig. Das deutsche und das österreichische Zollamt sind durch einen 100 m langen Fußgängertunnel miteinander verbunden. Zur Erleichterung der Amtshandlung bei Regenwetter sind die PKW-Bus-Abfertigungen sowie die Güterrampe überdacht.

Zollamt Schwarzbach – Autobahn

Entwurf und Bauleitung:
Finanzbauamt Rosenheim

Ca. 10 km westlich von Salzburg liegt an der Europastraße E 11 das Zollamt Schwarzbach–Autobahn. Die hier errichtete Personenabfertigung wird von deutschen und österreichischen Verwaltungen gemeinschaftlich genutzt.
Aufgrund örtlicher Gegebenheiten war keine große Breitenentwicklung möglich. 70% der verfügbaren Breite nehmen Fahr- und Standspuren für PKW, Bus und LKW ein. Überwiegend mußten daher die geforderten Büro- und Abfertigungsräume in einem Brückenbauwerk, das die gesamte Abfertigungsfläche für den Reiseverkehr überdeckt, untergebracht werden. Die Erschließung dieser Räume erfolgt über zwei Aufzüge und eine Haupttreppenanlage im Mittelstreifen. Sämtliche Abfertigungsräume werden wegen der verstärkten Belästigung durch Abgase künstlich mit Frischluft versorgt.
Das Brückengebäude mit seinem umlaufenden Balkon ist 68,00 m lang und 18,60 m breit. Die lichte Durchfahrtshöhe mißt an der geringsten Stelle 4,70 m. Die tragenden Bauteile sind in Stahlbeton-Fertigbauweise errichtet worden, das Dach tragen Filigranträger mit Trapezflächen.

Nutzfläche:	rd. 1500 qm
Bauvolumen:	rd. 6070 cbm
Gesamtkosten: (ohne Straßenbau)	rd. 3 Mio DM
Baubeginn:	10/1971
Fertigstellung:	8/1972

Deutsch-Französisches Gemeinschaftszollamt Rheinau-Gambsheim

Entwurf:
Staatliches Hochbauamt Baden-Baden
Bauleitung:
Staatliches Hochbauamt II Freiburg

Die Staustufe Rheinau-Gambsheim legte es nahe, gleichzeitig auch einen neuen Fluß- und Grenzübergang zur Entlastung des stark frequentierten Grenzübergangs Kehl–Straßburg auszubauen.
Die auf einer aufgeschütteten Plattform stehenden beiden eingeschossigen Abfertigungsgebäude erhielten eine gemeinsame Überdachung durch eine MERO-Tragwerkskonstruktion. Vierkantrohr-Stahlstützen tragen in regelmäßigen Abständen Holzleimbinder.
Der Verkehr ist inzwischen so stark angewachsen, daß eine Erweiterung der Gebäude und der Verkehrsflächen notwendig geworden ist.

Umbauter Raum:	ca. 3050 cbm
Baukosten:	2,36 Mio DM
Baubeginn:	4/1974
Fertigstellung:	7/1975

Zollamt Wandsbek – Hamburg

Entwurf und Bauleitung:
Strom- und Hafenbau der Freien und Hansestadt Hamburg

Das Zollamt liegt zentral zum Gewerbegebiet an der Ahrensburger Straße (B 75) im Stadtteil Hamburg-Wandsbek.
Das Gebäude wurde als Binnenzollamt errichtet. In ihm sind gleichzeitig die Zollverwahr- und die Zollverwertungsstelle untergebracht.
Bauart: Stahlbeton-Skelettbauweise mit vorgehängten, großflächigen Platten in Waschbeton.
Fenster: Stahlverbundelemente mit Brüstungen in Glasal. Die Überdachung der Beschaurampe wurde in Stahl ausgeführt.

Nutzfläche:	3924 qm
Bauvolumen:	14 182 cbm
Baukosten:	3,65 Mio DM
Baubeginn:	11/1969
Fertigstellung:	3/1973

Hauptzollamt Waltershof Hamburg

Entwurf:
Strom- und Hafenbau der Freien und Hansestadt Hamburg
Bauleitung:
Arch. Dr. Ing. H. Reimann, Hamburg

Im Übergangsbereich vom „Alten" zum „Neuen" Freihafen entstand dieses Einfuhrzollamt, dessen erster Bauabschnitt fertiggestellt ist.
Die Lage des Platzes zu den Verkehrsstraßen erforderte eine etwa kreisförmige Durchleitung der abzufertigenden Fahrzeuge. Der betriebliche Ablauf bestimmte die Lage des Verwaltungsgebäudes, des Personenabfertigungs- und Kassengebäudes und der Zollhofausfahrt.
Die eigentliche Abfertigung durch Zollbedienstete findet im 1. Obergeschoß des Betriebsgebäudes statt. Hier liegt die große Abfertigungshalle, ausgestattet mit Fließbändern und einer Rohrpostanlage.

Konstruktion:
Stahlbetonskelettbauweise. Umlaufende Fluchtbalkone in Stahlkonstruktion mit vorgesetzten Eternitplatten.
Die drei Bühnen – 50 m lang und 15 m breit – mit je 8 Abfertigungsstationen sind unter einem gemeinsamen Dach zusammengefaßt. (Stahlfachwerk mit Trapezblechen).
Personenabfertigungs- und Kassengebäude zweigeschossig.

Nettofläche:	6720 qm
Bauvolumen:	42000 cbm
Baukosten:	9,77 Mio DM
Baubeginn:	10/1971
Fertigstellung:	11/1975

Zollamt Brooktor Hamburg

Entwurf und Bauleitung:
Strom- und Hafenbau der Freien und Hansestadt Hamburg mit Architekten Schween u. Partner, Hamburg

Das Einfuhrzollamt entstand auf einer Teilfäche des ehemaligen Brooktorhafens. Die Stadt errichtete die Kaimauer und stellte die neu geschaffene Fläche – 24 000 qm – zur Verfügung.
Die zahlreichen Speicherbauten geben dem Hamburger Hafen ein typisches Gepräge. Dieser Eindruck bestimmte die Idee zu der Faltdach-Konstruktion der Bühnenüberdachung. Die große Dachfläche wurde in kleinere Abschnitte mit verglasten und geschlossenen Flächen unterteilt. Das Betriebsgebäude, die Personenabfertigung, das Kassengebäude fügen sich durch ihr Volumen und ihre Gliederung, durch Farbgebung und Material, der Umgebung ein.

Netto-Grundrißfläche:	8 127 qm
Bauvolumen:	24 600 cbm
Baukosten:	8,52 Mio DM
Baubeginn:	6/1963
Fertigstellung:	8/1968

Zolltechnische Prüfungs- und Lehranstalt Eidelstedt

Entwurf:
Strom- und Hafenbau der Freien und Hansestadt Hamburg
Bauleitung:
Strom- und Hafenbau der Freien und Hansestadt Hamburg mit Dr.-Ing. Horst Reimann u. Scheuermann, Hamburg

Die ZPLA hat folgende Aufgaben: Die Wissenschaftliche Abteilung bearbeitet sämtliche zoll- und steuertechnischen Fragen. Chemische, physikalische und ähnliche Untersuchungen sind hierzu notwendig.
Die Zolltechnische Abteilung hat eine Doppelfunktion. Hier werden zolltechnische Gutachten erstellt und Lehrtätigkeiten zur Aus- und Fortbildung der Zollbeamten ausgeübt. Die Neubauten dienen den Zwecken beider Abteilungen.

Konstruktion:
Stahlbetonskelett mit überstehenden Geschoßplatten und mit einem umlaufenden Gang, der gleichzeitig den Fluchtweg darstellt. Die Fassaden haben eine vorgehängte Eternitverkleidung. Holzfenster mit Außenjalousien an der Südseite.

Nettofläche:	9 300 qm
Bauvolumen:	rd. 38 600 cbm
Baukosten:	rd. 19,77 Mio DM
Baubeginn:	1/1975
Fertigstellung:	12/1978

Grenzkontrollstelle Berlin-Dreilinden

Planung und Bauleitung:
Bauamt Nord der Oberfinanzdirektion Berlin (West)

Das Gesamtbauprogramm umfaßte rd. 60 000 qm Verkehrsfläche, 2 eingeschossige Verwaltungsgebäude mit Abfertigungsräumen und Diensträumen für Zoll, Polizei, ADAC und die Bundesanstalt für Güterfernverkehr. Für die Unterbringung der Angehörigen der Alliierten wurde ein besonderes Gebäude vorgesehen, das in Brückenform über den fünf Abfertigungsinseln auf der Autobahn beide Zollgebäude auf der Ein- und Ausfahrtseite verbindet.
Die 1970 errichtete Grenzkontrollstelle wurde 1972 um eine überdachte LKW-Abfertigungsanlage mit einer Stahldachkonstruktion (3,100 qm) erweitert.

Baukosten:
- Hochbaumaßnahmen rd. 5,3 Mio DM
- Tiefbaumaßnahmen rd. 18,0 Mio DM

Grenzübergang Ellund/Frøslev

Gesamtleitung:
Landesbauamt Flensburg
Entwurf:
Architekten Hain und Bülk, Neumünster
Bauleitung:
Landesbauamt Flensburg

Der Grenzübergang Ellund/Frøslev liegt ca. 12 km westlich von Flensburg. Er ist der deutsch-dänische Kontrollpunkt im Zuge der Europastraße 3. Das Kernstück der Anlage bildet der überdachte Kontrollbereich mit 7 Kontrollboxen für die gemeinsame Abfertigung. Auf deutscher Seite wird die grenzpolizeiliche Kontrolle und die Zollabfertigung im Personalverband von Zoll- und Bundesgrenzschutz wahrgenommen. Auf der jeweiligen Einreiseseite liegt ein Bürogebäude für die Belange der Zoll- bzw. Grenzpolizei-Dienststellen.

Der Kontrollbereich ist mit einer auf Fertigteilstützen und Fertigteilbalken liegenden Konstruktion überdacht. Zwischen den Betonbalken spannen sich über 12 m Holzfachwerkbinder, die die Träger für die Dachschalung und die Dichtung sind. Die Stirn- und Längsseiten des Daches wurden mit Wellasbestzement und die Unterseite des Daches mit einer Holzschalung verkleidet.

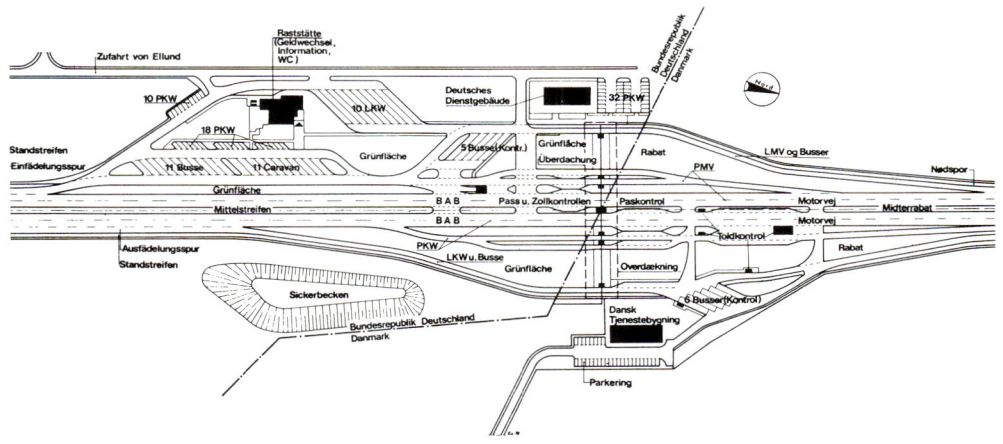

Die Kontrollboxen sind in Stahl mit dazwischenliegenden Paneelen aus schwarz eloxiertem Aluminium ausgebildet worden.
Für die Kostenteilung war festgelegt worden, daß jeder Staat die Kosten der Baumaßnahmen auf seinem Gebiet übernimmt.

Baukosten: 4,2 Mio DM (deutscher Anteil)
5,2 Mio dänische Kronen = 1,8 Mio DM (dänischer Anteil)
Baubeginn: 10/1976
Fertigstellung: 6/1978

Bundesgrenzschutz – Unterkunft Bad Bramstedt

Entwurf:
Landesbauamt Lübeck
Bauleitung:
Arch. Hain und Bülk, Neumünster

Der Bundesgrenzschutz (BGS) soll die innere Sicherheit der Bundesrepublik gewährleisten. Er wird gemeinsam mit den Polizeien der Länder tätig: bei der Sicherheit des Luftverkehrs, bei der Sicherung der Verfassungsorgane, beim Schutz von Personen und Objekten und bei der Kontrolle des grenzüberschreitenden Verkehrs. Seine Hauptaufgabe besteht an der innerdeutschen Grenze und an der Grenze zur CSSR.

Die Erweiterung des BGS-Kommandogebäudes dient reinen Verwaltungszwecken. In ihm sind die Mittelbehörde Bundesgrenzschutzverwaltung Küste und die Ortsbehörde untergebracht. Konstruktion: Stahlbetonskelett mit Schwerbeton-Fertigteilelementen.

Nutzfläche:	1 170 qm
Bauvolumen:	8 600 cbm
Baukosten:	rd. 3 Mio DM
Baubeginn:	1977
Fertigstellung:	1979

Bundesgrenzschutz – Unterkunft Swisttal-Heimerzheim

Entwurf:
Ing. Gesellschaft Denzinger KG,
Gelsenkirchen
Bauleitung:
Finanzbauamt Düren

Die Anlage wurde zur Unterbringung einer Grenzschutz-Fernmeldeabteilung errichtet.
Auf dem rd. 20 ha großen Gelände wurden Unterkünfte bzw. Arbeitsplätze für rd. 700 BGS-Angehörige geschaffen und ein Wirtschaftsgebäude, ein Kammergebäude, eine Sporthalle, Schwimmbecken und KFZ-Hallen für rd. 500 Fahrzeuge sowie Werkstattgebäude erstellt.

Nutzfläche:	47 000 qm
Umbauter Raum:	230 000 cbm
Baukosten:	rd. 70 Mio DM
Baubeginn:	Ende 1972
Fertigstellung:	Ende 1976

Bundesgrenzschutz – Unterkunft München

Gesamtleitung:
Finanzbauamt München I
Entwurf:
Finanzbauamt München I
Bauleitung:
Ing.-Büro Walter Schiffner, München

Im Rahmen eines mehrstufigen Gesamtausbauprogramms der BGS-Liegenschaft auf dem Gelände der ehemaligen Vimy-Kaserne bildet die neue Anlage einen baulichen Schwerpunkt, der maßstäblich eine Verbindung zur umgebenden Bebauung herstellt. Das Bebauungskonzept berücksichtigt den erhaltenswerten Baumbestand an den Randzonen des Baugrundstückes und sieht eine intensive Durchgrünung vor. Die Bauanlage gliedert sich in einen 7-geschossigen Hauptbau und einen 3-geschossigen, versetzt angeordneten Anbau sowie eine 4-geschossige Stabsunterkunft, die durch einen Verbindungsbau den Übergang zu den Diensträumen im Hauptbau herstellt.

Bauart:
Stahlbeton-Skelettbau mit Mauerwerksausfachung. Wärmeschutz aus Steinwolleplatten, Verkleidung mit hinterlüfteten Weiß-Eternitplatten auf Alu-Unterkonstruktion. Fenster: Dunkelbronze eloxierte Alu-Profile.

Nutzfläche: (BGF)	10 900 qm
Bauvolumen:	36 500 cbm
Baukosten:	rd. 12,1 Mio DM
Baubeginn:	11/1974
Fertigstellung:	6/1977

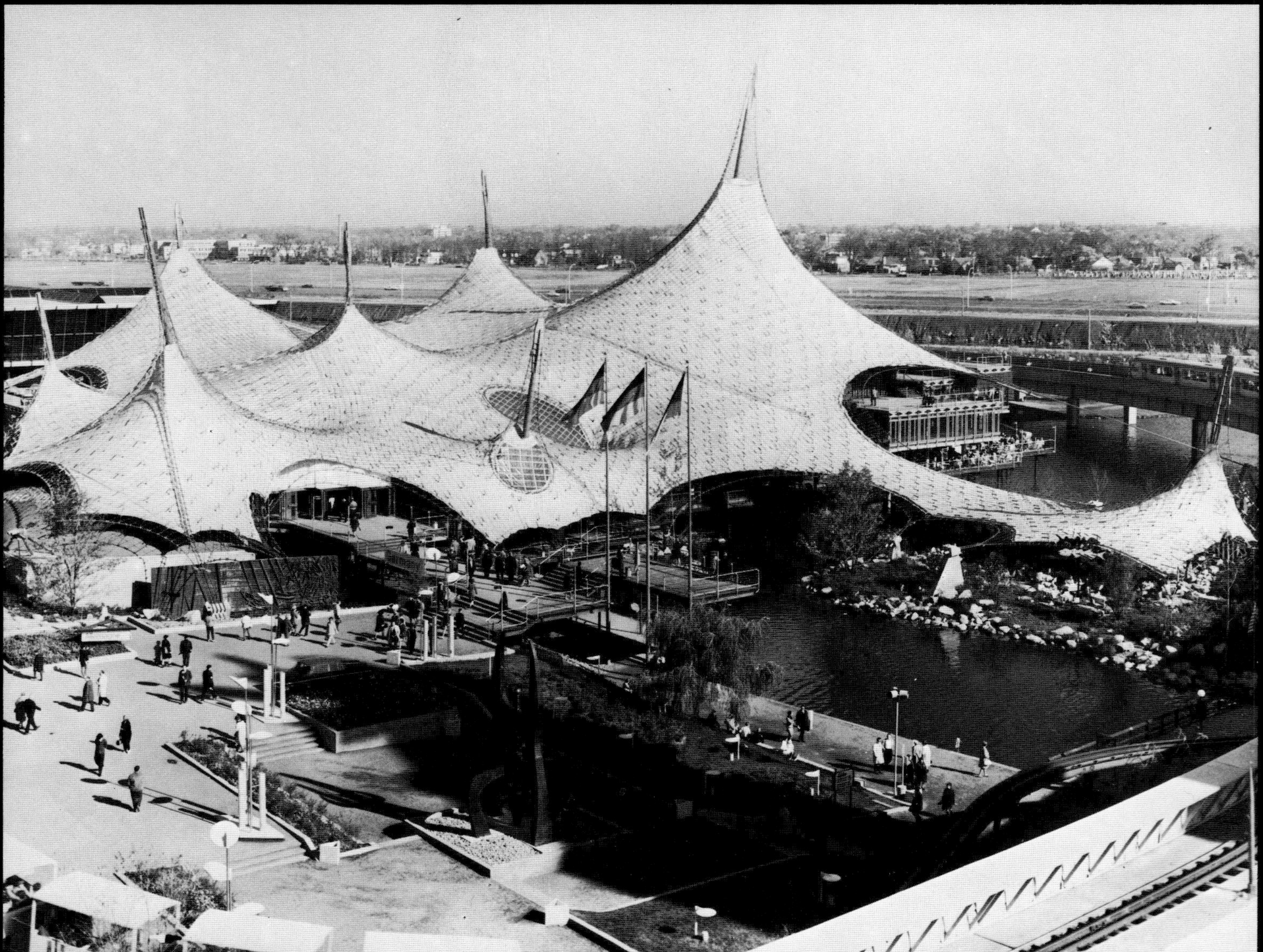

Bauten für internationale Einrichtungen und Veranstaltungen

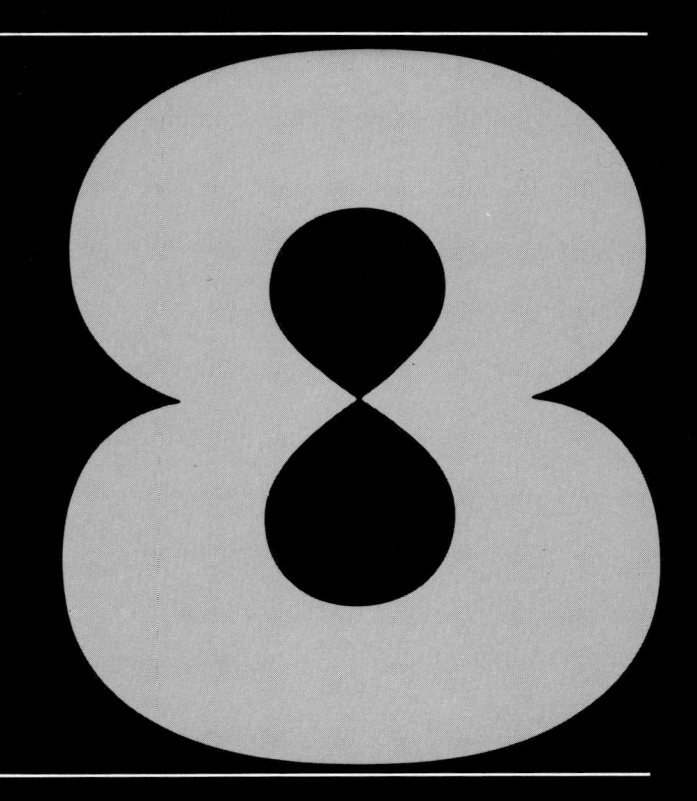

8

Europäisches Patentamt München

Gesamtleitung:
Finanzbauamt I, München
Entwurf und Bauleitung:
Arch. Prof. v. Gerkan, Dipl.-Ing. Marg und Partner, Hamburg/München (nach internationalem, zweistufigem Wettbewerb)

Das Europäische Patentamt (EPA) ist die erste Europabehörde in der Bundesrepublik Deutschland — getragen von zunächst 11 Partnerstaaten. Aufgabe des Europäischen Patentamtes ist die Erteilung von europäischen Patenten für Erfindungen mittels eines einheitlichen Prüfungsverfahrens. Die Patente gelten in allen Vertragsstaaten (den größten Teil Westeuropas umfassend). Bisher mußte ein Erfinder, sei er Europäer, Amerikaner oder Japaner, der in mehreren europäischen Ländern Schutz für seine Erfindung erlangen wollte, dafür in jedem dieser Länder gesondert ein Patent anmelden. Jetzt steht ihm dafür beim Europäischen Patentamt ein neutrales europäisches Patenterteilungsverfahren zur Verfügung.

Als Sitz dieser europäischen Behörde wurde ein etwa 30000 qm großes Grundstück für den Neubau in unmittelbarer Nähe des Deutschen Patentamtes und des Deutschen Museums bereitgestellt. Das Stadtbild wird durch eine Blockbebauung des ausgehenden 19. Jahrhunderts und die Auenlandschaft der Isar bestimmt.
Das Dienstgebäude besteht aus zwei kreuzförmig abgeknickten Hochhausteilen mit angegliederten Sockelbauten. Das Gebäudevolumen ist in seiner Massenverteilung plastisch gegliedert. Die differenzierte Fassadengestaltung unterstützt die Entwurfsidee. Die bestimmenden Materialien sind spiegelndes Glas und dunkelbraunes Aluminium im Wechsel zwischen filigran gegliederten und geschlossenen Flächen. Die Dachflächen der Sockelbauten sind begrünt.
Die beiden 11-geschossigen Hochhausflügel, die etwa 40% des gesamten Bauvolumens fassen, nehmen den überwiegenden Teil der insgesamt 1500 Arbeitsplätze auf. Die Bürogeschosse sind so konzipiert, daß in jedem Fensterachsmaß von 1,20 m eine Raumtrennwand angeordnet werden kann. Das Hochhaus wird, wie alle anderen Geschosse, über Rolltreppen erschlossen. Daneben gibt es im zentralen Kern und den Nebenkernen Aufzüge für Körperbehinderte und den Lastentransport. In den Sockelbauten, die fast ein Drittel des gesamten Bauvolumens einnehmen, sind die großflächigen Räume des Hauses untergebracht; im Erdgeschoß Archive, Bibliotheken, Restaurant, Poststelle, Rechenzentrum; im ersten Obergeschoß 30 Konferenz- und Tagungsräume.
Ein Skelett aus Ortbeton bildet die tragenden Teile des Hauses. Die Außenwand der Regelgeschosse besteht aus einer Vorhangfassade aus dunkel eloxiertem Aluminium mit umlaufenden Galerien, die als Fluchtwege, dem Sonnenschutz und als Wartungsgang dienen. In den Sockelgeschossen und dem 5. Obergeschoß sind die Fassadenelemente zwischen den Geschoßdecken eingestellt. Das Gebäude ist voll klimatisiert. Für den Transport der Akten steht eine Förderanlage zur Verfügung.

Bruttogeschoßfläche:	81 000 qm
Bauvolumen:	330 000 cbm
Baukosten:	rd. 180 Mio DM
Baubeginn:	1975/1976
Fertigstellung voraussichtlich:	1980

157

Expo 1967 Montreal
Deutscher Pavillon

Gesamtleitung:
Bundesbaudirektion
Entwurf:
Architekten Prof. R. Gutbrod, Stuttgart und Prof. F. Otto, Berlin/Stuttgart (nach öffentlichem 2-Stufen-Wettbewerb)
Bauleitung:
Bundesbaudirektion

Thema der Weltausstellung: „Der Mensch und seine Welt". Die Bundesrepublik hatte einen Pavillon errichtet, der mit seinem Beitrag „Deutschland heute" das Ausstellungsthema aufnahm und einen Querschnitt des gesellschaftlichen, wirtschaftlichen und kulturellen Lebens zeigte. Der Deutsche Pavillon wurde wegen seiner besonderen Form und seiner kühnen technischen Konstruktion zu einem der interessantesten Bauten der „EXPO 67".
Unter einer Seilnetzkonstruktion für die zusammenhängende,

Die Bundesrepublik beteiligt sich laufend im Rahmen der gewerblichen Wirtschaft an internationalen MESSE-Ausstellungen. Sie dienen der Intensivierung bestehender und der Anknüpfung neuer Handelsbeziehungen.

reichgegliederte Schutzhülle, breitete sich die Ausstellung überschaubar aus. Einbauten wurden in einfachster Form als „Terrassenlandschaften" angeordnet.

So einfach die Errichtung eines „Zeltes" auf den ersten Blick erscheinen mochte, so schwierig und neu waren die Probleme, die bei der freiplastischen und weichen Konstruktion der Großhülle in dem verlangten Ausmaße, unter den besonderen örtlichen klimatischen Verhältnissen – extreme Kälte, Hitze, Schnee und Windlast – zu bewältigen waren.

Bei der Konstruktion handelte es sich um eine 10000 qm große Haut, die unter einem Stahlseilnetz hing. Das Material bestand aus einem Polyester-Schwergewebe, das gegen Verschmutzung und Schneeablagerung mit einem glatten Lackanstrich versehen wurde und einem Seilnetz aus 40000 lfdm, 12 mm dicken, schwachgedrehten Stahlseilen mit einer Maschenweite von 50 × 50 cm.

Bei den starken Temperaturschwankungen war insbesondere die unterschiedliche Ausdehnung von Seilnetz und Kunststoffhaut zu berücksichtigen. Durch die Idee des Architekten, eine lichte und beschwingte Ausstellungslandschaft mit einer lebendigen Wechselwirkung von luftiger Hülle und Terrassierung zu gestalten, ist das Bauwerk selbst zu einem großartigen Themenbeitrag geworden.

In den Grünflächen außerhalb des Pavillons wurden Plastiken deutscher Bildhauer aufgestellt.

Gesamtgewicht:	450 t
Bebaute Fläche:	8000 qm
Gesamtkosten:	rd. 17,5 Mio DM
Baubeginn:	Ende 1965
Fertigstellung:	4/1967

EXPO 70 Osaka Japan Deutscher Pavillon

Gesamtleitung: Bundesbaudirektion
Entwurf:
Architekt Dipl.-Ing. Fritz Bornemann, Berlin (nach beschränktem Bauwettbewerb)
Bauleitung:
Bundesbaudirektion
Ausstellung:
Prof. Minks, Prof. v. Buttlar
Gartengestaltung:
Prof. Rossow

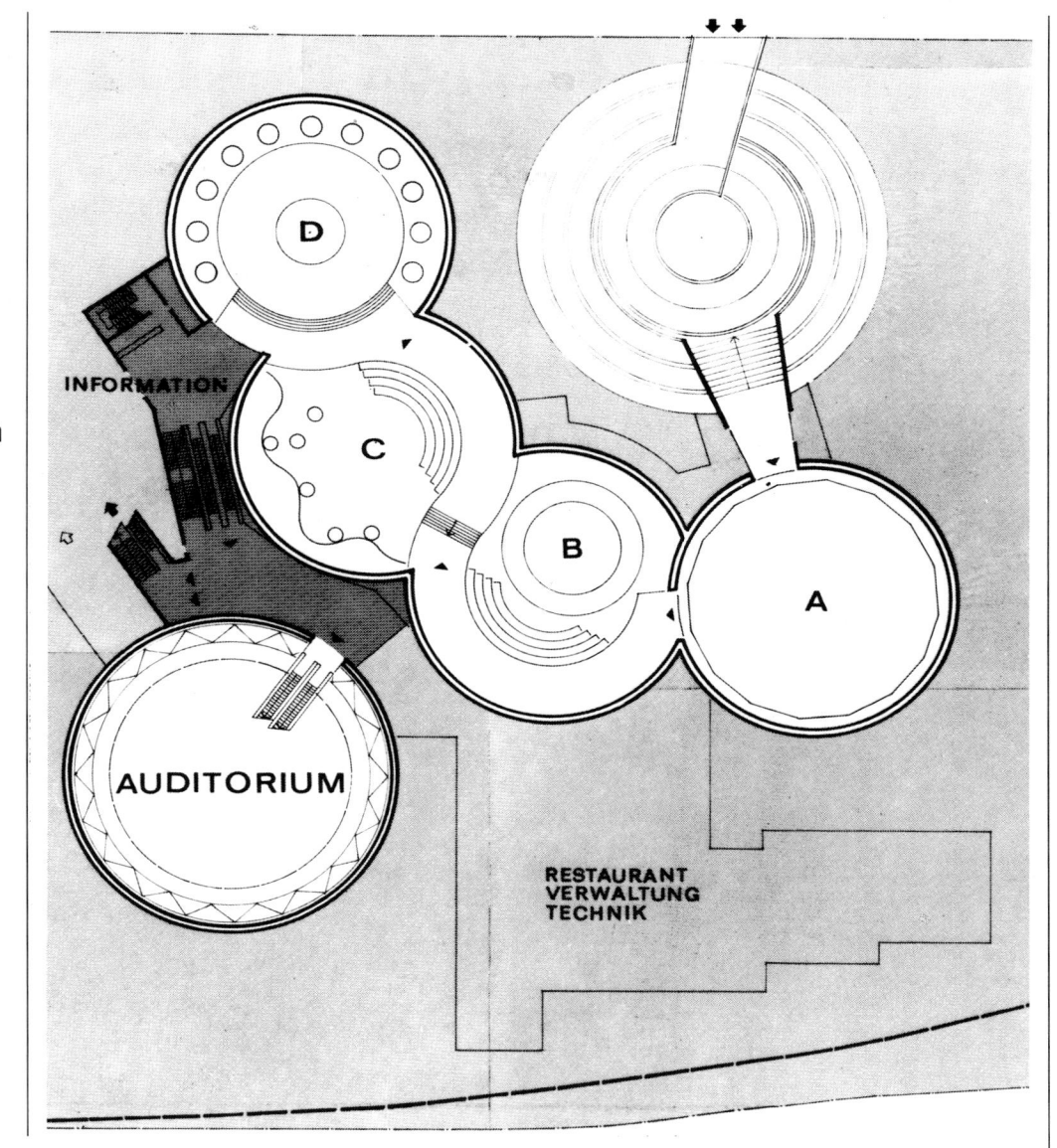

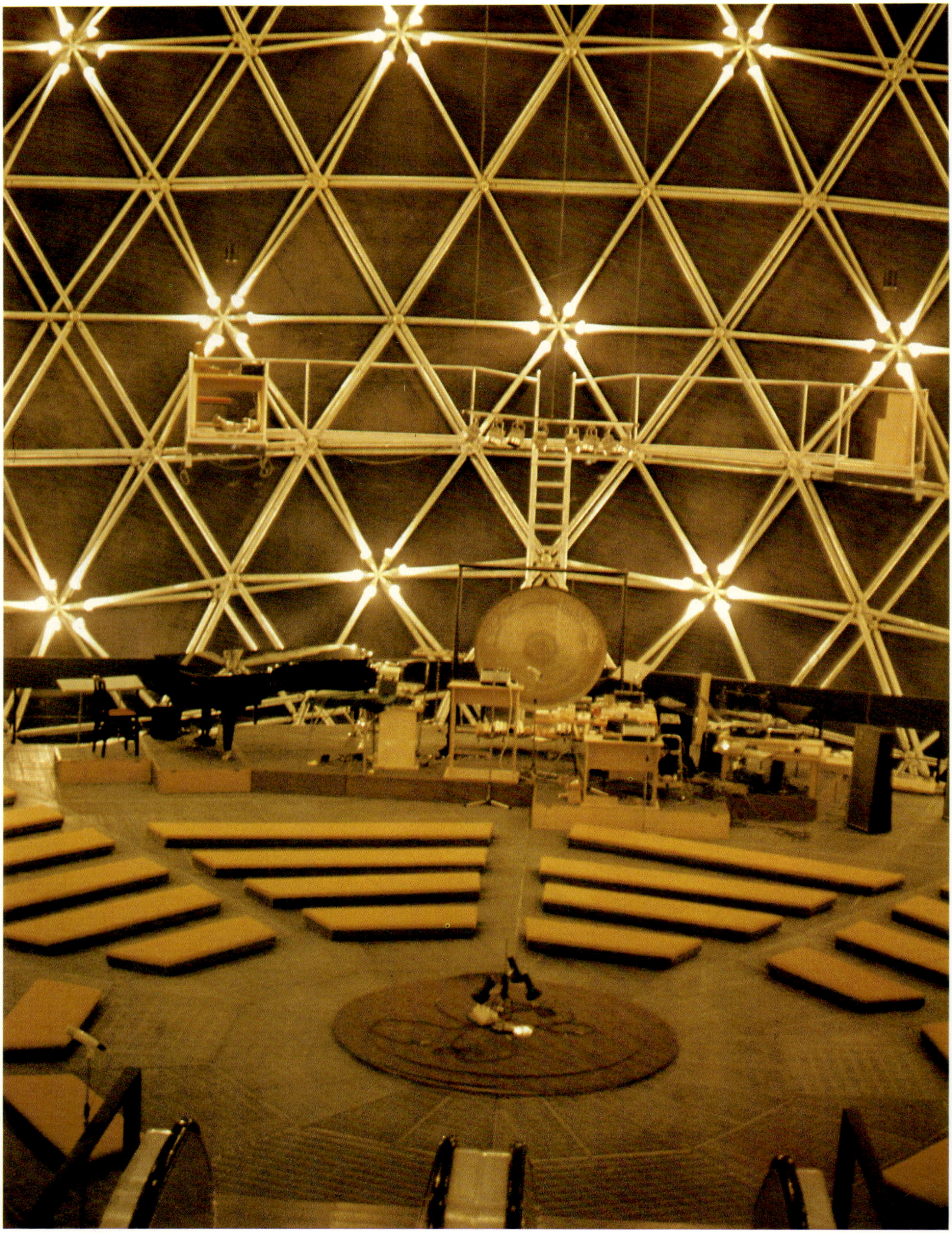

Thema des Deutschen Beitrags: „Zusammenarbeit, Fortschritt und Frieden."

3 Ausstellungsbereiche behandelten dieses Thema, beginnend mit allgemeiner Information über das Leben in der Bundesrepublik. Es folgte eine Darstellung der industriellen Leistungen. Den Abschluß bildeten musikalisch-filmische Kulturdarbietungen.
Der Entwurf umfaßte 4 zylindrische, ineinander übergehende Einzelhallen, die, über eine Eingangsspirale erreichbar, unterirdisch angeordnet wurden. Diese Bauidee wurde zum Rahmen optisch-informativer, musikalischer und gesprochener Darstellungen. Das „Wahrzeichen" bildete das oberirdisch gebaute Auditorium, ein blau leuchtender Kugelraum als Super-Klang-Studio, in dem u.a. Stockhausen die auf Podien an der Kugelwand postierten Musiker vom elektronischen Mischpult aus dirigierte.
Durch die Versenkung der Hauptausstellungshallen wurde darüber eine große freie Ebene gewonnen, die mit einer stets wechselnden Blumenflora aus unserem Lande bepflanzt war. Im Zusammenhang damit wurden die künstlerischen Beiträge erlebbar. Der Gartenraum wurde durch aufgesteckte Spiegel (Künstler: Heinz Mack) optisch entrückt. Periskope gaben die Möglichkeit, von oben in die unterirdischen Ausstellungsräume zu sehen.

Grundstücksgröße:	9 600 qm
Bauvolumen:	43 000 cbm
Gesamtkosten:	11 Mio DM
Baubeginn:	Dezember 1968
Fertigstellung:	März 1970

Olympische Bauten München 1972

Gesamtleitung:
Olympia-Baugesellschaft, München
Planung der Gesamtanlage Olympia-Park und Planung der Hauptsportstätten (Stadion, Sporthalle, Schwimmhalle):
Architekten Prof. Behnisch und Partner, München/Stuttgart
Grünplanung Prof. G. Grzimek, Kassel
Planung des Olympia-Parks Nordbereich:
Architekten Prof. E. Heinle, Dipl.-Ing. R. Wischer und Partner, Stuttgart/München

BIENVENUE
A MUNICH
POUR LES JEUX
DE LA
XX. OLYMPIADE
1972
WELCOME
TO MUNICH
TO THE GAMES
OF THE
XX. OLYMPIAD
1972
WILLKOMMEN
IN MÜNCHEN
ZU DEN SPIELEN
DER
XX. OLYMPIADE
1972

Boxhalle
U-Bahn
Sporthalle
Olympisches Dorf Männer
Olympisches Dorf Frauen
Fernsehzentrum
Zentrale Hochschulsportanlage
S-Bahn
Pressezentrum

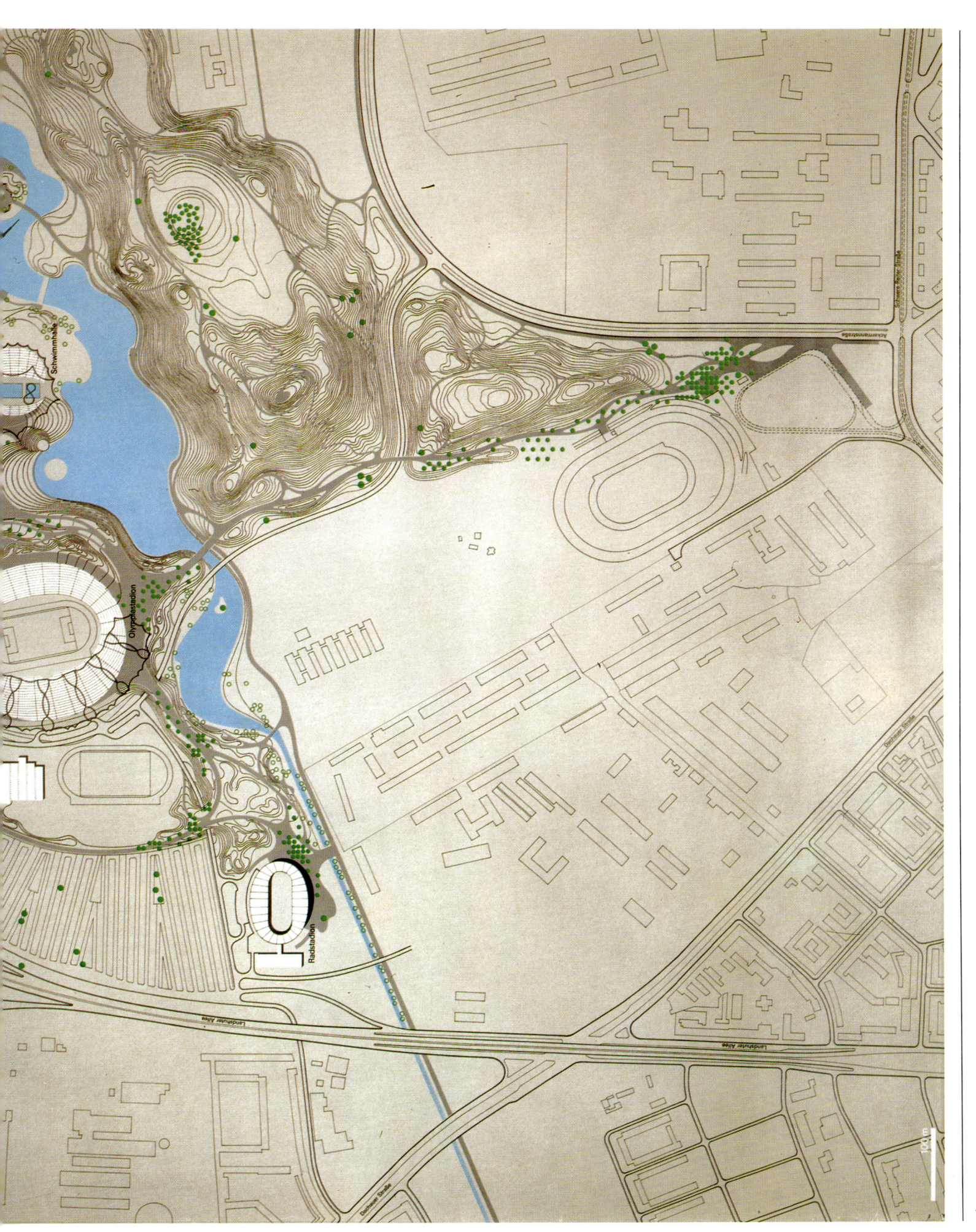

Schwimmhalle

Olympiastadion

Radstadion

Schwere-Reiter-Straße

Ackermannstraße

Dachauer Straße

Landshuter Allee

Landshuter Allee

100 m

167

Als München sich anbot, die olympischen Spiele auszurichten, hatte es an Sportanlagen nichts anzubieten. Ein Glücksfall erleichterte die Lösung. Vier Kilometer vom Stadtzentrum entfernt lag das Oberwiesenfeld, ein unbebautes Gebiet, das früher einem königlich bayrischen Kavallerieregiment als Exerzierplatz gedient hatte.

Das Raumprogramm war außergewöhnlich und es erforderte zur Verwirklichung auch außergewöhnliche Mittel. Ihr Einsatz war nur zu verantworten, wenn mit der Schaffung dieser Anlage zugleich andere Bedürfnisse der nächsten Jahrzehnte für den Raum München befriedigt werden konnten.

Die Leitgedanken
Olympia, Fest der Musen und des Sports,
Olympia im Grünen,
Olympia der kurzen Wege –
bestimmten den Entwurf der baulichen Anlagen. Die wichtigsten Gesichtspunkte waren:

Menschlicher Maßstab, trotz der notwendigen Ausmaße der Bauten, Rahmen für eine heitere und gelöste Atmosphäre der Spiele, neue Komponente von kultureller und städtebaulicher Bedeutung für die Landeshauptstadt München.

Repräsentativstes Bauwerk wurde das große Olympiastadion, das in Verbindung mit der Sporthalle und der Schwimmhalle zu einem zentralen Erlebnisbereich geworden ist. Miteinander verbunden durch das nicht zuletzt auch wegen seiner hohen Kosten umstrittene großartige, lichtdurchlässige Zeltdach. Dieses einzigartige Environment und die bizarre Form der Dachlandschaft verbinden sich wohltuend mit den umliegenden Hügeln, Wiesen, Mulden und dem See.

Die vorgespannte Seilnetzkonstruktion des Zeltdachs und die damit verbundenen Stahlmasten entsprachen den architektonischen Vorstellungen.

Von gleicher Bedeutung wie die Stadionanlagen waren die Wohnbauten des Olympischen Dorfes. Sie sind ein bemerkenswerter Beitrag für modernes Wohnen geworden. Sieben bis vierzehngeschossige höhere und fünfgeschossige flachere Terrassenhäuser mit davorliegenden ein bis drei-geschossigen Reihenhäusern wurden errichtet. Pflanztröge vermitteln den Eindruck hängender Gärten. Heute ist dieser Komplex ein Stadtteil Münchens mit rund 10000 Einwohnern.

Es gab eine Fülle künstlerisch bedeutsamer Einzelleistungen, insbesondere die Gestaltung der Landschaft, hierin einbezogen der Olympiahügel südlich des Stadions – ein früherer Trümmerberg, der mit Bäumen, Sträuchern, Büschen und Blumen bepflanzt, sich wie selbstverständlich in das Gesamtkonzept einfügte.

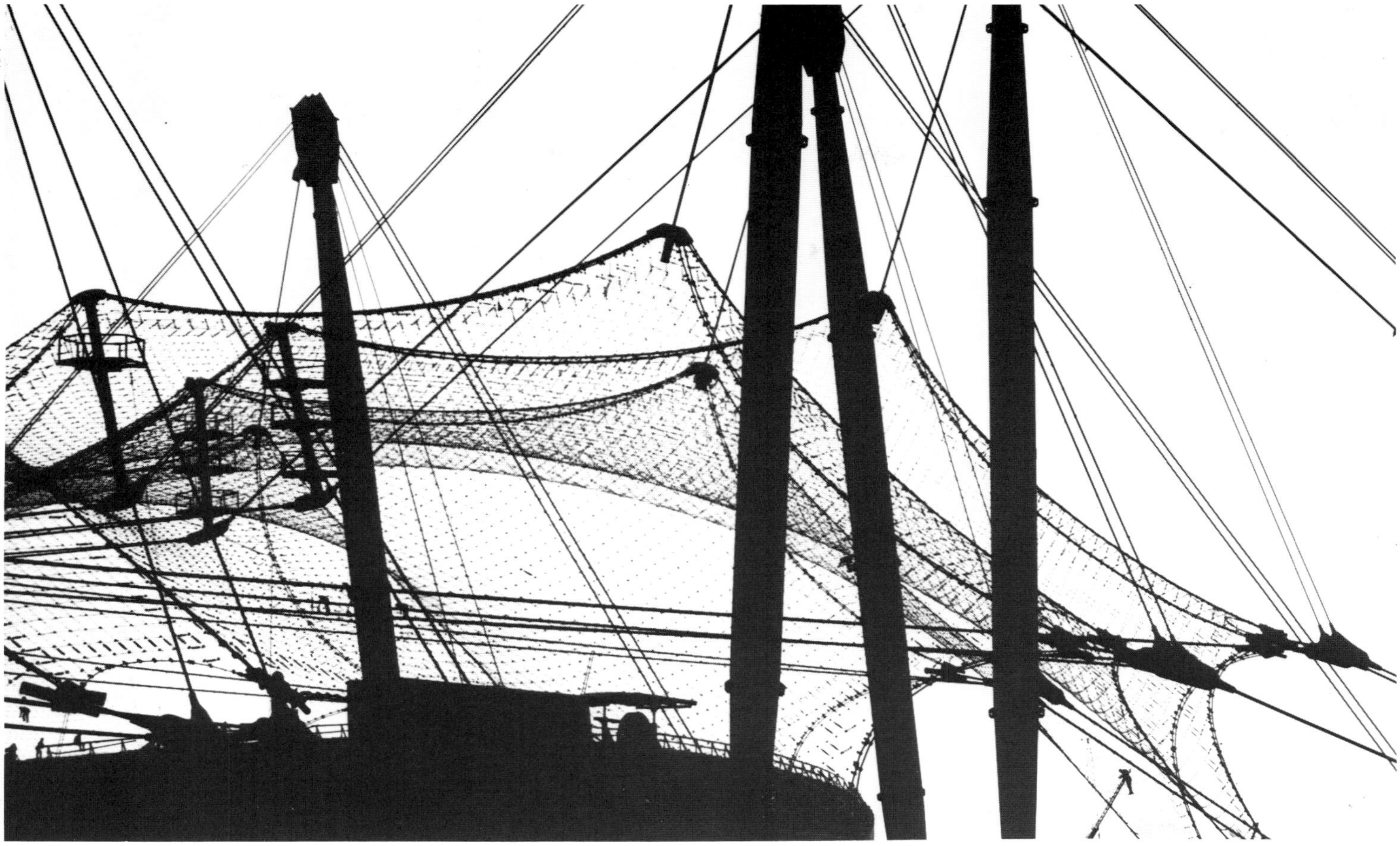

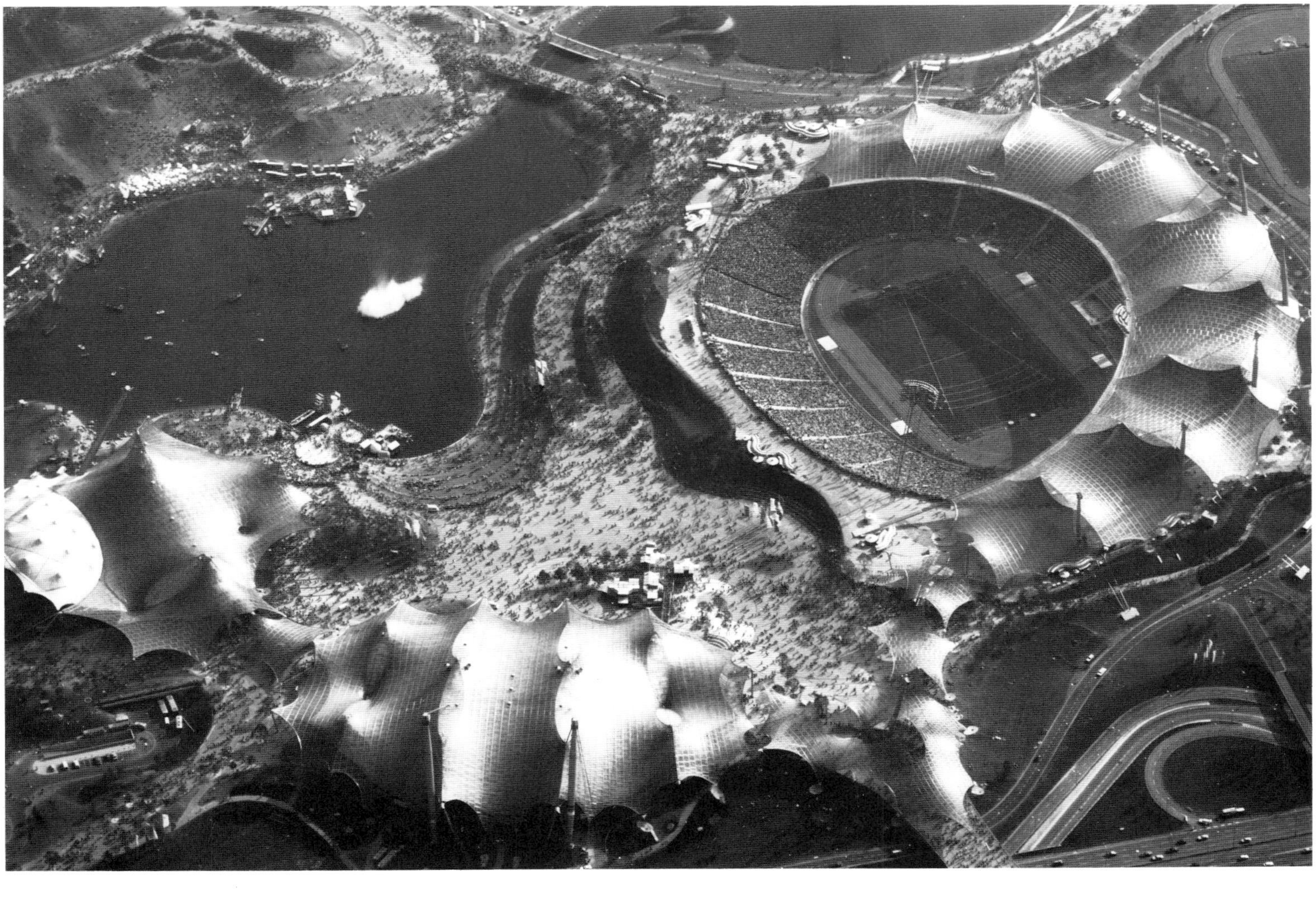

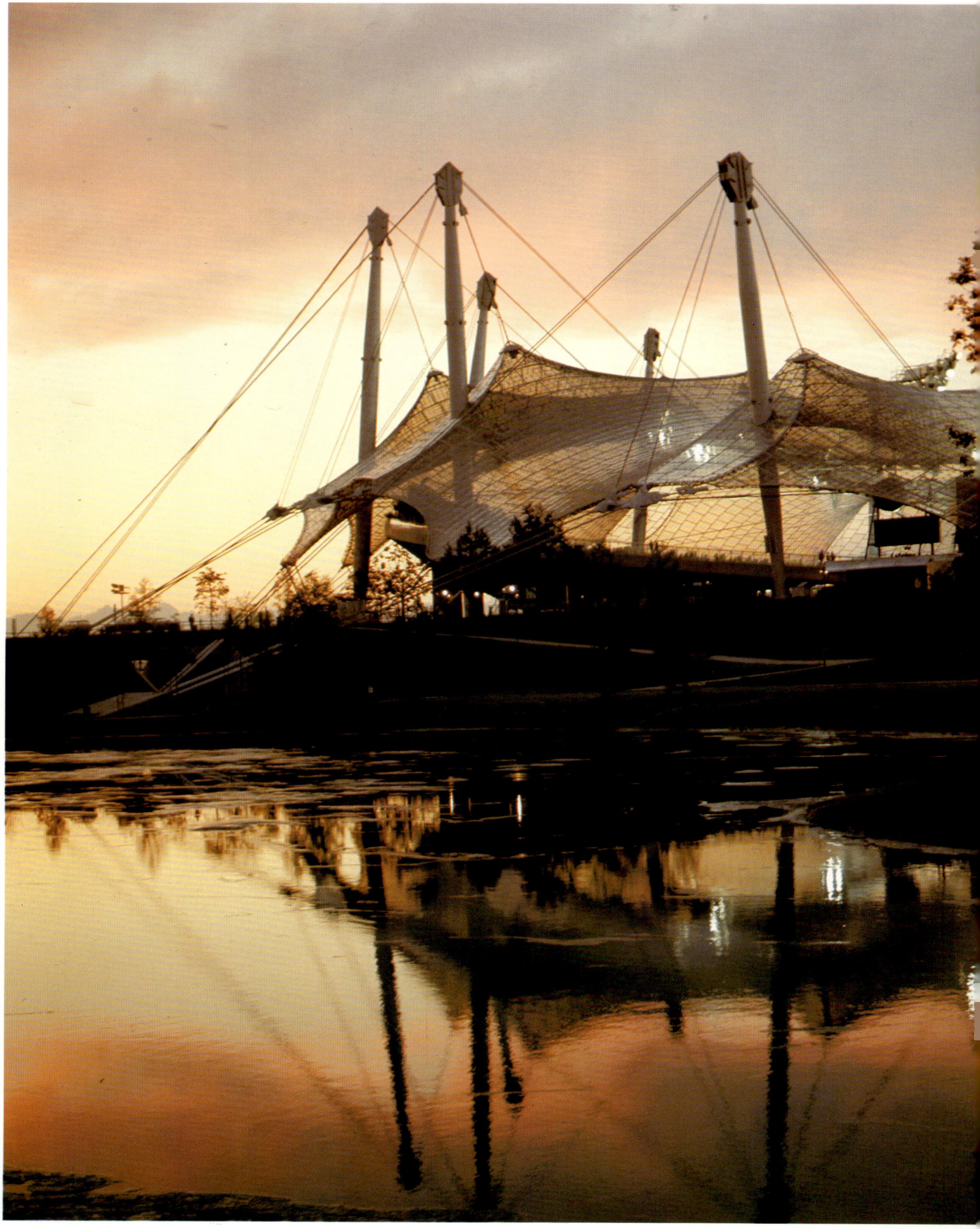

171

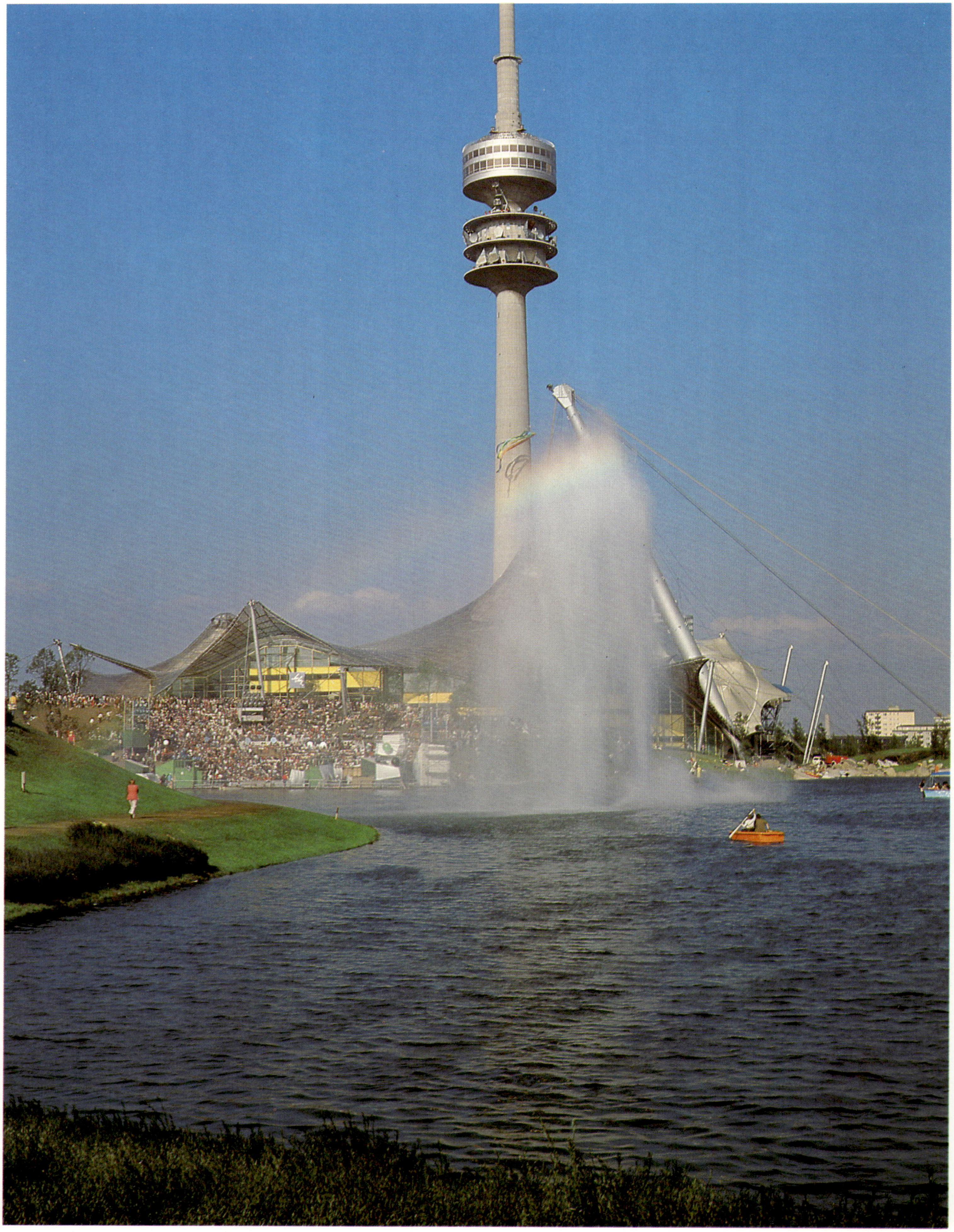

„Heute sieht der Hügel aus, als hätte ihn eine Laune der Natur schon vor Millionen Jahren hier hinterlassen. Am Fuße des Hügels zieht sich ein künstlicher See mit schönen runden Ufern hin. Auf der anderen Seite glänzt das riesige Dach des Stadions. Im Winter fahren die Kinder mit dem Schlitten oder den Skiern bergab – im Sommer lassen sie oben auf der Kuppe ihre kleinen Flugzeuge kreisen und Drachen steigen. An den Hängen des Hügels lagert es sich bequem, man schaut nach München hinein oder über das Oberwiesenfeld hinweg. Während der Zeit der Olympischen Spiele – besonders aber während der Eröffnungsfeier – war dieser künstliche Hügel von Tausenden von Menschen bevölkert, die von Ferne aussahen wie bunte Büsche, die einen Berg erleuchten." (Ulrich Kaiser – Karl Adolf Scherer).

Die herausragendsten künstlerischen Ereignisse waren, losgelöst von der Architektur, die Wasserplastik von Heinz Mack und die Lichtplastik von Otto Piene.

Während die Wasserplastik sich als eine fein zerstäubte Wasserwolke den freien Formen der Landschaft zuordnete, reflektierte die Lichtplastik natürliches und künstliches Licht in vielfältiger Weise.

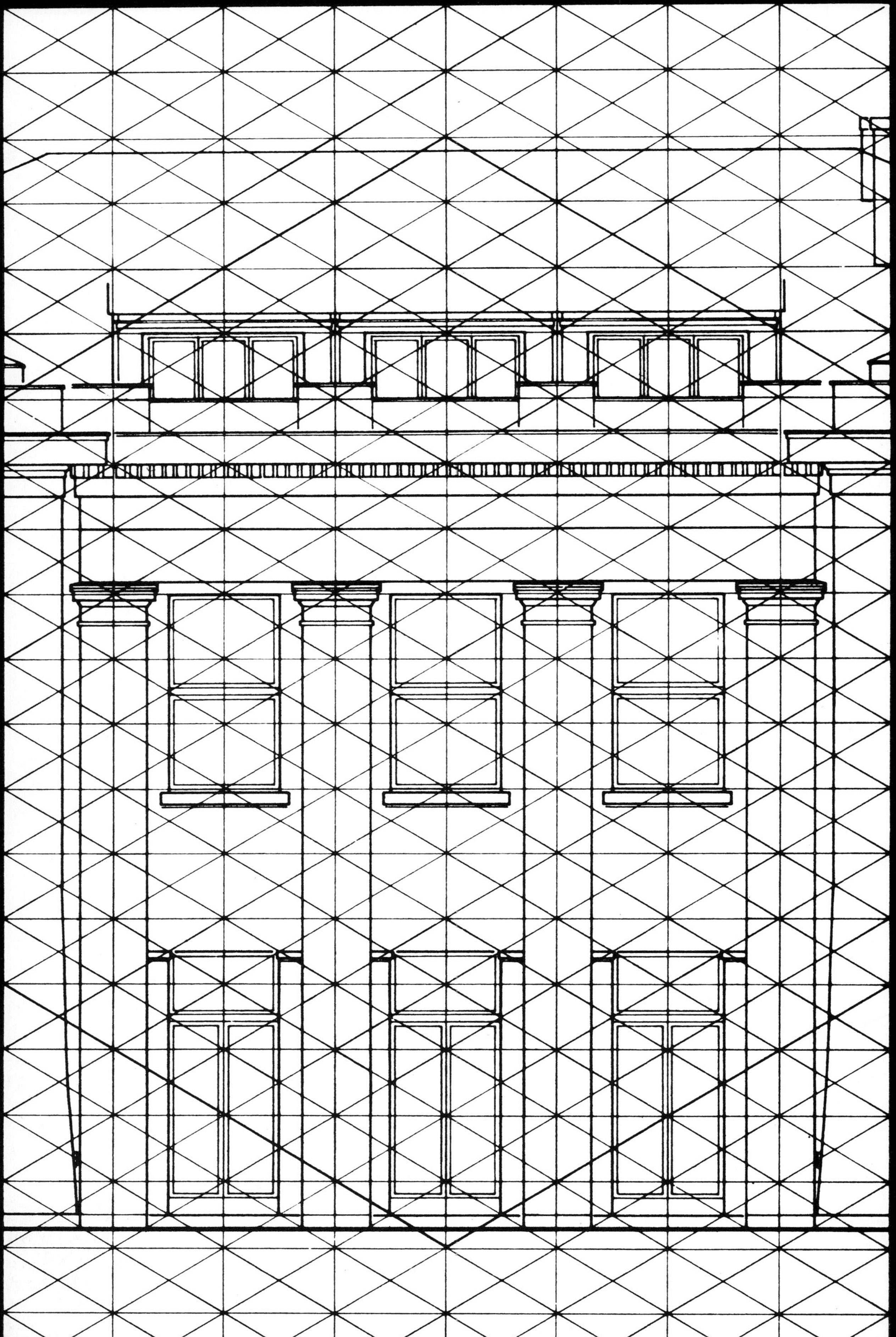

Denkmalswerte Gebäude und ihre Verwendung für Zwecke des Bundes

9

Das Reichstagsgebäude in Berlin (West)

Gesamtleitung: Bundesbaudirektion
Entwurf:
Architekt Prof. Paul Baumgarten, Berlin
Bauleitung:
Bundesbaudirektion

Denkmalswerte Gebäude und ihre Verwendung für Zwecke des Bundes

9

Das Reichstagsgebäude in Berlin (West)

Gesamtleitung: Bundesbaudirektion
Entwurf:
Architekt Prof. Paul Baumgarten, Berlin
Bauleitung:
Bundesbaudirektion

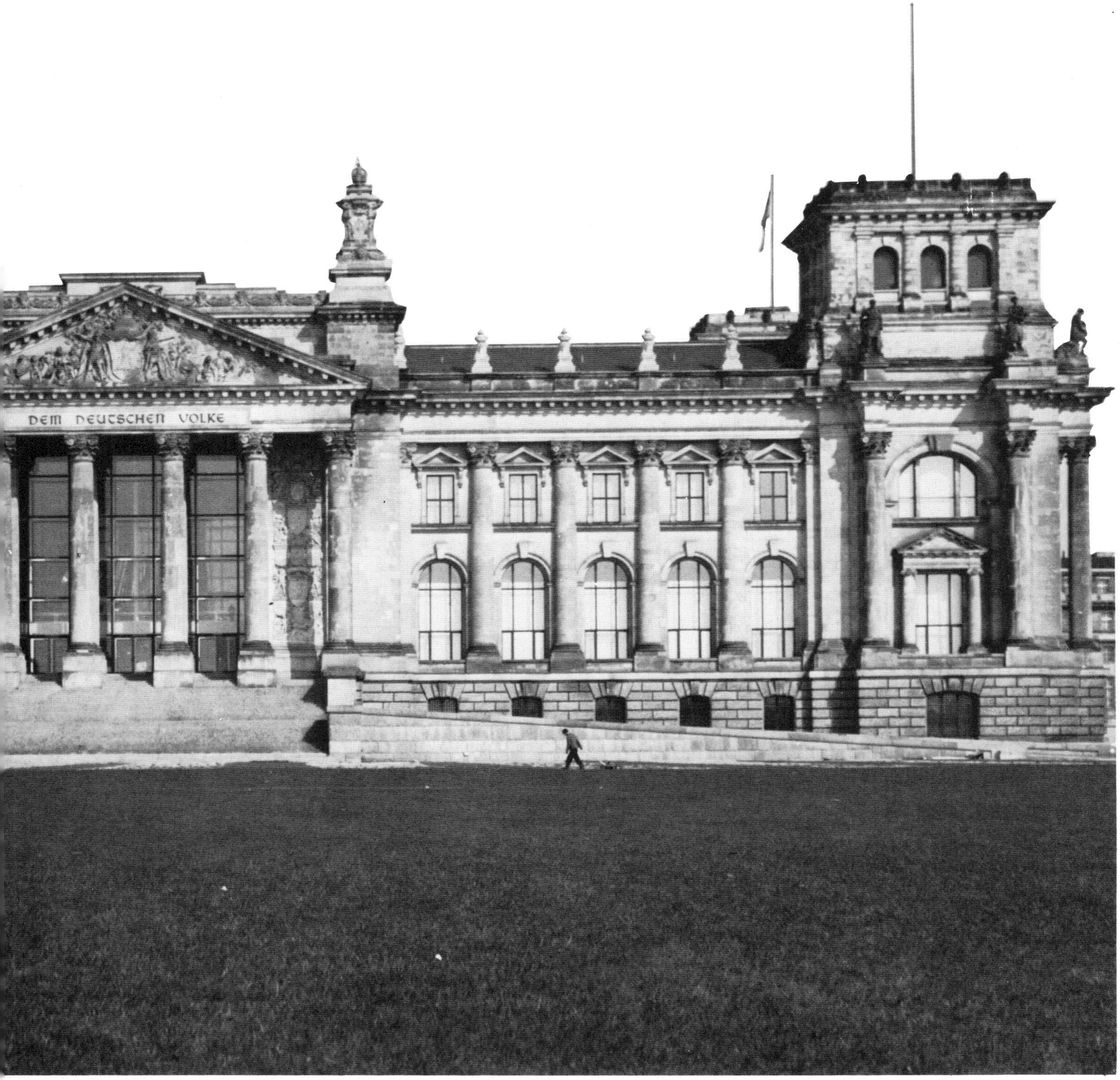
DEM DEUTSCHEN VOLKE

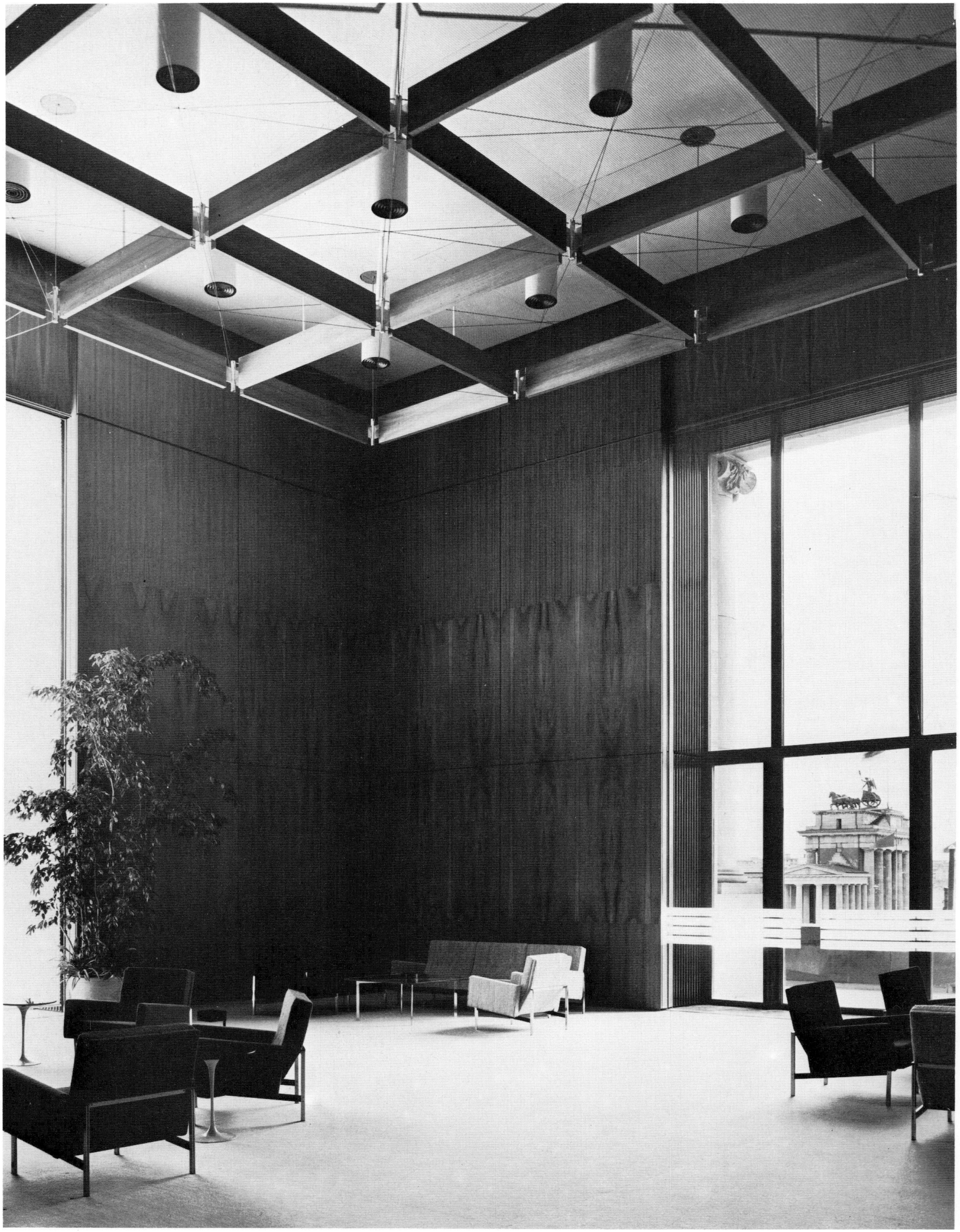

Aus Gründen kultureller Verantwortung hat sich die Bundesbauverwaltung in der Vergangenheit der Erhaltung vieler Gebäude von geschichtlichem und architektonischem Rang im In- und Ausland besonders angenommen und ihre denkmalpflegerischen Entscheidungen nach genauer Kenntnis der Baugeschichte und des Baubestandes getroffen. Dabei stellte sich häufig die Frage, ob solche den heutigen Nutzungsanforderungen sicher nicht in idealer Weise entsprechende Gebäude den hohen Aufwand rechtfertigen.

Der Respekt vor der Geschichte stärkte den Willen zur Erhaltung besonders dort, wo infolge der Zerstörungen im zweiten Weltkrieg der Bestand an historisch wertvollen Gebäuden — wie in Berlin — erheblich geschrumpft war.

Wegen fehlender Pläne, nicht mehr vorhandener Dekors und Ornamente, aber auch aus Gründen der Nutzung und der außerordentlich hohen Kosten wurde in einzelnen Fällen auf die Wiederherstellung der Innenräume im alten Stil verzichtet.

Abseits vom Verkehr und von großstädtischer Hektik liegt der wiederaufgebaute Reichstag unmittelbar an der Sektorengrenze, ein denkmalswertes Gebäude mit bewegter historischer Vergangenheit, einer nunmehr wiedergewonnenen Gegenwart, aber einer noch nicht erkennbaren Zukunft.

Im Äußeren erinnert die Silhouette an die frühere Gestalt, doch es fehlt die Kuppel und die vier Ecktürme sind verändert. Der bildnerische Schmuck mit seinen zahlreichen allegorischen Darstellungen und figürlichen Elementen blieb zum Teil erhalten, ausreichend, um die Absichten des Architekten Wallot deutlich zu machen, nämlich das Kleine im Maßstab zu den großen Formen klassischer Ordnung in Beziehung zu setzen.

Die Monumentalität und das Pathos im Äußeren sind geblieben, im Inneren dagegen erinnert nichts an Vergangenheit. Hier ist alles gegenwartsbezogen: Material, Konstruktion, Raum, Form und Gestalt bis hin zu den Beiträgen der bildenden Künstler.

Der großen plastischen, fast abweisenden Form im Äußeren antwortet im Inneren eine im Geiste disziplinierte Architektur, die in ihrer Einfachheit, Feingliedrigkeit, Klarheit und fast asketischen Strenge den heutigen Vorstellungen einer Repräsentation trotz der überhöhten Maßstäbe voll entspricht.

Der Besucher hat nirgends das Gefühl der Bedrückung. Die Großzügigkeit der fließenden Räume, mit ihrer Durchsichtigkeit und Weite ist eindrucksvoll, besonders in Verbindung von Westhalle und Plenarsaal. In 16 m Höhe sind die filigranen Kassetten-Lichtdecken in weit gespannter Konstruktion angeordnet. Nichts erinnert daran, daß sich hier einmal Kuppeln und Tonnengewölbe mit ihren lastabtragenden Pfeilern befanden. Diese Raumgruppe Westhalle — Plenarsaal, durch eine gläserne Wand geteilt, den Portikus der Westfassade einbeziehend, gibt den Blick frei auf die in ihrer Dimension außergewöhnliche Leichtmetall-Plastik von Prof. Heiliger, die den Schwerpunkt bildet. Der Architekt hat sie als integrierenden Bestandteil der Architektur dieses Raumes konzipiert.

An dieser Stelle, wie auch in der Osthalle, wird der Grundgedanke

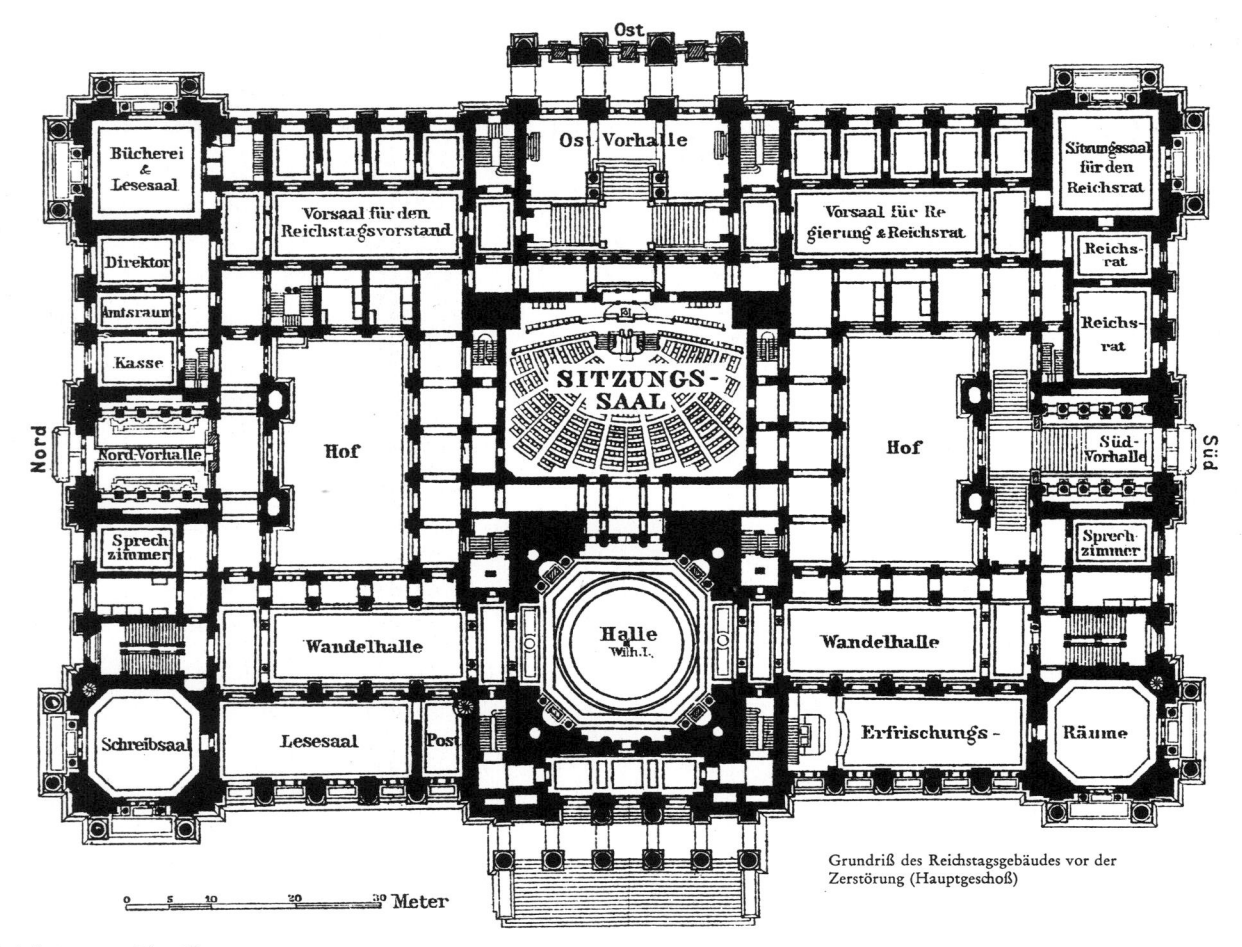

Grundriß des Reichstagsgebäudes vor der Zerstörung (Hauptgeschoß)

▲ Grundriß Reichstag vor Zerstörung

▼ Grundriß Reichstag nach Wiederaufbau

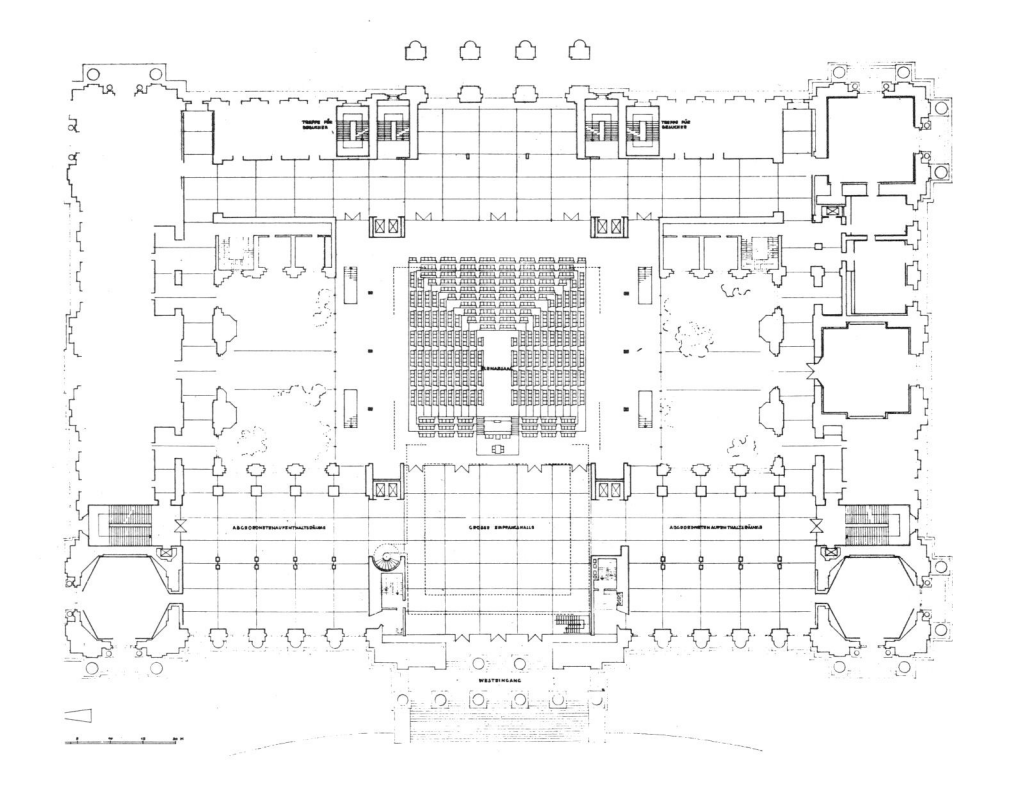

des Entwurfs deutlich, nämlich durch Zurücknahme der Formen im Inneren, die Architektur des Wallot-Baues von außen her einfließen zu lassen. Die Unterordnung, die Rücksichtnahme auf den alten Bestand, das Eingehen auf das, was Wallot geschaffen hat, kennzeichnet die Einstellung, von der der Architekt mit Recht ausgegangen ist.

Trotz der ungewohnten Maßstäbe und der Größe kommt im Inneren kein Gefühl von lastender Schwere auf. Während der Besucher in den Eingangsbereichen – Nordflügel, Südflügel – noch Härte und Stärke des Materials und der Form spürt – Granitböden, grob geputzte Wände, Rundbögen – gleichsam als verblassende Erinnerung an den Eindruck von außen, verfeinern sich die Mittel der Gestaltung, des Materials, der Details zur Mitte des Gebäudes, bis hin zur Raumplastik, die mit ihren Stangen, Röhren und gebogenen glänzenden Metallflächen das Licht in vielen Nuancen reflektiert und das sparsam einfließende Rot einzelner Teile zu hoher Wirkung bringt.

Das spannungsreiche Miteinander von Fläche und Linie im Raum hat sein Gegenstück im Tryptichon – großer Kanon – von Prof. Camaro in der Osthalle. Der Wandteppich im Empfangssaal von Woty Werner trägt den Titel –Jubilate–. Der Raum befindet sich auf der Ebene des Hauptgeschosses, ganz in Holz vertäfelt. Zur Minderung der Raumhöhe hat er eine abgehängte Lichtdecke erhalten.
Von hier aus geht der Blick auf das Brandenburger Tor, und der Zwiespalt der Empfindungen bleibt nicht aus, angesichts der Trostlosigkeit und der Verlassenheit dieses Umraumes mit der Mauer im Vordergrund.
Zum Grundriß lediglich der Hinweis, daß vom Nord- und Südeingang her über Verbindungsgänge die unter dem Plenarsaal angeordnete Verteilerhalle erreicht wird, von der aus über vier Aufzugsgruppen und die Treppen Nord und Süd alle oberen Geschosse erschlossen werden.
Zwei besondere Treppen führen auf die Erdgeschoßgalerie und von dort weiter in den Plenarsaal.

Größe des Plenarsaales	39,51 × 35,32 m = 1396 qm
Rauminhalt	21 770 cbm
Gesamtfläche	40 952 qm
Gesamtvolumen	410 000 cbm
Gesamtbaukosten	110 Mio DM
Fertigstellung:	1969

Die Bauzeit dauerte mit Unterbrechungen etwa 10 Jahre.

Deutsches Archäologisches Institut Berlin (West)

Restaurierung: Bundesbaudirektion

Am 21. April 1829 hat in Rom ein Freundeskreis aus Gelehrten, Künstlern und Diplomaten das „Instituto di Corrispondenza archeologica" gegründet, um möglichst international und umfassend für die Erforschung der antiken Denkmäler Sorge zu tragen. Da das preußische Königshaus die Schirmherrschaft übernommen hatte, kam 1837 die Zentraldirektion des in Rom fortbestehenden Instituts nach Berlin. Preußen übernahm ab 1870 dann auch die regelmäßige Finanzierung des Instituts, bis es 1874 ein Reichsinstitut wurde.
Heute ist das Deutsche Archäologische Institut als „wissenschaftliche Korporation" eine Bundeseinrichtung, die beim Auswärtigen Amt ressortiert. Es beging 1979 seinen 150. Gründungstag.

Seit 1957 hat die Zentraldirektion ihren Sitz in der von Peter Behrens für den Archäologen Theodor Wiegand errichteten Villa (1912), die unter Denkmalschutz steht. Ein Glücksfall, daß es dem Bund gelang, gerade dieses Gebäude für Zwecke des Deutschen Archäologischen Instituts zu erwerben und dem Bau somit eine besonders sinnfällige und würdige Nutzung zu geben. Neben der „Zentraldirektion" in Berlin bestehen „Abteilungen" in Rom, Athen, Kairo, Istanbul, Madrid, Bagdad und Teheran sowie „Kommissionen" in Frankfurt und München.

Das „Wiegand-Haus", von Anfang an mit der Berliner Archäologie und dem Deutschen Archäologischen Institut verbunden, ist von besonderem künstlerischen und historischen Wert. Für die Herrichtung als Institutsgebäude war ein Eingriff in den ursprünglichen Bestand des alten Privathauses nicht zu umgehen. Als der Neubau für Bibliothek und Verwaltung (1977) errichtet worden war, stand das „Wiegand-Haus" ganz der wissenschaftlichen Abteilung der Zentraldirektion zur Verfügung.

Das Haus wurde in den Jahren 1977/1978 saniert und denkmalpflegerisch restauriert. Es gilt als eines der bedeutendsten Wohnhäuser aus dem Anfang des 20. Jahrhunderts.

Der Peter-Behrens-Bau ist von der Flächenaufteilung des Grundstücks bis hin zu Details der Raumgestaltung und Ausstattung auf ein einheitliches geometrisches Ordnungsprinzip bezogen.

Ausgangspunkt ist das Quadrat des an die Straße gelegten Eingangsperistyls, das auch für das proportionale Gefüge des Ganzen bestimmend ist. Es ist gleichsam die Visitenkarte des in der Kunstwelt der Antike lebenden Hausherrn.

Den symmetrischen Grundriß hat Peter Behrens seinen Villen seit 1908 als Strukturprinzip zu-

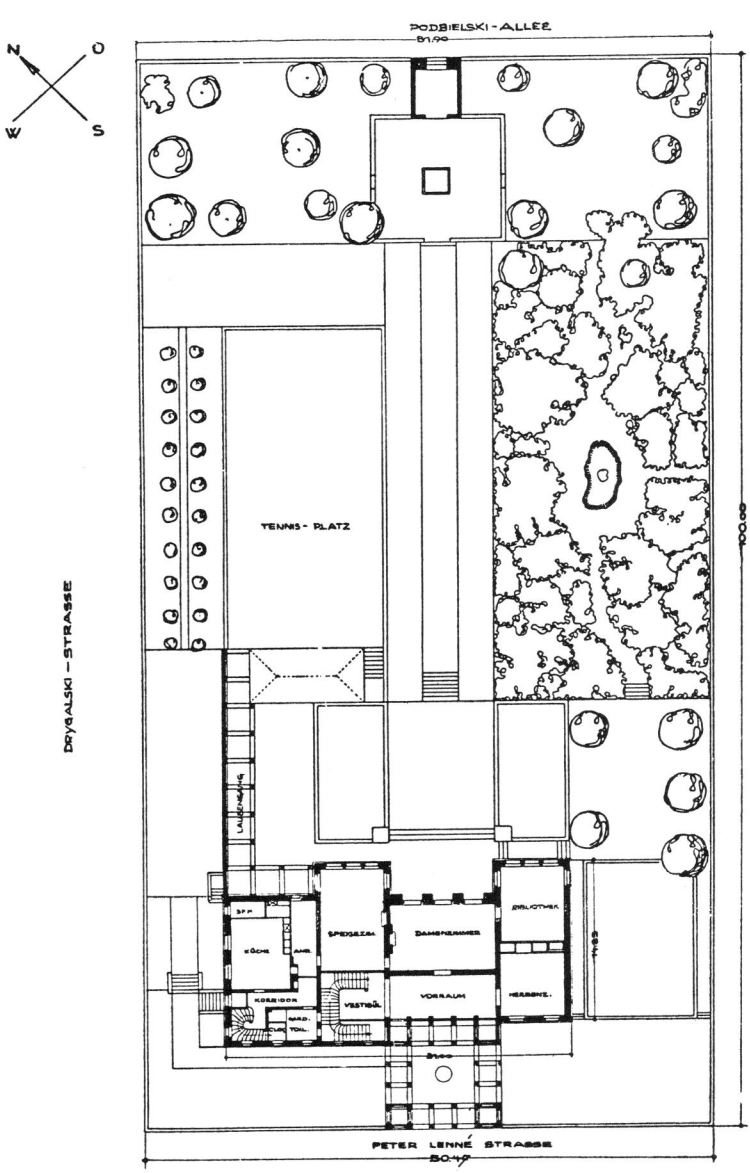

Wohnhaus Dr. Theodor Wiegand in Dahlem bei Berlin. 1911 bis 1912. Plan des Erdgeschosses und der Gartenanlage

21 Gartenfront im Raster 3 : 5

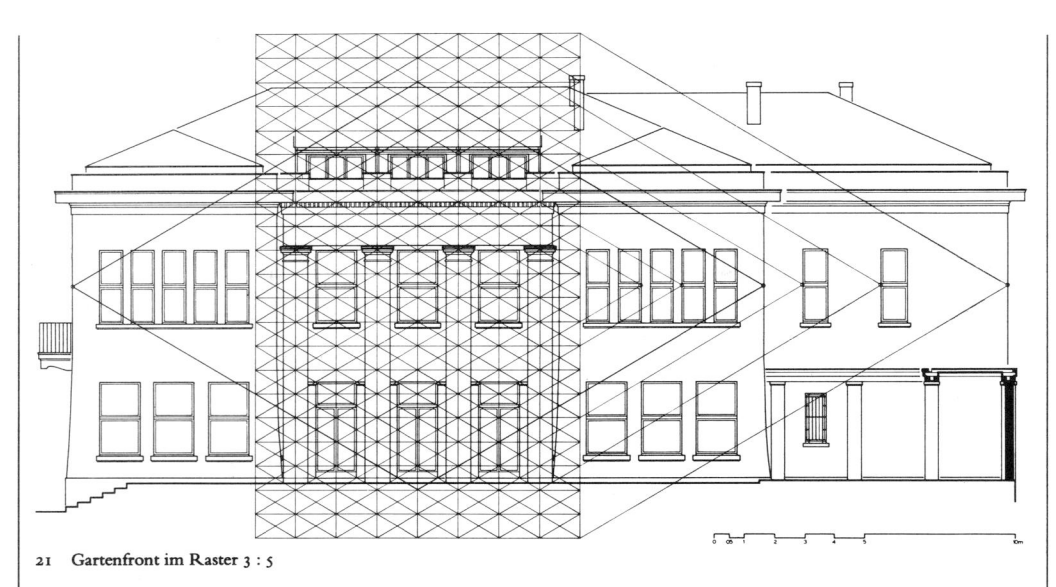

grunde gelegt. Quadrat und Rechteck bestimmen die Gestalt. Der Maler und Kunstgewerbler Behrens entwickelte Grundrisse, als handele es sich um dekorative, geometrische Muster. So kam er zu einer klaren, regelmäßigen Gliederung der Massen und Flächen. Für Behrens war die „monumentale Kunst der höchste und eigentliche Ausdruck der Kultur einer Zeit". Für das Wiegend- Haus sind unter diesem Gesichtspunkt charakteristisch: Die Verwendung von Naturstein, seine Flächenbehandlung und insbesondere der markante Klassizismus, wobei unter Zuhilfenahme der Achse ein architektonisch-räumliches Verhältnis zwischen Haus und Garten gesucht wurde. Der italienische Garten kam den Vorstellungen vom Architekturgarten als Raum für gesellschaftliches Leben im Freien sehr entgegen.

Mit der Übernahme des Hauses Wiegand konnte auch ein Teil der gleichfalls von Behrens entworfenen Inneneinrichtung erworben werden. Im Sinne der Einheit von Architektur und Innenraumgestaltung wurden Möbel, Verkleidungen, Türen, Lampen und andere Formen der antiken Kunst angelehnt. (Aus W. Hoepner – F. Neumeyer „Das Haus Wiegand" von Peter Behrens in Berlin-Dahlem)

Erweiterung Bibliothek und Verwaltung:

Entwurf und Bauleitung: Bundesbaudirektion

In angemessenem Abstand zu dem „Peter Behrens" Bau wurde auf dem bundeseigenen Gelände ein 2-geschossiger Neubau für Bibliothek und Verwaltung errichtet, ein in seinem Maßstab wohlabgewogener Baukörper, der sich auch in seiner Fassadengestaltung den Gegebenheiten gut einfügt.
Die Gesamtplanung berücksichtigte auch die von Peter Behrens entwickelte Gartenachse, die heute als Verbindungsweg zwischen Alt- und Neubau besteht.
Bauart:
Stahlbetonskelettbau mit Guß-Aluminiumplatten für die Brüstungsverkleidung.

	Neubau	Restaurierung des Altbaues
Hauptnutzfläche:	rd. 813 qm	unverändert
Umbauter Raum:	rd. 4 800 cbm	unverändert
Gesamtkosten:	rd. 2,80 Mio DM	1 483 000,– DM
Baubeginn:	12/1973	8/1976
Fertigstellung:	12/1976	7/1979

PODBIELSKI · ALLEE

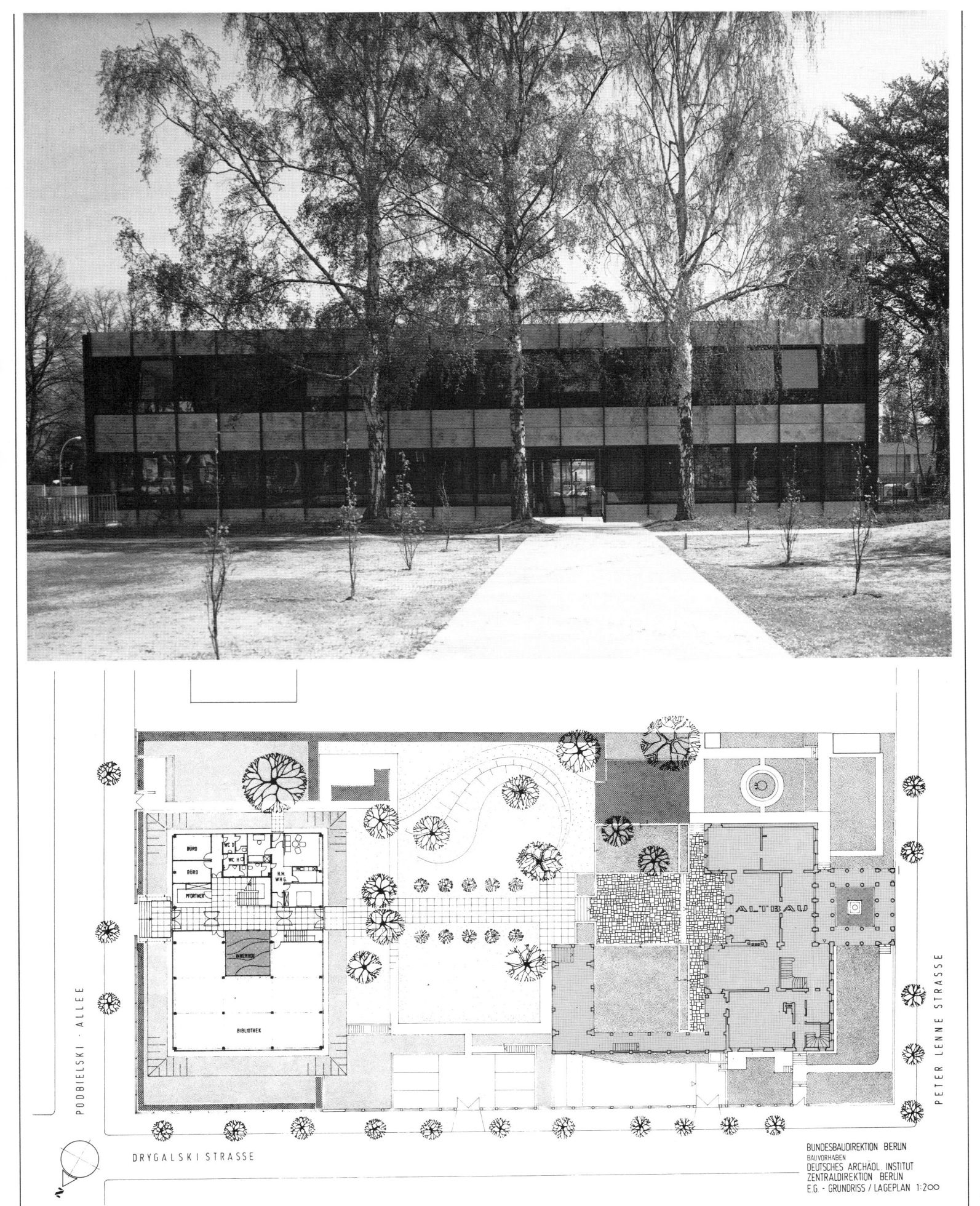

PETER LENNE STRASSE

DRYGALSKI STRASSE

BUNDESBAUDIREKTION BERLIN
BAUVORHABEN
DEUTSCHES ARCHAOL. INSTITUT
ZENTRALDIREKTION BERLIN
E.G. - GRUNDRISS / LAGEPLAN 1:200

Wiederaufbau Villa-von-der-Heydt Berlin (West)

Planung und Bauleitung: Bundesbaudirektion

Im Vordergrund der Neubau des Bauhaus-Archivs (Arch. W. Gropius) 1979

In den Jahren 1860/61 ließ sich der preußische Staatsminister Freiherr von der Heydt von dem Architekten Hermann Ende ein Wohnhaus in neuhellenistischer Form errichten. Durch die Verbindung des Gartens mit einer parkartigen Grünanlage entlang des Kanals erhielt die Anlage einen besonderen städtebaulichen Reiz.

In den Jahren 1880 bis 1930 wurde das Haus zwar mehrfach durch An- und Umbauten verändert, dennoch behielt die gesamte Anlage im Tiergartenviertel ihr besonderes Erscheinungsbild. 1938 wurde das Gebäude der Dienstsitz des Chefs der Reichskanzlei. Während des Krieges wurde die Villa mehrfach stark beschädigt. Nach dem Kriege wurden in zeitlichen Abständen Enttrümmerungs- und Sicherungsarbeiten durchgeführt. 1977 begannen die Wiederaufbau- und Restaurierungsarbeiten für Zwecke der Stiftung Preußischer Kulturbesitz. Die Hauptverwaltung wird nach Fertigstellung des Hauses dort ihren Sitz haben.

Bei der Durchführung wurde besonderer Wert auf Wiederherstellung des ursprünglichen Zustandes gelegt. Gemeinsam mit dem Landeskonservator wurden die Details der Fassade erarbeitet. Diese denkmalpflegerische Arbeit war mühevoll, da es nur wenige authentische Dokumente über den ursprünglichen Zustand gab und andererseits das Haus im Laufe seiner wechselvollen Geschichte mehrfach verändert worden war. Ein Stich von Linke zeigt, wie das Haus zum Zeitpunkt seiner Entstehung aussah.

Nutzfläche:	rd. 1 200 qm
Bauvolumen:	rd. 12 500 cbm
Baukosten:	rd. 5,6 Mio DM
Baubeginn:	11/1976
Fertigstellung:	Anfang 1980

Wohnhäuser am Rupenhorn Berlin (West)

Entwurf:
Architekten Brüder Luckhardt und A. Anker, Berlin

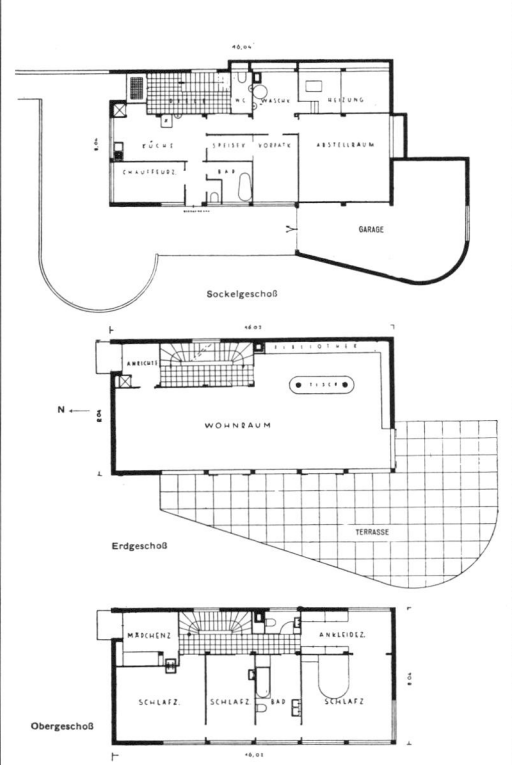

Die Brüder Luckhardt gehörten in den zwanziger Jahren zu dem Kreis um Bruno Taut, der die Erneuerung der Architektur durch strukturelle Einbeziehung von Technik und Industrie und in der Verwendung der Materialien Stahl, Glas und Beton zum Ziele hatte.
Die Einfamilienhäuser am Rupenhorn — 1928 errichtet — gelten als Höhepunkt im Werk der Brüder Luckhardt. Die Einzelhäuser wurden in Stahlskelettbauweise konzipiert und in diesem Sinne künstlerisch gestaltet.

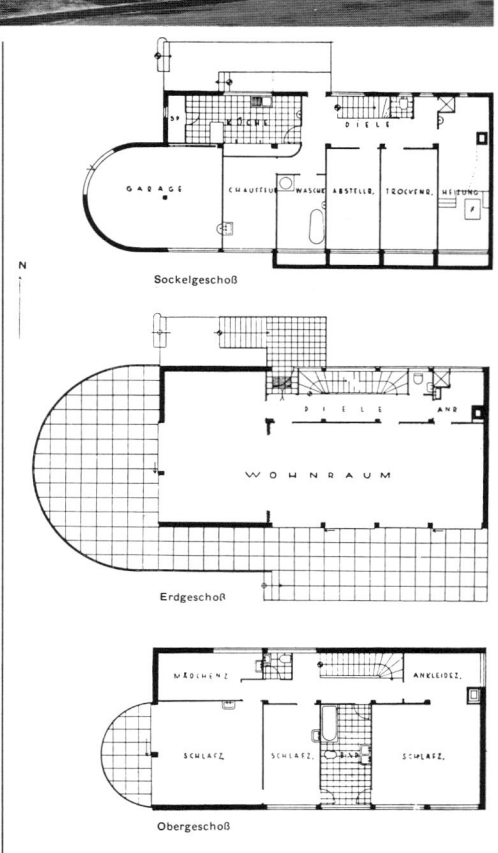

Die angestrebte neue Wohnkultur zeigte sich in der Raumaufteilung mit dem großen Wohnraum im Erdgeschoß, während im Sockelgeschoß die Küche mit Nebenräumen und im Obergeschoß die Schlafräume angeordnet wurden. Durchgehende Glaswände verbinden die Innenräume mit der umgebenden Waldlandschaft. Dachgärten und Terrassen unterstützen den Gedanken, das Haus nicht als einen nach außen abgeschlossenen Kubus wirken zu lassen.

Da die Häuser offenbar wegen ihrer grundrißlichen und gestalterischen Durchbildung nicht zu vermieten oder zu verkaufen waren, wurden die Erdgeschoßräume bereits vier Jahre nach Vollendung der Gebäude aufgeteilt.
1939 kamen die Wohnhäuser in den Besitz des Deutschen Reiches. Sie wurden im Zusammenhang mit der geplanten Neuanlage einer Universitätsstadt erworben. 1945 ging der Besitz an die Bundesrepublik Deutschland. Die Gebäude stehen unter Denkmalschutz. Sie wurden nach Beseitigung auch durch Kriegseinwirkung entstandener Schäden weitestgehend im ursprünglichen Zustand wiederhergestellt.

Haus des Bundespräsidenten – Villa Hammerschmidt Bonn

Innerer Ausbau und Einrichtung 1974:
Bundesbaudirektion
mit Prof. Paolo Nestler und
Dipl.-Ing. Wirsing

Das Haus eines Großindustriellen, im vorigen Jahrhundert (1860) erbaut. Der Park hat sehr wertvollen Baumbestand; er steht unter Naturschutz. Das Palmenhaus, 1878 erbaut, diente der Aufnahme vieler exotischer Gewächse.
Das Gebäude ist wiederholt verändert worden, zuletzt nach Erwerb durch den Bund (1950). Theodor Heuss ließ die dekorativen Turmaufbauten entfernen und das Innere des Hauses für Repräsentationszwecke umbauen. Nach Prof. Dr. Theodor Heuss (Bundespräsident von 1949–1959) residierten hier die Bundespräsidenten Dr. h.c. Heinrich Lübke (1959–1969), D. Dr. Gustav Heinemann (1969–1974). Nach Renovierungsarbeiten und teilweiser Neugestaltung des Hauses bezog Bundespräsident Walter Scheel im September 1974 die „Villa Hammerschmidt". Ihm folgte Prof. Dr. Karl Carstens 1979.
Die Raumaufteilung ist seit 1950 im großen und ganzen unverändert geblieben.
Im Erdgeschoß befinden sich das Arbeitszimmer des Bundespräsidenten und die Repräsentationsräume (Halle, Galerie, Gesell-

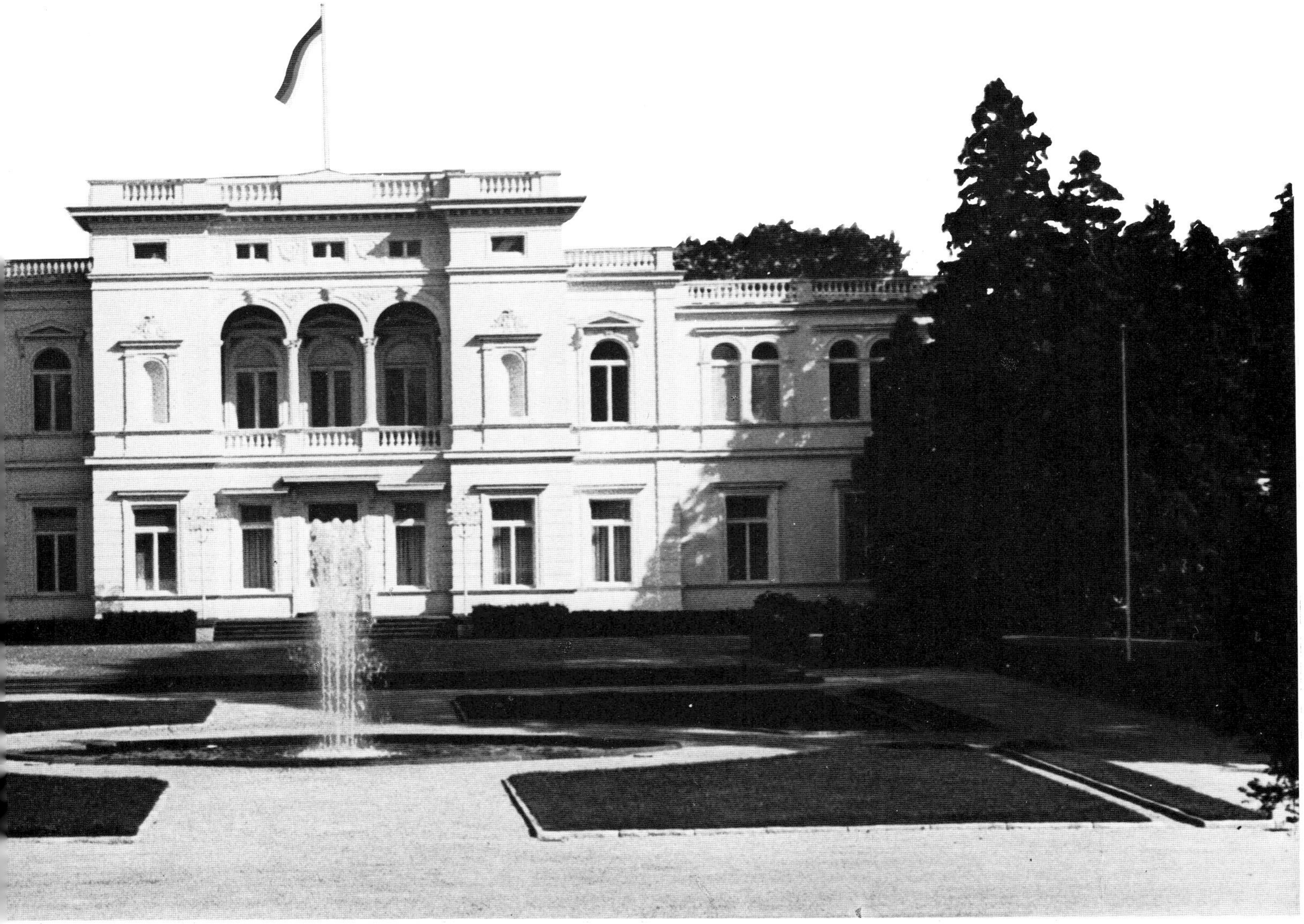

schaftsraum, Kabinett, Terrassenzimmer und Empfangssaal).
Im ersten Obergeschoß liegt die Amtswohnung.
Im Erdgeschoß des Palmenhauses ist heute das Persönliche Büro des Bundespräsidenten; im ersten Obergeschoß sind Gästezimmer untergebracht.

Das Palais Schaumburg Bonn

Seit dem Jahre 1949 war das „Palais Schaumburg" der Amtssitz des Bundeskanzlers. Dieses im Jahre 1860 errichtete Wohngebäude wurde 1895, nachdem es vom Prinzen Adolf zu Schaumburg-Lippe gekauft worden war, durch den kaiserlichen Oberhofbaurat Ernst von Ihne durch je einen Flügel nach Norden und Osten erweitert. Nach der Episode der Prinzessin Viktoria mit dem Hochstapler Zoupkoff wurde der Besitz 1929 versteigert, im Jahre 1939 vom Deutschen Reich übernommen. In der jungen Geschichte der Bundesrepublik hat sich das Palais einen Namen gemacht. Wie die benachbarte „Villa Hammerschmidt" ist das „Palais Schaumburg" für die Allgemeinheit zum Begriff geworden. Die von Bundeskanzler Adenauer begründete Tradition wurde fortgeführt. Heute dient es vorwiegend repräsentativen Veranstaltungen des Bundeskanzleramtes.

Residenz Palais Beauharnais Paris

Planung:
Bundesbaudirektion mit französischen Kontaktarchitekten Nebinger und Grohmann, Paris
Bauleitung:
Bundesbaudirektion

Die Einweihung der wieder hergerichteten ehemaligen Deutschen Botschafterresidenz in Paris im Jahre 1968 in Anwesenheit des französischen Staatspräsidenten General de Gaulle war für Paris ein bedeutendes Ereignis. Der traditionsreiche Bau ist kunstgeschichtlich von hohem Rang.

Zur Geschichte: Prinz Eugène de Beauharnais, ein Schwiegersohn Napoleons ließ 1803 das Palais im besten Stil des Empire herrichten.
Seit 1818 war das Gebäude in preußischem, später bis 1944 im Reichsbesitz. Schon Bismarck residierte hier als preußischer Gesandter. Während der 130 Jahre, in denen das Gebäude in preußischem bzw. im Reichsbesitz gewesen ist, sind keine wesentlichen Änderungen in der Architektur und im Ausbau des Hauses vorgenommen worden. Man wollte es möglichst stilrein erhalten.

Im Jahre 1961 wurde das nach 1944 beschlagnahmte Gebäude mit dem vollständigen kostbaren Mobiliar zurückgegeben.
Die beiden Hofgebäude entstanden etwa um die Jahrhundertwende. Sie wurden ebenfalls instandgesetzt und das rechte Hofgebäude dem linken angepaßt, eine Maßnahme, die den Vorhof optisch erweitert und die dem Gesamteindruck sehr nützlich ist.

Die Bundesbaudirektion hat mit der Wiederherstellung des unter Denkmalschutz stehenden Gebäudes, dessen Bausubstanz schon über 250 Jahre alt ist, einen kunsthistorisch bemerkenswerten Beitrag geleistet. Im Einvernehmen mit den französischen Denkmalbehörden und den besonders qualifizierten Kontaktarchitekten hat sie das Botschaftsgebäude den heutigen Erfordernissen entsprechend restauriert. Die unbedingt notwendigen Um- und Einbauten haben

195

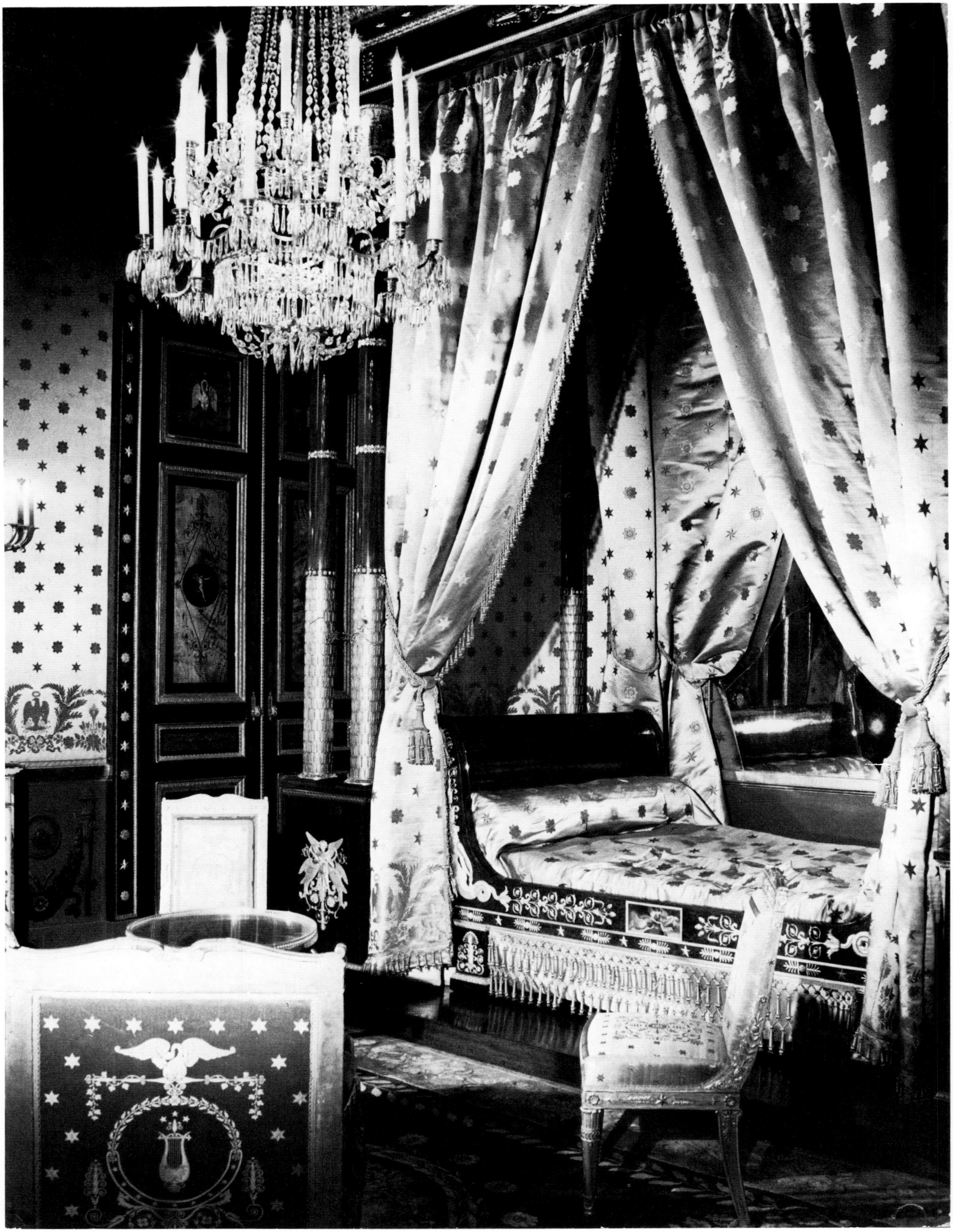

den künstlerischen und historischen Gesamteindruck nicht beeinträchtigt. Im Äußeren sind an dem Hauptgebäude keine Veränderungen vorgenommen worden, es wurden lediglich zum Teil neue Sandsteinverkleidungen angebracht. Der Garten zur Seine hin wurde im alten Stil angelegt.

Der Restaurierung kam zugute, daß die dekorativen Elemente – Stuckornamente, Decken und Paneele in reicher Vergoldung, Malereien auf Holz und Leinwand an Decken und Wänden, aber auch die antikisierenden Stilelemente in seltener Reinheit erhalten geblieben sind. Die instandgesetzten Decken, Wände und Wandbespannungen, die restaurierten Möbel und die im alten Stil ergänzten Teppiche vermitteln dem Besucher einen glanzvollen Eindruck.

Rechts von der Eingangshalle führt die große repräsentative Treppe zum ersten Obergeschoß mit den am reichsten dekorierten Räumen. Hier liegt in der Mitte der Saal der Vier Jahreszeiten, daran schließen sich der Thronsaal an, der kleine Speisesaal für rd. 20 Personen, der Salon Cerise und das Schlafzimmer der Königin Hortense, der Mutter Napoleons III, das zu den besonderen Sehenswürdigkeiten des Palais gehört, ebenso wie das Türkische Ruhezimmer, in das sich Bismarck als Preußischer Gesandter 1862 zurückgezogen hatte, ungeduldig darauf wartend, daß der König ihm endlich die Führung der Staatsgeschäfte in Berlin anvertraue.

An der Hofseite liegt der Musiksalon mit besonders kostbaren Wandmalereien sowie das Bad der Hortense. Im zweiten Obergeschoß befinden sich die privaten Räume des Botschafters sowie offizielle und private Gästezimmer.

Baukosten: rd. 17 Mio DM
Beginn der Restaurierungsarbeiten: 1964
Fertigstellung: 1968

Residenz Haus Schuylenburch Den Haag

Umbau und Restaurierung: Bundesbaudirektion

Das Huis Schuylenburch, ehemaliges Stadtpalais einer Bürgermeisterfamilie im Zentrum von den Haag, am Lange Vijverberg, gegenüber dem alten „Binnenhof", der jahrhundertalten Stätte der Niederländischen Volksvertretung, gelegen, wurde für Zwecke der Residenz des deutschen Botschafters umgebaut und in Zusammenarbeit mit der Niederländischen Denkmalschutzbehörde wieder hergerichtet.

Haus Schuylenburch gehört zu den wenigen bauhistorisch bedeutsamen Besitzungen der Bundesrepublik im Ausland. Es hatte früher als Gesandtschaftsgebäude gedient und wurde der Bundesrepublik 1960 zurückerstattet.

Unter Berücksichtigung des kulturellen Wertes des Gebäudes wurde es für repräsentative Zwecke des Deutschen Botschafters hergerichtet, dabei nicht nur restauriert, sondern im Innern den heutigen Anforderungen angepaßt.

Im Erdgeschoß befinden sich die Empfangsräume, im ersten Obergeschoß die Wohnung des Botschafters und im zweiten Obergeschoß zwei Gäste-Appartements. Die Garderoben und die weiteren Nebenräume wurden in das Untergeschoß verlegt, da

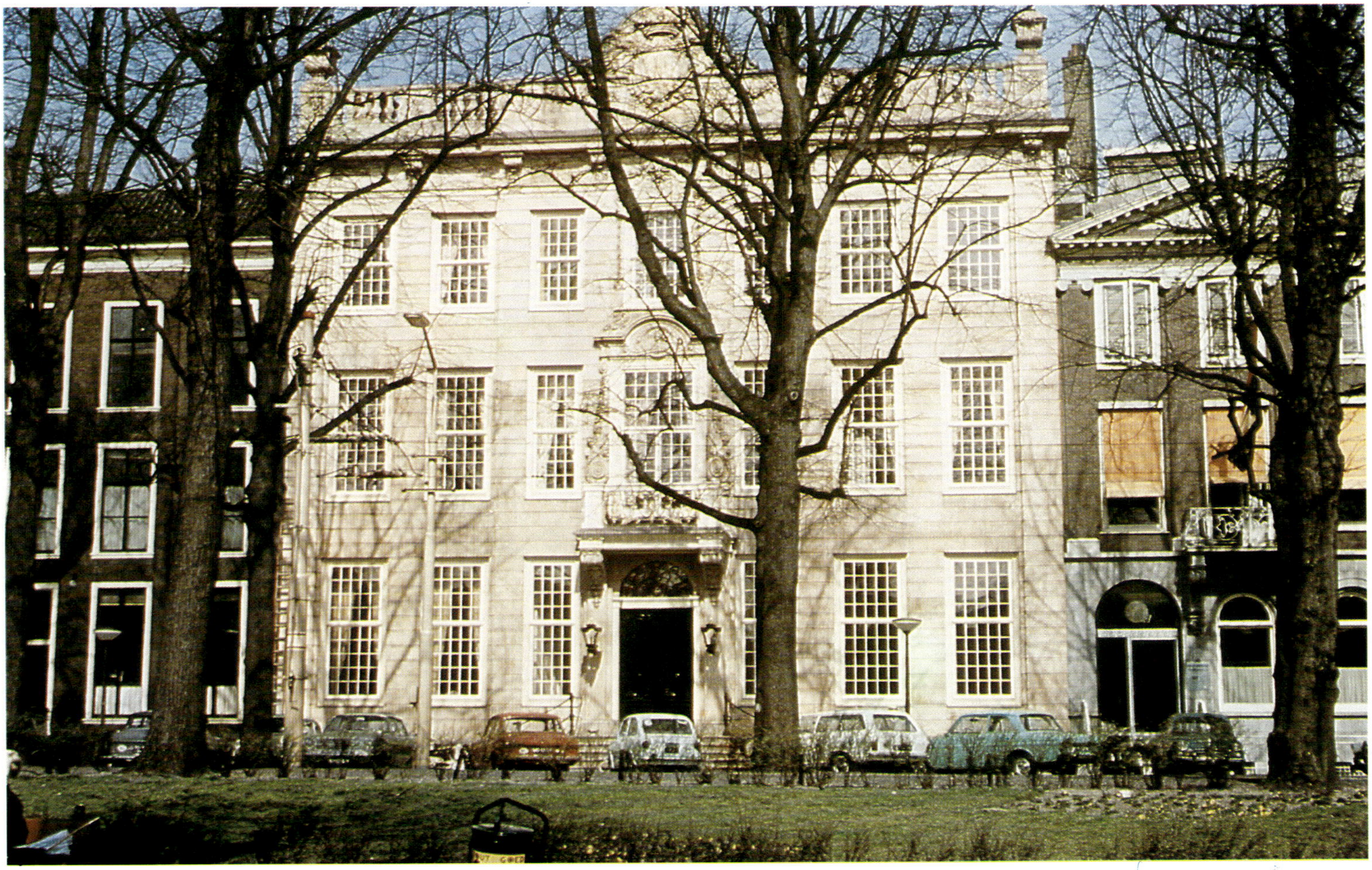

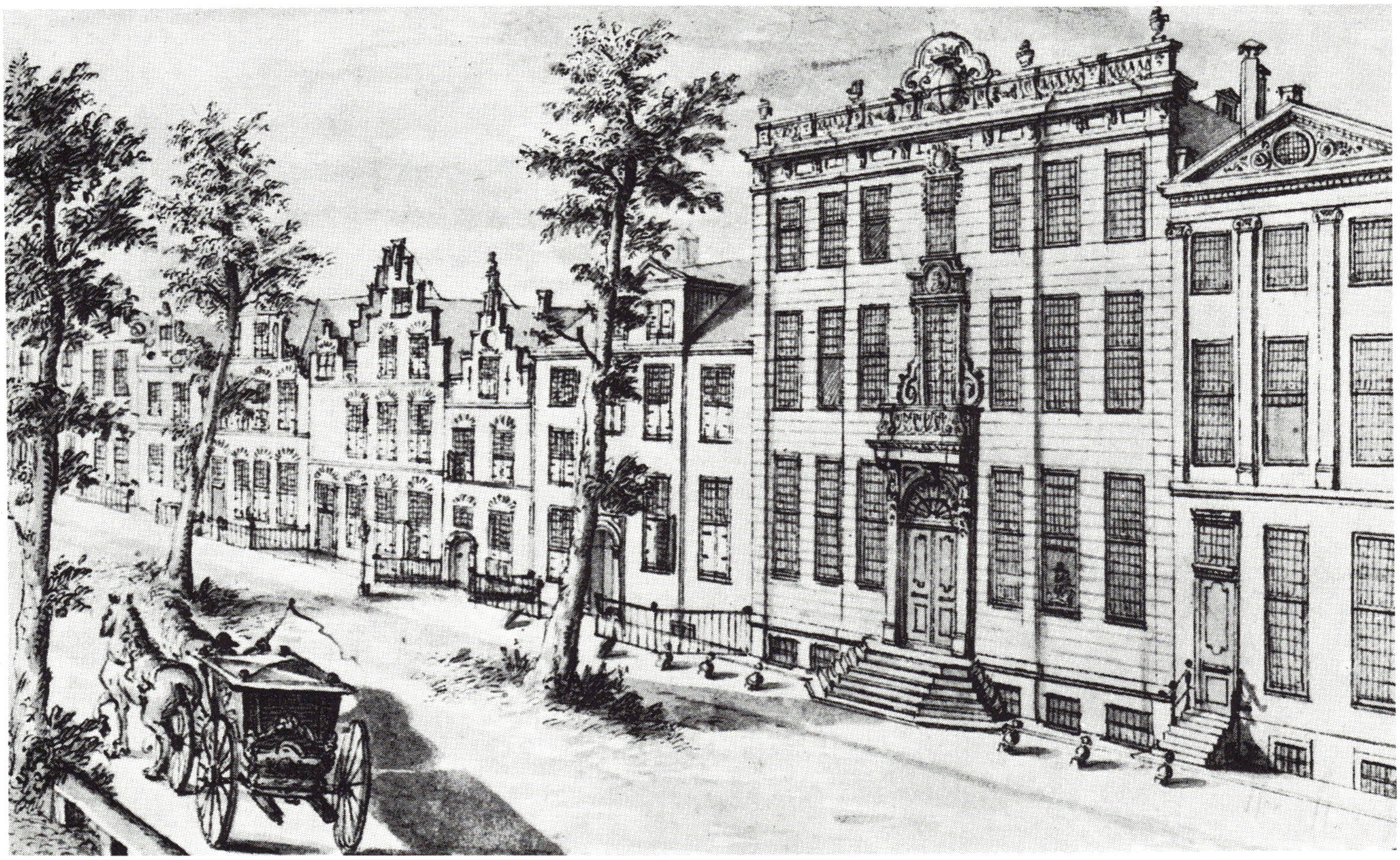

hierfür in den denkmalgeschützten oberen Räumen kein Platz war.
Bei der Übernahme des Gebäudes fanden sich noch Empire-Möbel, Stühle im Stil Ludwigs XIV., sowie Empire-Kronen und -Wandleuchten. Die Möblierung wurde überwiegend durch alte Stücke ergänzt.

Bau- und Ausstattungskosten:	3,45 Mio DM
Baubeginn:	1964
Fertigstellung:	1968

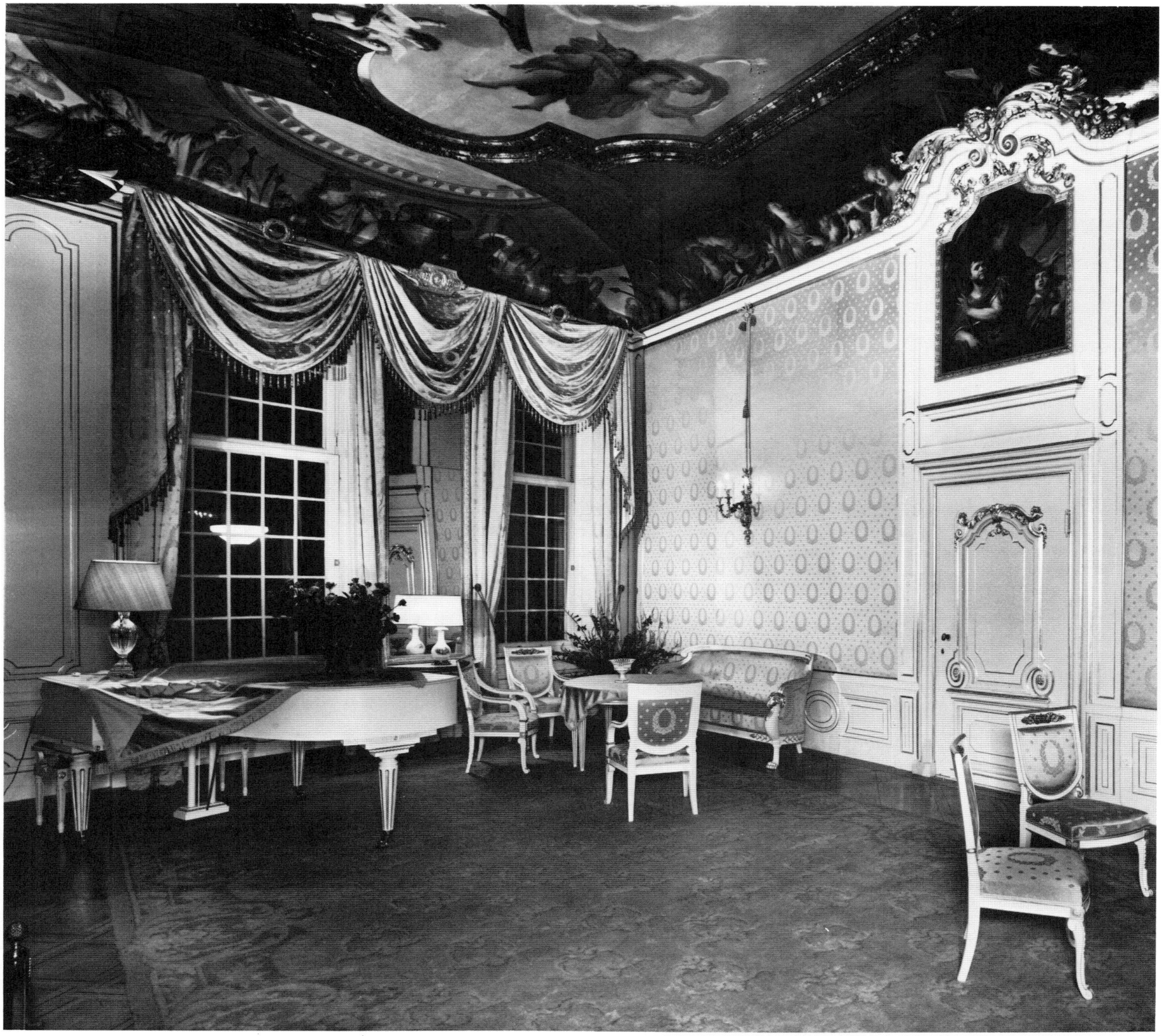

Deutsche Botschaft London – Residenz

Restaurierung:
Bundesbaudirektion mit
Dr. Ing. Harmorek, London

Im Jahre 1952 nannte sich die diplomatische Vertretung der Bundesrepublik Deutschland in London noch Generalkonsulat. Da die Vorkriegsresidenz — Carlton House Terrace — nicht mehr zur Verfügung stand, wurden im Gebiet des im viktorianischen Stil bebauten Belgrave Square die Gebäude Nr. 21–23 als Residenz vom Duke of Westminster für die Dauer von 82 Jahren gepachtet. Da diese Gebäude unter Denkmalschutz gestellt worden waren, konnten Umbaumaßnahmen nur im Innern durchgeführt werden. Die Fassaden blieben unverändert.

203

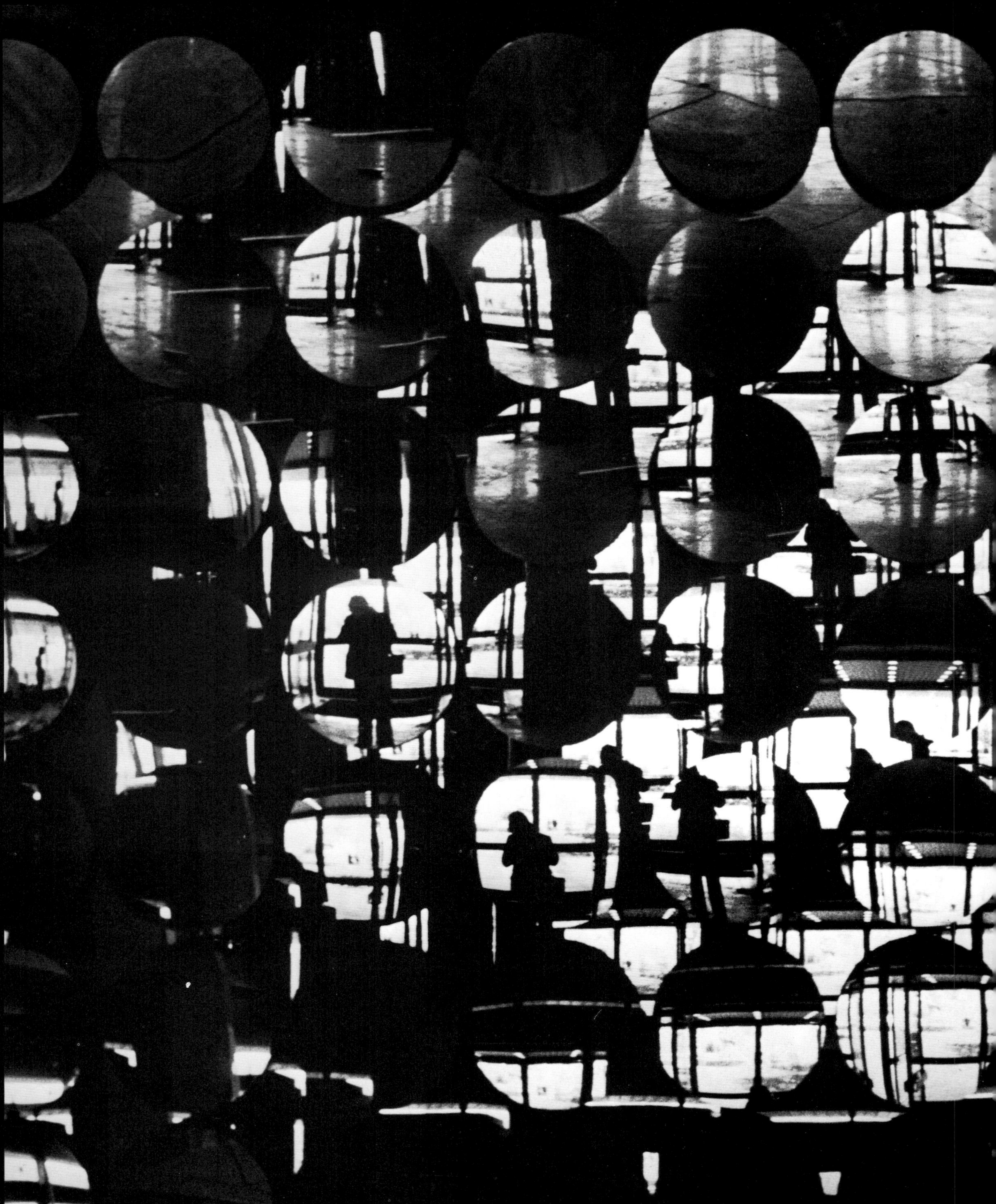

Die Bildende Kunst im Raum der Architektur

10

Die Bildende Kunst im Raum der Architektur Bonn

Es besteht kein Zweifel, das sich im allgemeinen Bewußtsein ein steigendes Interesse für Fragen der Kultur und der Kunst bemerkbar macht. Die Forderungen nach menschlicherer Gestaltung der Umwelt, nach Verschönerung des Alltags werden immer nachdrücklicher gestellt und die Bundesregierung bemüht sich, ihre gesamtstaatliche Verantwortung für Kunst und Kultur wahrzunehmen.

Das Grundgesetz weist die Zuständigkeit für kulturelle Angelegenheiten weitgehend den Ländern zu. Dennoch hat der Bund bedeutende kulturpolitische Aufgaben, die ihm ausdrücklich oder aus der Natur der Sache vorbehalten sind. Dabei handelt es sich insbesondere um solche Aufgaben, die für die Bundesrepublik als Ganzes von Bedeutung sind. Die Tätigkeiten des Bundes umfassen u.a. im einzelnen:
Förderung von Sprache, Literatur und Musik sowie der bildenden Künste –
Förderung von Künstlern durch Studienaufenthalte im Ausland –
Preußischer Kulturbesitz –
Schutz von Kulturgut –
Denkmalschutz –
Museen –
Bibliotheken.

Voraussetzung ist, daß der Staat für Verhältnisse sorgt, in denen Kunst und Kultur gedeihen können. Die Chance für die Verwirklichung künstlerischer Ideen ist erst dann gegeben, wenn die Freiheit der Kunst gewährleistet ist.

Hierzu äußerte sich ausführlich der frühere Bundespräsident Walter Scheel in seiner Rede aus Anlaß der Eröffnung der Ausstellung des Deutschen Künstlerbundes 1977 (S. 12. Kapitel).
„In dieser Sicht ist der Künstler geistige Mitte und mit ihm die moderne Kunst. Sie vermittelt neue Einsichten und stellt sie in einen neuen Zusammenhang, der sich nicht jedem von uns von selbst erschließt.

Die moderne Kunst liefert in ihrem Beharren auf dem Recht des Einzelnen zur persönlichen Definierung seiner Wirklichkeit und auf der Würde der isolierten Handlung das anschauliche Beispiel einer menschlichen Haltung, die gegen die nivellierten Gruppenanschauungen, das Übergewicht des Mittelmaßes durch die größere Zahl und den geistigen Konformismus gerichtet ist – will sagen: gegen die gefährlichen konstitutionellen Unzuträglichkeiten der Demokratie. Sie steht gegen die Macht der Zahl und für das Gewicht des Einzelnen als Mensch in seiner Freiheit. Sie verwaltet die verschwiegenen, verdeckten und beiseite gedrängten Zonen im gesellschaftlichen Leben, das in seinen öffentlichen und in seinen politischen Manifestationen notwendig und rechtens auf Steuerung und Befriedigung der Massenbedürfnisse und -Impulse aus ist und stößt jeweils gegen die Verhärtungen, Vereinfachungen und Verallgemeinerungen des politischen und staatlichen Denkens innerhalb dieser Massenordnung vor. Man könnte diese Haltung – anarchisch – nennen, wäre sie nicht so ganz und gar bezogen auf jene größte Verantwortung, die dem Menschen überstellt ist und die seine Mitte ist, die Verantwortung vor und für sich selbst. In dieser besonderen und beispielhaften Haltung sollten wir die – politische Idee – in der modernen Kunst erkennen, wenn sie nun schon einmal als „politicum" ständig von den Feinden der Freiheit in den Mund der Leute gebracht wird." (Werner Haftmann).

Bei der Beteiligung der bildenden Künstler am Baugestalten hat sich in den letzten Jahren ein Wandel vollzogen. „Kunst am Bau" war die bisherige gebräuchliche Bezeichnung für das bestehende Nebeneinander. Der Künstler wurde gerufen, wenn sich die Idee der Architektur bereits verfestigt hatte bzw. das

Bauvorhaben schon in der Durchführung oder sogar nahezu fertiggestellt war. Die Klausel „Kunst am Bau", wegen ihrer mißbräuchlichen Anwendung in Verruf gekommen, braucht neue Impulse und ein neues Verständnis.

Es setzt sich daher immer mehr der Gedanke durch, die Künstler frühzeitig am Planungsgeschehen zu beteiligen, um eine überzeugende Verbindung von Architektur und freien Künsten zu erreichen. Unterbleibt der Prozeß der Gestaltfindung in Übereinstimmung mit dem Werk der Architektur, werden die künstlerischen Beiträge in vielen Fällen lediglich Beiwerk sein.

Die Künstler selbst haben in der Vergangenheit wenig dazu beigetragen, diesen Zustand der Entfremdung gegenüber der Architektur zu überbrücken. Sie haben es an der notwendigen Einfühlung in die Gestaltvorstellungen des Architekten fehlen lassen. Sie sahen ihren Auftrag eher als Möglichkeit der Selbstdarstellung. Andererseits haben auch die Architekten eine deutliche Zurückhaltung erkennen lassen, sich mit – Bauwerk und Kunstwerk – auseinanderzusetzen.

Die Ergebnisse waren schließlich die schrecklichen Applikationen, die oberflächlichen Zutaten, die man überall sieht. Soviel ist heute bereits erkennbar, daß nach der Periode getrennter Wege die Synthese im Sinne früherer Epochen kaum mehr zu erreichen sein wird.
Voraussetzung für eine harmonische Verschmelzung im Sinne einer wohlabgestimmten Einbindung oder aber einer spannungsvollen Polarität architektonischer und künstlerischer Absichten, ist das gegenseitige Verständnis und das Wissen um die unterschiedlichen Gestaltungsvorgänge eines Bauwerkes und eines Kunstwerkes.

Die angestrebte Integration hat zur Voraussetzung, daß der künstlerische Gestalter im technischen und konstruktiven Bereich der Architektur Kenntnisse besitzt, damit seine Arbeit überzeugend in die Bauform eingeht und sie eine echte Funktion innerhalb der Raumgestaltung, innerhalb eines Baukomplexes oder auch einer größeren städtischen Raumeinheit erfüllt.
Dies ist zweifellos schwieriger geworden durch eine ständig wachsende Differenzierung der technischen Entwicklung. *„Schon durch eine gezielte Arbeit und Ausbildung an den Hochschulen und Akademien muß die partnerschaftliche und gegenseitig befruchtende Zusammenarbeit zwischen dem Architekten und Künstler gefördert werden. Hierbei muß die Erkenntnis, daß Architektur selber Kunst ist, wieder im Vordergrund stehen, und wenn es gelänge – und zwar durch Kunst – klarzumachen, daß die Umwelt – also der Raum, die Straße, der Platz, die Stadt, die Landschaft – auf den ganzen Menschen wirkt und er sein Wohl- oder Unwohlempfinden mehr seiner sinnlichen Empfindung als seinem Denken verdankt, wäre viel erreicht. Die Klage über eine inhumane Architektur ist nichts weiter, als die Klage über den Verlust sinnlicher Schönheit"* (Kliemann).

Die Bauverwaltung ist auf dem Wege, im Dialog mit Architekten und Künstlern diese Gedanken weiter zu vertiefen.

Der Weg zum verpflichtenden Miteinander dürfte langwierig sein, weil er noch zu wenig praktiziert wird, aber auch, weil die Auffassungen in der bildenden Kunst so unterschiedlich sind und unterschiedlich bleiben werden.

Die Bildende Kunst im Raum der Architektur Bonn

Sitzungsraum — Supraporte — Woty Werner

Werner Schmalenbach über Woty Werner:

…Unübersehbar ist die Nähe zu Paul Klee, aber sie imitiert ihn nicht. Es ist vielmehr diese Natürlichkeit des phantasievollen Formenfindens, es ist der Charakter von Wirklichkeit auch im Nicht-mehr-Gegenständlichen, es ist der Einschluß des Traumhaften ins Wirkliche, es ist das Vegetative der Formen und Farben und schließlich die ganz ungewöhnliche, betörende Musikalität, die an Klee denken läßt."

Abgeordnetenhochhaus

Sitzungsraum – Supraporte – Prof. HAP Grieshaber, Rot a.d. Rot

Das Supraportenfeld hat Grieshaber vollflächig gestaltet und einen rechten und linken beweglichen Flügel angefügt. Das Mittelfeld zeigt eine horizontale Brettstruktur. Farbiger Kunststoff ist in das Holz eingesprengt und schwarz übermalt. Durch Kratzen und Schaben auf der schwarzen Oberfläche blitzt das Rot des Kunststoffs in Strukturen auf. „Was ich dem Verteidigungsausschuß sagen will? In welcher Situation die Bundesrepublik ist. Ich weise auf das Weltgericht hin. Es ist schwer für die Bundesrepublik, sich zu behaupten. Meine künstlerische Konzeption ist die Figuration, wie sie sich in Adam und Eva ausdrückt. Damit habe ich mich an den großen Themen der Menschheit versucht." Grieshaber zeigte sich an der Ausgestaltung des Sitzungssaales für den Verteidigungsausschuß besonders interessiert, da nur eine Bearbeitung dieser Aufgabe ihn als Künstler wirklich fördere. Das Thema seiner Darstellung sei daher auch speziell ausgerichtet: In der Mitte das Weltgericht oder Inferno eines Krieges, rechts und links Adam und Eva als Sinnbild der Überwindung der Zerstörung.

Sitzungsraum – Supraporte –
Prof. Norbert Kricke, Düsseldorf

Der in seinen Maßen ausgewogene Raum ist vom Lichteinfall der Fensterwand gegenüber der Tür bestimmt. Der ruhige Charakter des Raumes hat Kricke bewogen, von einer dynamischen Gestaltung abzusehen, und er sieht – rein stilistisch – eine ruhige kontemplative Arbeit besser in die Architekturbedingung integriert.
Auf matt geschliffener Edelstahlfläche, im Feld über der Tür, erfühlen zylindrische Vorsprünge den Raum vor der Fläche. Ihre hochpolierten Vorderflächen reflektieren das Licht und beleben in mythischem Wechsel Wand und Raum.

Sitzungsraum – Supraporte –
Günther Uecker

Uecker entwickelte als Supraporte eine sich drehende Scheibe. Die Lichtquelle im Inneren des der Scheibe angefügten Kastens bewirkt Strahlenstrukturen, die sich durch die langsam bewegende, mit Nägeln beschlagene Holzscheibe ständig verändern.
„...was mich beschäftigte, war eine Integration von Licht zu erreichen, welche diese Weißstrukturen durch Lichtwechsel zu einer Schwingung brachte und als ein freier, artikulierter Lichtraum verstanden werden könnte. Ich habe mich für eine weiße Zone entschieden, als äußerste Farbigkeit, als Höhepunkt des Lichts, als Triumph über das Dunkel. Eine weiße Welt ist, glaube ich, eine humane Welt, in der der Mensch seine farbige Existenz erfährt, in der er lebendig sein kann. Diese Weißstrukturen können eine geistige Sprache sein, in der wir zu meditieren beginnen."

Sitzungsraum – Supraporte – Prof. Emil Schumacher, Hagen

Schumacher wählte für die Gestaltung des Supraportenfeldes eine flach-plastische Darstellung in grau-weißen Tönen auf einer glatten naturfarbenen Aluminiumgrundplatte. Die Darstellung erinnert an Formen wie Haus, Eingang, Zelt; sie hat etwas Schützendes. Diese Form bestimmt die Eingangssituation. Sie ist nicht als Ornament zu sehen. Durch die Betonung des Saalzuganges bekommt der Raum Unverwechselbarkeit.

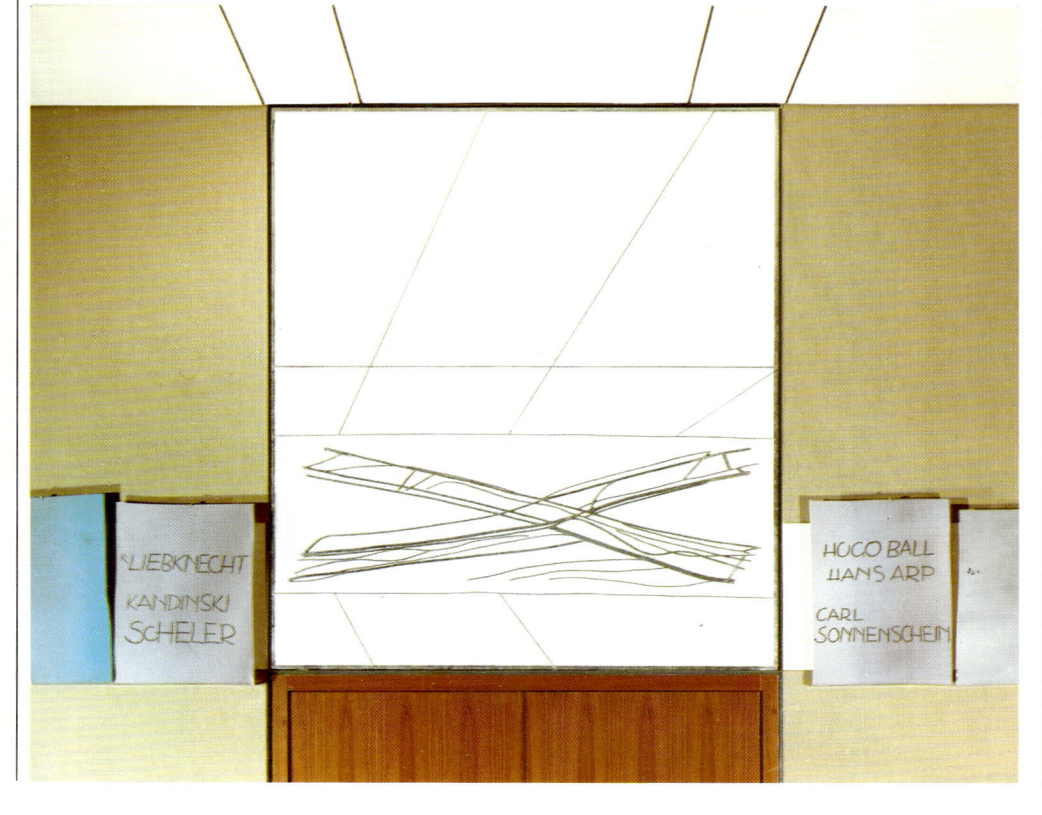

Hearingsaal – Prof. Georg Meistermann, Solingen

In Gesprächen äußerte er, daß die Gestaltung und Ausarbeitung seiner Idee politisches Engagement voraussetze, das er als leidenschaftlich politischer Mensch fortwährend aufbringe. Der Hearingsaal sei ein Raum, der der Diskussion offenstehender Probleme diene. Dabei würden auch Gespräche mit nicht unmittelbar politisch tätigen Menschen geführt, um zu einer Klärung durch vielseitige Erörterung zu gelangen, die der Erkenntnis jeder Legislative vorausgehe. Es erscheine daher sinnvoll, an den Wänden eine Art Chronik demokratischen Verhaltens anzubringen, wie es sich etwa seit der Französischen Revolution in Deutschland mühsam durchgesetzt hat.

Meistermann hat auf farbigen, mundgeblasenen Glastafeln, die an drei Wänden des Raumes in Höhe des umlaufenden Blechbandes befestigt wurden, die Namen von Männern und Frauen aufgeführt, die seit 1800 (Freiheitskriege) bis 1945 für die Erweiterung des menschlichen und staatsbürgerlichen Bewußtseins in Deutschland erhebliche Beiträge geleistet und sich so für die Entfaltung der Freiheit des Menschen eingesetzt haben. Auf dieser „Ehrentafel der Nation" sind Namen von Männern und Frauen genannt, die konstant für das allgemeine Wohl eingetreten sind. Die Reihenfolge der Tafeln beginnt mit dem Ausspruch von Goethe bei der Schlacht von Valmy 1792:
„Von hier und heute beginnt eine neue Epoche der Weltgeschichte." Sie endet mit dem Titel des Aufrufs, den der Physiker A. Einstein 1948 „An die geistigen Arbeiter der Welt" gerichtet hat. Die Größe der Tafeln sowie ihre farbige Reihenfolge ist aus dem Raum selbst und seiner Proportionen abgeleitet; sie passen sich der Architektur ein.

Die beiden Supraportenfelder sind nach den Vorstellungen von Meistermann in folgender Weise gestaltet worden: Über der linken Tür wurde die Spirale als Symbol der Entfaltung angebracht, über der rechten Tür sich kreuzende, wellenförmige Linien als Symbol dafür, daß das Gespräch das Kraftfeld menschlichen Wohlverhaltens ist.

Die von Meistermann ausgewählten Namen stehen nach seinen Worten für die Entfaltung des menschlichen Geistes, für die Evolution gesellschaftlicher Erkenntnisse und für alles andere was Inhalt und Gegenstand der Demokratie ausmacht.

Sitzungssaal – Supraporte – Günther Ferdinand Ris, Königswinter

Das Relief stellt eine aus der Mitte des Supraportenfeldes dynamisch hervordringende Kugelform (Knospe) dar. Eine kreuzförmig eingeschnittene ,,Oberflächenschicht'' wird dabei durchstoßen, die nach vorn gebogenen Ecken dieser ,,Schicht'' legen sich eng an den als Halbkugel hervortretenden Körper an. Der Künstler strebte eine starke Integration seiner Arbeit mit der Raumarchitektur an. Das vorhandene umlaufende Blechband weitet sich nach seiner Vorstellung an der Stelle des Supraportenfeldes aus und geht in die von ihm geschaffene Plastik über, die genau in dem Weiß des im Saal umlaufenden Bandes ausgeführt wurde, um den Gedanken des Hervorwachsens dieser Plastik aus dem Band zu unterstützen.

Sitzungsraum – Supraporte – Prof. Fritz Koenig

Vor einer in Aluminiumguß gestalteten Fläche ragt ein Kugelkörper im gleichen Material kraftvoll in den Raum.

Sitzungsraum – Supraporte – Lothar Schall

Kurt Leonard: ,,Seit Anfang der sechziger Jahre malt Lothar Schall Aquarelle, aber in wandfüllenden Formaten. Er verbindet fließende Transparenz mit präziser Überdeckung durch Collage bemalter und unbemalter Papiere oder Pappen, aber trotz Aufsplitterung der Fläche bleibt der Kompositionszusammenhang ungebrochen.''

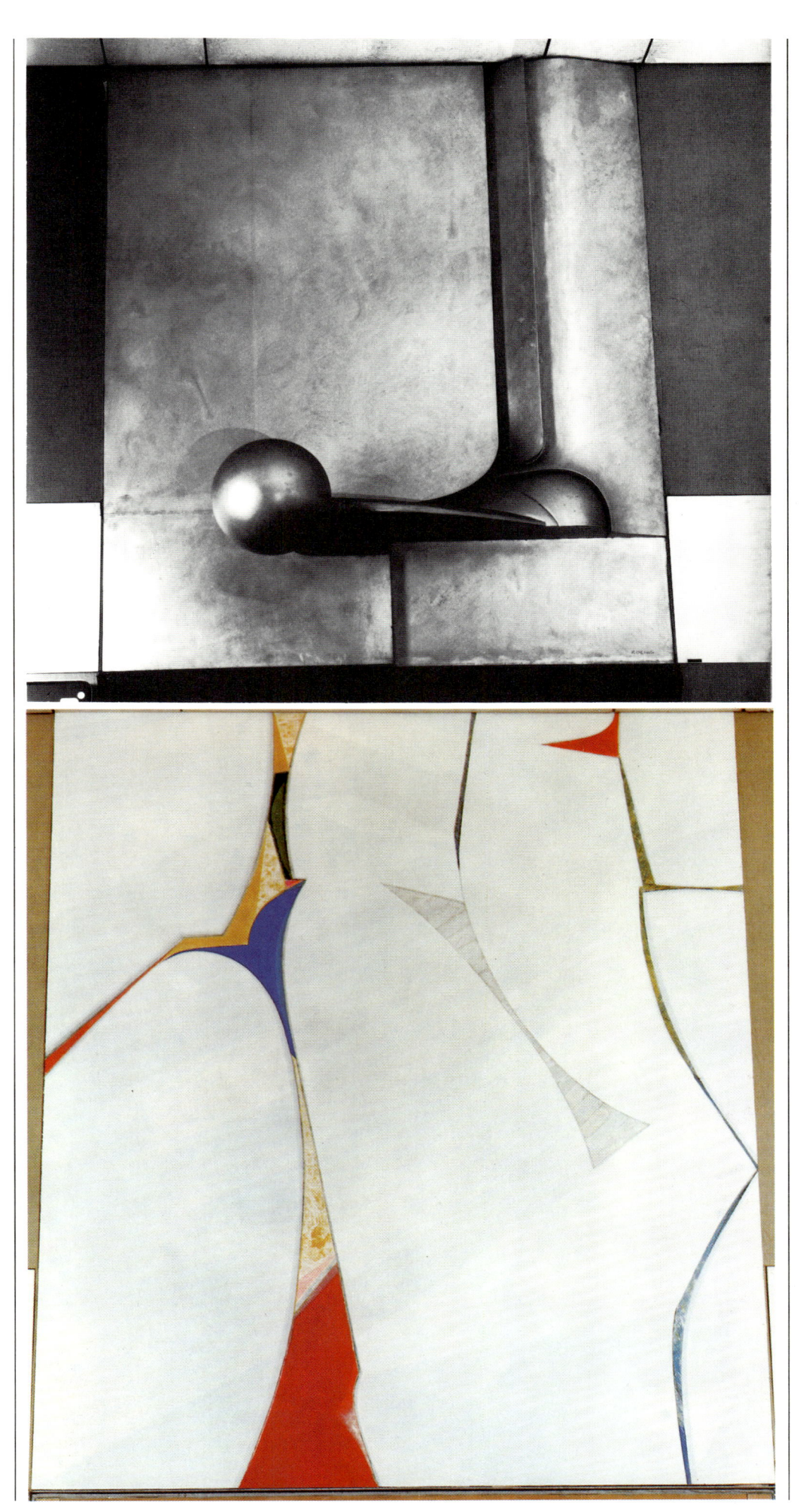

Vorhalle
Hans Kaiser, Soest

Das überwiegend blaufarbige Glasmosaik lichtet sich in wohlabgestimmten Zwischentönen allmählich auf.
„Ich will mit dieser Arbeit den Vorübergehenden und den Verweilenden durch ein Stück Schönheit stören oder frei machen."

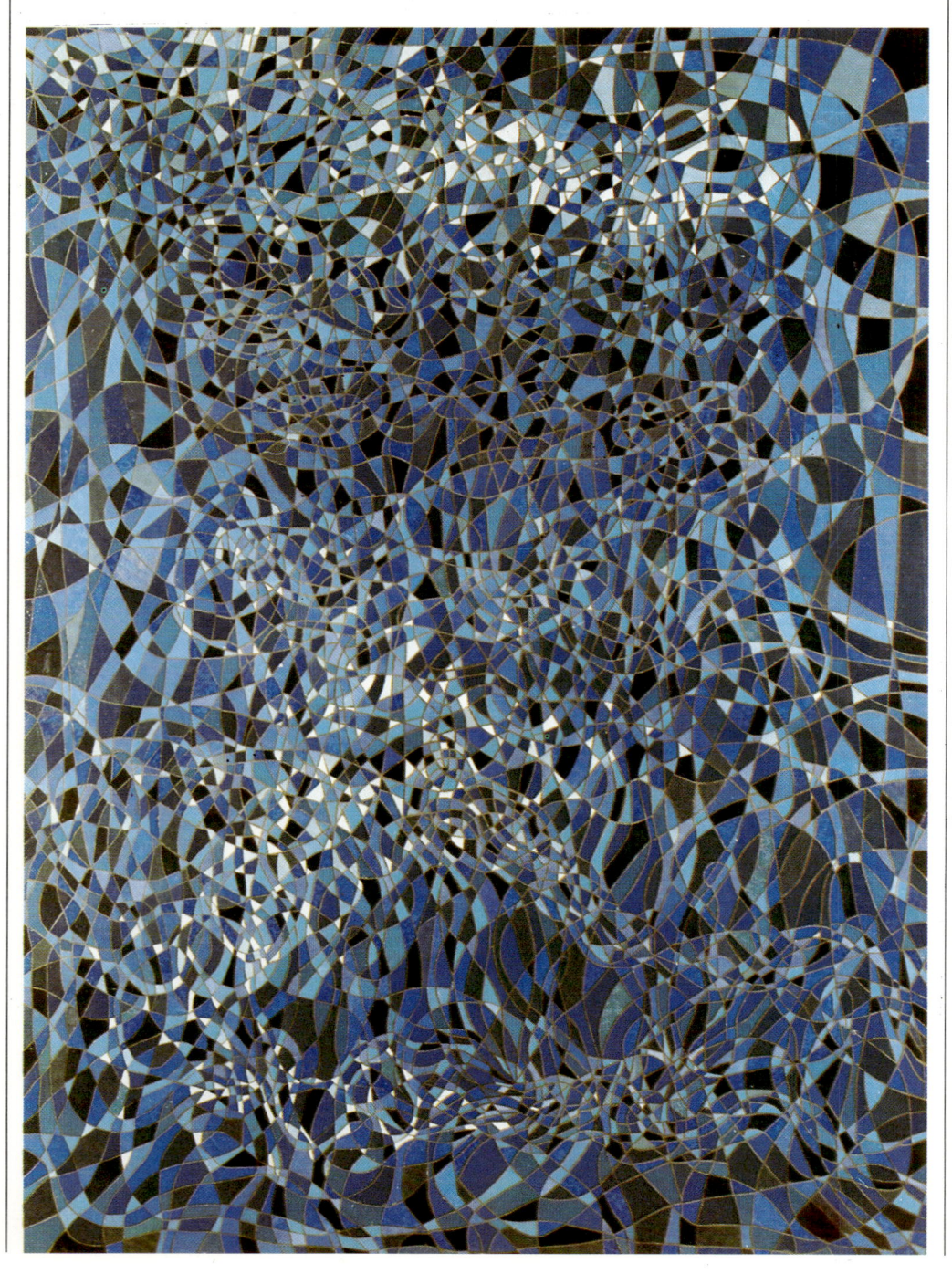

Kasino
Angelika Baasner-Matussek, Berlin

„Meine Arbeit nimmt Bezug auf ein vorgegebenes Architekturmotiv, das 8 × 10-Raster der Holzelemente aus der Eingangsfassade des Bundestages. Die Arbeit ist eine Reliefeinheit, bestehend aus vier einzelnen Reliefs. Jedes der Reliefs besteht aus 8 × 10 = 80 Elementen. Das einzelne Element besteht aus einer offenen Schale, die unter 45° gegen die Kachelfläche, auf die sie aufglasiert ist, gekippt ist. In der waagerechten ersten Reihe jedes der vier Reliefs liegt eine komplette Kreisdrehung, zerlegt in acht Phasen, d.h., jedes folgende Element ist um 45° gedreht, das neunte Element wäre dem ersten identisch. Die Drehung erfolgt jeweils in der ersten Reihe gleich

Vorhalle
Prof. Alexander Camaro, Berlin

1967 bis 1969 entstanden die „Formelbilder". Sie wollen verstanden sein als große, teilweise schwebende Farbformen. Erde, Luft, Durchsichtigkeit, leerer Raum. Das große Format ist wesensnotwendig für die gewählte Form. Die teilweise Durchsichtigkeit der Farben ist Merkmal des Schwebens der Körper im Raum. „Jede vorhandene Form ist von Grund auf notwendig vorhanden, sonst wäre sie nicht existent. Wachheit und Ahnungsvermögen müssen sich in ständiger Wechselwirkung ergänzen. Letzten Endes kommt es auf das Entmaterialisieren einer Realität an, auf die geistige Kraft."

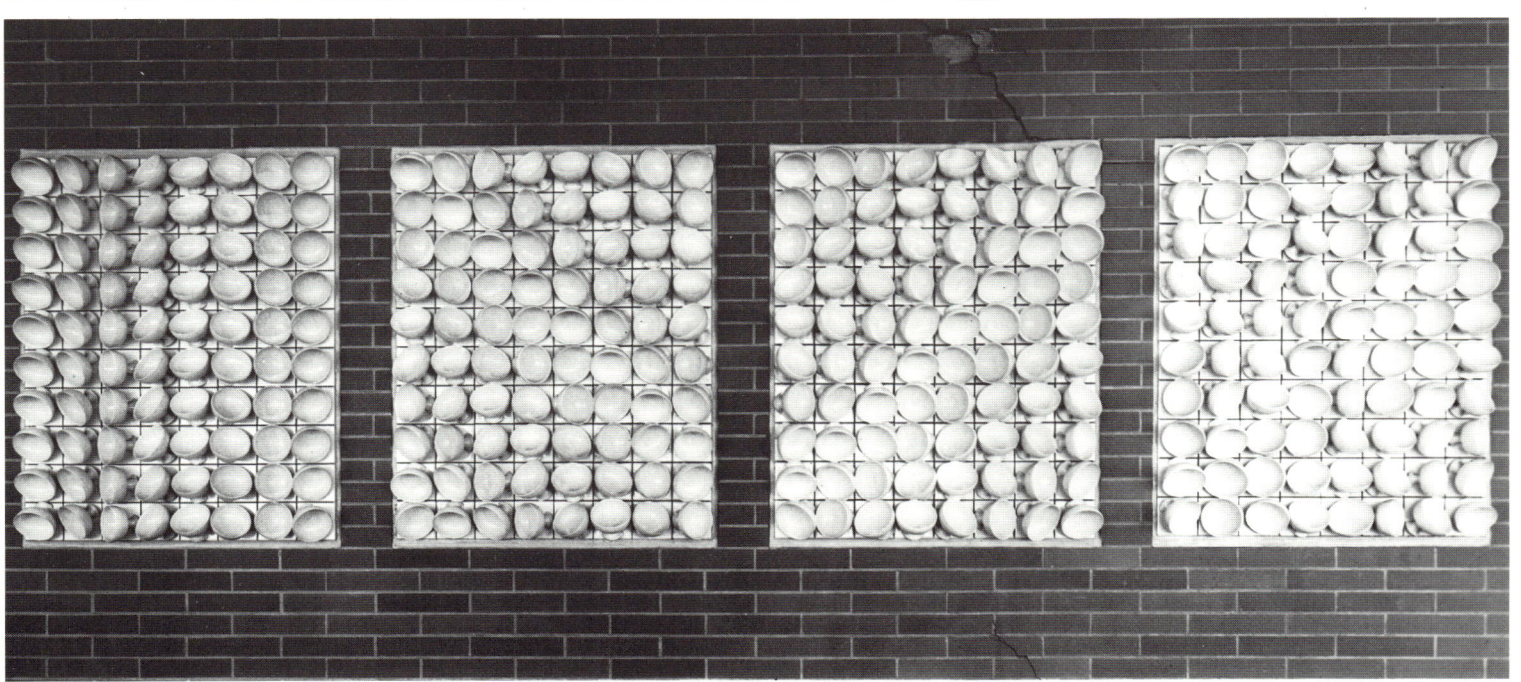

im Uhrzeigersinn und beginnt jeweils mit der gleichen Stellung. Im ersten Relief ist in der senkrechten Reihe keine Drehung, im zweiten Relief ist in der Senkrechten eine Linksdrehung, im dritten Relief ist in der Senkrechten eine Rechtsdrehung und im vierten Relief jeweils wechselnd eine Rechts- und eine Linksdrehung. In der Wirkung entsteht ein strenges senkrechtes Motiv, zwei zur Mitte symmetrische diagonale Motive, und ein bewegtes Motiv."

Bundeskanzleramt

Vorplatz – Large two forms – Henry Moore

Henry Moore über sich selbst und seine Arbeiten:
„Obwohl sich mein Werk in vielerlei Richtungen entfaltet, haben zwei Erwägungen besondere Bedeutung für mich. Die eine betrifft die räumlich-monumentale Formqualität einer Skulptur, die andere das Menschliche, Organische, das Psychologische, die ohne die architektonischen, monumentalen und kompositionellen Elemente ausgedrückt werden können.
.... Wenn ich mein Ideal angeben sollte, dann wäre es die monumentale Form im Raume. Wiederum nicht bloß die alleinstehende Form, sondern eine monumentale Kombination von Form und Raum, die zusammen ein Ganzes, eine organische Einheit bilden. Was ich meine, ist eine monumental-räumliche Anordnung, die eine komplizierte Vielheit von Beziehungen bietet. Die Beziehung von Figur zum Raum,

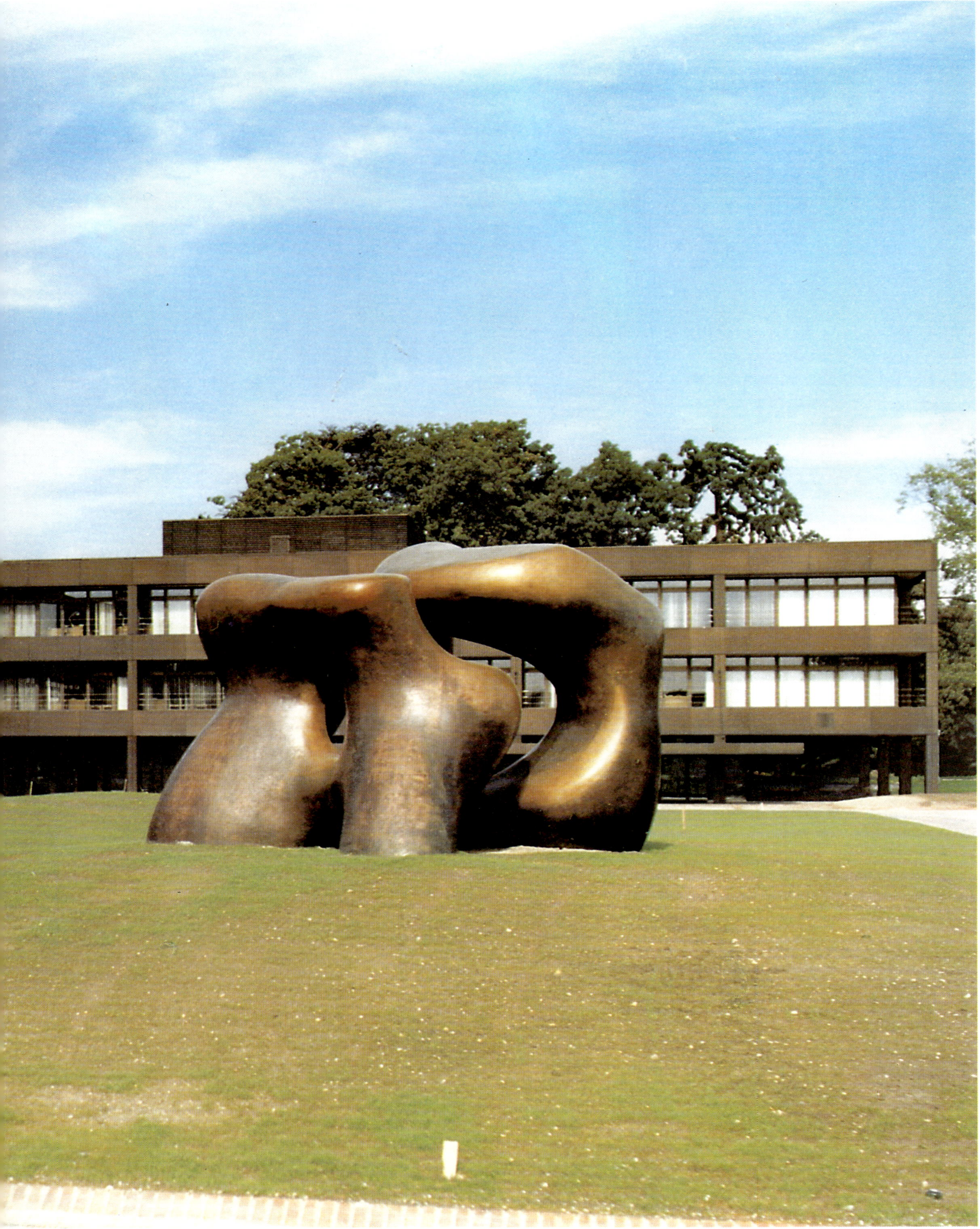

von Raum und Panorama, von Licht und Figur, usw., dies alles zu einer organischen Einheit zusammengewachsen.
Plastik ist eine Kunst des Freiraumes. Sie braucht Tageslicht, Sonnenlicht. Mir erscheint die Natur als ihr bester Umraum und ihre beste Ergänzung...Plastik im Freien sieht kleiner aus, als wenn man sie in geschlossenen Innenräumen sieht. Die Landschaft, die Wolken, der Himmel zehren an der Plastik und verringern ihre Maße, dünne, lineare Formen gehen leicht verloren. Im Freien scheint darum ein gewisses Mindestmaß an Masse notwendig, um mit den großen Räumen und Entfernungen zu kontrastieren. Jede gute Kunst enthält immer sowohl abstrakte als auch surrealistische Elemente, ebenso wie sie aus Klassischem und Romantischem besteht, aus Ordnung und Überraschung, Intellekt und Einbildungskraft, Bewußtem und Unbewußtem."

Das „Lichtfeld" G. F. Ris, Königswinter

Die „Gärten des Lichts" sind das Ergebnis langjähriger Auseinandersetzungen mit dem Problem Licht.
Die ersten künstlichen Lichtquellen schuf der Künstler in seinen Wasser-Licht-Stelen bei der Botschaft in Brasilia. Über Lichtpfeiler, Lichtwände bildeten sich die Lichtfelder, bestehend aus matt reflektierenden weißen Kunststoffröhren, vollrund, halbiert in konkaven, konvexen, runden Formabläufen, Wellenformen aufgeschnittener, runder Röhren verschiedener Durchmesser und verschiedener Abstände bis zu Röhren, die in Halbröhren eingestellt sind, von durch – bis zu umgehbaren Röhrengruppen.

Es kommt dadurch zu unterschiedlichen, präzisen bis fast diffusen Reflexionsgraden. Licht und Schatten der betonten und verschleierten Formen variieren im Lichtfeld vielfältig. Das Lichtfeld ist sich an keiner Stelle gleich. Der Betrachter spürt es deutlich, wenn er das Lichtfeld umschreitet.

Glaskinetik (Dr. Luther, Krefeld) in der Eingangshalle des Abteilungsbaues

Bundesministerium der Finanzen

„Haus Carstanjen"
Bonn-Bad Godesberg
Bronzeplastik von Prof. Dierkes,
1968

G. F. Ris, Königswinter

Rundrelief aus weißem Kunststoff auf dem Hintergrund einer geschlossenen, geschoßhohen Betonwand. Durch die Einwirkung des Lichts zeigen die flachen Wölbungen jede lineare und plastische Nuance des Lichts.
„Meine Plastik geht stets von einem Kugelkern aus. In unzählbare Richtungen wölbt sich die Kugel. Zwischen Ausdrängen und Bruch und Verletzung bleibt der Kern spürbar."

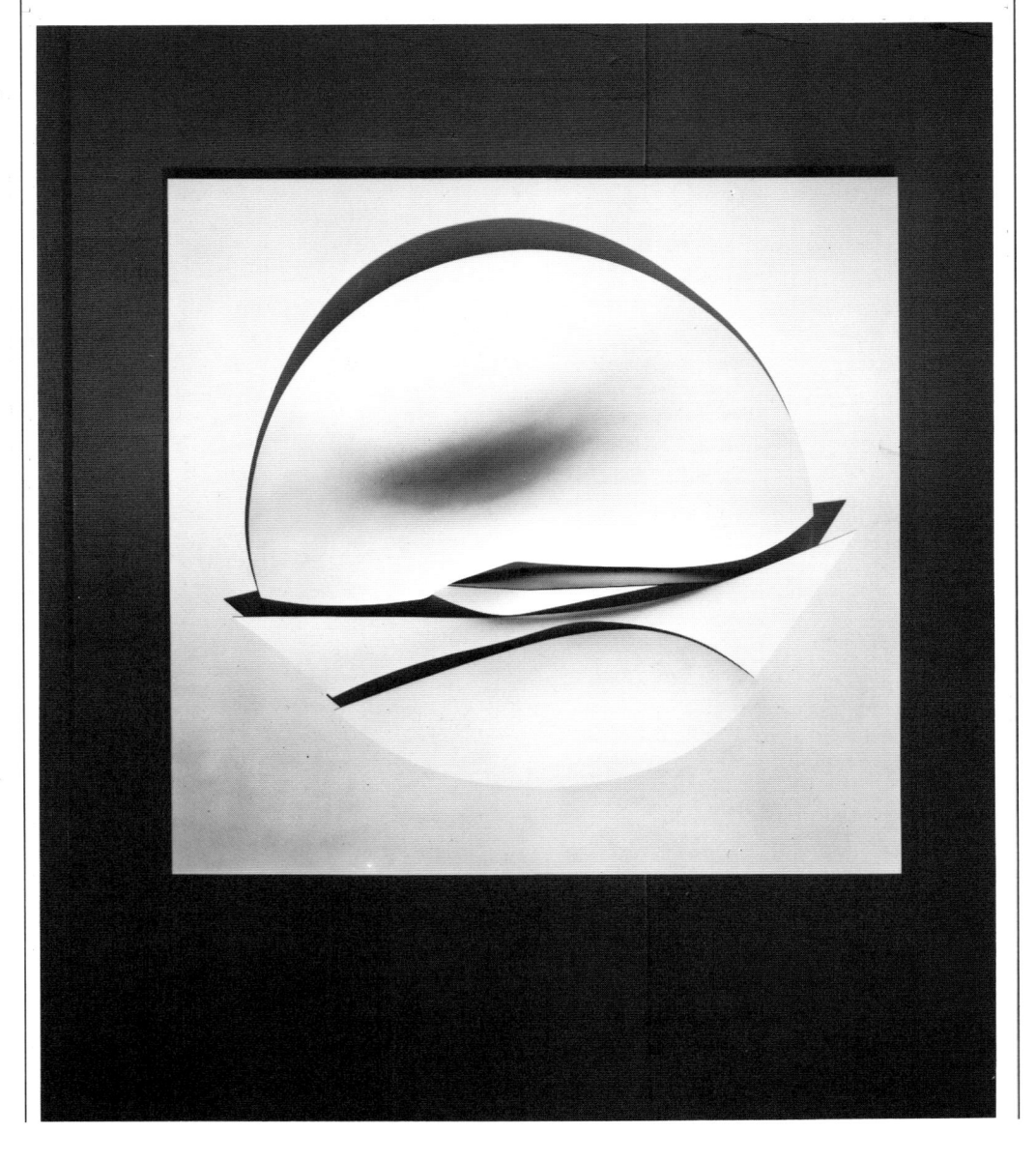

Bundesministerium des Innern
Kasino- und
Sitzungssaalgebäude

Aquamobil im Innenhof
G. Grüner, Stuttgart

„Kreislauf des Wassers". Analog zum umweltbezogenen Entwurfskonzept des Hauses wurde hier eine brunnenähnliche Anlage geschaffen, die auf spielerische Weise den Kreislauf des Wassers darstellt.

Drei Glaselemente im großen Speisesaal
H. Mack, Mönchen-Gladbach

Es handelt sich um drei schwebend aufgehängte, zweischalige Plexiglasscheiben, in deren Zwischenraum ein feines Metallnetzwerk in unterschiedlichen Ausformungen eingelassen ist. Die Kunstwerke leben von der Brechung des von rückwärts einfallenden Lichtes. Die Optik ändert sich in dem Maße, wie sich der Betrachter bewegt.

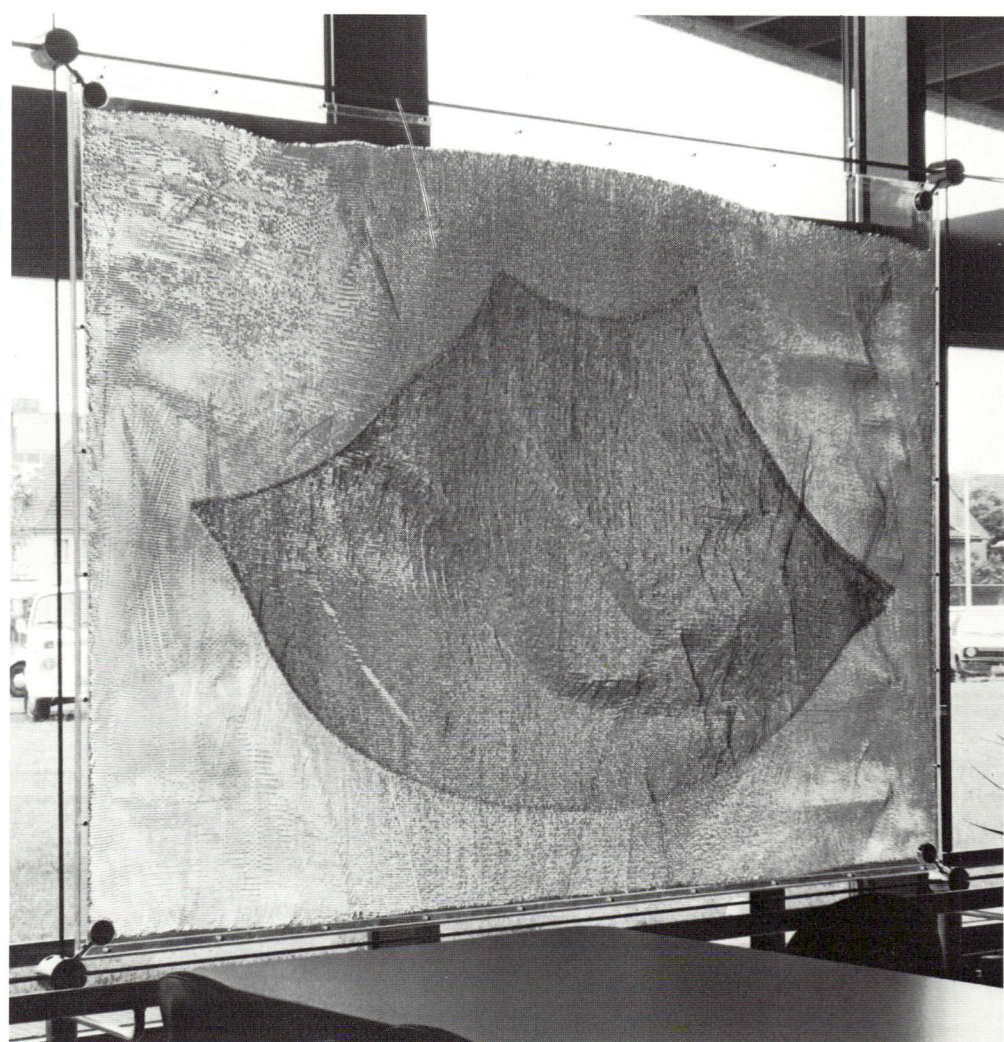

Holzplastik in der Cafeteria
Ursula Sax, Berlin

Im Durchblick vom großen Speisesaal ist das Kunstwerk besonders gut zu erfassen; durch die unterschiedlich geneigten und in Segmenten gefächerten Vertikalstäbe ergibt sich eine ausdrucksstarke Struktur und ein lebendiges Lichtspiel.

Glaslinsenobjekt im Foyer
Mary Bauermeister, Rösrath

Das Kunstobjekt besteht aus mehreren unterschiedlich großen Glasscheiben, die sich z.T. überschneiden; sie sind Träger von konvexen und konkaven Linsen sowie von bemalten Kalotten, Stein- und Glaspyramiden. Durch das von rückwärts einfallende Licht ergibt sich ein vielfältiges, je nach Standort und Bewegung des Betrachters „wanderndes" Spiel. Das Werk setzt sich mit der Themenwelt des Kosmos auseinander.

„Der Dialog" im großen Sitzungssaal, Wolf Vostell, Berlin

In die Wandvertäfelung des ruhig gehaltenen Raumes wurden drei Objekte von starker Expressivität eingelassen. Es sind lebensgroße menschliche Figuren, auf der einen Stirnwand als getrennte Individuen, auf der gegenüberliegenden Wand als zwei in Harmonie vereinigte Menschen dargestellt. Dissens und Konsens als Thema.
Meine Arbeit ist von Anfang an der Erweiterung der Sensibilität der Menschen gewidmet, der

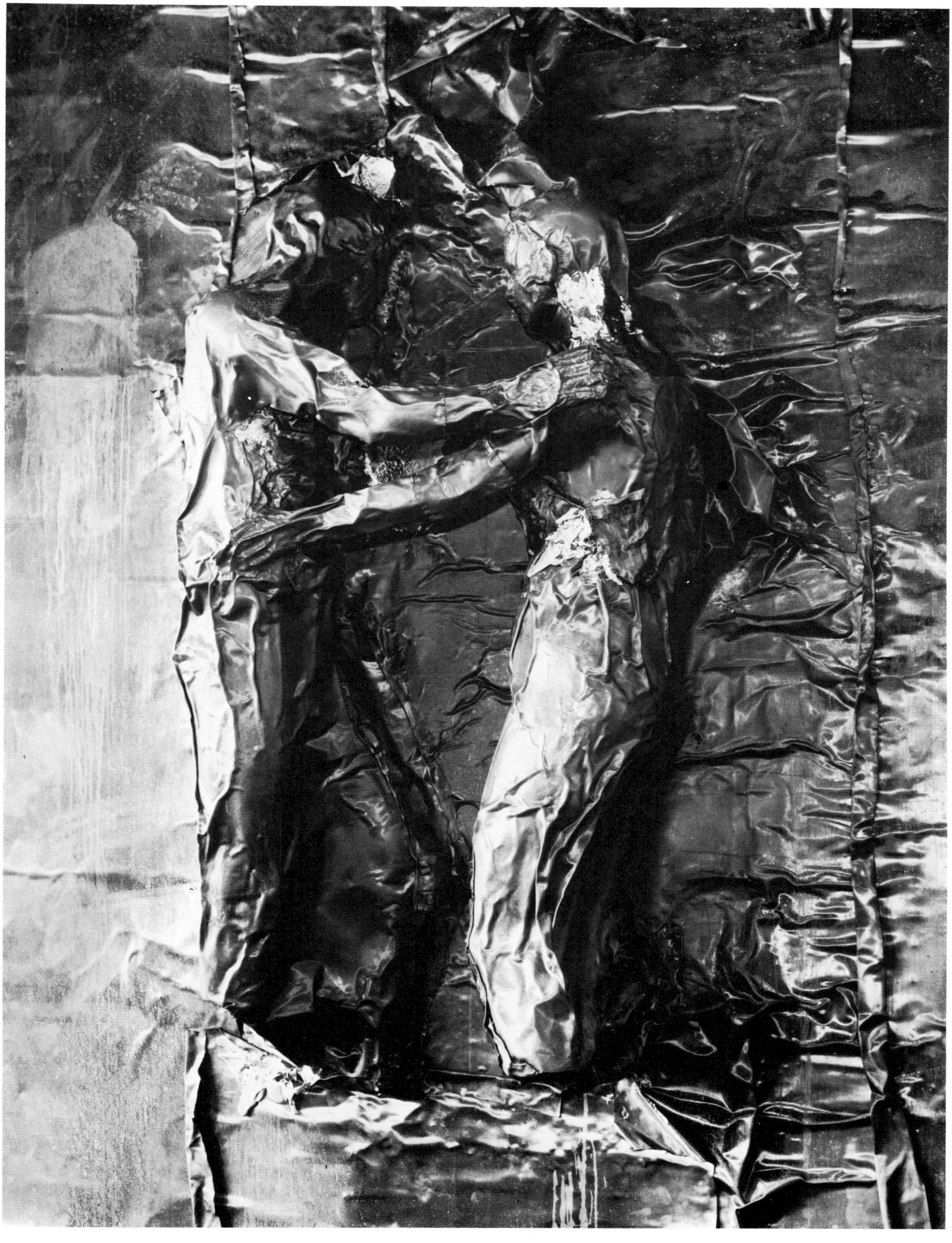

Erweiterung der visuellen Ausdrucksmöglichkeiten.

Ich finde, daß ein Künstler heute unbedingt eine Arbeit machen muß, die die Menschen aufklärt über ihre Umgebung, über ihre Lebensweisen und über ihre Zukunft...
Ich beschäftige mich mit dem Leben, und meine Aufgabe ist es, die Grenzen zwischen Leben und Kunst zu verwischen. Deshalb ist die Frage nach der Kunst nicht eindeutig zu stellen. Leben ist für mich von Kunst nicht zu trennen."
Material: Bleiüberzogenes Relief.

Kasino -Wandteppich-
Gabriele Grosse, Düsseldorf

Entwurf und Ausführung der Gobelinweberei liegen bei der Künstlerin in einer Hand. Sie beschränkt sich auf wenige Grundfarben, aus denen heraus sich ein empfindsames Spiel mit differenzierten Zwischentönen entwickelt.
Ihre Kompositionen erzeugen im Aufbau der Bildteppiche Spannungen zwischen organischen und geometrischen Formen, die sich gegenseitig zu überlagern und zu durchdringen suchen.

Erweiterungsbau
Bundesministerium für
Ernährung, Landwirtschaft
und Forsten

Platzartikulation mit Platzmal und Brunnenanlage 1975/1976 Prof. O. H. Hajek, Stuttgart

Material:
Beton, Steine, Farbasphalt, Wasser.
Platzgröße 50 × 50 m.
Platzzeichen: Stahl, 220 × 220 × 535 cm.
Der Freiraum vor den Gebäuden sollte durch plastische Elemente und durch seine Farbigkeit ein besonderes Gepräge erhalten und ein Zeichen setzen.
Um zwei 6 und 4 m hohe wasserüberspülte, dreieckige Stelen gruppieren sich farbige Diagonalen. Das Wasser wird in einer blauen Rinne gesammelt. Ein Rundling, an dessen konvexen und konkaven Formen ebenfalls Wasser spielt, markiert den Eingang zum Ministerbau.
Ein Plattenbelag in den Farben rot, blau, gelb führt in die Eingangshalle hinein und verbindet so den Außenraum mit dem Innenraum. Die farbige Gestaltung entwickelt sich auch vertikal an den Übergängen der einzelnen quadratischen Baukörper.
Der Hochhausbereich des benachbarten BM der Verteidigung ist in die Gesamtkonzeption einbezogen worden.
Hajeks Plätze sind farbplastische Räume, in denen die Farbwege niemals zu Leitlinien werden, sondern zur Bewegungsfreiheit auffordern. Farbige, formale Artikulation heißt für ihn, den „Lebensraum" zum „Erlebnisraum" werden zu lassen.

Bundesministerien der Justiz, für Bildung und Wissenschaft, für Forschung und Technologie

Plastische Kreuzung: Ansgar Nierhoff, Köln
1977; Stahlhohlkörper über einer Rasenmulde, insgesamt 20 x 20 m. In der Skulptur geht es um den Gegensatz von tatsächlicher, einsehbarer Konstruktion und geplanter, gefühlsmäßig als Zerstörung erlebbarer Deformation.
Über einer gewachsenen Rasenfläche mit einer im Zentrum ausgehobenen Mulde von 5 m Durchmesser und im Mittelpunkt 1 m Tiefe sind sechs verformte Stahlhohlkörper zu einem Kreuz ausgelegt. Ihr Querschnitt mißt 75 x 75 cm. Die zwei sich überkreuzenden inneren Teile sind 7,50 m, die vier Verlängerungsarme je 6 m lang. Die Bodenfläche und die aufliegenden Stahlelemente stehen in einer plastisch sichtbaren und assoziativ einfühlbaren Wechselbeziehung. Die kreisrunde Mulde ist ein Teil der plastischen Arbeit. Die Verformung der ehemals ebenen Rasenfläche durch Aushub entspricht der Verformung der ehemals gleichförmigen, langgestreckten Stahlhohlkörper durch Konstruktion und Deformation

Bildhauerehepaar Matschinsky-Denninghoff Berlin 1979

Die Bildende Kunst im Raum der Architektur Berlin (West)

„Schulstraße" im Ausbildungsgebäude. Holzskulpturen (Ursula Sax, Berlin-West).

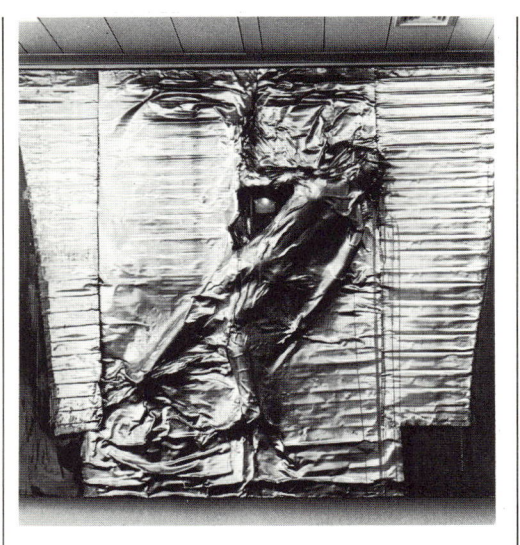

Wandgestaltung im Speisesaal. Flachrelief in Bleifolie. „Der verletzte Mensch" (Wolff Vostell, Berlin-West).

Freiplastik auf dem Vorplatz zum Verwaltungsgebäude aus Edelstahl und Holz (Ansgar Nierhoff, Köln).

Deutscher Entwicklungsdienst (DED)

Deutsche Stiftung für Internationale Entwicklung (DSE)

Farbliche Gestaltung der Foyerwand im Gästehaus. (Ch. Röckenschoß, Berlin-West).

Seine Intentionen gehen meist auf konstruktivistische Anregungen zurück; sie sind von einer gewissen Leichtigkeit, zugleich aber von außerordentlicher Strenge. Das Bildfeld ist mit feinsten Übergängen geordnet. Material: Verschiedenfarbig behandelte Platten, die mit Abstand vor der Wand montiert sind.

Robert-Koch-Institut

Freiplastik im Bereich der Verbindungsbrücke zwischen altem und neuem Institutsgebäude, in Form eines Gitternetzes aus Edelstahl, das von der Verbindungsbrücke „durchstoßen" wird (Ansgar Nierhoff, Köln).

Staatsbibliothek
Preußischer Kulturbesitz

Wandbild im Ostfoyer in Acrylfarbe gemalt (E. Hauser – nach öffentlichem Wettbewerb).

Reichstag
Wandteppich im Empfangsraum (Woty Werner)

Will Grohmann über Woty Werner:
,,Die Ausdrucksfähigkeit des Bildhaften wächst und bleibt hinter der des Gedichts oder der musikalischen Komposition nicht zurück. Die Bildweberei wird zum Teppich des Lebens, zum Gleichnis einer Welt, in der Freiheit und Zwang, Wirklichkeit und Arabeske, Okzident und Orient wie in Goethes ‚Westöstlichem Diwan' zu einer Einheit verschmelzen, die köstlich und unauflöslich ist''.

Schloßpark Bellevue (Ulrich Beier, Hamburg).

Im Zuge der Ausgestaltung des Schloßparkes Bellevue wurden 6 Bildhauer zur Einreichung von Entwürfen eingeladen. Die Wahl des Themas war freigestellt. Das Werk des Künstlers „Die Wandlung zweier Steinvasen" bilden in ihrer Figurenhaftigkeit nicht nur einen reizvollen Kontrast zu der sie umgebenden Natur, sondern regen auch die Fantasie des Betrachters an. Das Gestaltungsmittel der Verdoppelung erzeugt eine spürbare Spannung.
Material: Kristallmarmor.

Die Bildende Kunst im Raum der Architektur Bundesgebiet

Kernforschungszentrum Karlsruhe

Große Wandfläche in der Eingangshalle des Kasinos. Wandbild aus großformatigen Keramikplatten, 3 × 9 m.
Ernst Wilhelm Nay, 1968.
Nay erkannte das Charakteristische des Materials: Transparenz, Glanz, Überhöhung der Farbe. Er begriff Keramik als eine Flächenkunst und die Wand als geistige Vorstellung der Fläche, ein in Nays Äußerungen immer wiederkehrender Begriff. Er sah vor sich farbintensive Volumen von schwarzen Lineamenten begleitet, in einer hochakzentuierten Farbigkeit. Nay hat sein fertiges Werk nicht mehr gesehen. Er starb einen Tag nach Fertigstellung des Aquarellentwurfes am 8. 4. 1968.

Bildungszentrum Sigmaringen

Nagel, Mannheim (nach beschränktem Wettbewerb).
Auf dem Platz vor dem langgestreckten Lehrsaalgebäude eine Vertikalstruktur, die in Kontrast zur horizontal gegliederten Architektur, Raum- und Signalwirkung erzeugt.
Die Gesamtanlage erhält durch die Plastik eine beherrschende Mitte. Material: Kunststoff in Röhrenform.

Physikalisch-Technische Bundesanstalt Braunschweig Norbert Kricke, Düsseldorf, 1967.

In unmittelbarer Nähe zum Reaktorbau der in Edelstahl ausgeführte „Raumknoten". „Mein Problem ist nicht Masse, ist nicht Figur, sondern es ist der Raum und es ist die Bewegung — Raum und Zeit. Ich will keinen realen Raum und keine reale Bewegung (Mobile), ich will Bewegung darstellen."

Offiziersschule der Luftwaffe München

Gegenstand eines beschränkten Wettbewerbes war die künstlerische Bearbeitung der vier Eingangshallen zu den Unterkünften mit den Themen: Ballonfahrer, Flieger, Raumfahrer und Konstrukteure.
Beauftragt wurden: Blasius Gerg, Zorneding, Karl Gerstner, Zürich, Panamarenko, Antwerpen und T. Nachi, Ulm.

„Umbilly II" zum Thema Konstrukteure.
Künstler: Panamarenko.
Panamarenko beschäftigen die Probleme der Konstruktion und der technischen Ausführung ebenso wie die Idee. Und die Idee ist poetisch-technisch. Die Ausbalancierung der Kräfte und Gewichte bis zu jenem Untergewicht, das das Schweben ermöglicht — Erleichterung, Fliegen.—
Er setzt sich seit Jahren mit dem Phänomen Fliegen und Bewegung auseinander. Seine Kunst ist spielerische Utopie. „Umbilly II" ist ein fantastisches Vehikel, in dem man vom Fliegen träumen kann. Seine technische Beschreibung ist im Sinne der Utopie ernst gemeint und weist zurück auf den eigentlichen Sinn des Fliegens.
Der Flugapparat ist etwa 4,5 m breit. Die Konstruktion besteht aus Alu-Röhren und Styroporschaum. Der Antrieb erfolgt durch Muskelkraft über Tretpedale. Der Flügel bewegt sich auf und ab und rotiert. Die Tragflächen sind in der Mitte abgeknickt.

235

„Astrolabium" zum Thema „Flieger"

Künstler: Blasius Gerg.
Es ist ein benutzbares Objekt, das die für uns sichtbare Himmelskugel aus der dritten Dimension auf die zweite Dimension reduziert, alle Bewegungsabläufe von Sonne, Sternen und Planeten winkelgetreu angibt.

„Planetarische Struktur" zum Thema Raumfahrer.

Künstler: Karl Gerstner.
Skulptur aus Achtkant-Aluminiumprofilen, mit Polyester überzogen und mit Acryllacken gespritzt. Sie symbolisiert das Streben in das Unbekannte. Sie versucht, den dynamischen Prozeß der Raumfahrt aus den Mitteln der Gesetzmäßigkeit räumlicher Geometrie und Farbe in ein schillerndes Erlebnis umzusetzen. Höhe max. 720 cm.

Zum Thema „Ballonfahrer"
– ohne Titel –
Künstler: Tomitaro Nachi.
Die drei Objekte fügen sich zu jeder Zeit gut in ihre Umgebung ein – Aufstellung Eingangshalle –. Die ständigen Veränderungen der Umgebung – Sonnenlicht, Lampenlicht, Reflexionen, Farbigkeit usw. – korrespondieren direkt mit dem spezifischen Charakter der Objekte.

„Lichthorizont" zum Thema „Kunst – Berg – Kunstberg"
Künstler: Herbert Oehm, Düsseldorf.

Ausgangspunkt der Überlegungen zum „Lichthorizont" war die Idee, einen künstlich entstandenen Berg das Signum eben dieses Künstlichen beizugeben, so, als ob eine metallische Kerbe herauswachsen würde aus dem Berginnern, sich durch die vegetative Haut hindurchgeschoben hätte nach Außen, gleich einer denkbaren, verborgenen Struktur im Inneren des Hügels. Beides zusammen erst bildet die Skulptur: Der naturbewachsene, grüne Berg und die in den Hang eingepaßte Stahlnut.
Die Stahlkerbe ist 60 m lang, nur 35 cm hoch und ebenso tief. Im Hintergrund, tief eingebettet in die braunen Kanten künstlich gerosteten Stahls, erstreckt sich in gleichem Verlauf ein glänzend-schimmerndes Edelstahlband – der Lichthorizont. ... Das Band reflektiert als Lichtträger an bestimmten Punkten das einfallende Tageslicht.
Wenn Licht an frühen Abenden aus den Fenstern der nahegelegenen Kantine fällt, kann man den Widerschein in den Buchten des stählernen Bandes noch nachschimmern sehen.

Bundesanstalt für Arbeit, Nürnberg

„Wasserwald", Prof. Norbert Kricke, Düsseldorf

Die Bildende Kunst im Raum der Architektur Ausland

Deutsche Botschaft Kabul

Reinhard Omir, Weiden, 1973
Kinetische Plastik, in flachem Wasserbecken stehend, aus drei gleichen, übereinander angeordneten, geschliffenen Edelstahlwürfeln, die exzentrisch zu senkrechten Achsen, durch Motorantrieb bewegt werden.

Deutsche Botschaft Islamabad

Dietrich Schöning, Berlin, 1973
Plastik im Garten der Residenz vor der Terrasse in einem Wasserbecken stehend, aus zwei gleichen Körpern von 2,0 m Höhe, die aus zylindrisch gebogenen, rostfreien Stahlblechen zusammengeschweißt sind. Über die horizontalen oberen Kanten fließt Wasser an den Außenflächen entlang in das Becken.

Deutsche Botschaft Montevideo

O. H. Hajek, Stuttgart, 1974
Freistehende Plastik, Brunnenanlage, Relief am Eingang, durchlaufend in das Foyer. Vorfahrt, Fries am Saalbau. Ausführung in Beton, mit Spezialfarbe behandelt, in rot, gelb, blau und in verschiedenen Grautönen. Gebäudefries: Sichtbeton natur.

Deutsche Botschaft Bangkok

Erich Wiesner, Berlin, 1974.
Künstlerische Gestaltung der Einfahrt und Einfriedigung. Toranlage in Stahlkonstruktion mit geschliffenen Aluminiumplatten verkleidet und einem eingearbeiteten Gitterornament. Beiderseits der Zufahrt Aluminiumhalbrosetten mit anschl. Zaunfeldern aus Alu-Rahmen mit wechselnd waagerechten und senkrechten Quadratstäben.

Deutsche Botschaft London

Prof. Fritz König. 1978.
– Große Flora – Ausführung in Bronze neben dem Haupteingang zur Kanzlei (nach beschränktem Wettbewerb).

Deutsche Botschaft Brasilia

Günther Ferdinand Ris, Königswinter, 1970.
Drei in einem Wasserbecken stehende, verschieden hohe zylindrische Stelen aus Edelstahl und geformten Plexiglasringen. Über die von innen beleuchteten Ringe fließt das Wasser als Schleier.

Deutsche Botschaft Den Haag

Grümmer, Köln, 1974.
Wandgestaltung aus solarisierten Großfotos, Fußboden aus unregelmäßig gebrochenen farbigen Steinen in Beton (Kunststein).

Deutsche Schule Barcelona

Foyerwand – Herbert Schneider, München

In seinen Figuren, in der fließenden Umgrenzungslinie tanzt die Freude unverborgen. Statt Realismus rückt in die Bilder Poesie ein, an Stelle von verfremdenden Akzenten tritt Verzauberung ein. In den Figurationen elementarer Art entfaltet sich ein Lebensgefühl ohne Angst, es bildet sich ein ornamentales Spiel, vital und erfindungsreich.

Deutsche Botschaft Teheran

Hans Kaiser, Soest – 1975/1976 Atrium in der Residenz. Wandmosaik – ausgeführt als aufgesetzte in der Stirnwand verankerte Platte. Kleingliedriges italienisches Glasmosaik in Farbe, schwarz ausgefugt, handgeschliffen, sowie großflächiges Opakglas.

„Meine Bilder sind keine Mauer, sondern Fenster, durch die man in etwas anderes hineinschaut". Leerflächen, offene farblose Gründe lassen die Farben intensiv leuchtend hervortreten. Das in spontaner Geste in die Bildgestaltung einbezogene bewegte Liniengefüge erhält gleichwertige Bedeutung und wird zur wesentlichen Komponente eines sehr bewußten Bildaufbaues.

Deutsche Schule Den Haag

Susanne Riée, Berlin, 1972
Frei vor der Wand stehende Plastik aus glasierter Keramik.

Goethe-Institut London
Stele im Foyer, Mary Bauermeister, 1978

245

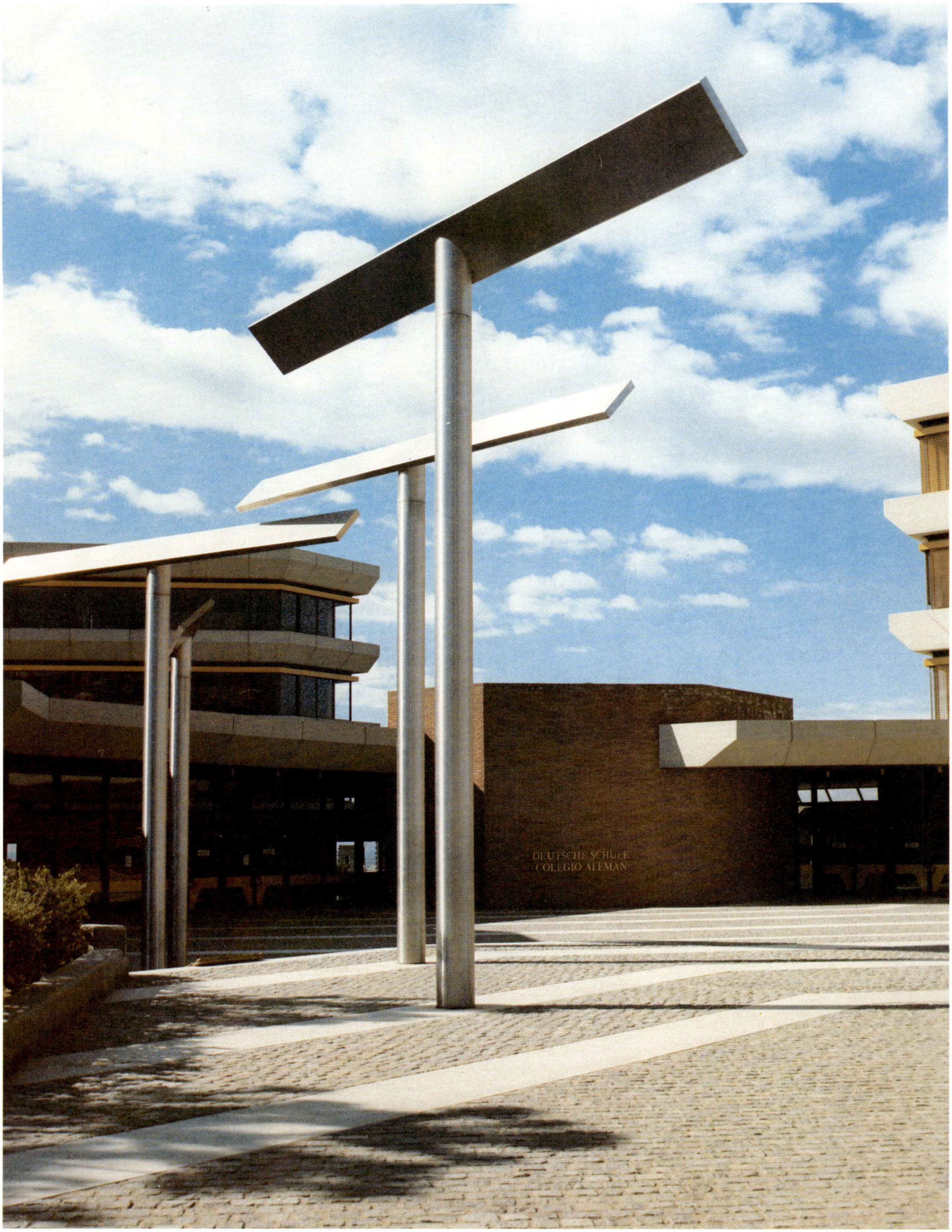
DEUTSCHE SCHULE
COLEGIO ALEMAN

UN-Gebäude New York

Raumgestaltung

Künstlerische Gestaltung:
Prof. Fruhtrunk, Prof. Nestler, Architekt, München.
Im Rahmen eines beschränkten Wettbewerbs waren Künstler und Architekten in Arbeitsgemeinschaft aufgefordert worden, grundsätzliche Aussagen zu einer künstlerisch gestalteten Innenarchitektur auszuarbeiten. Auf die Integration von Kunst und Architektur wurde besonderer Wert gelegt. Es handelte sich dabei um die Ausgestaltung eines sogenannten „Quiet Room" im Gebäudebereich für den Sicherheitsrat. Dieser Raum hat eine Größe von etwa 10,60 × 11,40 m und eine Höhe von 3,35 m.
Das Preisgericht stellte u.a. fest, daß „der reizvolle Kontrast zwischen naturfarbenen dunklen Holzelementen und hellem Licht in Form von diagonal verlaufenden Linien und Streifen dem Raum eine eigene Atmosphäre zu geben verspricht, so daß er sich aus dem Konzept der sonstigen Räumlichkeiten bemerkenswert herausheben wird. Die Möbel stellen die orthogonalen Bezüge der Raumgeometrie als Haltepunkte im Diagonalrhythmus wieder her."
Die Künstler erklärten ihre Raumidee u.a.
„In einem erneuernden Sinne ist zusammengefaßter Raum zum Werk selbst geworden. Raum und Kunst fließen ineinander zu einem visuellen Kontinuum. Der Raum ist das Kunstwerk."
Wandverkleidungen und Decke wurden reliefartig ausgebildet. Die diagonal montierten Tafeln aus drei verschiedenen Holzarten (glänzendes, rotes Mahagoni, mattes, schwarzes Ebenholz, blasser, heller Ahorn) überdekken teilweise die tiefer gelegenen Gobelinflächen in rosa Tönungen. Hierdurch entstehen hell betonte Linien in den Schlitzen zwischen den Holzflächen.
Der Fußboden wurde mit einem Wollteppich belegt, dessen diagonale Linienführung durch hellgrau gegen dunkelgrau abgesetzte Flächen entsteht.
Die Möblierung zeigt Tische aus Mahagoni und eine Reihe von Polstersesseln, in deren gobelinartigen Bezügen das künstlerische Hauptmotiv eingewebt wurde.
Der künstlerisch ausgestaltete „Quiet Room" wurde Ende 1978 den Vereinten Nationen als Geschenk der Bundesrepublik Deutschland übergeben.

Schule Barcelona
Vom Wind bewegte Objekte in Aluminium, Hein Sinken, Berlin.

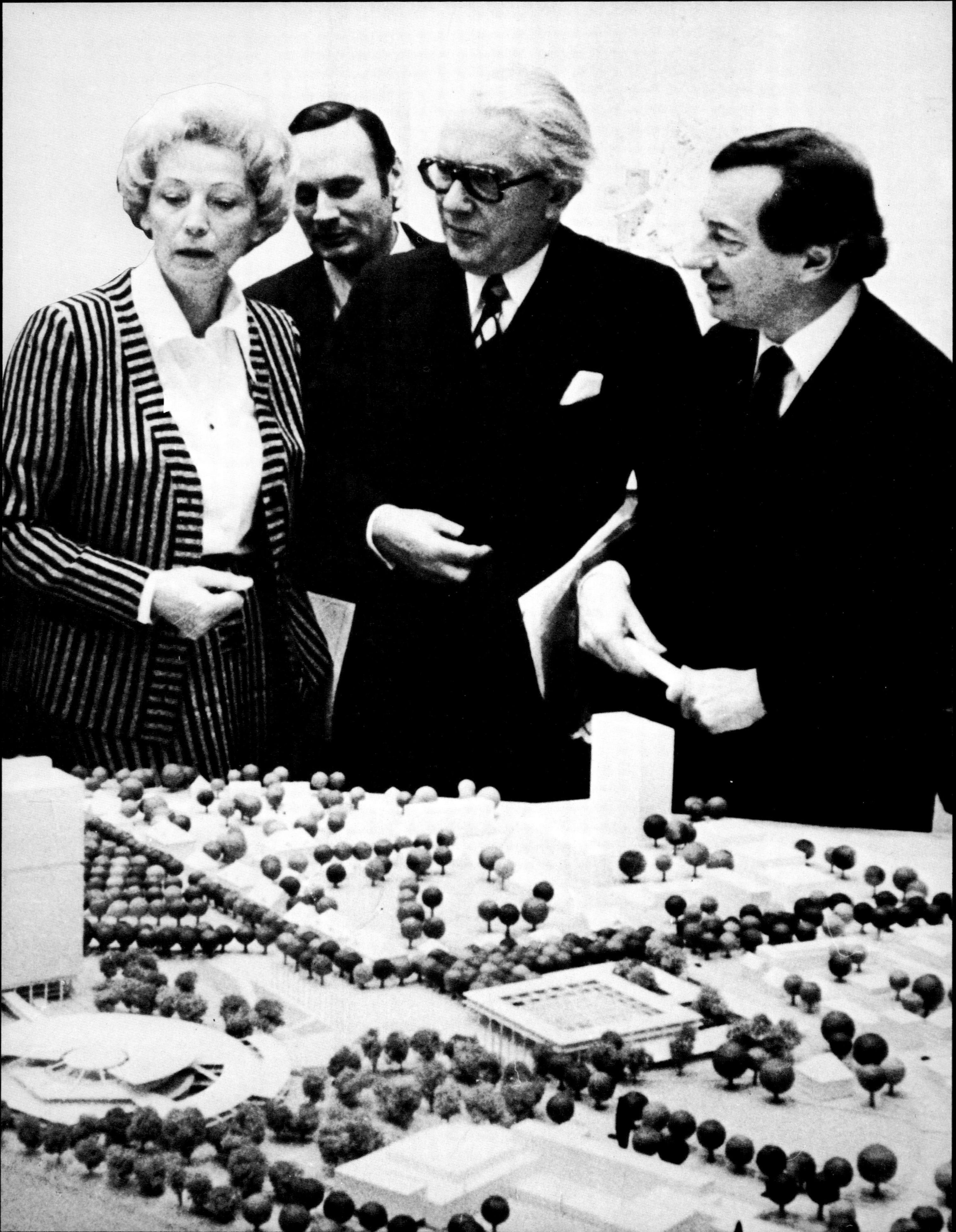

Wettbewerbe
Architektur und
Bildende Kunst

11

Die Bundesbauverwaltung bekennt sich grundsätzlich zum Gedanken des Wettbewerbs sowohl für Bauaufgaben wie auch für Aufgaben der bildenden Kunst, um auf diesem Wege die besten Lösungen zu finden und dem Nachwuchs eine Chance zu geben. Der fachliche Leistungsvergleich fördert die Qualität des Planens, des Bauens und des Gestaltens der Umwelt. Das Instrumentarium für die Auslobung von Wettbewerben ist in den letzten Jahren sensibler und aufgabenbezogener entwickelt worden.

Die Erfahrungen haben gezeigt, daß Architekten-Wettbewerbe dann zum Erfolg führen, wenn die Aufgabe mit ihren städtebaulichen Aspekten und ihren Forderungen sachverständig, eindeutig und umfassend dargestellt wird. Die Bauverwaltungen bemühen sich darum. Trotzdem sind die Ergebnisse oft hinter den Erwartungen zurückgeblieben. Dafür hat es in der Vergangenheit verschiedene Ursachen gegeben. Manchmal war das Preisgericht zu groß, manchmal war es nicht optimal besetzt oder die Zeit für eine ausgereifte Urteilsfindung zu knapp. Der Nachteil zu großer Preisgerichte ist, daß das kollegiale Gespräch kaum noch möglich ist. Mit der Größe schwindet die Verantwortlichkeit des einzelnen. Kunst ist in kollektiven Auswahlgremien nicht leicht zu fassen. Häufig waren auch die Anforderungen an den Wettbewerb übersetzt und die Unterlagen mit zuviel Programmforderungen belastet.

Nicht in jedem Falle sahen Architekten den Wettbewerb als die idealste Form an, zu einer guten Planung zu kommen. Besonders wenn sie bereits einen Namen hatten, glaubten sie, sich aufgrund ihrer bisher erbrachten Leistungen nicht immer wieder neu qualifizieren zu müssen und sie blieben den Wettbewerben fern.

Die Frage – Wettbewerb oder Direktbeauftragung – ist wiederholt zur Diskussion gestellt worden. Die Entscheidung hierüber hängt jeweils von der Aufgabe und den Gegebenheiten ab. Es wird immer Aufgaben geben, deren Beschaffenheit und Inhalt sich für ein Wettbewerbsverfahren nicht eignen und die direkte Bearbeitung durch den Architekten oder durch die Bauverwaltung in ständigem Kontakt mit dem Nutznießer erfordern. Bei anderen Aufgaben wird ganz sicher das Wettbewerbsverfahren zu besseren Leistungen führen.

Das Wettbewerbsverfahren ist in Richtlinien geregelt (GRW 1977), die in Abstimmung der Bundesbauverwaltung mit den Länderbauverwaltungen, dem Deutschen Städtetag und den maßgebenden Verbänden zustandegekommen sind.

Werke der bildenden Kunst werden auf unterschiedliche Weise beschafft:

1. *Ein Kunstwerk (Bild, Plastik) wird angekauft.*
2. *Der Künstler erhält einen Direktauftrag und er entwickelt sein Konzept in mehreren Stufen in Kontakt mit dem Architekten und dem Auftraggeber, bei größeren Aufgaben in begleitender Begutachtung durch eine Kommission.*
3. *Durch beschränkten Wettbewerb.*
4. *Durch öffentlichen Wettbewerb.*
5. *Der Künstler macht Vorschläge im Rahmen eines Architektenwettbewerbs.*

Der Personenkreis, der Kunstwerke auswählt, muß besonders qualifiziert sein, wenn es keine Enttäuschungen geben soll, ein Gremium also, das bereit und in der Lage ist, kritisch und unabhängig, mit Verständnis und mit besonderem Einfühlungsvermögen künstlerische Ideen nachzuvollziehen, das vorgebildet ist und die zeitgenössische Kunstszene kennt, sie beurteilen kann und das auch bereit ist, in Verantwortung ein Wagnis einzugehen.

Viele bildende Künstler beteiligen sich nicht gern an Wettbewerben, weil sie sich nicht in der Lage sehen, sich in einem kleinmaßstäblichen Entwurf verständlich zu machen. Ihre Ideen konkretisieren sich im Prozeß der Gestaltfindung, im Dialog mit dem Architekten bzw. dem Auftraggeber. Sie sind auch wenig vertraut mit administrativen Gepflogenheiten. Sie haben Vorbehalte, weil sie glauben, daß außergewöhnliche Ideen keine Chance der Verwirklichung haben. Gemischt zusammengesetzte Kunstkommissionen können ihrer Meinung nach nicht objektiv über die Qualität eines Kunstwerkes entscheiden.

Bei sehr unterschiedlich zusammengesetzten Gutachtergremien sollten diesem in jedem Falle zur Vermeidung von Fehlentscheidungen hervorragende Fachleute – also Künstler und Kunstkenner – angehören, die sich verständlich machen und sich Gehör verschaffen können.

Wettbewerbe Architektur

Bauten des Bundes und ihre Integration in die Stadt Bonn

Städtebaulicher Ideenwettbewerb 1971/1972

Der Wettbewerb sollte für die Integration der Bundesbauten mit dem städtischen Verflechtungsbereich ein Rahmenkonzept bringen und für den engeren Bereich der Rheinaue mit den Neubauten des Deutschen Bundestages und Bundesrates die städtebaulichen Voraussetzungen schaffen. Eingereicht wurden 36 Arbeiten. Das Wettbewerbsgebiet umfaßte den Bereich vom Postministerium im Norden bis zur Kennedyallee im Süden, von der Bundesbahntrasse im Westen bis zum Rhein im Osten, sowie den rechtsrheinischen Bereich von Beuel-Süd. Der engere Distrikt, der die Standorte des Bundespräsidialamtes, des Bundeskanzleramtes, des Bundestages und des Bundesrates umfaßt, sollte weiter ausgebaut und seiner Bedeutung entsprechend städtebaulich hervorgehoben werden. Für die Bundesressorts war das Gelände im Bereich der Konrad-Adenauer-Brücke beiderseits des Rheins vorgesehen.
Da Aufgabe und Zahl der Ressorts ständigen Veränderungen unterliegen, sollten Bausysteme entwickelt werden, die künftigen Anforderungen angepaßt werden können.
Eine der wichtigsten Aufgaben war die Ordnung des Stadtraumes mit dem Ziel, die mehr oder weniger zufällig entstandenen baulichen Schwerpunkte des Bereiches zwischen Bonn und Bad-Godesberg durch Bundesbauten zu ordnen.

Prof. Carlo Schmid als Preisrichter:
"Die Neubauten sollen die Bundesrepublik würdig, nicht in Gigantismus, sondern als Monument repräsentieren, wobei zwischen Bescheidenheit und Schäbigkeit ein Unterschied besteht. Die Bauten für den Staat sind letztlich ein Ausdruck der Selbstachtung der Demokratie."

Aus dem Urteil des Preisgerichts:
Der 1. Preis zeigt stark verdichtete Baumassen auf beiden Sei-

252

1. Preis: Stephan Legge, Ursula Legge-Suwelak

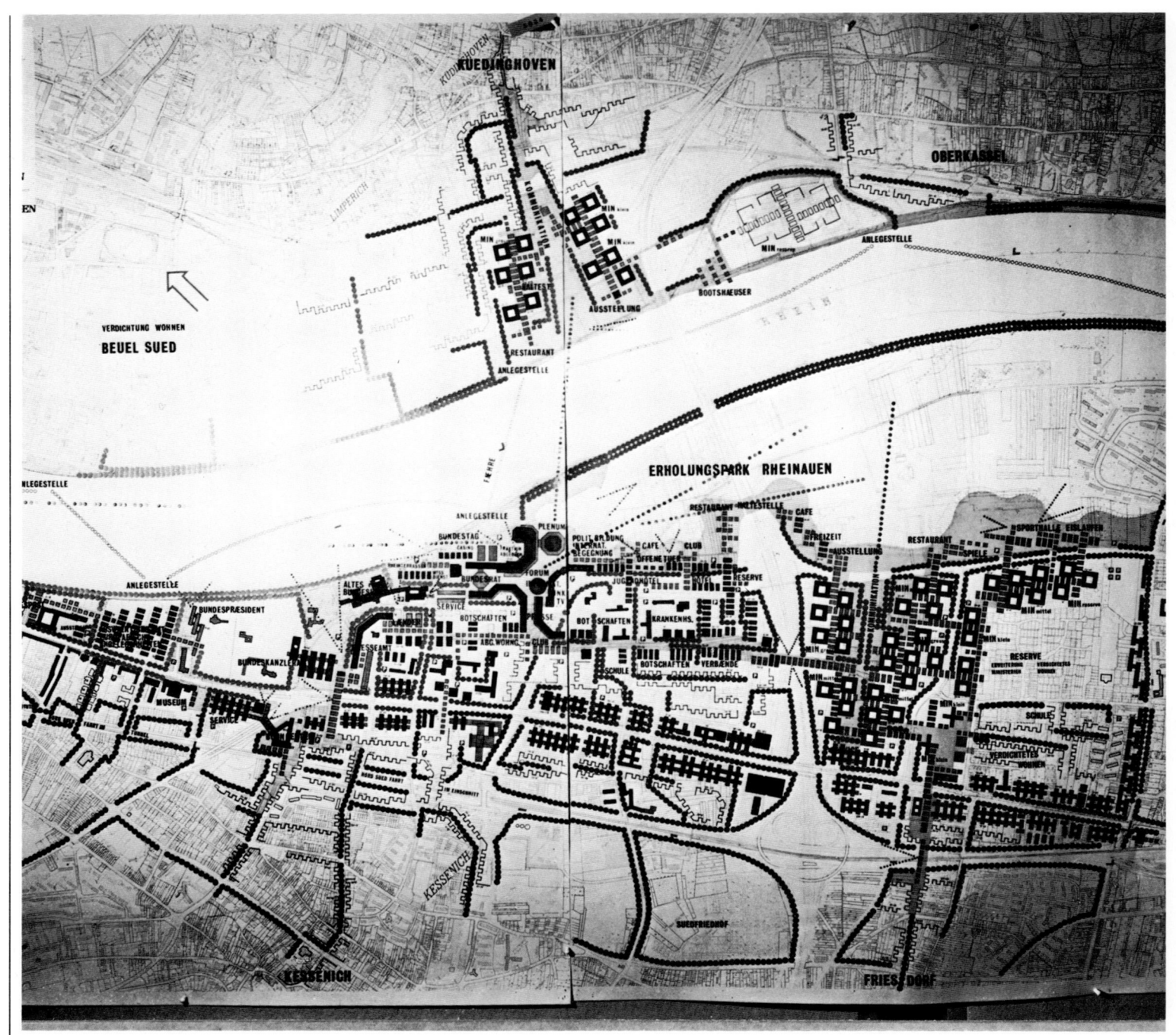

2. Preis: TOPOS (Dipl.-Ingenieure Becker-Nickels, Kamp, Steuernagel, München)

ten des Rheins, die bis unmittelbar an den Strom vorgezogen werden. Das Baugebiet Bad Godesberg-Nord wird nicht den Schwerpunkt der Verwaltungsbauten des Bundes bilden.
Der Grundgedanke der Arbeit ist die Konzentration der Bundeseinrichtungen beiderseits des Rheins, wobei als Endziel vorgeschlagen wird, den Standort Godesberg-Nord bedingt für Bundeseinrichtungen aufzugeben.
Diese Grundidee führt dazu, daß im Bereich der Gronau nicht nur der Bundesrat und Bundestag, sondern darüber hinaus noch 4 Ministerien vorgesehen werden, was hier zu einer starken Häufung von Arbeitsplätzen führt. Die extrem hohe Verdichtung unmittelbar an beiden Rheinufern führt zu einer Verklammerung und zu einer betonten Darstellung der durch Legislative und Regierung bestimmten Funktion dieser Stadtbereiche. Der Rhein als wesentlichstes Landschaftselement des Raumes bestimmt mit der konzentrierten Randbebauung das städtebauliche Konzept.
Der verdichtete Parlamentsbereich am Abschluß der intensiv gestalteten Rheinuferzone der Stadt Bonn ist ein guter Übergang in die freie Auenlandschaft. Die Rheinauen werden durch diese starke Konzentration in ihrer Bedeutung unterstrichen. Dadurch wird eine freie Gestaltung der Landschaft sowie die opti-

sche Erweiterung des Rheinparks erreicht.

Die Konzeption der Bundesbauten in zwei großen konzentrierten Gruppen unmittelbar am Rheinufer schafft einen neuen Maßstab, der sich gegenüber der gegebenen Stadtstruktur deutlich abhebt. Der Grundgedanke der beiderseitigen Brückenköpfe sichert den Bundesbauten eine hervorgehobene Position. Sie beziehen sich weniger auf die Stadt Bonn als auf die Rheinlandschaft. Diese Hervorhebung entspricht der zentralen Bedeutung der Legislative und Exekutive. Die dargestellte Massierung ist jedoch so groß, daß sich eine übermäßige Dominanz kaum vermeiden lassen wird.

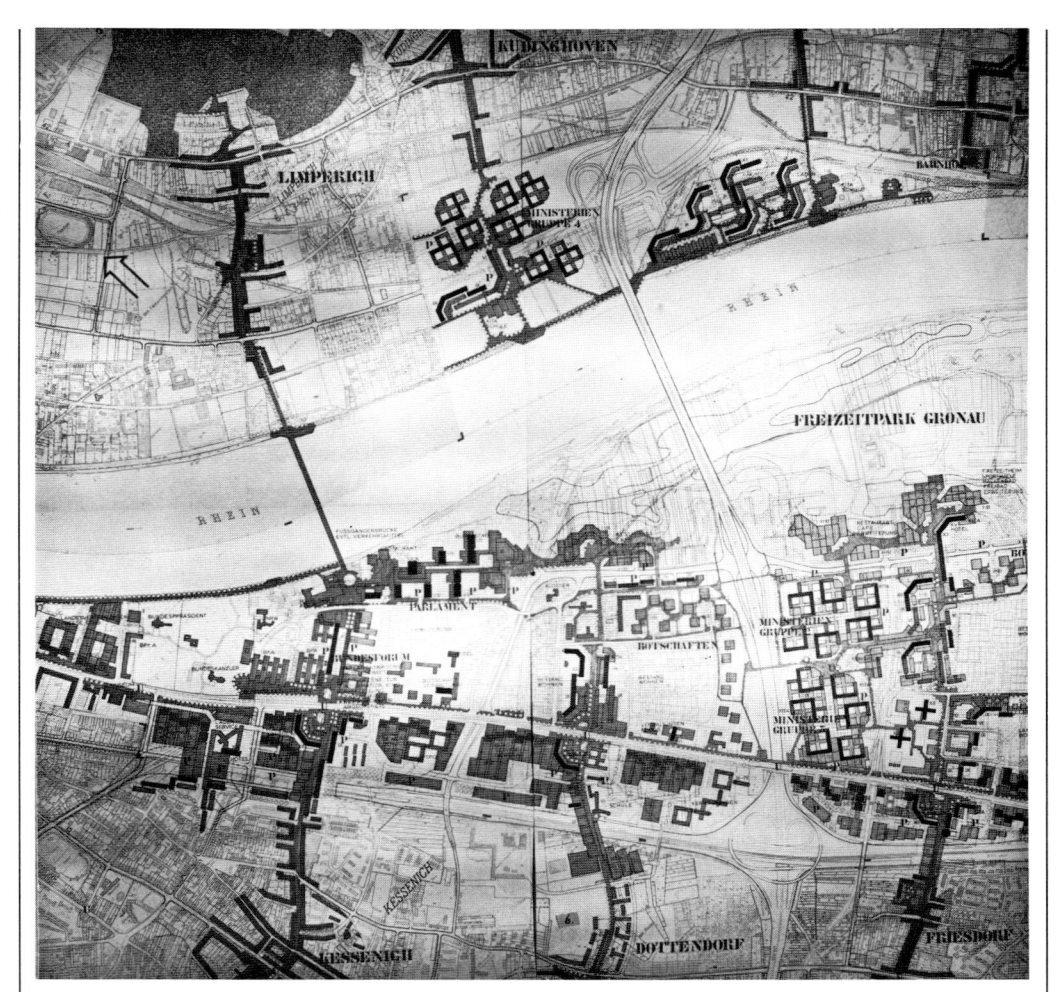

3. Preis: Dipl.-Ingenieure H. Eppinger, H. J. Eppinger, München

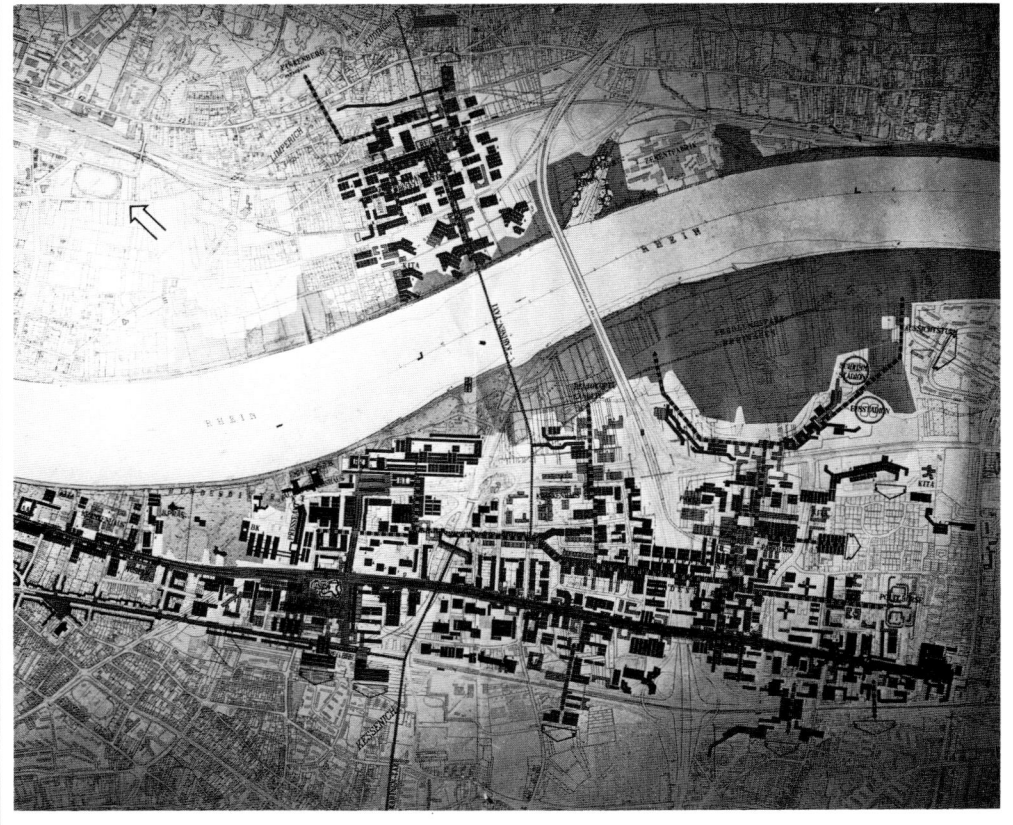

4. Preis: GRUPPE HARDTBERG (Architekten Dr. H. Aengenendt, W. Bergknecht, M. Borschdorf, D. v. Bremen, A. Fliege, H. Lagemann, K. H. Rüther), Bonn.

Bauwettbewerb
Neubauten des Deutschen Bundestages und des Bundesrates

Ende 1973 wurde der Bauwettbewerb für die Neubauten des Deutschen Bundestages und des Bundesrates entschieden. Von den 36 eingereichten Arbeiten wurden 15 Arbeiten ausgezeichnet und von diesen vier dem Auslober vom Preisgericht zur weiteren Bearbeitung empfohlen. Die Verfasser der vier Arbeiten waren die Architekten:
Brunnert, Mory, Osterwalder, Vielmo, Stuttgart,
Behnisch und Partner, Stuttgart,
Hecker, Wolf, Poppe, Rudel, Freiburg,
W. v. Wolff, F. v. Wolff, Schneble, Konstanz.

Als Baugelände ist der südlich an das Bundeshaus anschließende Bereich vorgesehen. Dieses Gebiet bildet zusammen mit dem Bundeskanzleramt und dem Bundespräsidialamt den engeren Bundesdistrikt. Insgesamt waren 180000 qm Nutzfläche zu planen, u.a. für den Bundesrat 12500 qm, für den Bundestag 80000 qm, für komplementäre Einrichtungen 30000 qm und für Ministerien 55000 qm.
Ein Festpunkt war das Abgeordnetenhochhaus, das in den Jahren 1966 bis 1969 nach Plänen von Prof. Eiermann als erster Abschnitt für die Neubauten des Parlaments entstanden. Weitere Bauten für den Plenarbereich und den Wissenschaftlichen Dienst des Bundestages sowie für den Bundesrat sollten hinzukommen. Das Gesamtprogramm war ursprünglich wesentlich geringer als der spätere Raumbedarf.
Von den Architekten wurden Lösungen erwartet, die nach Lage und baulicher Gestaltung Bundestag und Bundesrat als zentrale Organe in unserem Verfassungsgefüge sichtbar und das im Grundgesetz festgelegte Prinzip der Öffentlichkeit ihrer Plenarberatungen erlebbar machen. Den Plenarbereichen gebührt nach Lage und baulicher Gestaltung der höchste Rang. Ihre Aufgabe und Bedeutung sollten mit den Mitteln moderner Architektur angemessen dargestellt werden.
Der Fraktionsbereich des Bundestages, in dem sich die politische Willensbildung innerhalb der Fraktionen vollzieht, war trotz der großen Zahl der Büros nicht als Bürogebäude im üblichen Sinn anzusehen. Hier repräsentiert sich der Bundestag in seiner politischen Gliederung. Der Fraktionsbereich stellt von der Funktion her in gewissem Sinne das Pendant zum Plenarbereich dar. Dem sollte bei der baulichen Gestaltung Rechnung getragen werden.
Das Gebäude der ehemaligen Pädagogischen Akademie, der nördlich anschließende Bundesratsflügel, der Plenarsaal des Bundestages und das an das Akademiegebäude angebaute Bundestagsrestaurant sollten erhalten bleiben.
Die Verfasser der mit dem ersten Rang ausgezeichneten Arbeiten wurden mit einer Weiterbearbeitung ihrer Entwürfe auf der Grundlage ihrer Konzeptionen und der Empfehlungen des Preisgerichts beauftragt.
Das zu bearbeitende Programm sollte sich auf den Bundestag, den Bundesrat, den WDR und unmittelbar zugeordnete Nahversorgungseinrichtungen beschränken.
Die Standorte der Ministerien sollten gesondert untersucht werden. Die Verflechtungszone zwischen Bundestag und Bundesrat sollte entfallen. Am Standort Beuel für Ministerien wurde festgehalten.
Grünanlagen in ausreichender Breite längs des Rheins und eine großzügige Eingangssituation zum Rheinauenpark waren zu berücksichtigen.

1. Rang
Behnisch und Partner, Stuttgart.

Aus der Beurteilung des Preisgerichts:
„Konzeptionsbestimmende Merkmale sind Parkcharakter und Unbeschwertheit. Alle formalen Mittel werden diesem Ziel entsprechend konsequent eingesetzt. Es ist umstritten, ob der angestrebte spielerische Charakter des Parlamentsbereiches dem Inhalt der Aufgabe angemessen ist. Die planerische Aussage zur Konstruktion ist pauschal und unverbindlich.
Signifikanz durch Heiterkeit und Kontrast zur bestehenden Bebauung, wobei die Plenarbereiche untergeordnet sind.
Die Verzahnung mit Stadt und Landschaft erfolgt konsequent nach der Maxime: „Zurück zur Natur". Die Landschaft wird in die Stadt einbezogen. Mannigfaltige Bauformen bewirken zu starke Differenziertheit in der Planaussage, Teilprobleme werden heruntergespielt.
Bewußter Verzicht auf Urbanität... Vielfältiger Erlebniswert mit spannungsreicher und maßstäbli-

cher Raumqualität. Differenzierte, abwechslungsreiche Raumfolgen ohne eindeutiges Orientierungsgerüst. Starker Innen-Außen-Bezug bis hinein in die Plenarsäle. Eine bauliche Einbindung des neuen Abgeordnetenhochhauses wird nicht versucht...

Aus den Raumprogrammen von Bundestag, Bundesrat, komplementären Einrichtungen und Ministerien sind jeweils in sich geschlossene Gebäudegruppen mit eigener Formensprache entwickelt, ohne daß deshalb die Einheitlichkeit der Gesamtanlage leidet... Der Baumbestand bleibt fast vollständig erhalten..."

1. Rang
Brunnert, Mory, Osterwalder, Vielmo, Stuttgart.

Aus der Beurteilung des Preisgerichts:
Konzeptionsbestimmende Merkmale sind die starke Verflechtung verschiedener Funktionen und eine geplante Urbanität.
Der inhaltlichen Bedeutung der Plenarbereiche wird durch exponierte Standortwahl Rechnung getragen, wobei sich die Plenarsäle baulich nicht herausheben, sondern in die Plenarbereiche baukörperlich integriert sind. Dies kann als angemessener baulicher Ausdruck unserer parlamentarischen Demokratie gelten. Konstruktion und Form entsprechen sich. Durch intensive Verflechtung wird ein hoher Grad an Urbanität erreicht. Unprätentiös und ohne Pathos. Im Sinne des Entwurfs richtige Standortwahl für die Plenarbereiche. Die äußere Erscheinung des Plenarbereiches ist zu anonym. Die Dominanz der Bürogebäude schränkt die Signifikanz der Plenarbereiche ein. Durch die abschirmende Form des Fraktionsgebäudes wird eine Abriegelung von der Stadt bewirkt. Gute Einbindung der Plenarbereiche in Grünzonen... Gut

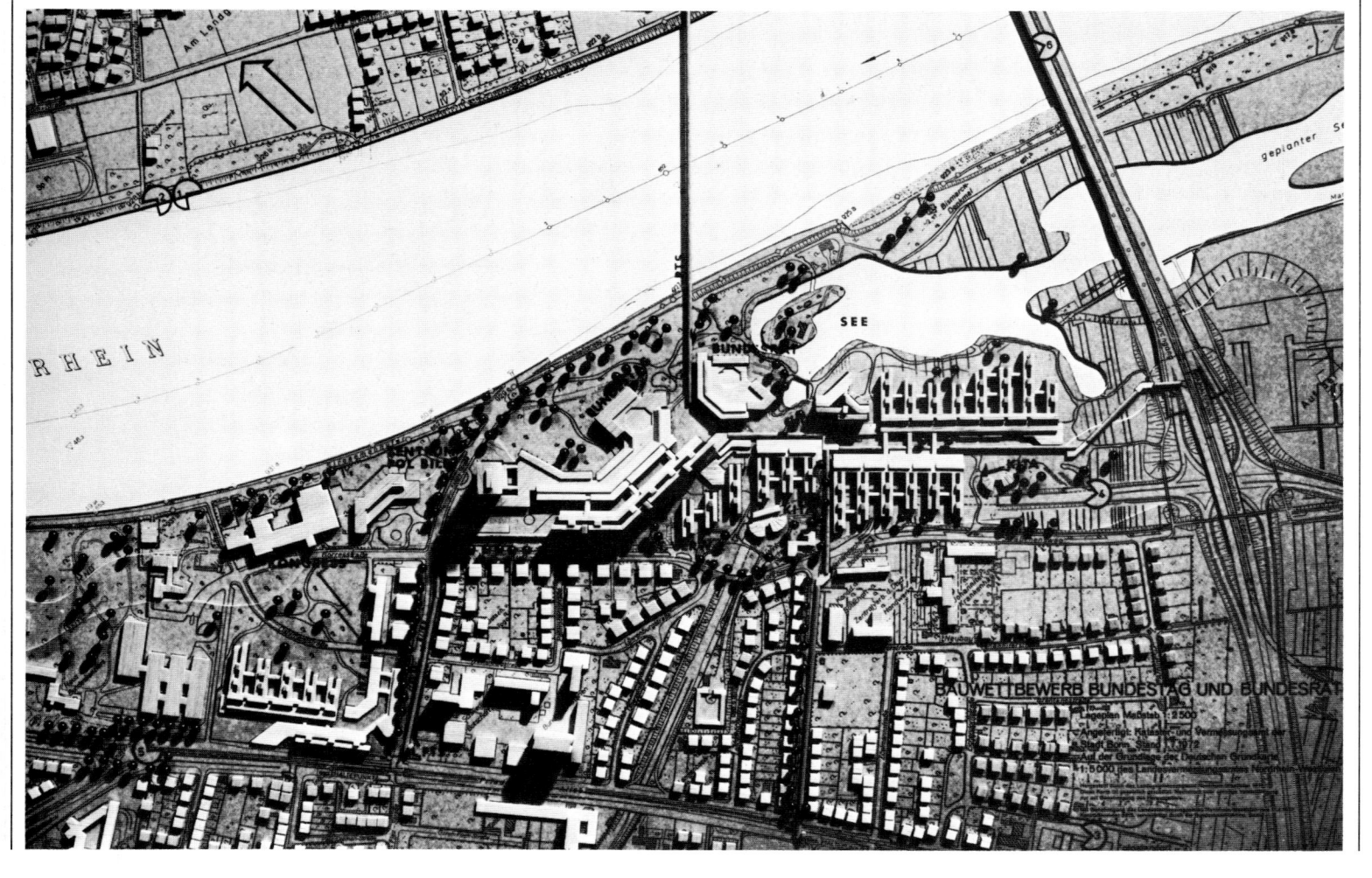

dimensionierte Freiräume in abwechslungsreicher Folge mit urbaner Verdichtung. „Rückseite" zur Stadt. Der äußeren Differenziertheit entspricht innere Vielfalt, gute Raumqualität und Maßstäblichkeit. Einbindung des neuen Abgeordnetenhochhauses ist konzeptionell und im Detail gelungen.

Die Massierung der Baukörper — einmal mit übertriebener Höhenentwicklung im Fraktions- und Abgeordnetenbereich und einmal mit zu geringen Gebäudeabständen kann nicht befriedigen.

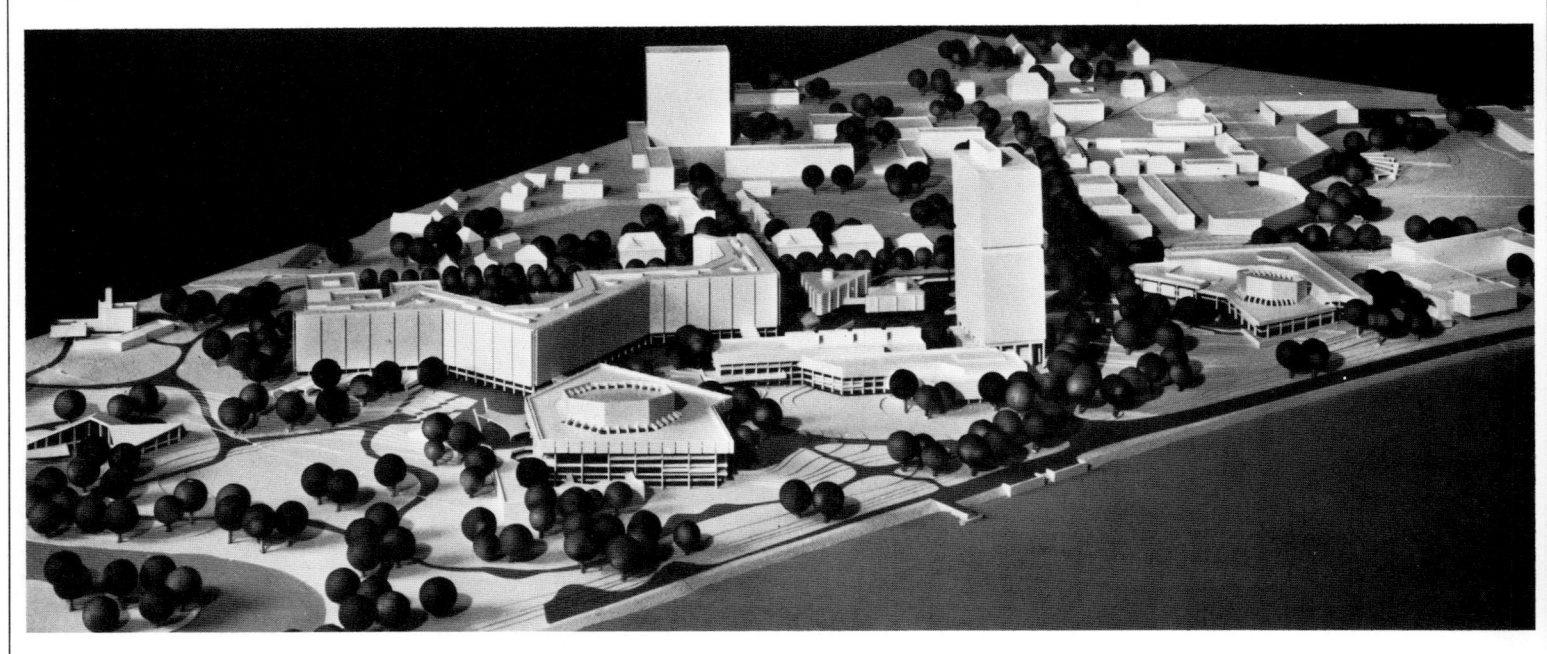

1. Rang
Hecker, Wolf, Poppe, Rudel, Freiburg.

Aus der Beurteilung des Preisgerichts:
„Das baukörperliche Ensemble ist durch eine formale Harmonie — Kreisbogengeometrie — gekennzeichnet, die mit ihrer Eleganz stark signifikant wird. Inwieweit dieser bauliche Ausdruck dem Inhalt der Aufgabe angemessen ist, hängt von unterschiedlichen Zielvorstellungen ab. Begriffe wie würdig, unseriös, salonfähig, elegant, formalistisch, maniriert, kennzeichnen die divergierende Beurteilung. Entsprechung von Form und Konstruktion ist nur teilweise gegeben. Es ergeben sich konstruktive Zwänge aus formalen Vorgaben. — Zeichenhaft und eigenständig, mit Tendenz zur „Freizeitarchitektur". Die vorgegebene Topographie wird aufgenommen und zum tragenden Gestaltungselement...

Durchgehende Homogenität. Durch Inkaufnahme von gleichen Formen für verschiedene Funktionen ,,Verwaltung, Hotel, Bundestag" keine differenzierte Darstellung unterschiedlicher Inhalte. Freiräume als konzeptioneller Bestandteil, attraktive Landschaftsarchitektur. Gute Zuordnung von Innen- und Außenbereichen. Gute Orientierung. Hoher Erlebniswert und Stimulanz. Gute Qualität der Räume, interessante und spannungsreiche Raumfolgen, differenziert und großzügig..."

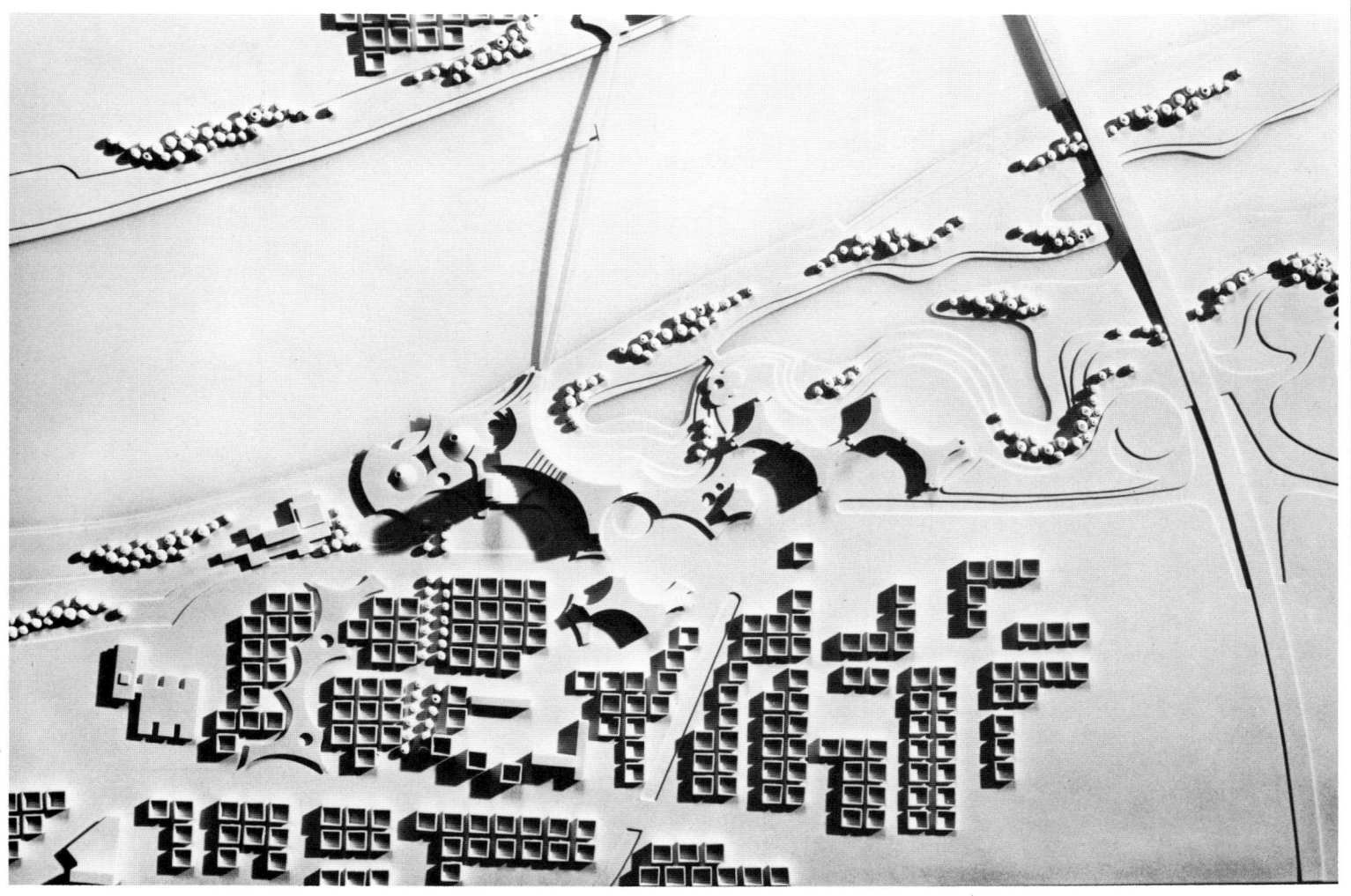

1. Rang
W. und F. von Wolff und Schneble, Konstanz.

Aus der Beurteilung des Preisgerichts:
„Die Konzeption ist durch das Bemühen gekennzeichnet, eine große bauliche Massierung und Dichte durch formale Differenzierung zu „humanisieren". Trotz großer Variation im Detail werden die Inhalte jedoch nur bedingt ablesbar (Fraktionsgebäude, Hotel, Ministerien). Die Angemessenheit dieses Zieles und seines formalen Ausdrucks im Verhältnis zum Inhalt der Aufgabe wird im Preisgericht unterschiedlich beurteilt. – Die Konstruktion übernimmt dienende Funktion. – Die Gesamterscheinung ist durch Einheitlichkeit trotz lebendiger Vielfalt gekennzeichnet. Signifikanz wird außer durch die Standortwahl nur durch formale Attribute erreicht (wie z.B. Dachaufbau). – Die intensive Durchdringung von baulichen und landschaftlichen Elementen ist hervorzuheben. – ....
Das Hereinziehen des Rheinauenparks ist wesentlicher Vorzug der Konzeption..."

263

Ideenwettbewerb
Bundesministerium der
Verteidigung Bonn-Hardtberg

Das für den Ausbau des Ministeriums vorgesehene Gelände auf der Hardthöhe umfaßt rd. 27 ha von insgesamt rd. 75 ha.
Die städtebauliche Konzeption war unter dem Gesichtspunkt der Integration des Gesamtbereiches des BMVg mit dem Entwicklungsbereich Hardtberg zu erarbeiten. Dieser Bereich ist eine städtebauliche Entwicklungsmaßnahme mit ca. 26000 Wohnungen.
Das Programm umfaßte rd. 78000 qm Nutzfläche für rd. 4600 Beschäftigte.

1. Platz:
Planungsgruppe Kley – Arch. Groth und Walter, Dortmund.
Die Arbeit fällt durch die Konzentration und die Gliederung der Baumassen sowie ihre Einbindung in die landschaftliche Situation auf. Der besondere Wert liegt weiter in der Erfüllung der betriebstechnischen und organisatorischen Erfordernisse und in der für die Aufgabe charakteristischen, wirtschaftlich vertretbaren Baukonstruktion.

Modell der Gesamtanlage nach dem Stand von 1978

2. Platz:
Arch. Schramm, Pempelfort, Hupertz, Hamburg.

3. Platz:
Arch. Schürmann/Schürmann, Friedberg, Köln.

4. Platz:
Arch. Heil, Frankfurt.

Bauwettbewerb
Neubau Bundeskanzleramt

5. Platz: Arch. Legge/Legge, Suwelack, Bonn.

6. Platz: Arch. Beckert, Becker, Hanig, Matz, Scheid, Schmidt, Frankfurt.

Der Standort für den Neubau des Bundeskanzleramtes wurde zwischen dem Palais Schaumburg und dem Gebäude des Presse- und Informationsamtes ausgewiesen, da hier die vier Standorte der obersten Organe des Bundes überschaubar vereint sind. Das Palais Schaumburg als Sitz des Bundeskanzlers seit Gründung der Bundesrepublik soll auch weiterhin vom Bundeskanzler für repräsentative Zwecke genutzt werden.

Von den Teilnehmern am Wettbewerb – 46 Arbeiten wurden eingereicht – wurde erwartet, daß sie über den Entwurf des neuen Bundeskanzleramtes hinaus zusätzliche Ideen und Vorschläge zur Nutzung und Entwicklung des Bundesdistrikts liefern.

Der Wettbewerb war der Auftakt zu einer Reihe von Wettbewerben im Zusammenhang mit der Integration der Bauten des Bundes mit der Stadt Bonn. Über die Behauptung, daß die Entscheidung zum Bau zu früh gefallen sei, kann man unterschiedlicher Auffassung sein. Der Wettbewerb hat viele Anregungen und Vorschläge für das Programm des folgenden Städtebauwettbewerbs erbracht.

1. Preis:
Planungsgruppe Stieldorf – Arch. Adams, Hornschuh, Pollich, Türler, Stieldorf.

Aus den Urteilen des Preisgerichtes:
„... Die Baumassen des Bundeskanzleramtes einschl. des Traktes für Bundeskanzler und Kabinett sind erfreulich niedrig gehalten. Ein im Prinzip bekannter Bautyp ist mit Disziplin und Einfühlungsvermögen auf die Aufgabe und Situation konsequent angewendet... Der sehr übersichtliche Grundriß zeichnet sich durch ein klares System von besonderer Schlichtheit aus... Die Gebäudegruppe ist in ihrer vorbildlich zurückhaltenden Bauerscheinung im Hinblick auf Palais Schaumburg und Park gut denkbar..."

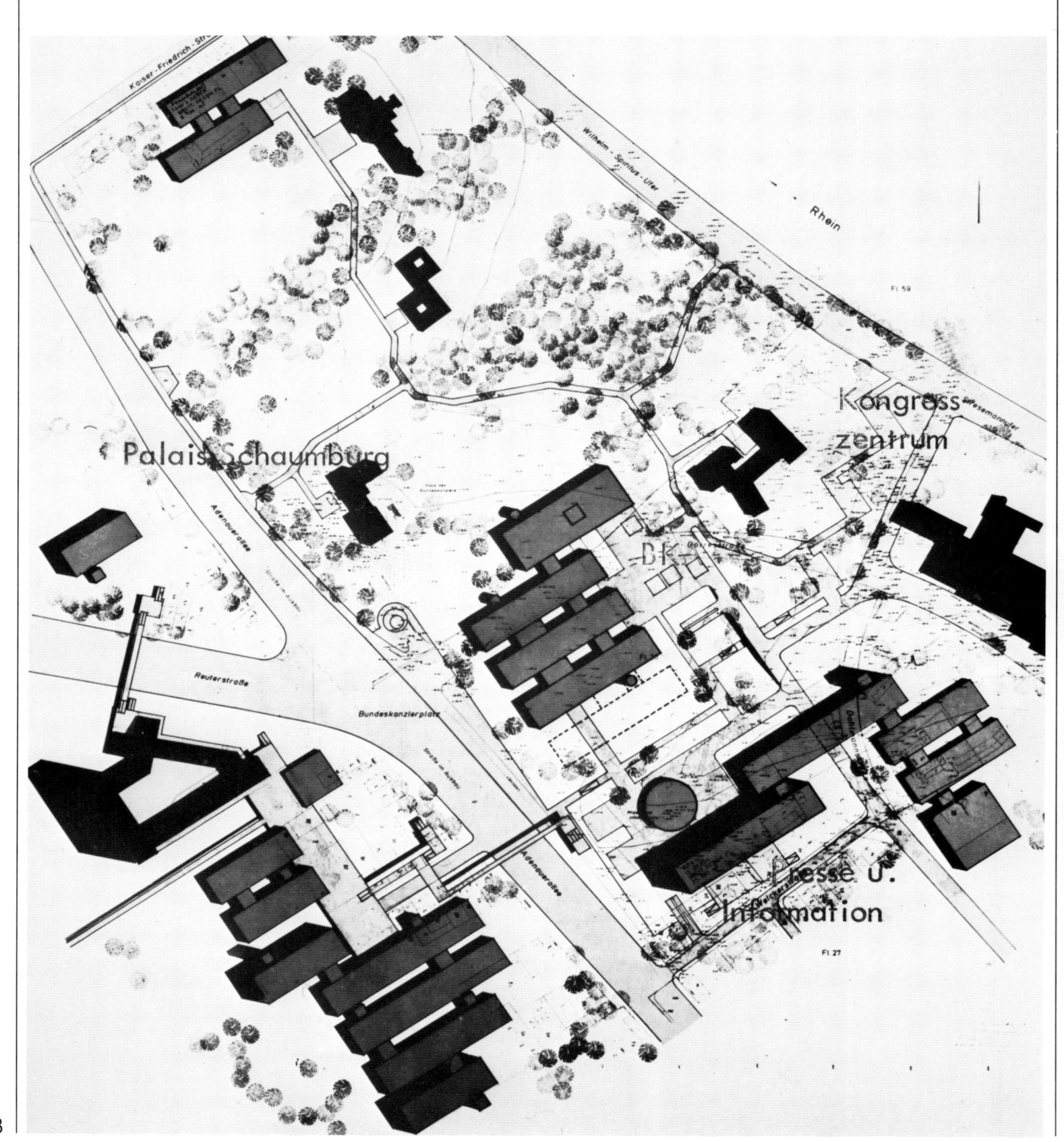

2. Preis:

Arch.-Gemeinschaft Brunnert, Mory, Osterwalder, Vielmo, Stuttgart.

„Das Gebäude wird in seiner prägnanten Ausformung der hier gestellten Aufgabe gerecht. Trotz der relativ großen Form werden Pathos und falsche Monumentalität vermieden."

3. Preis: a)

Arch. Beckert und Becker, Frankfurt.

„Der Baukörper liegt funktional richtig. Die Zuordnung von Bundesforum zum Bundestag wird anerkannt. Das Vorschieben der parkartigen Gestaltung der Freiräume bis in die Höhe der Welckerstraße wird begrüßt… Das Haus findet gegenüber der umgebenden Bebauung einen angemessenen Maßstab…
Die Auffassung, das Gebäude des Bundeskanzlers als Solitär in den Parkbereich zu stellen und die Baumassen in der vorgeschlagenen Form zu differenzieren, wird anerkannt."

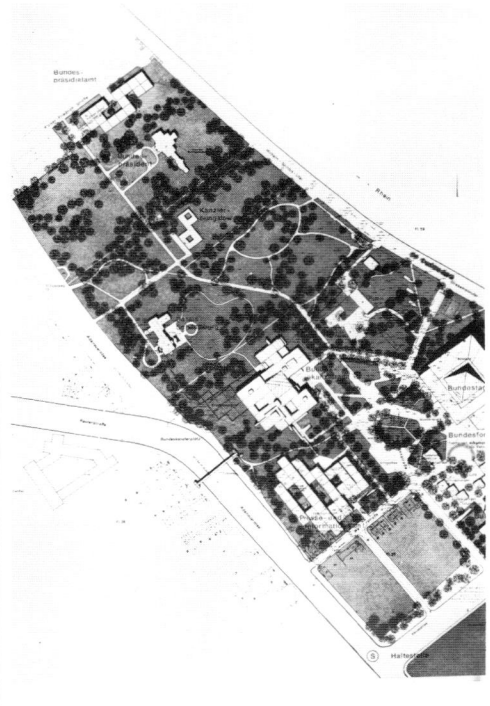

3. Preis: b)

Arch. Pysall, Jensen, Starenberg, Hamburg.

„Die eigenwillige Baugruppe kann sowohl als einzelne Baumaßnahme bestehen und bietet zugleich Ausbildungsmöglichkeiten für eine Gesamtstruktur im Bundesdistrikt. Wenngleich der Entwurf in seiner markanten Gebäudestruktur architektonisch als gelungen gelten kann, so… ist hier eine der Aufgabe angemessene Gestalt letztlich nicht gefunden worden. Anzuerkennen ist die Einfügung in das Parkgelände."

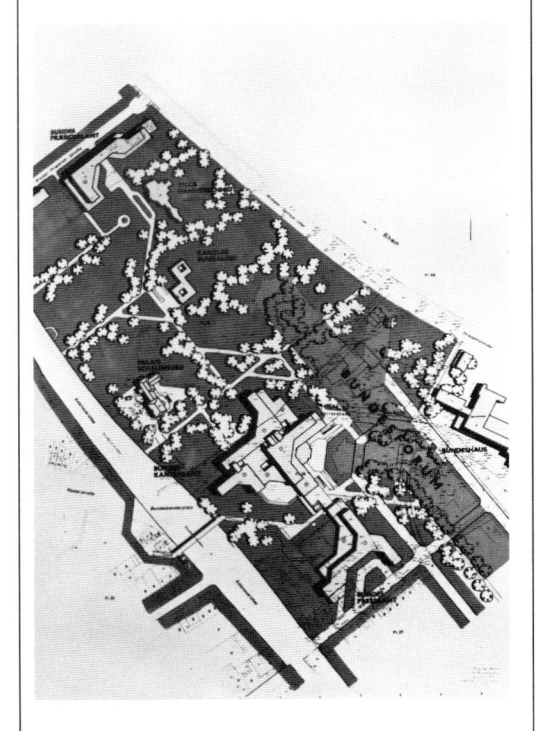

Ideenwettbewerb
Bundesministerium für Verkehr
Bonn + Bad Godesberg

Aufgabe war die Erarbeitung von Ideen für die funktionale und architektonische Gestaltung des Bundesministeriums für Verkehr und von städtebaulichen Aussagen über das Bundesministerium für das Post- und Fernmeldewesen. Daneben wurden ebenfalls städtebauliche Aussagen erwartet über die städtebauliche Zuordnung hauptstadtbezogener komplementärer Einrichtungen (Mehrzweckhalle und kleines Konferenzzentrum) und
über die Einbindung des Wettbewerbsgebietes in die umgebenden Bereiche.
Hierbei kam der städtebaulichen Einbindung der vorhandenen Ministerienbauten in das Gesamtkonzept eine besondere Bedeutung zu.
Aus den Urteilen des Preisgerichtes:

1. Rang:
v. Gerkan, Marg + Partner, Hamburg.
,,Alle Nutzungen reihen sich entlang einer Achse, auf die sich sämtliche Aktivitäten (Fußgänger, Vorfahrten, Stadtbahnausgang) beziehen. Sie wird für Fußgänger attraktiv gestaltet durch alleenartige Baumbepflanzung mit Ausblicken auf einen ,,Botanischen Garten" mit neuer Geländegestaltung und Wasserflächen. Die große Promenade wird nach Westen begrenzt von Hotel und Stadt-Sporthalle, die an der B 9 mit einer Laden-Büro-Zeile die Kreuzhäuser einbinden. Die Brücke der B 9 über die A 56 wird durch besondere Gestaltung hervorgehoben."

1. Rang:
Arbeitsgemeinschaft Uelner, Jann, Klose, Bender, Bonn.
,,Alle Nutzungen (max 6 Geschosse) sind beiden Seiten der abgewandelten vorgegebenen ,,Achse" zugeordnet. Sie führt von der B 9 mit städtisch repräsentativem Aufbau zum zentralen Platz, setzt sich von dort nach Osten in den ,Langer Grabenweg' fort und dient nur dem Vorfahrts- und Buslinienverkehr. Nach dem Konzept werden die Kreuzbauten der vorhandenen Ministerien gut eingebunden. Zwischen den neuen Ministerien führt die Achse vom Platz weiter, sie dient dort nur den Fußgängern und dem Vorfahrtsverkehr. Die repräsentative Achse westlich der B 9 wird durch einen neuen Gebäudekomplex abgeschlossen. Die Fußwege sind vom Stadtbahnausgang zu allen Nutzungen direkt und kurz."

271

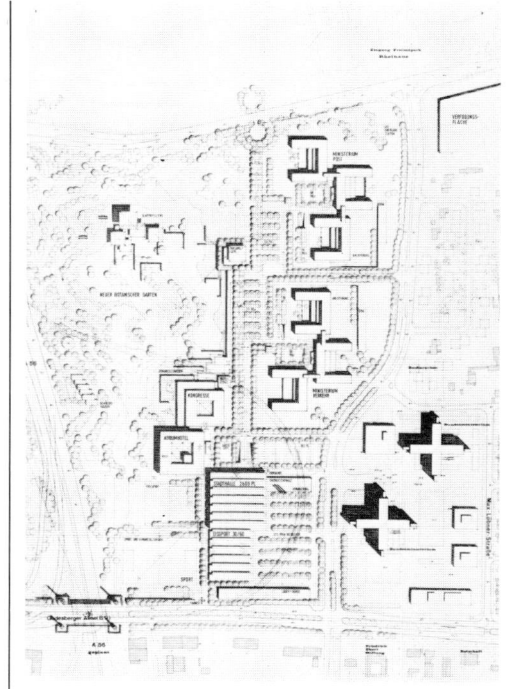

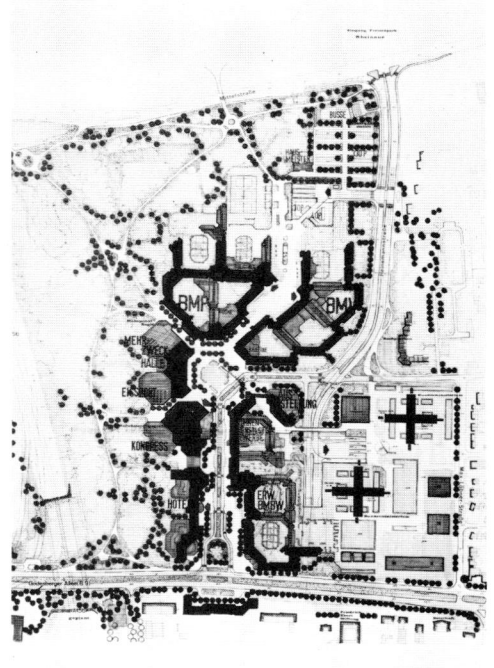

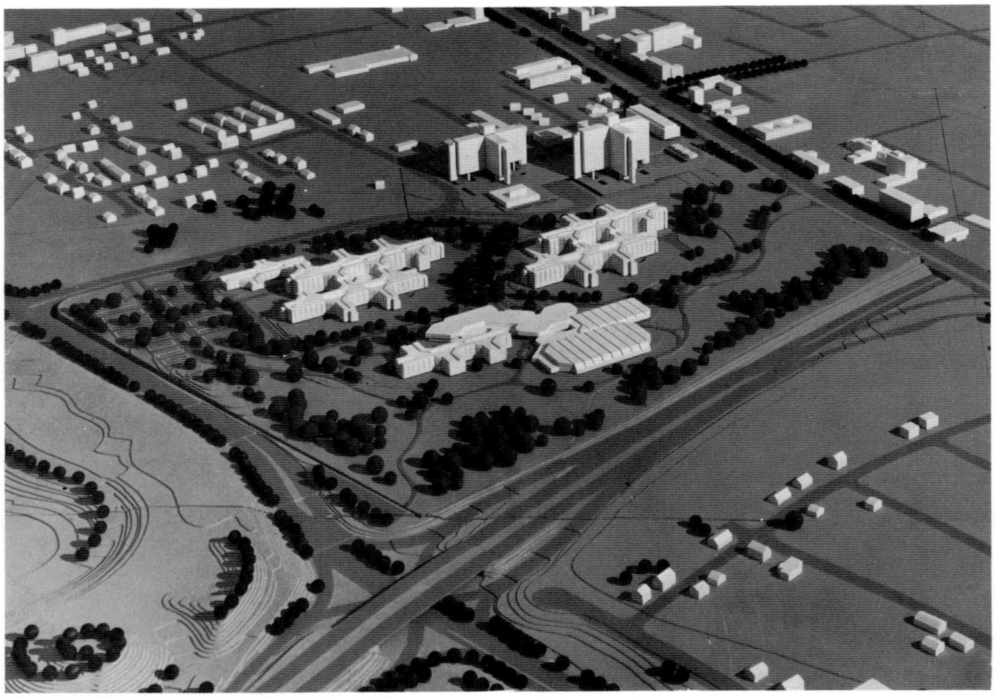

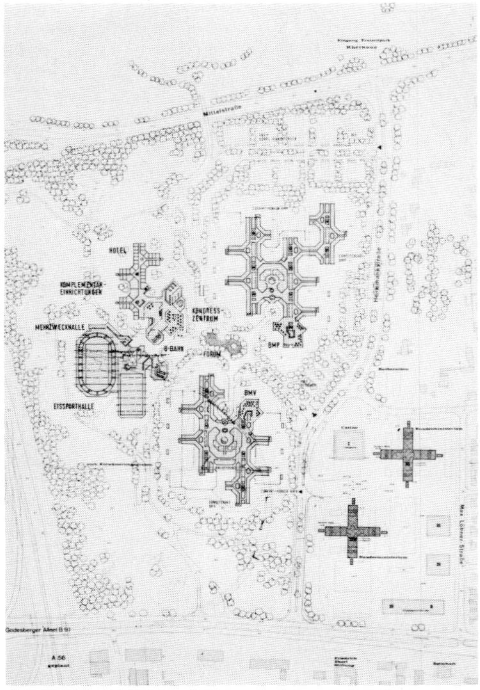

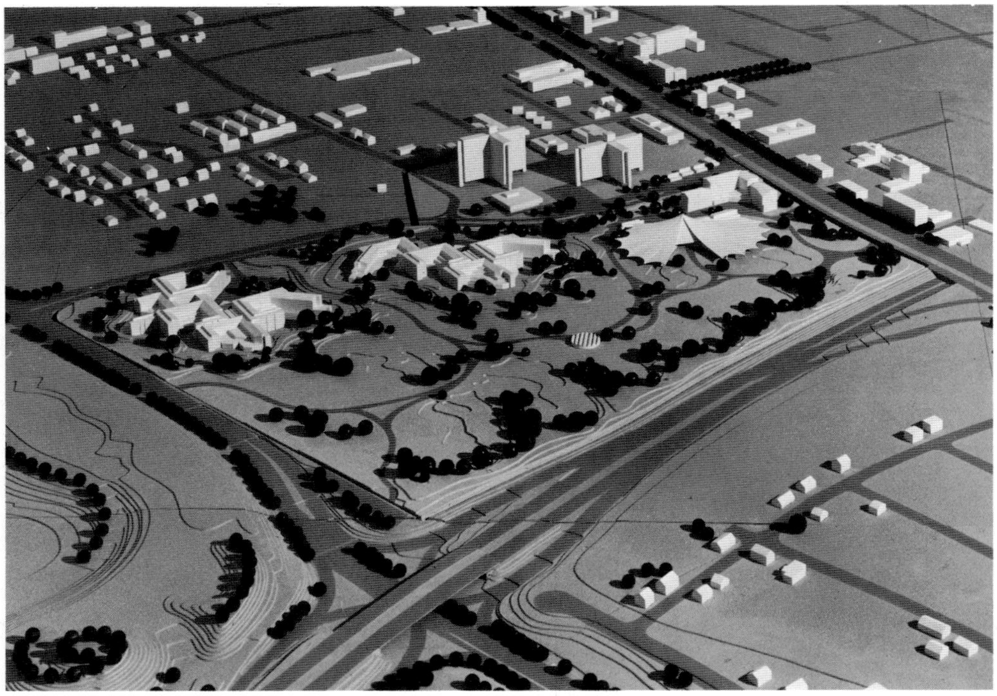

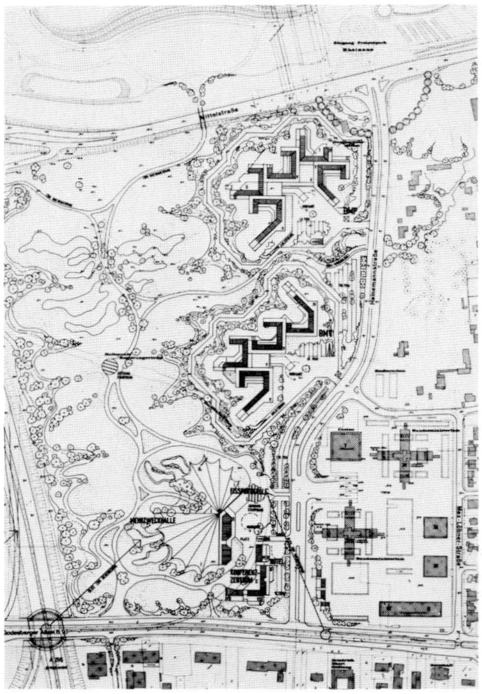

2. Rang:
Jörissen und Pfleiderer, Düsseldorf.
Die beiden Ministerien bilden mit ihren komplementären Einrichtungen ein „Forum" am Stadtbahnausgang mit relativ kurzen Wegen zu allen Eingängen. Eine diagonale Achse verbindet das Forum mit den Ministerien. Die Grünflächen werden ohne Differenzierung gestaltet.

2. Rang:
Kersten, Martinoff, Struhk, Braunschweig.
Die Ministerien liegen als Einzelbaukörper am Langer Grabenweg und an der B 9. Die komplementären Einrichtungen erstrecken sich vom Stadtbahnausgang bis zur Mittelstraße. Das Wohnen wird bis in das Wettbewerbsgebiet hin erweitert.

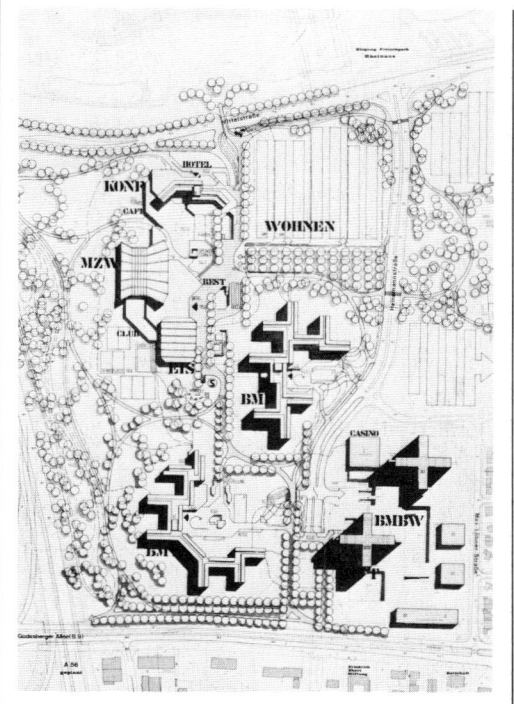

2. Rang:
Deiss und Bargou, München.
Die beiden Ministerien (max 5 Geschosse) und die komplementären Einrichtungen werden in 3 differenzierten Baugruppen angeordnet, die mit dem Park „verzahnt" bleiben. Lage und Form der komplementären Einrichtungen nehmen Bezug zur B 9 und zum Park hin auf. Sie markieren den südlichen Eckpunkt und binden die Kreuzhäuser an. Die Brücke B 9/A 56 wird gestalterisch besonders hervorgehoben.

In einer zweiten, als Realisierungswettbewerb durchgeführten Wettbewerbsstufe hat die Gruppe Deiss und Bargou, München, den 1. Preis erhalten.

Bauwettbewerb
Bundesgesundheitsamt
Berlin (West)

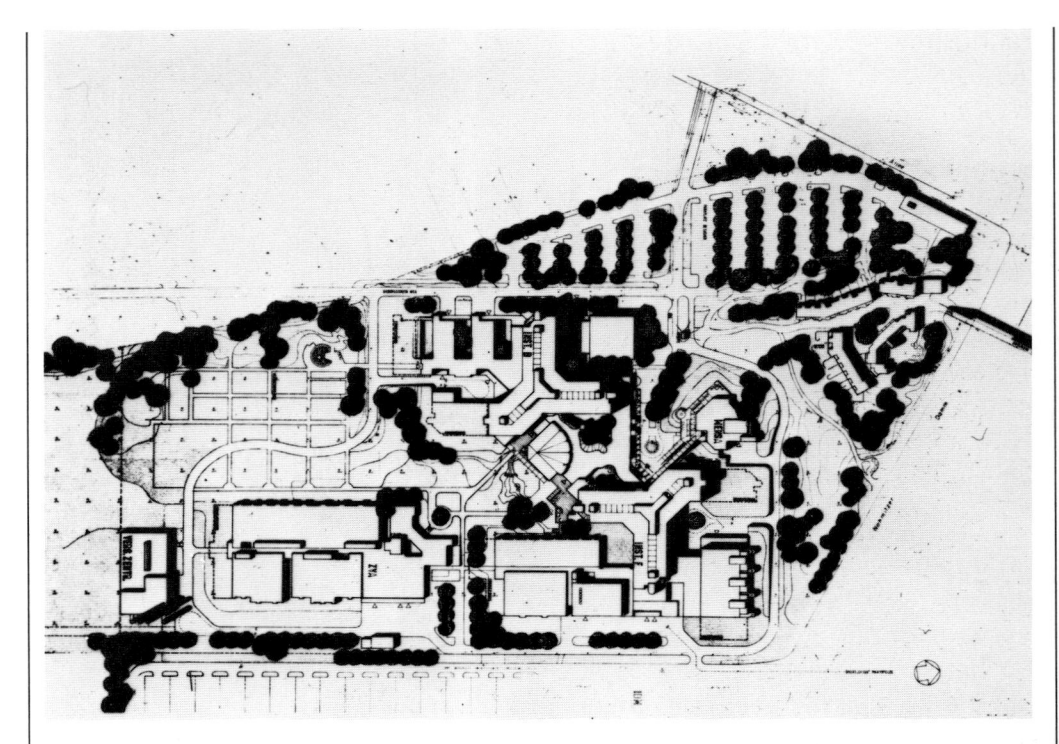

1. Preis:

Architekten Rossmann und Partner, Karlsruhe.

Das Bundesgesundheitsamt (BGA) forscht auf dem Gebiet der öffentlichen Gesundheitspflege. Die Forschungsarbeit will Risiken für die Gesundheit von Mensch und Tier erkennen und nach Möglichkeit begrenzen. Sie wird daher im wesentlichen von praxisnahen Aufgaben der angewandten Forschung bestimmt, deren Ergebnisse gesellschaftliche, wirtschaftliche und politische Zielsetzungen unterstützen, wie Gesundheitsschutz, Umwelthygiene und Verbraucherschutz.
Die Aufgabe des Wettbewerbs bestand darin, Neubauten für mehrere Forschungsinstitute des BGA zu planen. Nach Fertigstellung aller Gebäude werden hier etwa 600 Beschäftigte tätig werden.
Im einzelnen handelte es sich bei der Planung um Bauten für die Veterinärmedizin mit Verwaltungstrakt, Bibliothek, Hörsaal,

Fachgruppenbereiche, Laboratorien und Werkdienstwohnungen. Weiterhin um Bauten für die Zentrale Versuchstieranlage, für das Institut für Wasser, Boden und Lufthygiene, sowie für eine Kantine und eine Versorgungsanlage. Entsprechend dem Umfang und der Bedeutung der Anlage war zunächst vorgesehen, einen öffentlichen Wettbewerb auszuloben. Dieser Gedanke ist aufgegeben und statt dessen ein engerer Wettbewerb durchgeführt worden, da qualifizierte Lösungen nur von Architekten erwartet werden konnten, die über ausreichende Erfahrungen auf den speziellen Gebieten Laborbau, Tierhaltung – verfügten.

Das Gelände in Marienfelde schließt im Norden an den alten Dorfkern an. Später ist um diesen Dorfkern herum mehr und mehr ein Mischgebiet entstanden. Mit der weiteren Erschließung der Randzonen der etwa 2 ha umfassenden Fläche für das Bundesgesundheitsamt haben sich im Südosten ein Gewerbebetrieb, ein Industriegebiet und im Südwesten ein reines Wohngebiet mit Gebäuden bis zu 22 Geschossen entwickelt.

Der Vorzug der Arbeit des ersten Preisträgers Arch. Rossmann und Partner, Karlsruhe, liegt darin, daß sowohl kürzeste Verbindungswege innerhalb der Arbeitsgruppen als auch für fast alle Tageslichträume Ausblicke in die Umgebung angeboten werden. Dies wird durch Ausbildung der Institute zu Mehrgeschoßbauten erreicht. Die hierdurch entstehende Sichtbarmachung des BGA kommt auch dem Wunsch des Amtes nach baulicher Selbstdarstellung im Stadtbild Berlins entgegen.

In der maßvollen Höhe der beiden Institute wird von der vorhandenen hohen Bebauung zur flachen Bebauung der Industriezone ein Übergang geschaffen. Gleichzeitig leitet die Öffnung des Eingangsbereiches zur Silhouette des Dorfangers Marienfelde über.

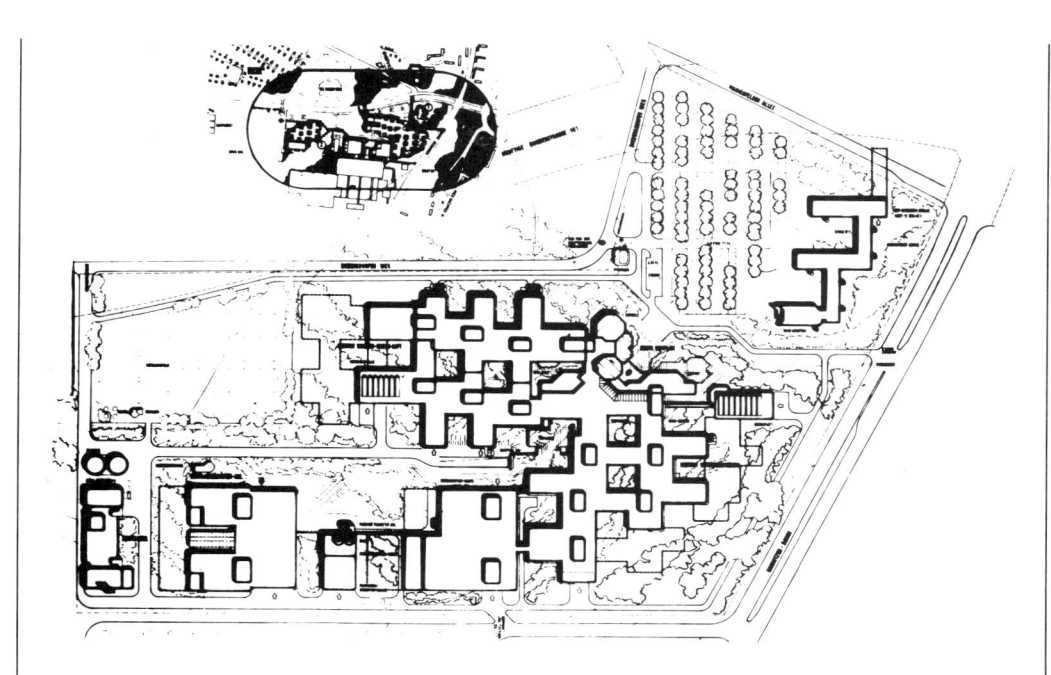

2. Preis:

Planungsgruppe B 12 Architekten Bock, Boye, Schäfer, Berlin.
Die Baustruktur wird als ein offenes System leicht versetzter, dreihüftiger Kreuztypen angeboten, die so untereinander verbunden werden, daß eine Kammstruktur mit nach außen offenen Halbhöfen entsteht. Infolge der geringen Bauhöhe (2 bis 3 Geschosse) sind die wenigen Innenhöfe gut proportioniert und bilden für die um sie gruppierten Diensträume ruhige, introvertierte Zentren.

Der Vorteil der horizontalen Lagerung der Institutsbauten führt allerdings zwangsläufig zu einer großen Entfernung der Bereiche. Die Erweiterungsmöglichkeiten sind auf Grund der additiven Baustruktur unproblematisch. Der Entwurf stellt einen gelungenen Beitrag zur gestellten Aufgabe dar, unter dem Aspekt der flexiblen Vernetzung der Bereiche und der Schaffung einer humanen Arbeitsatmosphäre.

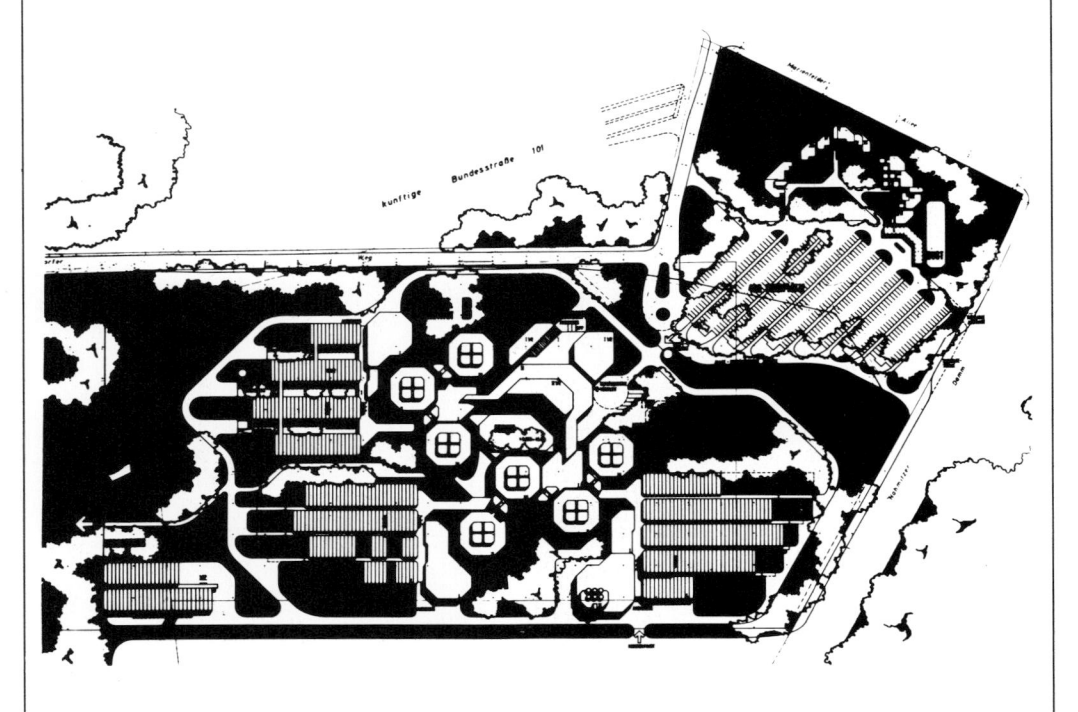

3. Preis:
Architekten Seidel, Hausmann und Partner, Darmstadt.

Die Idee der Unterbringung der Institute in zwei Gruppen von je drei Türmen ist überzeugend. Das Preisgericht hat die gute Verteilung der Gebäude auf dem Grundstück, das deutlich ablesbare, einem Institut angemessene Erscheinungsbild und die geringe Inanspruchnahme von Gelände besonders anerkannt, jedoch die innere Erschließung, die Kommunikation zwischen den Türmen und den Geschossen als weniger befriedigend angesehen.

Ideenwettbewerb
Bundesakademie für öffentliche Verwaltung und Bundesfinanzakademie Brühl

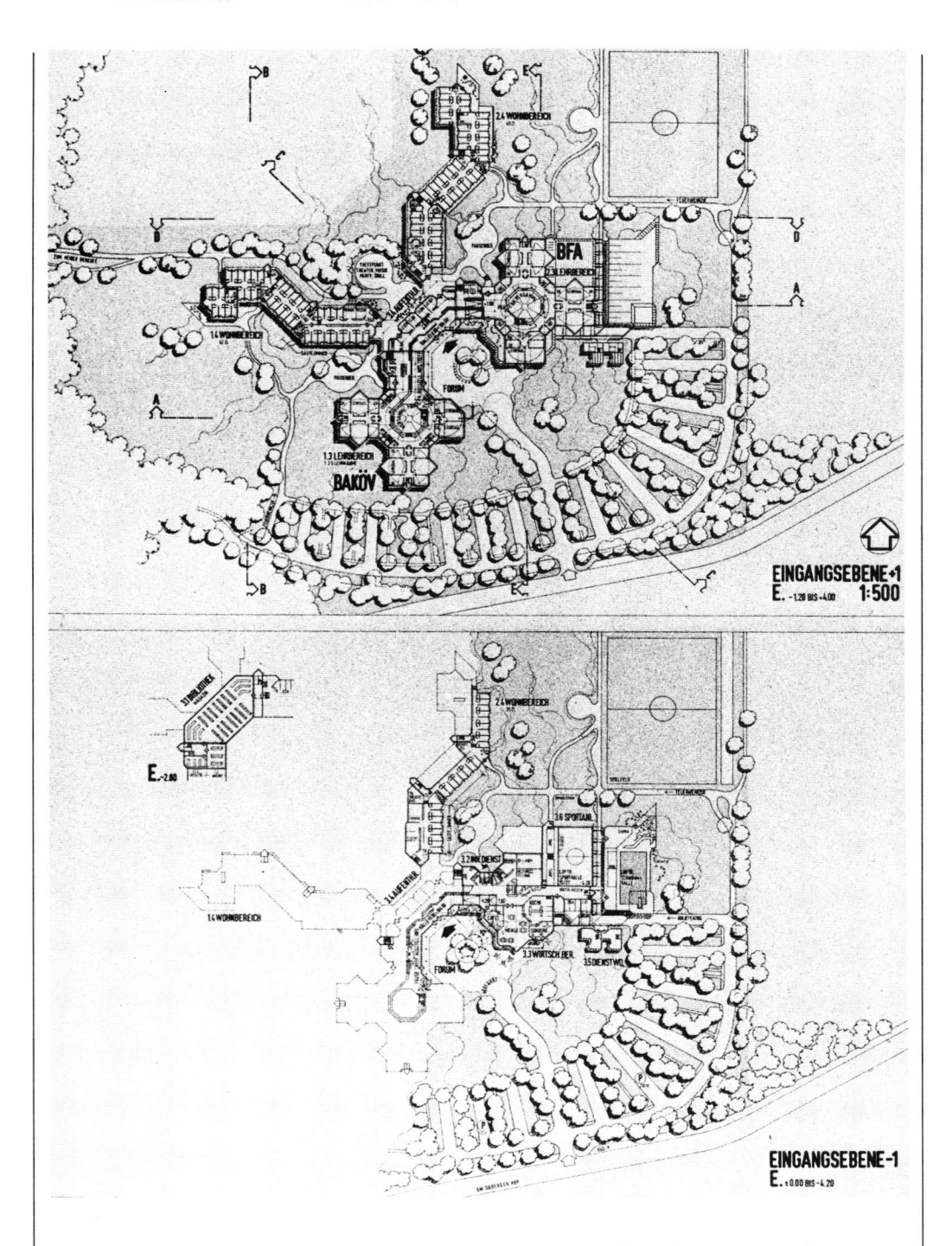

1. Preis:
Arch. Dipl.-Ing. Peter Beller, Berlin.

Die Bundesakademie für öffentliche Verwaltung ist Trägerin der zentralen Fortbildungsmaßnahmen des Bundes. Die Bundesfinanzakademie ist die zentrale Fortbildungseinrichtung für die Angehörigen des höheren Dienstes der Finanzverwaltung des Bundes und der Länder. Beide Akademien haben die Aufgabe, die Angehörigen der öffentlichen Verwaltung in enger Zusammenarbeit mit den Trägern von Wirtschaft und Wissenschaft unter Anwendung moderner, didaktischer Methoden praxisnahe fortzubilden. Damit dient die Arbeit der Akademien der Reform des öffentlichen Dienstes, die im en-

gen Zusammenhang zur Verwaltungsreform steht.
Reform des öffentlichen Dienstes und Reform der Verwaltung sind zwei Seiten ein und derselben Sache, nämlich: Die Leistungsfähigkeit des modernen Staates im Dienste für seine Bürger zu erhalten und zu steigern.
Die Neubauten sollen in Brühl errichtet werden, einem modernen Mittelzentrum der rheinischen Landschaft zwischen Bonn und Köln, dessen bauliche Tradition die Namen Schlaun, Balthasar Neumann, Cuvilleś prägen. Das Baugelände liegt am Rande der Kölner Bucht am Nordwesthang der Ville, einem beliebten Naherholungsgebiet. Es ist sowohl der Stadt Brühl als auch der Landschaft der Ville zugeordnet.
Die Raumprogramme gliedern jede Akademie in die Funktionsbereiche:
Leitung/Verwaltung, Wissenschaftliche Dienste, Lehrbereich (Lehrsäle mit Gruppenräumen) und Unterkunftsbereich für Lehrgangsteilnehmer. Von beiden Akademien gemeinsam genutzt werden Bibliothek, Innerer Dienst/Wirtschaftsbereich, Kasino/Klubräume, allgemeine Aufenthaltsräume, Sportanlagen und Außenanlagen.
Nach dem Urteil des Preisgerichtes bietet die mit dem ersten Preis ausgezeichnete Arbeit mit Abstand die beste Lösung. Sie entspricht voll und ganz der Aufgabe und berücksichtigt die bestimmenden Elemente von Landschaft und Stadt.

2. Preis:
Arch. K. Mahler, J. Schaefer, Stuttgart.

3. Preis:
Arch. A. Ochando-Pava, Neustadt, Weinstraße (ganz links)

4. Preis:
W. Lehmann und Partner, WLP Dortmund.

Ideenwettbewerb
Fachhochschule des Bundes
für öffentliche Verwaltung
Brühl

Auf dem gleichen Gelände wie für die Neubauten der Bundesakademie für öffentliche Verwaltung und Bundesfinanzakademie soll der Neubau einer Fachhochschule errichtet werden. Sie ist für die Ausbildung der Beamten des gehobenen Dienstes gedacht.

1. Preis:

Architekten Dipl.-Ing. Rollenhagen, Lindemann, Grossmann, Braunschweig.
Die Fachhochschule bildet eine städtebauliche Einheit mit den benachbarten Akademien; sie sind dem Grünzug und der Stadt gut zugeordnet.
Das Preisgericht hebt die Anordnung der Wohngebäude senkrecht zum Hang hervor. Ebenso überzeugt ist es von der räumlichen Staffelung zwischen Auditorium und den höherliegenden Bauteilen der Fachhochschule.
Die gleichgewichtige Anordnung von Audimax, Lehrbereich und Mensa um einen zentralen Eingangs- und Pausenhof bringt die Hauptfunktionen richtig zum Ausdruck.

Bauwettbewerb
Zweites Bildungszentrum der
Bundesfinanzverwaltung Münster

1. Preis:

Werkgemeinschaft 66, Gerber, Stelljes und Partner, Meschede. Das Schwergewicht dieser zentralen Aus- und Fortbildungsstätte für 1100 Lehrgangsteilnehmer wird in der Ausbildung von Angehörigen des mittleren und des gehobenen Dienstes liegen. Das Bildungszentrum soll Fachhochschule werden.
Aus dem Urteil des Preisgerichtes:
„Es werden von einem zentralen Forum am Eingang sternförmig ausstrahlende Wohnbereiche vorgeschlagen. Das Forum selbst überzeugt durch die konzentrierte Zuordnung aller Funktionsbereiche… Die Abstufung der Baumassen ist sorgfältig gestaltet. Der sechsgeschossige Bau bietet an der städtebaulich richtigen Stelle ein mögliches Merkzeichen.
Die Gesamtkonzeption entspricht der Aufgabe ‚Fachhochschule‘ in charakteristischer Ausprägung. Sie nimmt die Elemente der vorhandenen Parklandschaft auf und verbindet sie mit einem unverwechselbaren baulichen Gebilde. Die zentrale Erschließung einerseits und die differenzierte Gestaltung der einzelnen Funktionsbereiche andererseits bewirken eine gute Orientierung.
Der Wohnbereich ist wegen der doppelten Verwendung einhüftiger Anlagen in seiner Wirtschaftlichkeit eingeschränkt."

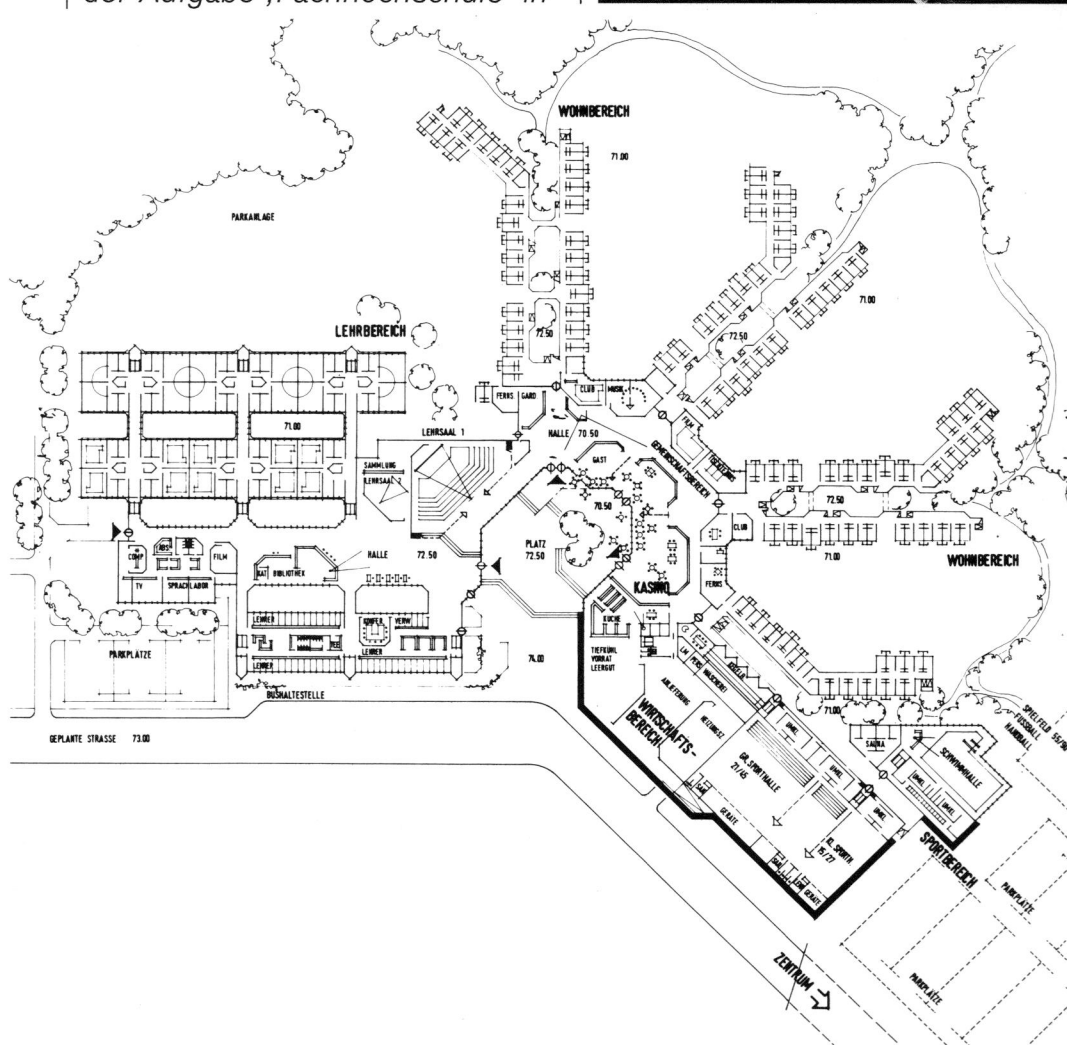

Ideenwettbewerb
Bundesanstalt für Straßenwesen
Bensberg

1. Preis:

Dipl.-Ing. Klaus P. Springer,
Hannover.
Der Entwurf fügt die umfangreiche Bauanlage in ein Erholungs- und Waldgelände so ein, daß die Landschaft nicht beeinträchtigt wird. Die überschaubare, wissenschaftlichen Zwecken dienende Anlage erhält eine unverwechselbare Gestalt. Die Baukörper sind gut proportioniert.

Bauwettbewerb
Paul-Ehrlich-Institut und
Institut für Wasser-, Boden- und
Lufthygiene Langen

Das Bundesamt für Sera und Impfstoffe (Paul-Ehrlich-Institut) ist nationale Zulassungsbehörde. Das Institut ist in 5 Abteilungen gegliedert, die jeweils aus 3–5 Laborgruppen bestehen.
Das Institut für Wasser-, Boden- und Lufthygiene hat die Aufgabe, Forschungen auf dem Gebiet der öffentlichen Gesundheitspflege durchzuführen. Eine funktionale Beziehung zwischen den beiden Instituten besteht nicht. Das Institut ist eine Außenstelle des Bundesgesundheitsamtes in Berlin.

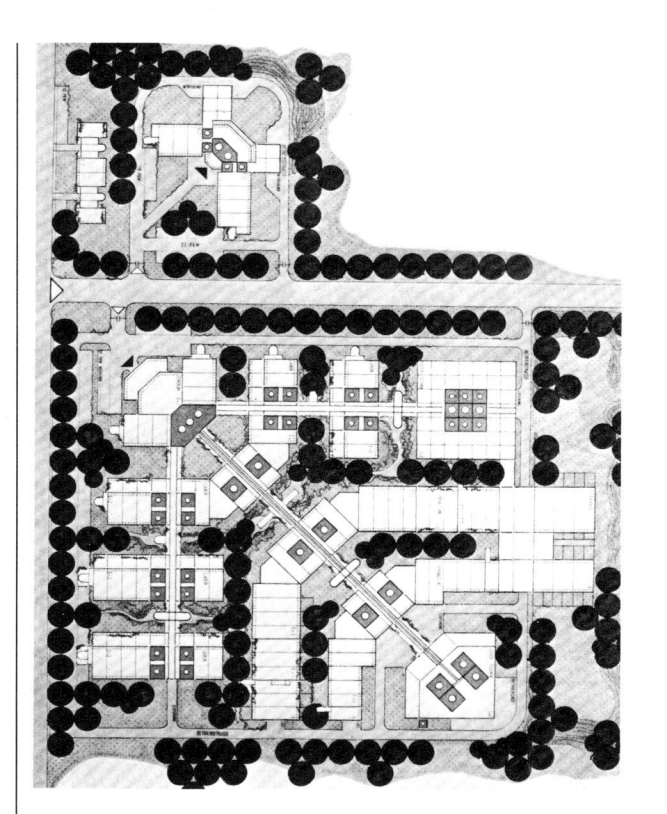

1. Preis:
H. D. Giesen, H. Renker, Mainz,
H. und F. Sedlacek, München.

Aus dem Urteil des Preisgerichts:
„... *Das städtebauliche Konzept gliedert die große Baumasse in überschaubare, wohl proportionierte Baukörper. Sie sind durch strahlenförmige Verbindungsachsen miteinander verbunden. Besondere Sorgfalt wurde auf eine Durchgrünung der Anlage gelegt...*
Die strahlenförmigen Erschließungsachsen führen zu einem einfachen System für die Ver- und Entsorgung...
Es handelt sich bei dem Entwurf um ein maßstäblich sorgfältig durchgearbeitetes Projekt, dem jedoch ein allzu schematischer Charakter anhaftet..."

2. Preis:
H. Maurer, H. Mauder, München.

3. Preis:
Walter Henn, Hans-Thomas Petersen, Braunschweig.

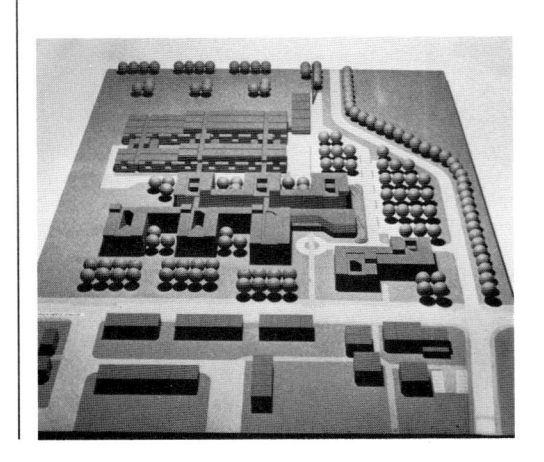

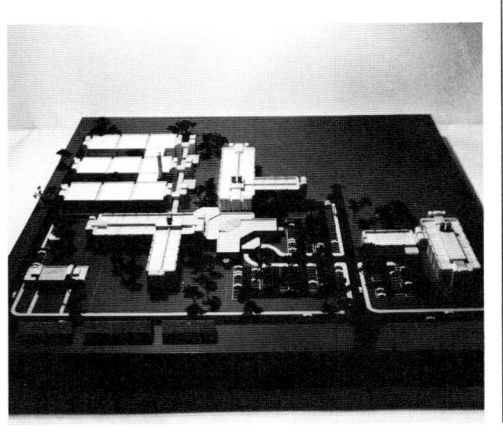

4. Preis: a
G. Laskowski, W. Thenhaus, K. Kafka, Dortmund.

4. Preis: b
HPP, Hentrich, Petschnigg und Partner, Wiesbaden.

Bauwettbewerb
Deutsche Botschaft Moskau

Kanzlei, Mehrzweckgebäude, Schule, Kindergarten, 120 Wohnungen.

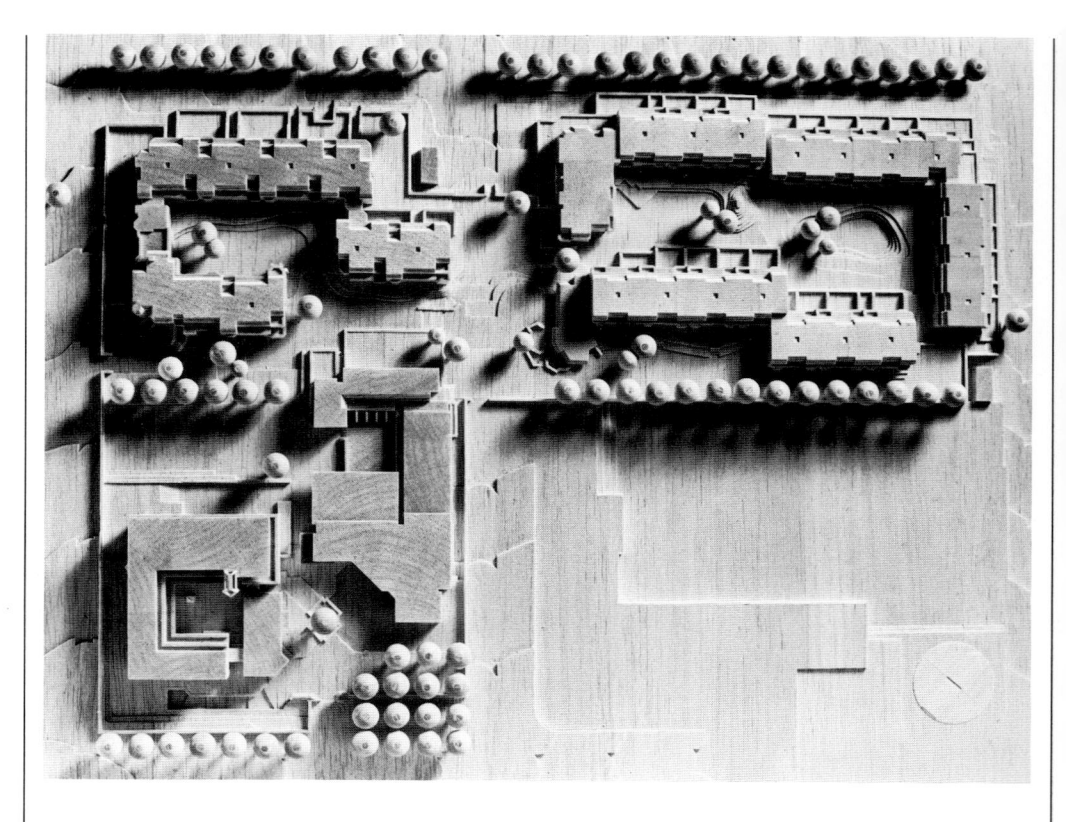

1. Preis:
Architekten H. Meusinga, Dipl.-Ing. Rogalla, Hamburg (nach beschränktem Bauwettbewerb)

Das Baugrundstück — 3,4 ha groß — mit einem Gefälle von rd. 8,0 m nach NW, liegt in einem neuen Erschließungsgebiet für diplomatische Vertretungen südwestlich der Stadt auf den Lenin-Hügeln, in der Nachbarschaft der Schwedischen und der Jugoslawischen Botschaft.
Zu planen war in einem geschlossenem Areal die Kanzlei, ein Mehrzweckgebäude, ein Saal mit Clubraum und Freizeiteinrichtungen, 120 Wohnungen mit 5 Typen, eine Schulanlage für 150 Schüler mit Turnhalle und Schwimmhalle, sowie ein Kindergarten für 60 Kinder.

Nach dem Urteil des Preisgerichtes:
,,liegt der besondere Vorteil des Entwurfs des ersten Preisträgers in der Gestaltung und Proportionierung der Freiräume unter Berücksichtigung der Geländeverhältnisse. Das Wohnquartier hat gute Beziehungen zum Botschaftsgebäude und der Schule. Mehrzweckbereich, Club, Sportbereich und Schule sind in einem Gebäudeteil zusammengefaßt. Die nur viergeschossige Bebauung und die Anordnung von Maisonette-Typen werden begrüßt, da sie für sehr viele Wohnungen die Gartenbezogenheit ermöglichen...
Die Gesamtanlage überzeugt durch eine noble Zurückhaltung und eine abgewogene Differenzierung der Außenräume und der Baukörper. Am überzeugendsten ist der lebendig gestaltete Eingangsbereich zur Kanzlei und zu dem Mehrzweckgebäude."

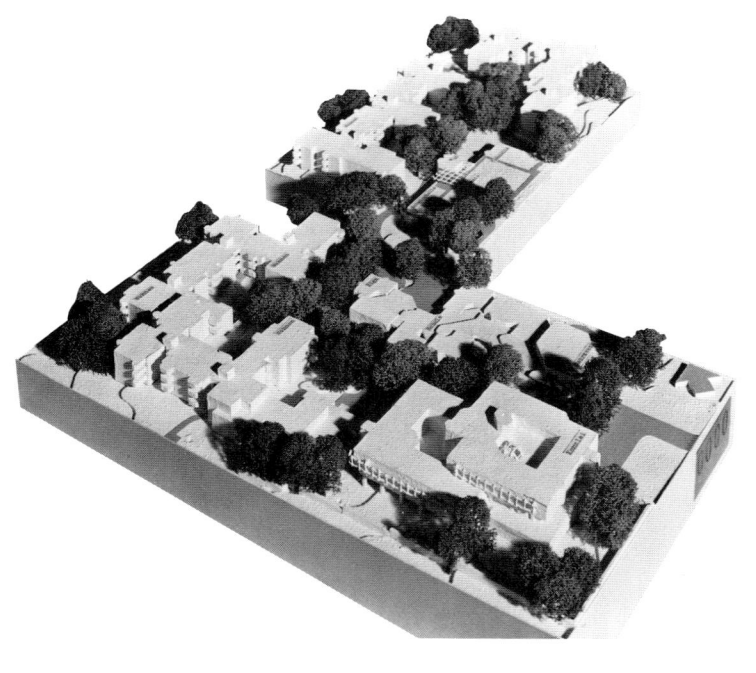

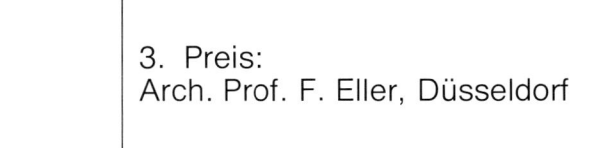

2. Preis:
Arch. Prof. Kammerer, Prof. Belz und Partner, Stuttgart

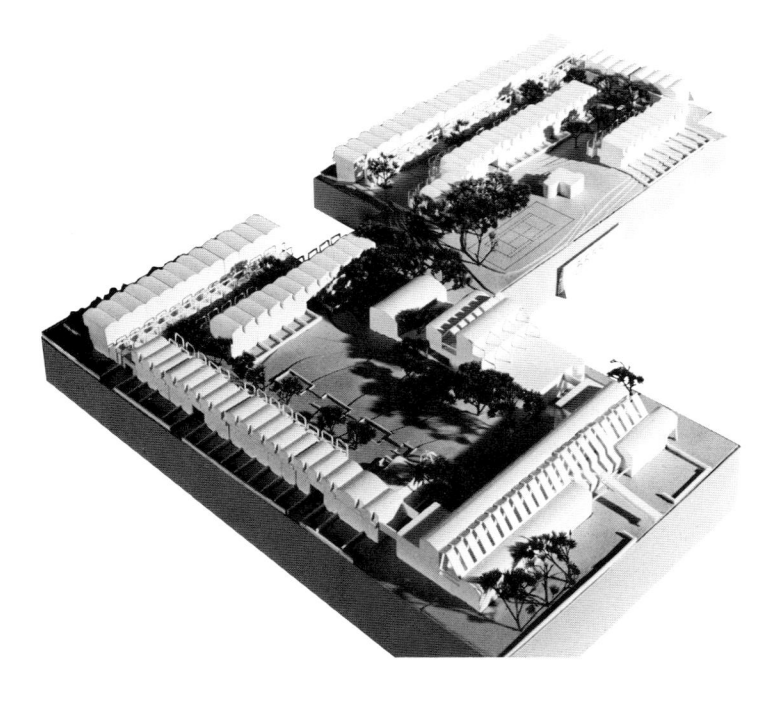

3. Preis:
Arch. Prof. F. Eller, Düsseldorf

Engere Wahl:
Arch. Prof. G. Böhm, Achen.

Wettbewerbe Bildende Kunst

Rundfunkanstalten Deutsche Welle, Deutschlandfunk Köln

Die Rundfunkanstalten erwarteten von dem beschränkten Wettbewerb Gesamt- oder Teilkonzepte für die Einbeziehung von Kunst in die Gebäudeanlage. Als Informationsmedien schlugen sie vor, medienspezifische Informationen auch der Stadtöffentlichkeit anzubieten.
Im Außenbereich sollten die getrennten Zuwege zu den Haupteingängen beider Anstalten betont werden. Eine Weiterführung von Kunst- und Informationselementen in die inneren Hallenbereiche war denkbar.

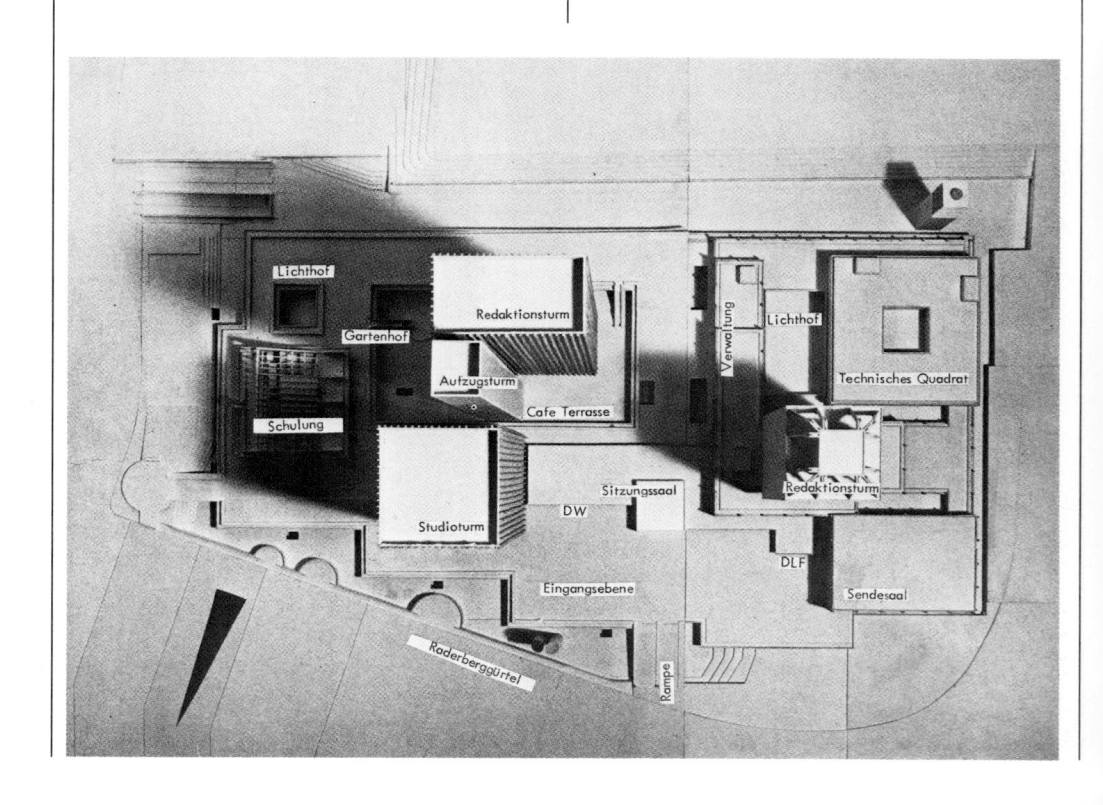

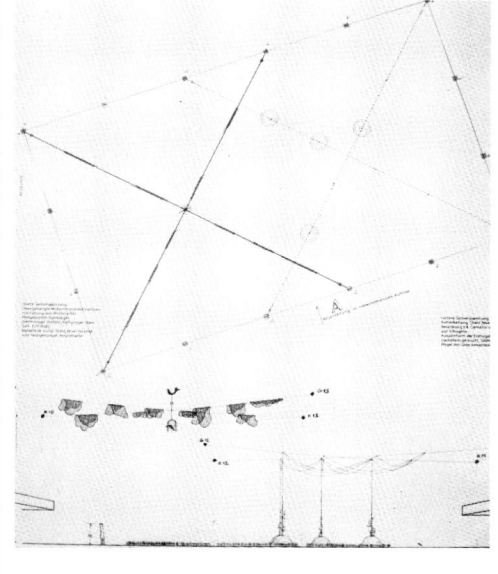

Burkhart Beyerle, Konstanz
„Es wird angestrebt, Bereiche der Basiszone wirksam und bunt zu überspannen…"
Bodengliederungen DW und DLF, Seilverspannungen mit übergehängten Wolken, 3 Geschosse hoch, mit beranktem Kettenbehang, 2 Geschosse hoch. Richtungsweiser.

Herrmann Göpfert, Johannes Peter Hölzinger, Bad Nauheim, Darstellung eines integrierenden Systems mit Hilfe kinetischer Spiegelobjekte im Bereich der Eingangsebene. Vorschlag: Sieben Spiegelobjekte 7 m × 3,2 m über eine Achse drehbar.

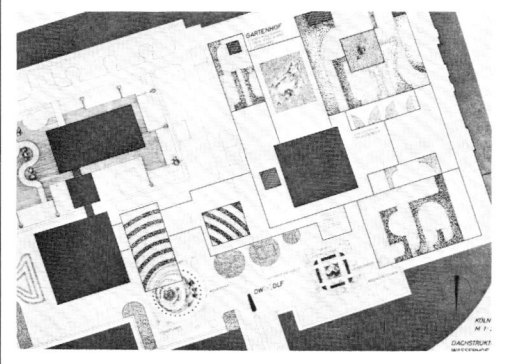

Hansjürgen Grümmer, Köln. Gestaltung verschiedener Bereiche mit den Mitteln flächiger und körperhafter Formen. Vorschläge: Audio- und visuelle Einrichtung im Eingangsbereich DW, DLF. Ornamentierung der Flachdächer und Bodenflächen, Plastiken in den Wasserflächen des Gartenhofes DW, Aufstellung von Einzelplastiken verschiedener Autoren.

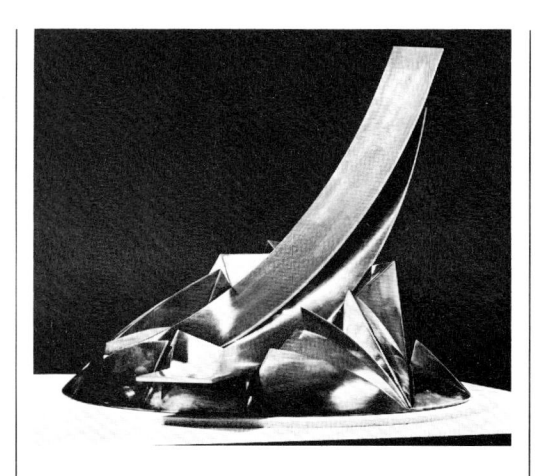

Erich Hauser, Rottweil. Kontrapunktische Gestaltung zur „geometrischen Strenge der Architektur" mit Hilfe einer Stahlplastik auf Kreisgrundriß. Vorschlag: Errichtung einer Einzelplastik auf der Grenze beider Komplexe, Höhe 10,0 m.

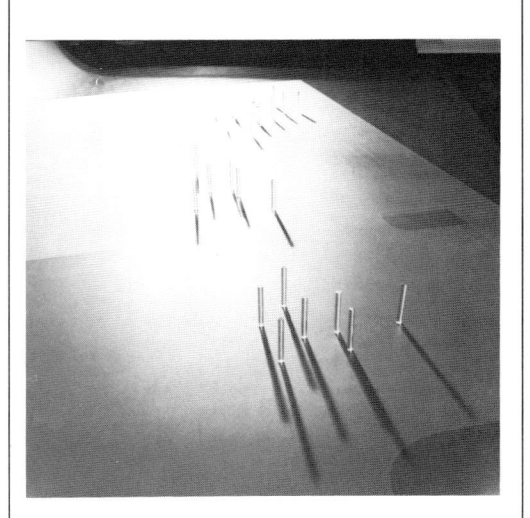

Norbert Kricke, Düsseldorf. Darstellung von „Transparenz und Offenheit" mit den Mitteln des bewegten Wassers. Vorschläge: 1. Wasserwände, Plazierung von Dreier- und Zweiergruppen von durchsichtigen plastischen Hohlkörpern aus Acrylglas auf der Eingangsebene. Höhe etwa 2,50 m bis 3,00 m, Länge etwa 6,0 m, Stärke 0,40 m. Die Körper werden von unten mit Wasser gespeist, füllen sich von innen auf. Das Wasser überfließt den oberen Rand und fließt als Wasserschleier an den Außenwänden „vibrierend" abwärts. 2. Wasserwald. Als Alternative zu 1 zylindrische Hohlkörper.

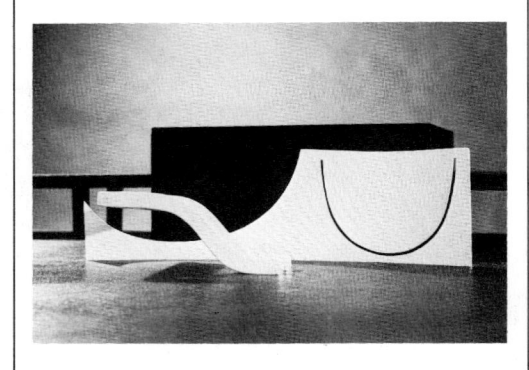

Hans-Günter van Look, Freiburg.
Darstellung der Durchdringung vertikaler und horizontaler Raumbezüge analog der Architektur. Vorschlag: Mehrteilige Stahlplastik auf der Eingangsebene vor dem Sitzungssaal.

Heinz Mack, Mönchengladbach.
Darstellung einer „freien" physikalischen Übersetzung von Radiowellen durch Licht. Vorschlag: „Zwei Pylone aus Cortenstahl, zwischen denen ein Lichtnetz gespannt ist, getragen von einem Tragnetz aus dünnem Stahldraht". Höhe ca. 20–24 m.

Erich Reusch, Düsseldorf.
Darstellung raumbildender Zonen im Bereich der Eingänge mit dem Ziel der Herstellung menschlicher Maßstäbe. Vorschläge: Außen eine Plastik, die aus vielen großen und kleinen vertikalen und horizontalen Formen besteht. Damit soll dem Vorfahrt- und Fußgängerbereich ein menschlicher Maßstab gegeben werden. Bildung von offenen Räumen mit Hilfe von liegenden Flächenbahnen und vertikaler Formen aus Cortenstahl unterschiedlicher Dimensionen, deutlich unter Augenhöhe. Für die Bereiche innerhalb der Gebäude werden Wände mit elektrostatischen Elementen als raumbildende Teile addierbar, ca. 3,00 m hoch vorgeschlagen. Hohlkörper aus Acrylglas mit schwarzem Pigment, das entsprechend den elektrostatischen Aufladungen an den Wänden ablagert.

Günter Ferdinand Ris, Königswinter.
Darstellung von Licht mit Hilfe von Röhren. Vorschlag: Das Lichtfeld besteht aus einer im Zentrum angeordneten Säule mit außen angebrachten Beleuchtungskörpern, sowie einem frei gruppierten Environment von 64 weißen Rohrsäulen und weißen Halbrohren. Durchmesser zwischen 20 und 70 cm. Höhe ca. 6,00 m.

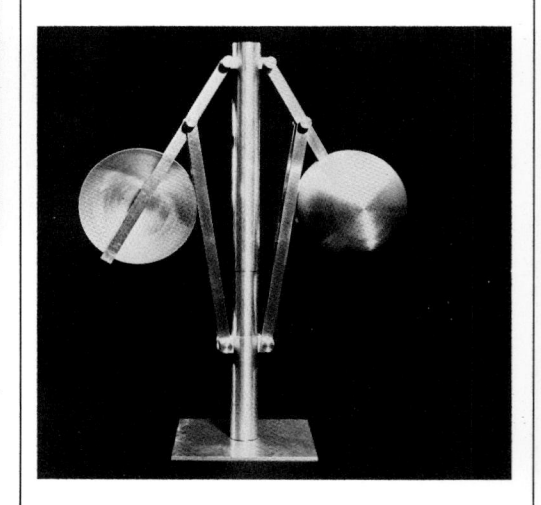

Hein Sinken, Berlin
Wind treibt bewegliche Objekte an und macht so atmosphärische Kräfte sichtbar. Vorschlag: Zwei Stahlscheiben werden an der Nordwand des Sitzungssaales an diagonal gerichteten Achsen drehbar im Winkel von 45° aufgehängt. Scheibendurchmesser 2,40 m.

Bundesakademie für Wehrverwaltung und Wehrtechnik Mannheim

Für die künstlerisch zu gestaltenden Bauteile bzw. Freiräume wurden folgende Bereiche ausgewählt:
Der große, freie Platz des äußeren Forums vor dem Hörsaalgebäude, der Eingangsbereich als inneres Forum des Hörsaalgebäudes, hierbei insbesondere die achteckige Deckenöffnung, sowie der Grünraum zwischen dem Hörsaal- und dem Unterkunftsgebäude.
Für diese drei zusammenhängenden Bereiche sollte ein visuell verbindendes, wegbegleitendes und räumliche Bezüge bildendes System von künstlerischen, dreidimensionalen Objekten von Wand- bzw. Deckenbehandlungen und von Freiraumgestaltungen entwickelt werden, um eine für das Gesamtbauwerk charakteristische, raumdurchdringende „Partitur" aufzuzeigen.
Von den 6 eingereichten Arbeiten wurden die Entwürfe der Bildhauer Erich Hauser, Rottweil und Prof. Norbert Kricke, Düsseldorf, ausgewählt. Sie werden in den Jahren 1979/80 ausgeführt.
Hauser schlägt für den zentralen Ort des inneren Forums eine Deckenkonstruktion aus zwei sich kreuzenden, räumlichen Tragwerken vor, die einmal als schwere edelstahlumhüllte, zum anderen als glasverkleidete leichte konstruktive Form auftritt. Der Gegensatz zwischen Schwer und Leicht, Hell und Dunkel, spiegelt einmal die Umweltbedingungen wieder, die Formen werden jedoch durch das Lichtspiel entmaterialisiert. Der urbane Platz vor dem Eingang wird im Bodenbelag strukturiert, gibt somit Leit- und Blicklinien. Er wird zu einem abfallenden Hof hin durch von oben nach unten verbindende, aufgerichtete Betonscheiben, die wasserüberflossen sein sollen, bereichert. Im Parkbereich soll im Schnittpunkt der Leit- und Blicklinien eine freie Plastik einen Treff- und Sitzbereich akzentuieren.

Kricke beläßt die ursprünglich gedachte Überspannung des inneren Forums mit einer Raumtragwerkskonstruktion, die er jedoch mit einer farbigen Haut überzogen wissen will. Für den äußeren Eingangsbereich empfiehlt er locker gestreute ca. 3 m hohe Wasserplexiglassäulen, eine Art Wasserwald. Den offenen Freiraum in der Grünzone verklammert er durch eine horizontale und vertikale Edelstahlform.

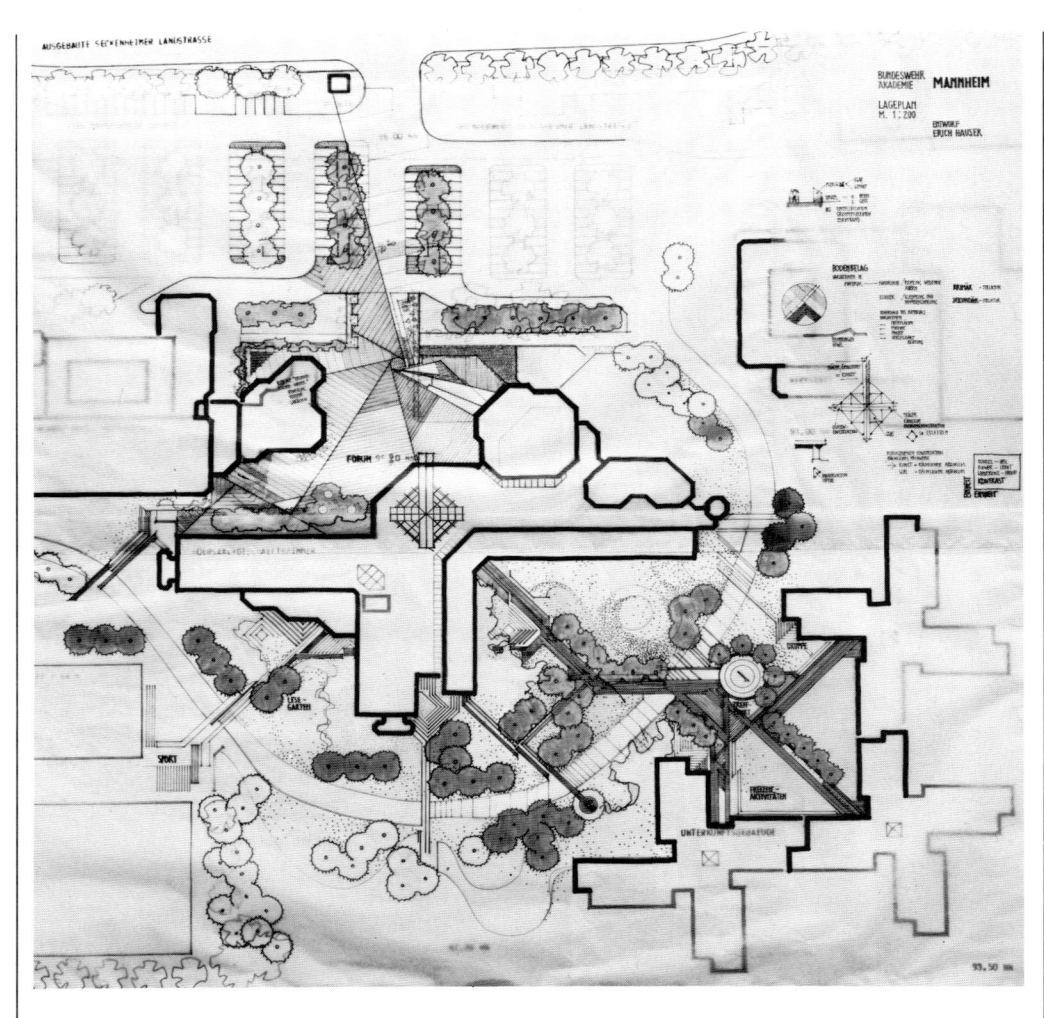

Hauser wird das äußere Forum mit den strukturierenden Bodenbelägen und den Brunnen gestalten. Ferner wird seine Dachkonstruktion über dem inneren Forum in der verglasten Kreuzform zur Ausführung kommen.

Kricke wird den Parkbereich mit den ursprünglich für das Eingangsforum vorgesehenen Plexiglassäulen des Wasserwaldes gestalten.

Aus den Urteilen des Preisgerichts:
Hauser
„… Die Formenwelt ist kraftvoll und dynamisch und frei von aller Tendenz zu Design und Ornament.
Entwicklungsfähig erscheint vor allem die Decke des Forums in ihrer kreuzförmigen Ausbildung und in ihrem spannungsvollen Kontrast transluzider und metallischer Form-Elemente…"

Kricke
„… durch die freie Konfiguration der Wasserstelen entsteht ein in sich reich gegliederter „Erlebnisraum". Die Einzelstelen wirken

dabei nicht nur als „Objekte", sondern als raumbildendes Ensemble von hohem ästhetischen Reiz und großem Kommunikationswert…" Die Jury hält das Thema „Wasserwald" auch im Freigelände für realisierbar.

Aus den Erläuterungen:

Hauser

„Die Bedachung des Forums ist architektonische Notwendigkeit und künstlerische Akzentuierung. Zwei räumliche Tragwerke kreuzen und durchdringen sich: Einmal mehr als ‚Konstruktion' ablesbar, einmal mehr als ‚Kunst'. Ein Architekturdach wird zu Kunst sublimiert.
Die Umhüllung eines Tragwerkes durch Kunst läßt assoziativ mehrere Gegensatzpaare denkbar und erlebbar werden: Lastende, schwere Form – schwebend in Glas und Licht.
Der große Platz vor dem Forum versteht sich als urbaner Platz, auf dem Bewegung ist… Er wird strukturiert durch verschiedenartige Pflasterung. Es entstehen Leitlinien und Blick-Richtungen. Die Wege vom Wohnen zum Lernen sind diagonal durch Grünräume geführt. Alle beziehen sich radial auf den zentralen Ort, das Forum. Im Schnittpunkt eine freie Plastik."

Kricke

„Äußeres Forum: ‚Wasserwald' aus Plexiglas-Zylindern, 3,0 × 0,45 m – nach dem Prinzip einer lockeren Streuung. Er nimmt Bezug zu sich selbst und dem Menschen, der ihn durchschreitet.
Statt Repräsentation, statt Eingangssignal und Behauptung erfährt der Mensch in diesem Bereich vielfältige Korrespondenzen zu sich und ständig sich wandelnde Raumspannungen…
Außenraum (Freigelände): Als Akzent eine Raumplastik in Edelstahl, die durch den linearen Verlauf die beiden Gebäudekomplexe wie ein Schlüssel zusammenhält."

Quinte

„Außenwand großer Hörsaal: Betonrelief. Inneres Forum: Decke, Sitzstufen sowie Abschlußwände sind als Einheit in einem Farbraum zu sehen. Die Decke ist durch ein Lichtband erhöht und mit Teppich bespannt."

Uecker

„Skulptur auf einem großen Platz. Zwei schräg gerichtete Stabvolumen – Cor-Ten-Stahl – dringen durch eine Wasserfläche, die durch langsam aus dem Innern der Stabfelder fließendes Wasser entsteht…"

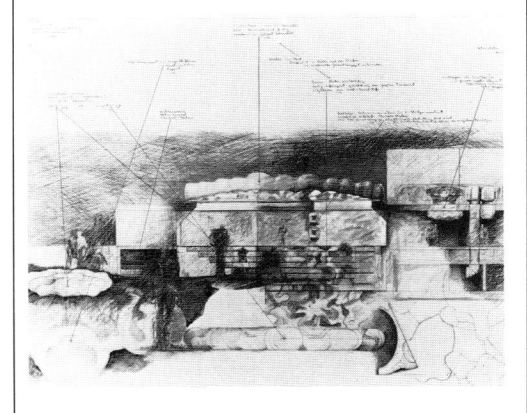

Arnold

„Der Entwurf kombiniert plastische, räumliche und farbige Elemente. Sie bilden eine Kette, deren Konzentrationspunkte aus dem Grundmotiv – Kreis – entwickelt sind. Es ergibt sich eine optische Vielfalt von Farben und Formen, die durch ein zusammenhängendes System von Kunststoff-, Beton- und Steinelementen in der Diagonale einen Weg durch den gesamten Baukomplex bahnt."

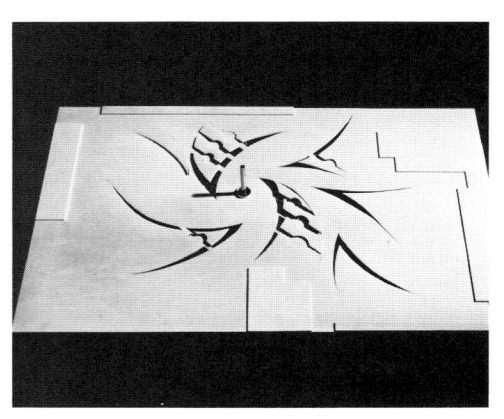

Goepfert und Hölzinger

„Die künstlerische Gestaltung wurde bewußt in einen formalen Gegensatz zur Architektur gesetzt. Wie ein Fluß zieht sich eine dynamische Kunstmodulation über die beiden Außenräume, durch das offene Forum hindurch.
Die beiden Außenräume sind jeweils durch ein kinetisches Kunstobjekt akzentuiert.
In dem Material des Bodenbelages stülpen sich Strukturelemente auf. Es entstehen Folgen von Hügeln und Mulden. Dazu kontrastieren Bodenschlitze, aus denen Licht von Leuchtstoffröhren dringt.
Im Drehpunkt der Verkehrswege akzentuiert ein kinetisches Objekt den Platz.
Die Lichtdecke im Innern besteht aus einem konstruktiven Raster, in den 14 Edelstahlwinkel eingehängt sind. Im Bereich zwischen den Unterkünften wird eine Grünanlage gestaltet, in der eine 8 m hohe und etwa 80 cm dicke Säule aus blankem Edelstahl steht, über die Wasser rieselt."

Europäisches Patentamt
München

Jeder der 11 Unterzeichnerstaaten des europäischen Patentübereinkommens war beim Wettbewerb durch zwei Künstler vertreten, deren bisheriges Schaffen einen wesentlichen Beitrag zum Thema „Akzentuierung verschiedener Außen- und Innenbereiche bei inhaltlicher Bindung an die Aufgabe des Europäischen Patentamtes" erwarten ließ. Es waren daher von der Jury überwiegend international anerkannte Konstruktivisten und Kinetiker eingeladen worden.

Das auf diese Weise durch Kunstrichtung und Qualifikation der Künstler vorprogrammierte Ergebnis entsprach auch voll den Erwartungen.

Fast alle der 39 eingereichten Arbeiten hatten hohes künstlerisches und handwerkliches Niveau und überragten als Einzelleistungen das alltägliche „Kunst am Bau"-Schaffen.

V. l. n. r.: Ltd. BD A. Sterr, MinDir E. Weiß, André Volten, EPA-Präs. B. v. Benthem, Staatssekr. i. Bundesministerium für Raumordnung, Bauwesen und Städtebau Dr. A. Schmid und Staatssekr. i. Bundesministerium der Justiz H. de Witt.

Vier Arbeiten
„Kugeln" von André Volten (Niederlande)
„Cronos" von Nikolas Schöffer (Frankreich)
„Stahlplastik" von Phillip King (England)
„Wanne" von Eduardo Paolozzi (England)
wurden für die vorgesehenen Außenbereiche ausgewählt, die zwar „ihren" Bereich akzentuierten, sich aber zugleich konkurrenzlos nebeneinander in der beengten Bausituation zu entfalten vermögen.

Das Preisgericht strebte daher größtmögliche Verschiedenheit bei der Auswahl der Werke und – wo erforderlich – räumliche Distanz hinsichtlich der Aufstellungsorte an.

Für die Innenbereiche wurden vier weitere Objekte in Aussicht genommen. Diese Arbeiten setzen sich in besonderer Weise mit dem Erfindergeist des Menschen auseinander. Die Ideen reichen von der Verwirklichung des Phantastischen über technisches Spiel mit schwerstem (Gußeisen) und subtilstem Material (Licht) bis zur feinsinnigen Darstellung der endlosen Variationsmöglichkeit eines materialisierten, musikalischen Themas.

Setzen sich die für das Innere des Gebäudes ausgesuchten Entwürfe also mehr mit dem geistigen Gehalt des Gebäudes und seiner Aufgabe auseinander, so sind die für die Außenbereiche gewählten Objekte mehr als Reaktion auf die äußere Gestalt des Gehäuses als Antwort auf Architektur und Umgebung zu verstehen.

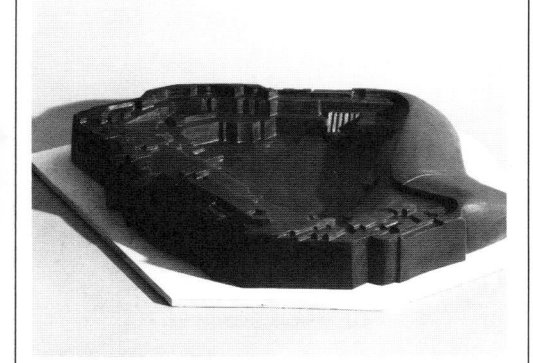

„Wanne" von Eduardo Paolozzi (England)

So ordnet sich die erdnahe Schalenform von *Paolozzi* ganz der als Gegensatz zur strengen Architektur konzipierten Gartengestaltung ein, diese im Eingangsbereich noch steigernd, zum Verweilen einladend.

„Kugeln" von André Volten (Niederlande)

Die polierten Kugelformen *von Volten* dagegen entsteigen wie stählerne Blasen fremd und perfekt dem Boden – als Kontrast zum Kontrast der Gartenanlagen – und damit der Perfektion des Gebäudes verwandt.

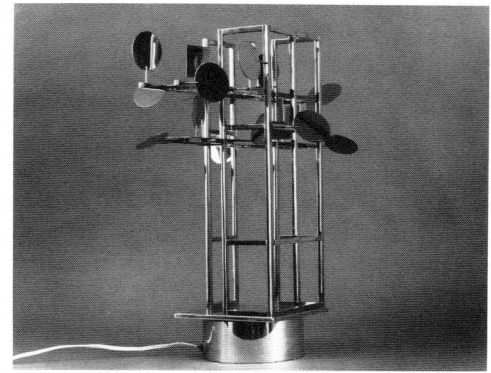

„Chronos" von Nicolas Schöffer (Frankreich)

Die sich drehende Lichtmaschine von *Schöffer* mit rotierenden Spiegeln, die mit farbigem Licht angestrahlt werden, signalisiert das Besondere des Hauses, verbindet mit Lichtstrahlen die umgebenden Gebäude der Patentämter und des Deutschen Museums, den Spiegelcharakter und die Stangenkonstruktion des EPA-Dienstgebäudes weiterführend.

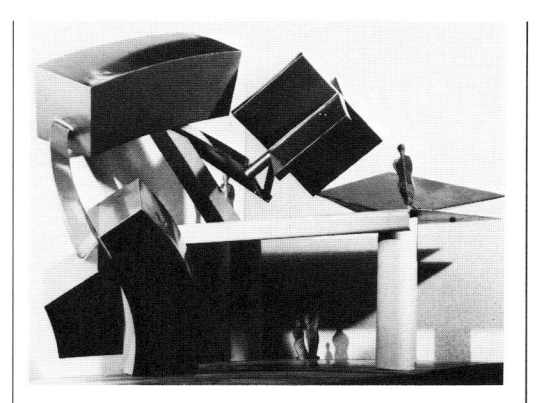

Die Eisenplastik von *King* (England) schließlich greift das Gebäude und seine Architektur direkt an, verbindet die begrünte Ebene im 1. Obergeschoß mit dem Terrain der Passanten, stellt bewußt Dynamik, Antifunktionalität und Nichtkonstruktion der Statik, Funktionserfüllung und der klaren Rationalität von Form und Konstruktion des Gebäudes entgegen.

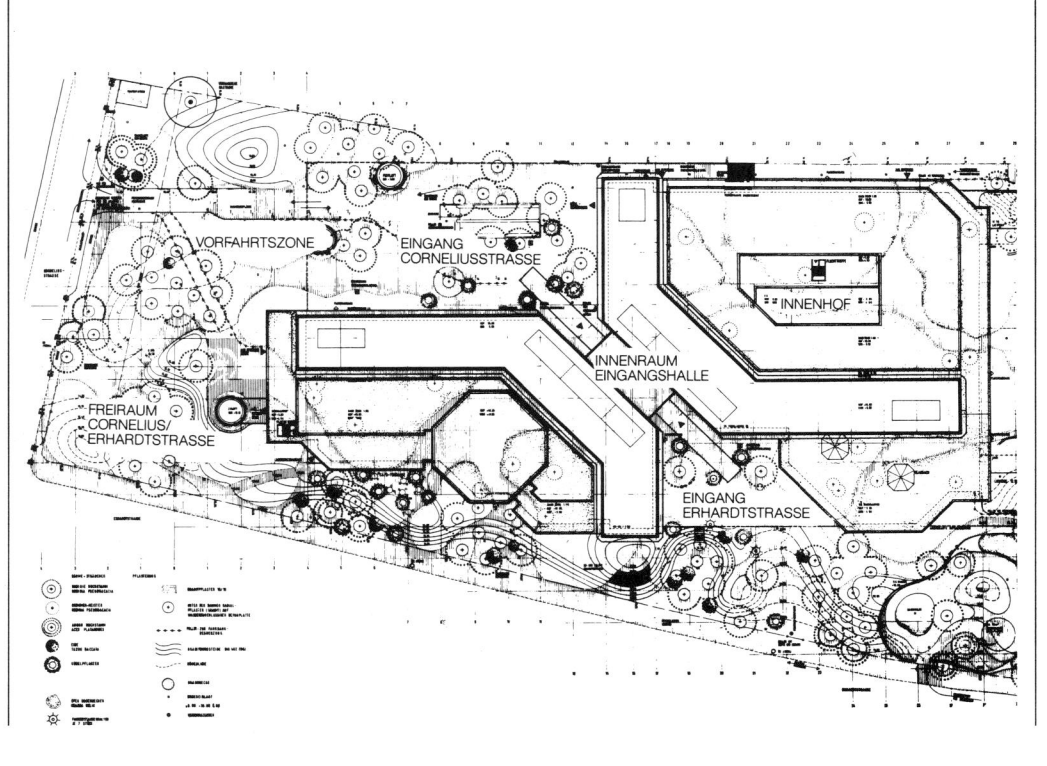

"Rondo" von Fausto Melotti, Italien, Messing, Höhe 1 – 2 m.
In dem "Rondeau Musical" versinnbildlicht sich der menschliche Erfindergeist, eine aufsteigende Spirale mit endlosen Variationsmöglichkeiten eines Themas aus vier Elementen.

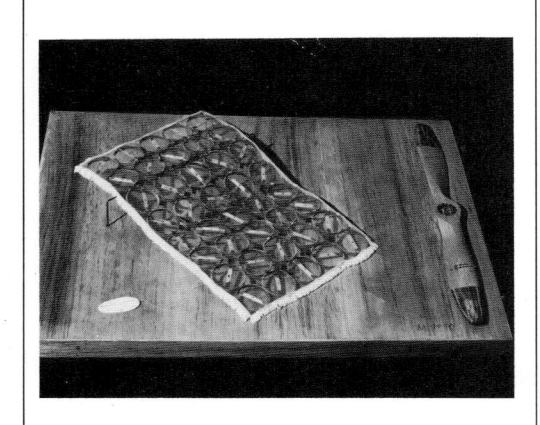

"Fliegender Teppich" von Panamarenko, Belgien
Batteriemotoren, Holz und Textil, 2,20 x 3,60 m.
Eine subtile Ironie auf technische Fortschrittsgläubigkeit.

"Blauer Ritter" von Bernhard Luginbühl, Schweiz.
Holz und Gußmaterial, Höhe 3,30 m. Eine Komposition aus Gußmodellen. Die technische Form wird durch Verfremdung zum Kunstwerk.

"Lichtspiel" von
Rolf Lieberknecht, Deutschland
Projektionswand, Metallprisma.
Über eine Foyerwand wandern in Prismen abgelenkte Lichtstrahlen.

Freizeitpark Rheinaue Bonn

Thema: "Einladung zur Freizeit in Natur und Landschaft"
Aus Anlaß der Bundesgartenschau 1979 in Bonn hat die Bundesregierung einen künstlerischen Beitrag zum Freizeitpark Rheinaue geleistet.

Mit Mitteln der Kunst sollte die Umwelt des erholungssuchenden Menschen bereichert und nicht nur dekoriert werden. Kunst sollte sich in Beziehung zu dem gestalteten Landschaftsraum verstehen und auch Funktionen im Rahmen des landschaftlichen Zusammenhanges erfüllen. Diese Funktionen könnten sich beziehen auf:
- Wegesituation, die verdeutlicht werden soll,
- das Merkzeichen, das als optischer Bezugspunkt wirken soll.

Das Preisgericht hatte von den 10 eingereichten Arbeiten drei in die engere Wahl genommen und abschließend die Arbeit „Kunsthain" (Verfasser: H. Goepfert und J. Hölzinger, Bad Nauheim) zur Ausführung empfohlen, weil dieser Vorschlag *sich besonders glücklich in den gestalteten Landschaftsraum einfügt. Das Objekt nimmt Bezug zum Umfeld auf und bildet in Form, Material und künstlerischem Ausdruck einen bewußten Kontrast zur architektonischen Gestaltung der Kaskade. Es stellt ein leicht verständliches Symbol dar und assoziiert Natur, ohne den Versuch zu machen, Strukturformen aus der Natur nachzuempfinden."*

Das ausgeführte Objekt besteht aus 11 gleichen Elementen, die in einer seriellen Staffelung zueinander stehen. So wie der Pulk in seiner Wirkung als künstlicher Hain erscheint, trägt auch jedes Einzelelement den Charakter eines künstlichen Baumes.

Auf einem zwei Meter hohen Stamm aus leicht mattiertem Edelstahlrohr dreht sich ein aus hochglänzendem Edelstahl gefertigter Kreiskörper auf einem Kugellager, durch Windeinwirkung in minimal veränderte Positionen. Der senkrecht auf dem Stamm sitzende Kreiskörper (1,50 m Durchmesser) knickt leicht ab, so daß Lichtspiegelungen einen variablen Artefakt erzeugen.

Bild 2:
Ursula Sax „Freudentor"
(Holzleimbinderbogen aus Fichte)

Bild 4:
K.- W. von Borries „Wolkentor"
(Bronze, z. T. vergoldet)

Bild 6:
H. Mack „Windflügelplastik"
(Aluminium-Glanz-Legierung)

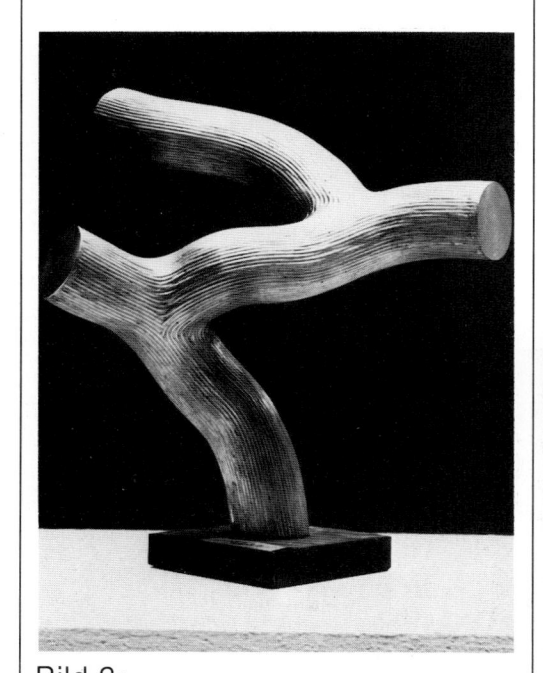

Bild 3:
M. Matschinsky/B. Denninghoff
„Großer Ast"

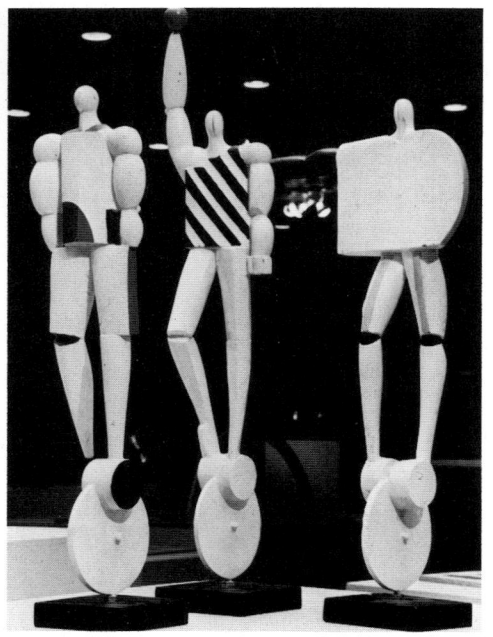

Bild 5:
Georg Ernst „Einradfahrer"
(Aluminium-Guß)

Bild 9:
G. Tollmann „Fünf Säulen"
(Edelstahl)

Bild 7:
Gernot Rumpf „Glockenspiele" (Stahlrohr)

Bild 8:
M. Schwarze „Vier Jahreszeiten" (Beton)

Bild 10:
Jürgen Goertz „Hasenfamilie"
(Bronze mit Kunststoffaugen/
Beton)

297

Bundesministerien der Justiz, für Forschung und Technologie, für Bildung und Wissenschaft.

Haus Rucker und Co., Düsseldorf.

Konzeption:
„Inszenierung von Natur" im Bereich des Arbeitsplatzes.
Vorschlag: Wellenwiese mit Lichtbogen. In eine Wiese mit regelmäßig verlaufenden Wellen wird eine begehbare „Zunge" eingeschnitten und nach oben gebogen.
Vorgesehen sind Stahlstützen als tragende Elemente „wie straff gezogene Wurzeln". Ein Lichtbogen aus Neonröhren, an einer Stahlkonstruktion befestigt, spannt sich von der Wiese zur Nottreppe des BM für Bildung und Wissenschaft.

Errichtung eines „Baumes", - Bildhauerehepaar Matschinsky-Denninghoff, Berlin. –
Rohre in Chromnickelstahl von 12 oder 25 mm Durchmesser, verschweißt, ergeben eine serielle Oberflächenstruktur, die in Form nebeneinander laufender Linien mit den dunkleren Lötpunkten aus Zinn den äußeren Charakter der Arbeit bestimmt.
In der Art der technischen und bildnerischen Durchformung entsteht ein Geflecht von fließender Struktur.
Die Plastiken sind von hoher ästhetischer Qualität mit einem Zug ins Monumentale.
„Der Baum", ca. 8 m hoch und ca. 12 m im Durchmesser, ist *„organisch, durchsichtig und doch kräftig und bekommt einen surrealen Anklang durch den nochmaligen Gegensatz von vegetativer Form und härtestem technischen Werkstoff"*.

Bundeskanzleramt

Im Rahmen eines zweistufigen Verfahrens wurde den Künstlern der Bundesrepublik und West-Berlins die Möglichkeit zur Beteiligung gegeben.

In der ersten Bewerbungsstufe konnten sich die Künstler mit ihren bisherigen Werken und mit ihrer Konzeption vorstellen. Dabei war nicht nur der engere Bereich des Neubaues, sondern auch das Palais Schaumburg, als der bisherige traditionelle Sitz des Bundeskanzlers, der Landschaftspark und der Kanzlerbungalow in die Überlegungen einzubeziehen.
Die Gutachterkommission wählte aus den 172 Bewerbungen 21 Künstler und Künstlergruppen zur Teilnahme am Wettbewerb aus.

Unter Berücksichtigung der Empfehlungen der Gutachterkommission wurden folgende Künstler beauftragt:
Luz - Bohnet und E. Hauser für die Außenanlagen;
G. F. Ris und A. Luther, an anderen Standorten als in ihren Entwürfen vorgesehen.
Luz-Bohnet ging es um die Integration von gärtnerischer Gestaltung und Kunstwerken in die architektonische Anlage, unter Verwendung von Pflanz- und Materialstrukturen in geometrischen und stereometrischen Formen.
Erich Hausers Vorschlag strebte eine „Kunstlandschaft" aus sechs runden stählernen „Bodenreliefs" mit verschieden großen Durchmessern an. Seine Aussage dazu: *„Monumente sind mit moderner Kunst ebenso wenig vereinbar, wie mit einem demokratischen Staatswesen…*

Meine Plastiken stehen in einem bestimmten Zusammenhang mit Natur und Architektur: Jähe Konstellationen, die Spannungen, Kräfte, Energien räumlich sichtbar machen."
B. Catoir über die Arbeiten von Hauser: *„… wie gespannte Metallhäute wölben, knicken und entfalten sie sich… drängen nach Öffnung und brechen aus der geschlossenen Form hervor mit massiver, drohender Gebärde. … Es sind maschinell gefertigte Stahlobjekte mit polierten Oberflächen, die Hauser in der eigenen Werkstatt mit den modernsten Mitteln der Technik nach genauen Konstruktionsplänen vom Schaltpult aus formt."*
(S. Abb., Kap. 1)

Die Planungsgruppe 4 (K. Boie, Isterling, Ris, Straßberger, Perz) schlug vor, daß sich der Gesamtbereich mit Hilfe integrierender landschaftsgestaltender Maßnahmen, wie Wege- und Wasserführung artikulieren sollte. (Zur Ausführung kam ein „Lichtfeld" von G. F. Ris, s. 10. Kapitel).

Adolf Luther ging in seinem Vorschlag von einer präzisen Herausarbeitung des Vorplatzes aus und entwarf ein großes kinetisches Objekt aus vielen sich langsam drehenden sphärischen Elementen. (Zur Ausführung kamen eine Glaskinetik in der Eingangshalle des Abteilungsbaues und die Lichtdecke im internationalen Konferenzsaal, s. 10. Kapitel).

Bundesministerium für Landwirtschaft und Forsten

Aufgabe: Ohne thematische Eingrenzung soll die unmittelbare Umgebung der neuen Bauten und/oder die Eingangshalle künstlerisch gestaltet werden.

„Panta Rhei" Bernard Heiliger, Berlin

Stahlskulptur, Höhe ca. 5,50 m, geschliffen. Kugel in Bronze poliert. Durch den betont diagonalen Aufbau der oberen Hälfte, gewinnt der Betrachter den Eindruck von schwebender Leichtigkeit. Der schwebende Teil ruht auf einer statischen Säule, die den Halt, die Verbindung zur Basis schafft.
Der obere dynamische Teil besteht aus zwei diagonal und parallel nach oben in den Raum strebenden Stahlstangen, die am unteren Ende plastisch beginnen und mit der Säule verbunden sind. An einem Stangenelement ist als Gegengewicht am unteren plastischen Teil eine Kugel angebracht. Dadurch wird eine scheinbare Schwingung (Pendelbewegung) angedeutet.

Das Preisgericht hat die Auffassung vertreten, daß die Arbeit von B. Heiliger bei hoher künstlerischer Qualität den Bedingungen des vorgeschlagenen Standortes in besonderem Maße gerecht wird. Der plastische Aufbau bewirkt eine Signalisierung des Raumes, die gewählten Formen bilden Assoziationen zur Natur, ohne den Versuch zu machen, Strukturformen aus der Natur nachzuempfinden.
Das Preisgericht empfahl, auch die Arbeit von Ansgar Nierhoff anzukaufen.

„Sechs Assoziationen" Ansgar Nierhoff, Köln

Nierhoff verwandelt Gebrauchsgegenstände, ohne ihre äußere Form, von gelegentlichen Überdimensionierungen abgesehen, zu verändern. Kissen, Beutel und Tragetaschen zu Stahlskulpturen erhärtet, werden zuweilen auf Holzgerüsten aufgebockt.
Diese vertrauten, verformbaren Gegenstände sollen über den reinen Gebrauchscharakter der Dinge hinausweisen und das Verhalten des Betrachters zu seiner täglichen Umwelt klären helfen.

Gedenkstätte Bendlerblock
Berlin (West)

Für die Umgestaltung der Gedenkstätte für die Opfer des 20. Juli 1944 im Ehrenhof des sogenannten „Bendlerblocks" in Berlin (West), wurde 1979 ein beschränkter Wettbewerb durchgeführt.
Mittelpunkt der derzeitigen Anlage ist die überlebensgroße Bronzeskulptur eines Jünglings, der die Idee des Widerstandes gegen das Hitlerregime symbolisiert. Die Skulptur steht auf einem ca. 1 m hohen Steinsockel, auf dem ein Ausspruch von E. Redslob auf die Bedeutung der Tat der Widerstandskämpfer hinweist.
„Ihr trugt die Schande nicht, Ihr wehrtet Euch, Ihr gabt das große ewig wache Zeichen der Umkehr, opfernd Euer heißes Leben für Freiheit, Recht und Ehre."
An der Wand des Gebäudeflügels, der die Südseite des Hofes abschließt, ist eine Bronzetafel mit den Namen der an dieser Stelle erschossenen Offiziere angebracht.
Die Teilnehmer am Wettbewerb waren aufgefordert, Vorschläge für eine Neugestaltung zu machen. Die Skulptur von Richard Scheibe, wie auch der Ausspruch von Edwin Redslob und die Bronzetafel sollten aus traditionellen Gründen erhalten bleiben.

1. Preis: Prof. Erich Reusch, Düsseldorf

Das Beurteilungsgremium kam zu dem Ergebnis, daß "... der Entwurf von Prof. Reusch in seiner Zurückhaltung und disziplinierten Formulierung – sowie auch seiner Einbindung der Figur von Richard Scheibe – der Lösung der gestellten Aufgabe am nächsten kommt...".Bei der weiteren Bearbeitung sollten unter Beibehaltung der Grundkonzeption Anforderungen erfüllt werden, die sich auf den Spruch von Redslob, die Grünanlage und die Verbindung des Ehrenhofes mit dem Straßenraum beziehen.
Reusch bringt mit seinem Entwurf die gesamte Hoffläche auf eine Ebene. Eine fast quadratische Fläche in der Mitte wird mit großen quadratischen Granitplatten bedeckt, die durch 5 cm breite und mit Kieseln ausgelegte Fugen getrennt sind. Die Kiesel liegen etwa 3 cm tiefer als die Platten, wodurch die Granitfläche eine Reliefstruktur erhält.
Die Jünglingsfigur wird ohne Sockel, etwa an alter Stelle, direkt auf die Granitfläche gestellt. Die gegenüberliegende Seite der Granitfläche wird durch eine horizontal betonte, zweiteilige raumbildende Bronzeplastik abgeschlossen. Vor der Gedenktafel am bisherigen Platz wird eine 1 m hohe Mauer aus Granit zur Niederlegung von Kränzen und Blumen errichtet. Gegenüberliegend sind die Fahnenmasten vorgesehen.
Innerhalb des Hofes entsteht so ein in sich geschlossener Raum als Ort der Stille, der Besinnung und des Gedenkens. Die Jünglingsfigur erlebt der Betrachter als Symbol des gegen die Tyrannei handelnden Individuums auf gleicher Ebene.
Der Text von Redslob ist in eine der Granitplatten vor der Figur einzulassen. Wünschenswert wäre, die Eingänge mit einfachen Gittern zu schließen.

Reuter nimmt den damaligen Splittergraben, vor dem die Erschießungen stattgefunden haben, zum Anlaß, mit der Absenkung des Hofes diesen Graben als Motiv einer Schicksalsebene wiedererstehen zu lassen. Dieser Graben sei die letzte irdische Station der Opfer. Der Besucher würde durch die Verlagerung des Raumes in die Tiefe auf diese letzte Station hingeführt.
Eine Mauer zwischen Hofeingang und Absenkung trägt den Redslobspruch.
Die südliche Begrenzungswand der Absenkung nimmt in einer großen Nische die Scheibe-Plastik auf. Auf dieser Wand sei auch die vorhandene Gedenktafel anzubringen.

Laage bettet in seiner Arbeit das Kernstück der Anlage — eine geometrisch modifizierte Pyramide — ,,im Prinzip eine abstrahierende Darstellung des Geschehens" — leicht vertieft in die Hoffläche ein. Die Pyramide aus Edelstahl trägt die Sätze des Artikels 20 des Grundgesetzes, dessen letzter Satz lautet: Gegen jeden, der es unternimmt, diese Ordnung zu beseitigen, haben alle Deutschen das Recht zum Widerstand, wenn andere Abhilfe nicht möglich ist.

Auf der Stauffenbergstraße setzt er Signale, wie diagonal gestellte Fahnenmasten, Verdichtung der Begrünung, über die Straße geführtes Pflaster und Leuchten. Der äußere Auftakt zur Gedenkstätte sollte betont freundlich — einladend — wirken, als Kontrast zur ,,Kälte" des Hofes.

Kriester schlägt in seinem Entwurf vor, die Plastik von Scheibe als ein schon traditionell bekanntes Zeichen vor das Gebäude, als Hinweis auf den Ehrenhof, zu setzen.

Die zentrale Fläche des Innenhofes wird mit großen dunklen Schiefer- oder Granitplatten, alle angrenzenden Flächen mit Kleinpflasterung belegt. Auf dieser Fläche steht als Hauptfiguration eine 1,50 m hohe Kalkstein-Skulptur, ein großer Kopf, der fast ganz von zwei Händen verborgen wird, als Metapher für Schutz, Trauer und Nachdenklichkeit. Um diese Skulptur herum, ihr zugeordnet, stehen etwa acht Kalkstein-Stelen unterschiedlicher Höhe, von denen einige an der oberen Fläche Bruchkanten aufweisen, als Metapher für Gewalt und Zerstörung. Von der jetzigen Bepflanzung sollen zwei der Linden erhalten bleiben. Ebenfalls erhalten bleibt die Gedenktafel am bisherigen Platz.

Bangert, Jansen Scholz und Schultes zu ihrem Entwurf: ,,Als Kontrapunkt zu der massiven baulichen Dominanz des Innenhofes wurde deshalb eine große, mit Öffnungen versehene Architekturplastik in Form eines würfelförmigen Hauses in die architektonisch sehr unruhige Westfassade gestellt. Dadurch entsteht einerseits ein klarer optischer Abschluß der eigentlichen

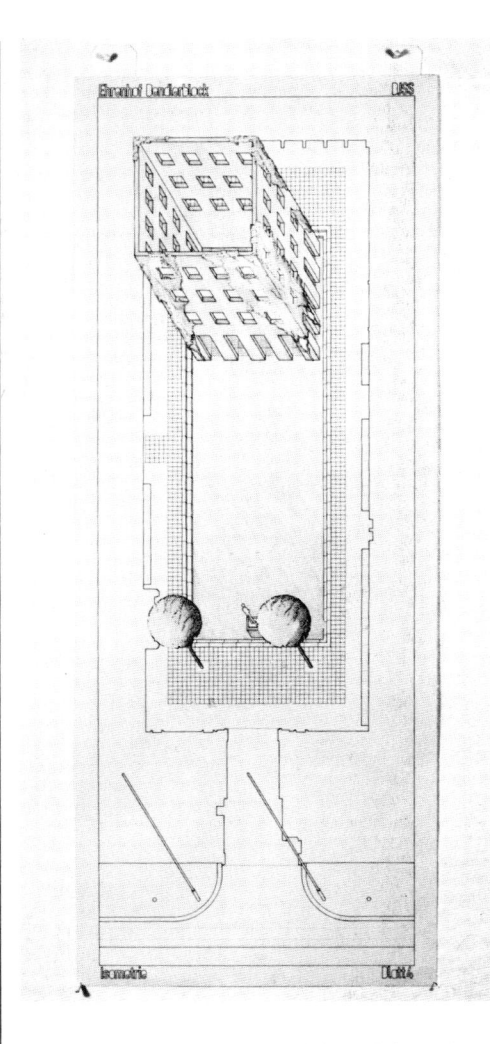

Gedenkstätte... Darüber hinaus soll dieses leere Haus durch seine Gestalt an die physischen und psychischen Zerstörungen durch den Faschismus erinnern..."

Als Grünelemente sehen die Architekten neben der vertieften Rasenfläche und dem mit Efeu bewachsenen Haus einen zweiten großen Ahorn vor.

Hajek spricht in seinem Entwurf von der Artikulation des Ehrenhofes. Er unterscheidet zwischen dem Begegnungs-, dem Gedächtnis- und dem Mahnraum:

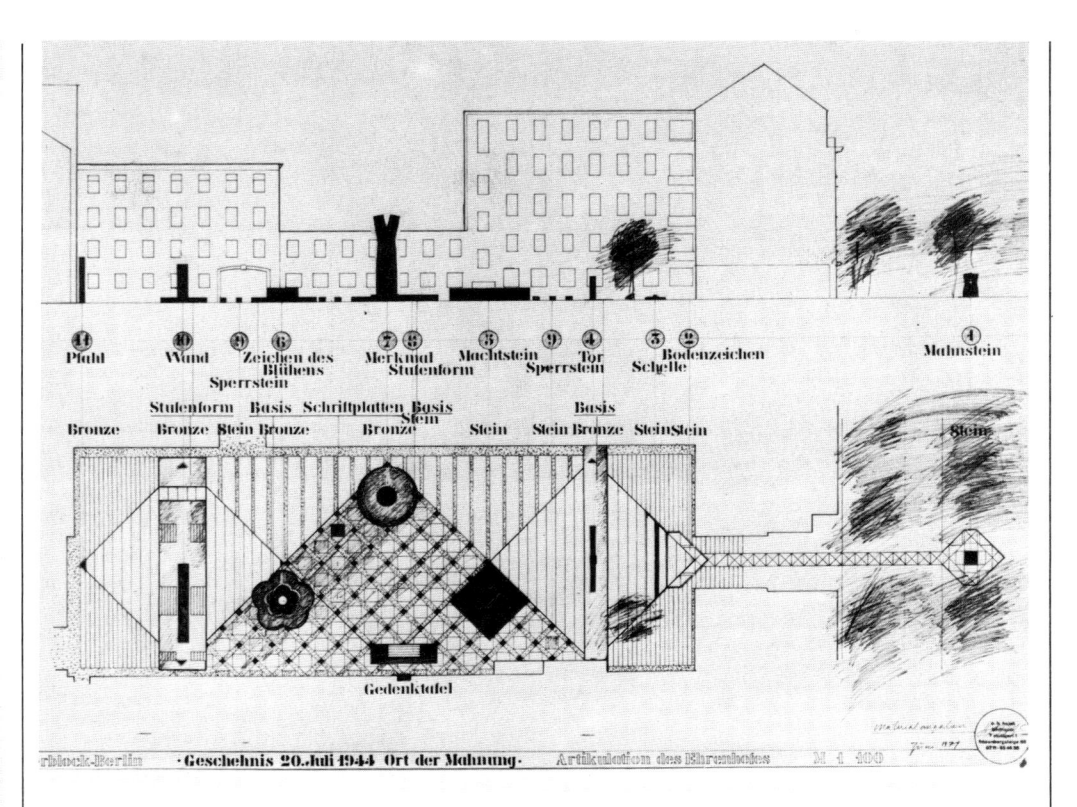

"Der Begegnungsraum ist ein Bodenzeichen (Hinweis 2), eine Schwelle (3), die überschritten werden muß, die auf ein Tor (4) führt, das hemmt. Einzeln soll der Mensch das Tor durchschreiten, um sich dieser Geschehnisse bewußt zu werden.

Der Gedächtnisraum, eine Quaderform (5) mit den Namen der Organisation der Macht. Ihr gegenüber eine fünfteilige Rosettenform (6), die auf die fünf erschossenen Menschen weist, als Zeichen des Blühens. Der mittlere Kreis ist eine flache Schale. Sie kann leer sein, sie kann Wasser enthalten, Öl für ein Feuer, Erde für Blumen.

Dazu in der Spitze eines Dreiecks ein Zeichen (7) des Überwindens in Form einer Säule, mit einem Kapitell, das über die Begrenzungswände – Höhe der Häuser – hinausragt.

Dem gegenüber auf der Hauswand befindet sich die Gedächtnistafel der fünf Toten. Dazu eine Stufenform (8) für Zeichen der Ehrung.

Der ganze Raum des Gedächtnisses ist auch ein Hindernisraum, ein Schutzraum, der sich durch Sperrformen (9) zu einem Feld der Mitgestorbenen verdeutlicht und gleichzeitig das zu Ehrende schützt.

Der Mahnraum ist eine mehrgliedrige Stufenform, die den Gesamtraum in der Tiefe sperrt, darauf ist eine Wand (10) als Symbol des Widerstandes.

Den Abschluß des Ehrenhofes bildet ein Pfahl (11), mit einer Stufe für jeden Menschen eigenes Gedenken. Es soll nur der eine Baum erhalten bleiben. Es soll ein Ort des Gedächtnisses sein, die Sonne soll heiß den Besucher treffen, die Kälte soll ihn frieren lassen, der Wind ihm begegnen. Es ist kein Ort der Erholung. Der Mensch, der diesen Raum betritt, soll sich als ein betroffener, gefesselter Mensch fühlen."

Die Bronzestatue – der gefesselte Mensch – könne hier als Gleichnis nicht stehenbleiben. Die Ode von Redslob könne in die Stufenform (8) eingeschrieben werden. Ein Mahnstein im Außenraum (1) sei als Hinweis zu verstehen.

Die Gedenkstätte richtet sich an den einzelnen. An Veranstaltungen mit vielen Menschen ist nicht zu denken.

Überall ist man nur da wahrhaft lebendig, wo man Neues schafft. – Überall, wo man sich ganz sicher fühlt, hat der Zustand schon etwas Verdächtiges, denn da weiß man etwas gewiß, also etwas, was schon da ist, wird nur gehandhabt, wird wiederholt angewendet. Dies ist schon eine halbtote Lebendigkeit. Überall da, wo man ungewiß ist, aber den Drang fühlt und die Ahnung hat zu und von etwas Schönem, welches dargestellt werden muß, da, wo man also sucht, da ist man wahrhaftig lebendig.

Karl Friedrich Schinkel (1781 – 1841)

Ansprachen, Kritik, Veröffentlichte Meinung

12

Ansprachen

Demokratie als Bauherr

Auszüge aus einem 1965
gehaltenen Vortrag
in der Akademie
der Künste Berlin (West)

Adolf Arndt

Ich verstehe das Thema als Stichwort für das Problem, ob die demokratische Gestalt des Gemeinwesens sich als eine Besonderheit auf das Bauen auswirken, ob das Bauen in der Demokratie andersartig sein müsse als innerhalb einer nichtdemokratischen Ordnung, sei sie autoritär oder totalitär oder wie auch immer. In diesem Rahmen wird erst in zweiter Linie die vielleicht zunächst gemeinte Einzelfrage auftauchen, ob sich Grundsätze und Forderungen aufstellen lassen, wie sich die Sachwalter der öffentlichen Hand, die Ämter, dem Bauen gegenüber zu verhalten haben, um in ihrem Verfahren demokratisch glaubwürdig zu sein. Die auf den ersten Blick vielleicht erstaunliche Frage, ob man das Bauen politisch von den Prinzipien der Demokratie her betrachten dürfe, erweist sich geschichtlich als berechtigt, wenn man sich erinnert, daß ursprünglich und über die Jahrhunderte hinweg die Lehre vom Bauen keine selbständige Disziplin war, sondern das Wissen um das Bauen sich in die universal verstandene Staatswissenschaft im Sinne eines Wissens um das Politische eingliederte. Diese vom Zerfall noch nicht erholte Wissenschaft, heute sagt man

---

Geboren 1904 in Königsberg, Jurist und Politiker, SPD-Mitglied seit 1946, 1956–1964 Mitglied des Parteivorstandes, 1949–1969 MdB, 1963/64 Senator für Kunst und Wissenschaft in Berlin.

politische Wissenschaft, hat, zur Beruhigung der Baumeister unter uns sei es gesagt, noch nicht gewagt, die Wissenschaft vom Bauen wieder in den Bereich ihres Denkens einzubeziehen, sondern es waren bemerkenswerterweise Lehrer des Bauens, die das Politische ihres Wirkens neu entdeckten.

Hugo Häring nannte sein Bekenntnis zum neuen Bauen nicht erst 1952 ein auch politisches Bekenntnis, sondern gehörte schon ein Menschenalter zuvor der politisch akzentuierten Novembergruppe an. Nach seiner Erkenntnis gilt die Frage nach dem Geheimnis der Gestalt nicht nur der Gestalt unserer Häuser, sie gilt der Gestalt des geistigen Menschen, dem auch die Arbeit an der Gestalt der politischen Gemeinschaft mit aufgetragen ist. Am Beginn eines Wandels im Bauen steht deshalb die von van de Velde erhobene Forderung nach einer „révolte morale", die den Baumeister vor die soziale Frage stellte und ihn aus einem Aufstand des Gewissens zum Kampf gegen das Lebensunwürdige der Proletarierunterkünfte aufrief, dann zum Ringen um die Arbeitsräume bis hin zur Erneuerung des Städtebaus. Im Kreise der Baumeister selber also ist eine Rückbesinnung auf das Politische ihres Wirkens zu beobachten, gestoßen vom Erschrecken über den Gesichtsverlust menschlichen Siedelns...

Die geschichtlichen Hinweise werden gezeigt haben, daß es gerechtfertigt ist, sich aus politischer Sicht dem Bauen zuzuwenden und daß die Frage nach dem Demokratischen im Bauen nicht ohne Sinn ist. Ja, diese Frage drängt sich bei uns in Deutschland aus der Beobachtung auf, daß die Weimarer Zeit – die ich damit nicht kränken möchte, ich halte sie für eine sehr bedeutende Zeit –, soweit es um die öffentliche Hand geht, eine Unfruchtbarkeit im Bauen doch nicht verkennen läßt. Es hat sich geradezu das Vorurteil festgefressen, daß Demokratie etwas Anonymes, ja geradezu etwas Amusisches sei, unfähig, sich im öffentlichen Bauen darzustellen und im Bauen ihr Ethos sichtbar zu machen. Gewiß, in der Weimarer Zeit sind Sozialbauten geschaffen – Wohnsiedlungen, Altersheime –, die noch heute vorbildlich sind. Auch finden sich beachtliche Ansätze im Schulbau, um die Baugestalt des Erziehungsraumes menschlicher, zugänglicher werden zu lassen. Aus politischer Sicht habe ich jedoch den Eindruck, daß die vom Bauhaus beeinflußten Baumeister sich in besonderem Maße dem Industriebau zuwandten. Es wäre der Prüfung wert, wie damals der Arbeitsraum beginnt, menschlicher und dadurch wohnlicher zu werden, während gleichzeitig, überspitzt gesagt, im öffentlichen Amtsbau ein Zug zur Formularfabrik sich abzuzeichnen beginnt. Überdenkt man aber, ob und was damals das Reich im eigenen Bauen, im reichseigenen Bauen, leistete, so wüßte ich alleine, vielleicht weiß ich es nicht, den im Auftrage der Reichsregierung durch Mies van der Rohe in Barcelona errichteten Pavillon, der übrigens, wenn ich recht unterrichtet bin, jetzt noch immer seines Wiederaufbaus harrt...

Aus politischer Sicht wird es jedoch des Nachdenkens wert sein, worin das Fragwürdige der Demokratie in ihrer Beziehung zum Bauen sich finden könnte. Denn erst aus dem Einblick in ihre Schwächen wird es möglich werden, zu der Prüfung vorzuschreiten, ob und wo ihre Kraft gesucht werden kann. Ich meine, daß sich die demokratische Gestalt eines Gemeinwesens auch durch ein besonderes Verhältnis zum Phänomen der Zeit kennzeichnet und sie in die Gefahr der Kurzatmigkeit bringen kann.

„Bauen heißt Wohnen, und Wohnen heißt Bleiben" hat Martin Heidegger im Darmstädter Gespräch 1951 über „Mensch und Raum" gesagt. Neigt aber nicht das demokratische Regime zum Wechsel im Einfluß seiner wetteifernden Gruppen und zur Verkürzung des Blicks auf das Tagtägliche? ...

In Wahrheit stehen wir vor dem Problem, ob das öffentliche oder öffentlich geförderte Bauen als selbstherrliche Verwaltungsaufgabe gehandhabt wird, deren Bauherr die verselbständigte Verwaltung ist, oder ob nach einer von Heinrich Lauterbach erhobenen Forderung Bauherr der öffentlichen Bauten das souveräne Volk sein muß und sein kann. Ist das nicht utopisch? Oder schlechterdings eine leblose Illusion: das souveräne Volk als Bauherr? wie Lauterbach sagte. Um eine Klärung zu versuchen, was an dieser Forderung Ideologie und was daran mögliche Wirklichkeit ist, kehre ich noch einmal zu meiner Ausgangsbetrachtung der Beziehung zwischen Demokratie und Zeit zurück. Da Bauen ein Bleiben will oder nach einem anderen Worte Heideggers ein Stiften und Fügen von Räumen, ist bei den verschiedenen Arten einer politischen Herrschaft über das Volk ablesbar, wer zu bleiben entschlossen ist, was bleiben soll und daß die Räume, die Räume oder Räume des Ungeistes sind, Distanzen, die nicht nur durch die Abstufung eines Ranges das Herrschen verkörpern, sondern auch ein Mittel des Beherrschens sind. Die Spiegel in Versailles setzen nicht nur einen persepektivischen Illusionsraum, sondern sie wirkten auch durch den Zauber der Unendlichkeit, die sich die Obrigkeit zusprach.

Hinter dem Streit der Baufachleute, ob die Form der Funktion zu folgen hat, um wahr und schön zu werden, oder ob es der Auftrag des Architekten ist, von der reinen Form her die Aufgabe zu überformen, vermute ich aus politischer Sicht eine irrige Alternative, einen nicht echten Dualismus. Denn die politische Betrachtung zeigt, daß die Form funktionieren kann, ja, daß eine unerhörte Beeinflussung mittels der Form oder sogar der Unförmigkeit des Bauens möglich ist und sogar geübt wird. Weil aller durch Bauen gefügter Raum nicht mathematisch euklidischer Raum ist, nicht bloß gedachte Figur, sondern gewordener und begehbarer Zeit-Raum, geschichtlicher Raum, hat solcher Raum Richtungen und kann bei den Menschen etwas ausrichten. So gibt es politisch einen totalitären Raum, der nicht dem Menschen etwas ausrichtet, sondern der, in der Sprache der Unmenschlichkeit zu reden, den Menschen ausrichtet ...

Muß es von dieser Erkenntnis her nicht für die Demokratie eine politisch-existenzielle Frage werden, wie gebaut und wie gewohnt wird, eine Frage, bei der es um mehr geht als um Hygiene, Sozialkomfort und Lebensstandard? ...

Ich hoffe, es schält sich heraus, daß aus politischer Sicht die Frage nach dem Bauen eine Frage nach dem Menschen ist, allerdings nicht in jener zu nichts verpflichtenden Art, die letzten Endes alles zur allgemeinen Zufriedenheit auf das große X eines abstrakten Menschen an sich zurückführt, sondern daß es um die unaufhörliche Aufgabe geht, Mitmenschlichkeit in dieser Selbstdarstellung wirklich werden zu lassen. Wenn es einen Sinn haben soll, nach der Demokratie als Bauherr zu fragen und dadurch einen Zugang zu Lösungsmöglichkeiten zu finden, ob und wie es sich bewahrheiten könnte, daß Bauherr das souveräne Volk ist, so wird zunächst gesucht werden müssen, inwiefern Demokratie mehr ist als ein Wunschbild, mehr als eine Organisationsform, vielmehr ob sie Maßstäbe bietet für eine Lebensweise auf einer ihr eigenen Schau auf wirkliche Menschen hin.

Es ist leicht, und es ist gefährlich, mit Entsprechungen zu blenden. Trotzdem hoffe ich, daß es aufschlußreich ist, daß zur geometrischen Architektur des Obrigkeitsstaates der feststellbare Mensch gehört, der sich im Ordinatenkreuz der Über- und Unterordnung als Untertan fixieren läßt und im Geschehen bloß privates Publikum darstellt, sowie zur Architektur totalitärer Mächte, bei der das unbewußt und enthemmt Emotionale dominiert und den Menschen schockt, der machbare Mensch gehört, der nicht sein eigen ist, sondern der so organisiert wird von einem Staat, daß diesem alles aufsaugenden Staat nicht einmal mehr ein privates Publikum gegenübersteht, die Gesellschaft vielmehr vom Staat aufgezehrt und mit ihm identisch in ihm eingefangen wird. Ich meine, daß Demokratie als politische Lebensweise von ihrem Ansatz her auf den mündigen Menschen angewiesen und darum alles in ihr, auch das Bauen, darauf angelegt sein muß, dem Menschen zu seiner Mündigkeit zu verhelfen und ihn sich in dieser Welt bewußt werden zu lassen, daß er politischer Mensch ist, der zu seinem Teil, wenn auch oft nur bescheidenen Teil, geschichtliche Mitverantwortung trägt ...

Rückblickend enthüllt sich die Tragik der Weimarer Republik aus dem Zwiespalt zwischen einem demokratisch organisierten Staat und einer, von den Gewerkschaften abgesehen, antidemokratisch strukturierten Gesellschaft a-politischer Menschen. So kann es kaum mehr verwundern, daß damals außer von jenen zuvor erwähnten Ansätzen das neue Bauen im Staatsbereich ausblieb, nicht, weil Demokratie zum Bauen unfähig ist, sondern weil es seinerzeit an der demokratischen Struktur der Gesellschaft und am politischen Bewußtsein der Menschen fehlte. Dieser Mangel äußert sich in einer Selbstmißachtung, darin, daß emotional angegriffen und geschmäht wird, was dem Gemeinwohl und dem Gemeinsinn gewidmet ist. Zwar hatte das wohlhabende Bürgertum sich vor Weimar einen protzigen Rathauspomp zur Selbstbestätigung seiner kommunalen Herrschaft geleistet, aber wer unter uns Älteren erinnert sich nicht der Hetze gegen die angeblichen Paläste für Krankenkassen und Arbeitsämter? Immer ist es ein Alarmzeichen für die Demokratie, sobald aus einer Gesellschaft, die Vergeudung keineswegs scheut, der Fanatismus einer angeblichen Sparsamkeit laut wird, daß die Gesellschaft es ja gar nicht wert sei, sich selber in Bauten Organe zu geben, die dem Gemeinsamen gewidmet sind. Hierbei fällt mir ein, daß wir der Mode nach zwar alle heute uns Demokraten nennen, aber die peinlichste Pfennigfuchserei beginnt, sobald es sich um das bauliche Herz der Demokratie handelt, um die Parlamentsgebäude. Mich beunruhigt, daß ich aus den Millionen jährlicher Besucher des Bonner Bundeshausen noch niemals von einem hörte, der die Sparsamkeit dabei nicht gelobt, aber die Frage gestellt hätte, ob denn jenes wirr und billig aneinandergestückte Gehäuse nicht einen sinnlosen Verschleiß an Zeit und Arbeitskraft verursache, ja, ob ein Mißgebilde, solch ein Mißgebilde überhaupt die eigenste Stätte des Volkes, wenn auch nur für Spaltung, sein könne ...

Eine Demokratie ist nur soviel wert, wie sich ihre Menschen wert sind, daß ihnen ihr öffentliches Bauen wert ist. Den Hintergrund bildet, daß Demokratie als Selbstbestimmung mündiger Menschen es in der Tat schwerer hat, sinnfällig zu werden. Die Embleme des Herrschens, auch in Form von Bauten, haben es leichter, staunenswürdig für die zu sein, über die sich erheben und die für sie keine Verantwortung tragen. Das Bleibende wird darin als ein Fremdes, doch so Greifbares, sichtbar gemacht. Aber die Demokratie, die dem wechselnden Einfluß und dem Wandel ja nicht bloß um der Veränderlichkeit willen, sondern wegen ihres Offenseins auf ein viel wirklicher Bleibendes hin dem Menschen als Maß und Mitte Raum geben soll, die Demokratie muß das Unsichtbare sehen lassen, daß die Menschen ihrer selbst in diesem Miteinander ihres Mitmenschlichseins, ihrer Gesellschaft, ihrer Gemeinschaft, ansichtig werden. Die demokratische Aufgabe des Bauens ist, daß ein jeder Mensch sich als Mensch für sich und Mensch im Gefüge gewahrt ...

Im Gegensatz zu dieser Ausgewogenheit zwischen dem eigenen Intimen und der Öffentlichkeit des Gemeinschaftlichen verkehrt ein auf Beherrschen der Menschen angelegtes Regime die Gewichte und veröffentlicht den Menschen, aber entzieht durch seine geheime Polizei gerade das ihrem Blick, was alle angeht. Man kann die Staaten und die Gesellschaftsformen geradezu nach dem einteilen, was veröffentlicht und was verheimlicht wird ...

Dieser sehr grobe und nur andeutende Umriß der Problematik war unerläßlich, um sich dem Ende zu der Frage, die vielleicht als anfängliche gemeint war, jetzt erst zu nähern, ob und wie es denn ermöglicht werden könnte, eine solche Idee zu realisieren, daß in einer Demokratie das souveräne Volk selber der Bauherr seiner öffentlichen Bauten sein soll. Ich hoffe, um die Aufmerksamkeit dafür geworben zu haben, sowohl daß jedes Bauen eine Vorstellung von der Weise des Lebens verkörpert, als auch daß Demokratie ein universales Prinzip ist, das sich in einer Weise des Lebens verwirklichen soll, mithin die politische Gestalt eines Staates mit seiner Gesellschaft und die im Bauen zu schaffende Gestalt menschlichen Bleibens nicht unverbunden nebeneinander, nicht gegenseitig gleichgültig

309

voneinander sich abwenden können. Diese Überschneidung, daß Baugestalten sowie Staat- und Gesellschaftgestalten es mit denselben Menschen und ihrem wirklichen Leben zu tun haben, bedeutet ja nicht nur ein Verwandtsein, sondern ebenso eine Spannung, weil darin zutage tritt, daß in einer notwendig arbeitsteiligen Welt dem politisch handelnden Einzelnen mehr aufgetragen ist, als er begreift, aufgegeben wird, als er versteht. Die Demokratie arbeitet mit dem Aushilfsmittel, daß sie das Vertrauen in ein Zuständigsein meßbar macht durch Abstimmung. Aber dieses Hilfsmittel des Abstimmens versagt nicht nur angesichts der Bauaufgabe, sondern soweit sie den Rang einer Kunst gewinnt, die Bauaufgabe, widerstritte die Anwendung dieses Mittels sogar den eigenen Grundsätzen demokratischer Lebensweise. Denn diese Lebensweise beruht keineswegs allein auf Abstimmung, dadurch, daß jeweils eine Mehrheit maßgebliches Vertrauen durch Überstimmung der Minderheit bildet, sondern grundlegend zuerst auf Übereinstimmung hinsichtlich des Unabstimmbaren, welche Übereinstimmung die Möglichkeit des Zusammenlebens begründet und das Abstimmbare aussondert und zur Wahl freigibt Mit anderen Worten, nicht nur ist in einer Demokratie niemand da, der bestimmen kann, was Kunst ist, sondern von ihrem eigenen Wesen her darf keiner da sein, der sich dessen von Staats wegen mit Geltung für alle unterfangen dürfte. Nichts würde jedoch den Sinngehalt dieser Regeln ärger verkennen als ein Verzagen, daß die demokratische Gesellschaft deshalb handlungsunfähig werden oder die schöpferischen Kräfte zur Anonymität verdammen müßte. Die Trennung der Verantwortlichkeit soll vielmehr einer freiheitlichen Arbeitsart Raum geben, dem im Zusammenwirken Aufeinander-angewiesen-sein, das fruchtbar wird, wenn die demokratische Lebensweise gelingt. Hier darf ich noch einmal daran erinnern, wie Demokratie sich aus der gleichgewichtigen Wechselwirkung entwickelt, daß dasselbe Volk sich sowohl in der Rechtsform seiner mit begrenzten Vollmachten zum Handeln im Abstimmbaren ausgestalteten Staatsorgane repräsentativ organisiert und zugleich in einem politische Gesellschaft bleibt, deren unabstimmbare Freiheitlichkeit ihre staatliche Organisierbarkeit ausschließt. Durch dieses polare Wesen, aus dieser Spannung des komplementär Sichergänzens gibt Demokratie dem schöpferischen Geiste freien Raum, daß er im eigenen Namen hervortritt und um Anerkennung ringt, die nicht auf staatlicher Verleihung beruht, sondern aus freier Überzeugung in der öffentlichen Meinung wächst…

Gelingt die gleichgewichtige Wechselwirkung zwischen Staat und Gesellschaft als der zwei komplementären Ausdrucksformen desselben Volkes, so wird sich der, dem ein politisches Amt anvertraut ist, sowohl einer Auslese im freien Wettbewerb bewährter Baumeister gegenübersehen als auch in seinem Denken den universellen, den prinzipiell humanen Charakter des demokratischen Bauens und seinen politischen Aspekt erkennen, d. h. das Politische seiner Verantwortung sollte gerade in der Erkenntnis der Grenzen seiner geistigen Kompetenz und ihrer Ergänzungsbedürftigkeit hervortreten. So richtig und so unabwendbar es ist, daß der politische Prozeß der Demokratie auf Quantifizierung hindrängt, also auf ein Meßbarmachen durch objektive und wiederholbar anwendbare Maßstäbe wie das Abstimmen, gehört zum Verständnis der Demokratie komplementär und gleichgewichtig ebenso, daß sie im Qualitativen gegründet ist, d. h. auf der Anerkennung nicht meßbarer Werte und insbesondere einer Nichtmeßbarkeit des Menschen, ausgedrückt durch das Wort von seiner Würde und seiner personalen Gleichberechtigung… Demokratie zielt immer auf Gleichgewicht, Gleichgewicht zwischen Staat und Gesellschaft, Gleichgewicht zwischen bewahren und erneuern, und auf das Gleichgewicht nach ihrem Maß, dem wirklichen Menschen, dem widerspruchsvollen Menschen, der gut und der böse sein kann, rational und emotional…

Ich bekenne mich, wie ich sagte, dazu, daß der öffentliche Bauauftrag eine politische Entscheidung ist, die – nach Erwägung der auch initiativen Vorschläge eines freien Beirats – der demokratisch dazu legitimierte Politiker namentlich zu treffen hat. Also keine Anonymität! Ich bekenne mich jedoch dazu, daß mit der Erteilung des Bauauftrages die Verantwortung wechselt und namentlich auf den entwerfenden Baumeister übergeht. Gewiß wird dieser Baumeister einer Mitwirkung der Baubehörde bedürfen und einer vielfältigen Zusammenarbeit mit Technikern, Wissenschaftlern, Künstlern, aber die Gesamtverantwortung für das Ganze des Werks, die Einheitlichkeit seines Geistes und der daraus wachsenden Gestalt kann sinnvoll allein auf ihm lasten. Diese letzte Unteilbarkeit der Verantwortung wurzelt mit darin, daß ein Bau, der geistige Gestalt, Gliedmaß des Menschen ist, sich ja nicht mechanisch von der Zeichnung auf dem Papier in die Wirklichkeit umsetzen läßt (genauso wenig wie ein Parteiprogramm).

Bauen ist verkörperte Geschichte des Bauvorganges in der Zeit mit ihrem bewußt erprobenden und auch mutig abenteuernden Wachsen. Gilt es doch, und das muß immer wiederholt werden, ein Unsichtbares, das der Entwurf nur ahnen läßt erst sichtbar zu machen. Das schöpferische Geschehen wird zwar mit Zeichnungen und Berechnungen in Bahnen gelenkt, kann aber dadurch nicht abgeschlossen sein. Oder irre ich mich in der Meinung, daß Bauen sich ereignet als die Vision eines Künftigen, das in der Geschichte zur Gegenwart wird? Vermutlich stammen daher die qualvollen Reibungen zwischen der exakten und generalisierenden Rationalität, deren eine Bauverwaltung sich befleißigen muß, und dem Irrationalen der gestaltenden Individualität. Wenn vom Gleichgewicht die Rede war und vom Menschenmaß, so konnte damit nicht der Stillstand einer Mittelmäßigkeit gemeint sein. „Das Maß" sagt Albert Camus, „ist nicht das Gegenteil von Aufruhr … Es triumphiert weder über das Unmögliche noch über das Versinken im Abgrund. Es hält ihnen die Waage." Dieses Kommen zum Die-Waage-halten wird sich nicht berechnen lassen, mit keinem goldenen Schnitt, wie ein Mensch nicht berechenbar ist, und ein die Fülle seiner Zeit ausdrückendes Bauen behält etwas vom Aufstand des Menschen gegen die Natur, von der Abstand zu nehmen er allein unter allen Geschöpfen befähigt ist.

Nochmals, die geistige Gestalt eines Bauwerks, das in demselben Maße schön wird, wie sich die personale Wirklichkeit eines individuellen Geistes darin bewahrheitet (und das Geheimnis ist, daß dieser individuelle Geist dann in der Regel kollektive Bewußtseinsinhalte ausdrückt), bedarf eines gesamtverantwortlichen Baumeisters …

Und es gibt, um das noch zu sagen, kein dümmeres Wort als das von der Massendemokratie. Einer Masse als manipulierbaren, durch Ideologisierung des Bewußtseins beraubten Gegenstands bedarf die totalitäre Macht. Demokratie richtet sich auf Individuation, weil sie die einzige Gestalt von Staat und Gesellschaft ist, der eine erzwungene oder verführt unwissende und unverantwortliche Zustimmung, ein einseitiger und blinder Gehorsam nicht genügt, sondern für deren Existenz die freie und bewußte Einwilligung rechtserheblich und lebensspendend ist oder, wie ich eingangs sagte, das Angewiesensein auf die Mündigkeit des Menschen. So ist Demokratie zwar die schwierigste und mühseligste Lebensweise, weil sie auf politische Menschen und auf die Wechselwirkung der organisierten Staatsgewalt mit den freien Kräften einer politischen Gesellschaft angewiesen ist, aber sie kann bei Einsicht in ihre Quellen und mit langmütiger Geduld und dauernder Einübung auch die menschlichste Lebensweise werden … Das Ideal, das souveräne Volk als Bauherr seiner öffentlichen Bauten zu sehen, läßt sich mit keiner Mechanik messen, noch durch das Dekret irgendeiner Organisierung erzwingen. Auf dem unendlichen Wege zur Annäherung an dieses Ideal läßt sich nur in der freiheitlichen Weise fortschreiten, daß Bauten zur Diskussion gestellt werden, ob sie mit dazu dienlich sind, den Menschen dazu zu verhelfen, sich ihrer mündigen Mitmenschlichkeit, ihrer Gemeinschaft, der von ihnen zu formulierenden sozialen Aufgabe bewußt zu werden. Wird es nicht gerade deshalb die Gestaltungskraft der Freiheit sein, sich als geistige Gliederung und Rangfolge auszuprägen, auch im Bauen so, daß Menschen in ihrer Wirklichkeit sich darin geborgen erleben und zum Bleiben in ihrem Eigenen geleitet wissen in einer menschenmaß-ebenbildhaften Gestalt zwischen Himmel und Erde?

Die Präsidentin des
Deutschen Bundestages,
Frau Annemarie Renger,
nach Abschluß der Sitzungen des
Preisgerichts: Bauwettbewerb
„Bundestag – Bundesrat" 1973

… Es dürfte auch von besonderem Reiz gewesen sein, Lösungen zu finden für die gestellte Aufgabe:

„durch die bauliche Gestaltung den Bundestag und den Bundesrat als zentrale Organe in unserem Verfassungsgefüge sichtbar und das im Grundgesetz festgelegte Prinzip der Öffentlichkeit ihrer Plenarberatungen erlebbar zu machen".

Ich gestehe es offen ein, erst im Laufe der Beratungen habe ich erkannt, wie schwer es ist, diesem Anspruch mit baulichen und gestalterischen Mitteln gerecht zu werden.

Kürzlich stand in der Presse zu lesen, dieser Wettbewerb habe nichts als Mittelmäßigkeit geliefert. Dieser Meinung kann ich mich nicht anschließen. Bedeutende Architekten haben in großer Sorgfalt die gestellte Aufgabe gut gelöst.

Dieses Preisgericht hat ein Ergebnis gefunden, das der Größe der Aufgabe gerecht wird…

… Einmal werden wir die Notwendigkeit des Neubaus eines Parlaments überhaupt deutlich machen müssen, weil noch immer unser Parlament nicht den Platz in dem Bewußtsein der Bürger einnimmt, der ihm gebührt.

Erschwerend kommt aber eine ernst zu nehmende Entwicklung hinzu, die auch gerade von einem Teil der jungen Menschen ausgeht, und das, was „Bonn" als parlamentarische Demokratie repräsentiert, infrage stellt oder gar bekämpft.

Deshalb ist der Neubau eines würdigen und unserer Zeit entsprechenden Parlaments eine politische Entscheidung. Daran wird sich auch die Kritik messen; sie wird politische Dimensionen erreichen.

Aber dennoch, hier geht es nicht nur um die dringend benötigten besseren Arbeitsplätze für die Abgeordneten und die Bundestagsverwaltung, die sich ein Viertel Jahrhundert mit Um- und Anbauten und in verstreuten Dependancen der einstigen Pädagogischen Hochschule begnügt haben.

Hier geht es entscheidend um die Selbstdarstellung des Parlaments und das Bekenntnis zur Demokratie, die mit baulichen Mitteln ihren Ausdruck finden soll.

Es ist der Wunsch aller Beteiligten, daß der Deutsche Bundestag als das Eigentum der Bürger empfunden wird, wie sie selbst diesen Bundestag als das „Forum der Nation" ansehen sollten.

Die vielen Diskussionen über Form und Inhalt dieser zu errichtenden Bauten haben uns gezeigt, wie schwer es ist, Begriffe wie „Forum der Nation" oder „transparentes Parlament" in Gebäude umzusetzen, um so das parlamentarische Leben anschaulich darzustellen.

Dieses Haus des Parlaments muß sich den Bürgern öffnen und mithelfen, Kommunikation zwischen dem Einzelnen und seinen Repräsentanten herzustellen.

Das Parlament darf nicht abgeschirmt, sondern muß offen sein. Es darf sich nicht fern vom Volk halten, sondern muß in seiner Mitte stehen. Es darf nicht abweisen, es muß einladen.

All das muß sich auch in den Linien, dem Material und den Farben darstellen.

Aber die damit geforderte „Transparenz" darf nicht mißverstanden werden. Gewiß zeigt sie sich auch in der dem Bürger zugewandten Architektur; aber es kommt nicht darauf an, daß das Parlament sich wie ein riesengroßes Aquarium darstellt. Entscheidend ist, daß die geistigen Prozesse und die Entscheidungen deutlich werden, die die Abgeordneten erarbeiten müssen. Dazu gehört aber neben der Kommunikation auch die Klausur des Abgeordneten.

Die Parlamentarier unserer Zeit sind keine Honoratioren mehr, sie verkörpern das Verfassungsorgan, das die Regierung kontrolliert, mit den Mitteln moderner Technik und wissenschaftlicher Hilfsdienste als Gesetzgeber und Anwalt der Bürger, Staat und Gesellschaft gestaltet.

Die jetzt ausgewählten vier Entwürfe, die in ihrer Architektur und Zuordnung sehr unterschiedlich sind, können in der Anlage die gestellte Aufgabe erfüllen.

Dem Plenarsaal wird eine besondere Bedeutung zukommen, weil hier der Mittelpunkt des politischen Geschehens sichtbar wird. Um ihn herum soll in großzügiger Weise dem Bürger der Zugang eröffnet werden. Von seiner inneren Gestaltung hängt es ab, ob diskutiert oder monologisiert werden wird.

Es ist zu hoffen, daß wir mit dem endgültigen Entwurf den richtigen Mittelweg zwischen der Normalität eines Arbeitsparlaments und dem Hohen Haus alten Stils gefunden haben. Es wäre zu begrüßen, wenn bei aller Zurückhaltung in der Form, die unprätentiös und ohne Pathos sein sollte, dieser Bundestag zu einem Symbol der deutschen Demokratie würde.

Bundesminister Karl Ravens anläßlich der Übergabe des neuen Bundeskanzleramtes am 1. Juli 1976

... Wenn wir in der Geschichte um die Dienstgebäude der Kanzler weitergehen, dann ergibt sich eine sich wohl immer wiederholende Parallele: Der Streit um die architektonische und künstlerische Gestaltung.

Der Berliner Lokalanzeiger hat am 31. Dezember 1930 mit nicht zu unterbietender Deutlichkeit seine Meinung zu dem von Prof. Dr.-Ing. Jobst Siedler geplanten Erweiterungsbau der Reichskanzlei, der im Wettbewerbswege gefunden wurde, geäußert: Unter der Überschrift: „Die neue Reichskanzlei Moderner Allerweltsbau in historischer Umgebung" wird dort ausgeführt.

„Das Problem, die neue Reichskanzlei organisch und harmonisch in die Umgebung mit ihren sehr verschiedenen Stilen und Größenverhältnissen einzuordnen, ein gewiß kein leichtes Problem, ist jedenfalls vorbeigelungen. Der Artikel fährt fort: „Zumindest aber hätte man in der Farbe Rücksicht auf Umgebung und Platz nehmen müssen. Kahl wie die Außenfront der Hof. Er ist ein Allerweltshof."

„Und die Innenausstattung könnte ebenso in Täfelung, Ausstattung, Fenstern, Türen, Beleuchtungskörpern das Verwaltungsgebäude eines beliebigen Industrieunternehmens, einer Großbank sein."

Und der Artikel schließt: „Den Stil unserer Zeit haben sie getroffen, zweifelsohne. Ob den Stil auch für ein Haus, das so eng zusammenhängt mit dem alten Palais und seinen Erinnerungen, bleibe dahingestellt. Kommt uns das nicht bekannt vor? Das neue Dienstgebäude – Herr Bundeskanzler – das ich Ihnen heute übergebe, ist ein Zweckmäßigkeitsbau geworden, ein Bau um eine für den Laien kaum begreifliche Technik. Ein Zweckmäßigkeitsbau also, von dem Sie, Herr Bundeskanzler, aber auch sagten, er könne symbolhaft die Forderung einer Demokratie nach Durchsichtigkeit durchaus befriedigen.

Sie bezeichneten das Gebäude als einen relativ sparsamen Bau, auf Zweckmäßigkeit ausgerichtet. Vielleicht mag in dieser Feststellung seine Stärke liegen, Gefäß sich fortentwickelnder demokratischer Tradition zu sein, immer Impulse aufzunehmen, ja sie zu ermöglichen. Und wenn Sie auf der Terrasse des Palais Schaumburg stehen, vermag vielleicht heute schon der Eindruck verhaltener Eleganz vermittelt werden...

Tischrede des Herrn Bundespräsidenten anläßlich des Abendessens für das Kabinett am 12. Januar 1977 in der Villa Hammerschmidt

... Ich möchte deshalb heute abend nicht über die große Politik sprechen, sondern mich einem Thema zuwenden, das uns als Bürger dieser Stadt am Herzen liegt, nämlich der Bundeshauptstadt Bonn. Ich glaube kaum, daß irgend jemand in diesem Kreise besonders glücklich ist, wenn er die Entwicklung der Stadt betrachtet. Gewiß, manche Baustellen sind verschwunden – dafür gibt es andere – das Angebot der kulturellen Einrichtungen hat sich verbreitet und auch verbessert. Und wenn man einkaufen will, braucht man nicht mehr nach Köln oder Düsseldorf zu fahren – man findet das meiste in Bonn.

Das ist eine erfreuliche Entwicklung der Gemeinde Bonn, zweifellos. Aber mit der „Bundeshauptstadt" hat all das nur recht entfernt zu tun. Die Frage nach der „Bundeshauptstadt" scheint mir hauptsächlich die Frage zu sein, wie sich unser Staat in dieser Stadt vor dem deutschen Bürger und der Welt darstellt. Der Reisende, der hier ankommt, findet Bonn; er findet auch, weit verstreut, ein paar Bürohäuser – nicht gerade Meisterwerke der Architektur – an deren Eingang er, wenn er genau hinschaut, einen Bundesadler erkennen kann. Und wenn er noch näher herantritt, kann er auch lesen, daß es sich bei diesem Gebäude um dieses oder jenes Bundesministerium handelt. Eine Hauptstadt findet er jedoch nicht.

Ich plädiere hier gar nicht für großartige Bauten. Bonn soll kein zweites Brasilia sein. Ich plädiere für ein Hauptstadtkonzept. Nicht für höhere Mittel, sondern für einen besseren Gebrauch von Hirnsubstanz. Es müßte doch möglich sein, so denke ich mir immer wieder, eine Hauptstadtkonzeption zuwege zu bringen, die etwas mehr bringt, als daß das Ministerium X an der zufällig bebaubaren Stelle irgendein Haus bekommen soll; eine Konzeption, die Struktur und Gefüge unseres Staates sichtbar macht, in ein Ganzes bringt und auch – vielleicht ist das nun gar zuviel verlangt – etwas vom Geist unserer freiheitlichen Demokratie erkennen läßt.

Freilich, um so etwas zu erreichen, dazu muß man in und mit der Architektur denken können – und das kann nun einmal nur ein Architekt. Wir Politiker könnten ihm sagen, was wir von einer Hauptstadt erwarten, welche Funktion sie ausüben soll, welches Bild sie dem Bürger und der Welt vermitteln soll; aber dann sollten wir dem Architekten, der ein wirklicher Städtebauer sein muß, ja ein Hauptstadtbauer, das Feld überlassen.

Ich glaube nicht, daß das ständige Hineingerede von Beamten in die Hauptstadtarchitektur Bonns bisher förderlich gewesen ist. Ich glaube auch nicht, daß riesige Gremien – über eine geistig-künstlerische Sache – und darum handelt es sich meiner Meinung nach bei diesem Problem – abstimmen sollten. Dergleichen sonst begrüßenswerte demokratische Verfahren führen bei einer solchen Aufgabe auf direktem Wege in die farblose und langweilige Mittelmäßigkeit, für die dann schließlich kein einziger verantwortlich sein will und letzten Endes auch keiner verantwortlich ist.

Es scheint mir nicht ganz selbstverständlich zu sein, daß das alte Rathaus der Stadt Bonn, in seinem städtebaulichen Zusammenhang und vom Rang seiner Architektur her gesehen, den wichtigsten Regierungsbauten so eindeutig überlegen ist. Die einzelnen Elemente des „Regierungsviertels", soweit sie schon stehen, sind ja nun, leider Gottes, heterogen genug. Um so dringlicher scheint mir die Aufgabe, den vorhandenen Bestand in einen gedanklichen und baulichen Zusammenhang zu bringen, und das heißt, die letzte Chance zu nutzen, um der Hauptstadt unseres Landes doch noch ein Gesicht zu geben.

Ich weiß, das ist schwierig. Die Interessen, Wünsche und Vorstellungen von Stadt, Land und Bund sind nur schwer auf einen Nenner zu bringen. Aber die Alternative wäre, daß Bonn zu einem steinernen Beweis dafür würde, daß die drei staatlichen Ebenen in diesem Lande eine von allen Seiten als dringlich und notwendig erkannte Aufgabe nicht zu lösen vermögen. Ein solcher Beweis würde alle Behauptungen von dem Funktionieren der demokratischen Institutionen und der verschiedenen staatlichen Ebenen allzu augenfällig Lügen strafen. Professor Lützeler, dessen Urteil ich sehr schätze, hat dieser Tage an das Goethewort erinnert: „Man mag doch immer Fehler begehen, bauen darf man keine". Der Hauptstadtausbau Bonns hat, so glaube ich, durchaus etwas mit der Glaubwürdigkeit unserer Demokratie zu tun, der Glaubwürdigkeit, auf der denn doch letztlich jedes freiheitliche Gemeinwesen beruht.

Auch die Architektur ist eine Sprache und ich glaube, wir Politiker sollten darauf achten, daß diese Sprache, wie die Sprache der Politik überhaupt, nicht zu einem leeren Jargon wird, den niemand mehr sehen oder hören mag...

Die Kunst in unserem Staat
Aus der Rede des Bundespräsidenten in der Paulskirche

16. 2. 77

Bundespräsident Walter Scheel hat am Donnerstagmorgen in der Frankfurter Paulskirche zu Fragen der Freiheit der Kunst in unserer Gesellschaft gesprochen. Anlaß war die Eröffnung der 25. Ausstellung des Deutschen Künstlerbundes. Scheel berührte einige wesentliche Fragen. Wir drucken im folgenden die Rede, die leicht gekürzt ist.

... Das Verhältnis von Staat und Kunst, von Politik und Geist ist in unserem Lande nie ganz ohne Probleme gewesen. Es geschah nur zu häufig, daß die Künstler vom Staat nichts wissen wollten und daß der Staat die Künstler entweder gar nicht wahrnahm oder sie gar verfolgte. Das hat sich, Gott sei Dank, seit der Gründung der Bundesrepublik Deutschland, alles in allem, gebessert. Aber wir tun gut daran, wenn wir uns klarmachen, daß wir immer noch am Beginn eines Gesprächs stehen, das noch nicht allzu viele Früchte gezeigt hat. (...) Bei einem solchen Gespräch müssen wir uns vor Augen halten, daß Künstler und Politiker andere Erfahrungen haben, daß die Ziele, nach denen beide streben, verschieden sind. Und das führt notwendigerweise dazu, daß sie verschiedene Sprachen sprechen. (...) Wenn das Gespräch an dieser Klippe nicht scheitern soll, brauchen wir vor allem Geduld und Aufmerksamkeit auf die Worte des Anderen.

In unserer Verfassung ist von der Kunst nur einmal die Rede, in Artikel 5 Abs. 3, und da ist festgelegt, daß „die Kunst... frei" ist. Und das ist auch alles, was ein freiheitlich-demokratischer Staat über das Verhältnis von Staat und Kunst festlegen kann. Jedes Wort mehr wäre von Übel. Unser Staat verbietet es sich grundsätzlich, in den Freiraum der Kunst einzugreifen. Wir gehen davon aus, daß die Kunst ein Bereich ist, in den der Staat nicht hineinzuregieren habe, weil die Freiheit des kreativen Schaffens Ausdruck dessen ist, was wir unter Freiheit überhaupt verstehen...

Wir müssen uns darüber klar sein, daß diese grundgesetzlich garantierte Freiheit eine rein formale Freiheit ist. Mit der Sicherung dieser Freiheit ist keineswegs gesagt, daß alles, was im Raum dieser Freiheit der Kunst geschieht, nun auch wirklich Kunst sei, sondern nur, daß der Staat sich seines Urteils darüber enthält, ob es Kunst sei. Darüber haben andere zu urteilen, vor allem die Künstler selbst, auch die Kunsthistoriker und Kunstkritiker und vor allem wohl die Kunstgeschichte, die sehr bald oder manchmal später die Spreu vom Weizen sondert. Der Künstler hat das Recht, Kunst zu nennen, was er hervorbringt. Er lebt aber meist nicht isoliert. Er schafft nicht nur für sich, sondern er will auch andere bewegen, anregen, erfreuen, erschrecken, schockieren manchmal. Er muß es hinnehmen, daß auch der, an den er sich wendet, die Freiheit hat, das Kunst zu nennen, was er will...

Die grundgesetzlich garantierte Freiheit der Kunst ist eine Chance, eine Herausforderung, die jeder einzelne nutzen und annehmen kann – oder verstehe, so stellt sie mehr Fragen als sie Antworten gibt. Die allzu selbstsicheren Antworten sind den Künstlern verdächtig geworden. Und hier könnten die Politiker bei den Künstlern in die Schule gehen. Die Künstler halten es für ehrlicher, immer tiefer, immer weiter zu fragen als ewige Antworten zu geben, deren Ewigkeit in ein paar Jahren zu zerbröckeln beginnt. Die freie Entfaltung der Persönlichkeit kann auch darin bestehen, sich auf den Weg eines immer weiteren, immer tieferen Fragens zu begeben. Der Künstler schärft auch unsere Sinne, damit wir mit den Sinnen die Welt wieder erleben können. Was in der jüngsten Vergangenheit verlorenzugehen drohte. Kein Zeitalter war so mit Bildern überschwemmt wie das unsere. Das Sehen, das Tasten, das räumliche Erfassen eines Dings kommen uns langsam abhanden. Niemand spürt diese Gefahr deutlicher als der bildende Künstler. Es ist durchaus ein Problem unserer Freiheit, wenn uns solche sinnlichen Erfahrungen verlorengehen. Der Künstler verhilft uns durchaus zu einem Stück Freiheit, wenn er durch eine Plastik oder durch ein Bild in einer Vorstadtsiedlung uns deren abstrakte Öde zu Bewußtsein bringt.

Ja, jedes echte Kunstwerk, in unseren Alltag hineingestellt, stellt uns die Frage, wieweit die äußeren und die inneren Formen unseres Zusammenlebens vor dem Bild des freien Menschen, das Ausgangspunkt und Ziel unseres staatlichen Lebens ist, bestehen können. Der Künstler macht uns klar: Es kommt nicht darauf an, daß die Rechnungen in Wirtschaft, Städtebau, Verkehr und so weiter aufgehen, sondern daß hinter jeder Rechnung eine unauflösbare Größe – nämlich der Mensch – übrigbleiben muß. Der Künstler erweitert auch unseren Freiheitsraum, indem er uns heimisch macht in den Formen unserer Zeit. (...) Er nimmt das Leiden wahr, das es auch in unserer Gesellschaft gibt. Der Künstler schaut hinter die lachende und problemlose Reklamefassade der Zeit. Er entlarvt sie als das, was sie ist: als Lüge. Auch damit verhilft er uns zu einer Freiheit, die vielleicht die wichtigste ist: der Freiheit, menschlich zu sein.

Dies sind vier Wege von der Kunst zur Freiheit. Es gibt unendlich viel mehr. Es gibt so viele Wege, wie es Kunstwerke gibt. Es gibt keinen besseren Lehrmeister in der Kunst der Freiheit als die Kunst. Und deshalb ist die Kunst in einer freiheitlichen Demokratie keine Nebensache. Und es steht nicht gut um die Demokratie, in der sie als Nebensache behandelt wird.

Ein gutes Bild aus dem Jahr 1977 sagt über den gegenwärtigen geistigen Zustand unseres Landes eine Menge mehr aus als viele Artikel und Fotografien. Der Künstler ist kein Außenseiter der Gesellschaft, er darf es nicht sein, einer, der, in irgendeiner Ecke stehend, darum bitten müßte, wahrgenommen zu werden. Er ist, wenn auch auf andere Weise als der gewählte Volksvertreter, genauso wie er aus eigenem Recht der Repräsentant dieser Gesellschaft auch nicht. Man kann sie auch vergeuden und verplempern, indem man zum Beispiel unter dem Mantel der Freiheit der Kunst Pornographie betreibt. Die Würde unserer Freiheitsordnung ... beruht darauf, daß wir es jedem einzelnen anheimstellen, wie er die ihm gebotene Chance der Selbstverwirklichung zu nutzen gedenkt. Und da sind nun auch problematische Wege denkbar, die wir in Kauf nehmen, um dem wahrhaft freien Geist seine Entfaltung zu ermöglichen. Das gleiche gilt für die anderen Freiheiten unseres Grundgesetzes.

Jeder Mensch ist bei uns frei. Die „Freiheit der Person" ist bei uns ein Selbstzweck. Aber sie zielt auf „die freie Entfaltung der Persönlichkeit", das heißt auf die Persönlichkeit, die die ihr zugestandene Freiheit vor dem eigenen Gewissen und vor der Gemeinschaft verantwortet.

Die Freiheit der Kunst, der Wissenschaft, der Presse, die Versammlungsfreiheit etc., sie alle erhalten ihren Sinn erst dann, wenn wir die Kunst der Freiheit gelernt haben. Denn der richtige Gebrauch der Freiheit ist wahrhaftig eine Kunst, die einem nicht in den Schoß fällt, eine Kunst, die erlernt, geübt und erarbeitet werden muß. Es ist ein Irrtum zu glauben: weil unsere Verfassung uns die Freiheit zugestehe, könnten wir mit der Freiheit schon richtig umgehen. Demokraten fallen nicht vom Himmel; sie müssen von Demokraten zu Demokraten erzogen werden. Und auch damit ist es noch nicht getan.

Der Geist verantworteter Freiheit hat sich in der Gemeinschaft durch die Tat zu bewähren. Diese Freiheit muß wie eh und je täglich erobert und täglich errungen und verteidigt werden. Diese Freiheit ist das Gegenteil von Willkür, sie bindet sich freiwillig an das Gewissen und an das Gesetz, das die Gemeinschaft sich gegeben hat. Nirgendwo wird dieser Zusammenhang zwischen Freiheit und Gesetz so deutlich wie im Werk des Künstlers. Der Künstler ist frei, indem er sich selbst gehorsam ist. Je mehr er sich von außen durch modische Richtungen oder Marktchancen bestimmen läßt, desto unfreier wird er. Er folgt seinem eigenen Gesetz. Und so ist jedes wahre Kunstwerk Beispiel wahrer Freiheit...

Und genau hier sehe ich die Antwort auf die immer wieder diskutierte Frage nach der sozialen Funktion der Kunst und der Künstler in einer freiheitlichen Demokratie. In der Gestalt des Kunstwerks wird dem einzelnen Betrachter anschaubar, daß die freie Selbstverwirklichung auch in einer pluralistischen Gesellschaft möglich und sinnvoll ist. Auch wenn der einzelne das Kunstwerk nicht „versteht", so vermittelt es ihm doch eine Ahnung von seiner eigenen möglichen höheren Freiheit. Das vermag der Künstler zu leisten für alle.

Aber kein Künstler vermag heute für alle verbindlich die Welt zu deuten, für alle gültige Antworten zu geben. ...

Deutscher
Architektentag 1976

Rede des Bundeskanzlers in
Düsseldorf

Helmut Schmidt

am 1. September 1976

... Ich finde das Thema dieses Architektentages, „Mensch oder Rendite", herausfordernd und gut formuliert. Allerdings erinnert mich das Bindewort „oder" zwischen „Mensch" und „Rendite" an eine andere aktuelle Diskussion über die Worte „oder" beziehungsweise „statt". In beiden Fällen halte ich nur das Wort „und" für gerechtfertigt, und ich will das begründen.

Ich gehe davon aus, daß Sie bei allem, was Sie planen und bauen, vor allem an den Menschen denken; daß Sie dabei aber die Wirtschaftlichkeit nicht aus den Augen verlieren. Architektur kann heute und in Zukunft nur geplant und gebaut werden, um menschengerechtes Wohnen, menschengerechtes Arbeiten und menschengerechtes Leben zu ermöglichen; dabei muß zugleich die bestmögliche Nutzung des eigenen oder fremden Geldes gewährleistet sein.

Dies vorausgeschickt, möchte ich deutlich sagen, daß ich nicht die Absicht habe, hier in Sachen Architektur als Kulturkritiker aufzutreten. Dazu sind andere mehr berufen, zu denen Sie selbst gehören.

Ich halte es übrigens für ein gutes Zeichen, daß es Architekten selbst gewesen sind, die als erste Zweifel am Wohnungs- und Städtebau der Nachkriegsjahre öffentlich geäußert und zugleich kritisch den eigenen Standort in der Gesellschaft überprüft haben.

Deshalb halte ich es für ganz falsch, etwa den Architekten die Alleinschuld an dem zuzuschreiben, was heutzutage auf der Bauszene in Stadt und Land als mißlich gilt. Ich weiß, daß es häufig zum guten Ton gehört, heute das zu verdammen, was gestern gelobt worden ist. Aber als Politiker weiß ich auch, daß, wenn schon geprügelt werden soll oder gar muß, niemals einer oder eine Gruppe allein solches verdient, sondern daß viele – neben Architekten auch Politiker auf allen Ebenen, Stadtplaner und natürlich Bauherren, private wie öffentliche – sich ans Portepee zu fassen haben. Wenn also zu kritisieren ist, dann bitte ich Sie herzlich, daß immer auch die Adressen genannt werden, denn sonst fühlt sich niemand getroffen und nimmt an, bloß der Nebenmann sei gemeint. Richtig ist wohl, daß in den 30 Jahren seit Kriegsende bisweilen zu sehr an die schnelle, die kurzfristige Rendite und zuwenig an den Menschen gedacht worden ist. Genauer: Ich glaube, daß vielfach durchaus an den Menschen gedacht worden ist, daß man sich aber gleichwohl nicht richtig in die Interessen, Gefühle und Erwartungen des Menschen hat hineinversetzen können. Man hat sich den Menschen des Jahres 1976 nicht immer richtig vorstellen können, ebensowenig wie man sich heute den Menschen des Jahres 2026 kaum vorstellen kann. Trotzdem bauen wir ja auch für ihn!

Es ist etwas dran an dem Wort von der Verödung und der Unwirtlichkeit mancher Städte. Es ist etwas dran, daß der Straßenverkehr manche Stadt brutalisiert und mit Lärm und Abgasen füllt. Und hier und da mag wohl auch die Gemeinnützigkeit mißverstanden worden sein als Synonym für Steuerersparnis, jedenfalls nicht überall im Wortsinne verstanden worden sein: nämlich der Allgemeinheit nützen.

Umgekehrt müssen wir aber auch anerkennen, daß die Generation nach dem Zweiten Weltkrieg eine in der Geschichte unseres Volkes und – wenn Sie so wollen – in der Geschichte Europas ziemlich einmalige Wiederaufbauleistung vollbracht hat, natürlich mit all den Schattenseiten, die ein solches Tempo und eine solche unglaubliche Energieanstrengung mit sich bringen.

Viele von uns sehen die Bilder der Zerstörung noch sehr deutlich vor sich, so als wäre es gestern gewesen. Aber heute haben wir mehr Wohnungen in Deutschland als selbständige Haushalte. Mehr als die Hälfte aller Wohnungen ist nach dem Kriege gebaut worden, allein sechs Millionen im sozialen Wohnungsbau. Allein seit 1969 sind vier Millionen Wohnungen gebaut worden, davon eine Million sogenannter Sozialwohnungen.

Deshalb: Wer heute Stadtplanung, Wohnungsbau und Architektur kritisiert, sollte nicht vergessen, daß über viele Jahre nach dem Kriege die Menschen nichts dringlicher gewollt haben als endlich ein Dach über dem Kopf. Dies war für die Menschen viel wichtiger als manches, was wir nun im nachhinein als schweres Versäumnis erkennen. Jenes Ziel, den Menschen ein Dach über dem Kopf und die eigenen vier Wände zu geben, ist aber erreicht, und darauf können wir alle in der Bundesrepublik Deutschland durchaus stolz sein.

Nun wird die Bundesregierung der sozial-liberalen Koalition auch in Zukunft darin fortfahren, neue Ansätze, neuen Geist in der Städte- und Wohnungsbaupolitik voranzubringen. Wir sind darin in den letzten Jahren nicht erfolglos gewesen.

Nach einem Dutzend Jahren Stillstand hat die sozial-liberale Koalition in kurzer Zeit gegen erheblichen Widerstand ein Städtebauförderungsgesetz mit einem bodenrechtlichen Teil und einer erweiterten Bürgerbeteiligung zustande gebracht. Es war ein erster, erfolgreicher Schritt zu einem neuen Städtebaurecht.

Nach langem Hin und Her haben wir vor wenigen Wochen mit der Novelle zum Bundesbaugesetz einen weiteren Stein hinzugefügt. Fehlnutzungen von Grundstücken können damit besser als bisher vermieden werden. Die Bürger erhalten wiederum verstärkte Mitwirkungsrechte; denn es geht ja nicht nur darum, dem Architekten freien, kreativen Schaffensraum zu geben, sondern es geht auch darum, dem Bürger Freiheit bei seiner Selbstverwirklichung zu schaffen.

Ich sehe ganz deutlich, daß für viele Beteiligte, für Träger verschiedenartigster, auch staatlicher Interessen diese demokratische Mitsprache der Bürger schon viel zu weit geht und ihnen sehr lästig ist. Natürlich gibt es unter den Bürgern auch Querulanten. Aber das innere Bekenntnis zu einer demokratischen Gesellschaftsordnung würde fragwürdig, wenn wir alle die, die uns unbequem sind, als Querulanten beiseite stellten. Wir müssen die Mitsprache der Bürger bejahen.

In den letzten Jahren ist das Bewußtsein der Bürgerinnen und Bürger für Bauprobleme, auch für die kulturellen Werte der Architektur, erheblich gewachsen. Kulturelle Werte erhalten neben den technisch-wirtschaftlichen Werten einen höheren Rang. Ich nehme an, daß dieser Prozeß sich in den nächsten Jahren noch fortsetzen wird. Das ist gut so. Denn die bauliche und ästhetische Qualität einer Stadt kann weder durch noch so durchdachte noch so kreative öffentliche oder private Planung allein gesichert werden, sondern sie hängt in hohem Maße vom kulturellen Bewußtsein der Bürger und davon ab, daß dies in den Planungsprozeß auch eingespeist wird.

Mehr Bürger erkennen, was sie an ihren in Jahrhunderten gewachsenen Städten haben. Man begreift, daß es viele geschichtliche und kulturelle Werte gibt, die man nicht einfach mit dem Bagger abreißen darf. Die Bürger schätzen den Zugewinn an Urbanität, der zum Beispiel durch die Einrichtung von Fußgängerzonen zustande gekommen ist. Ich persönlich glaube, daß die Fußgängerzone eine der glänzendsten Ideen der letzten dreißig Jahre ist.

Wenn ich es richtig sehe, ist man in unserer Gesellschaft nach einigen technologischen und kommerziellen Gigantomanien der sechziger Jahre nun über manche Einbahnstraße des Renditedenkens oder des Prestigedenkens hinaus.

Leider haben wir des Bundesrates wegen ein notwendiges Instrument für die Entwicklung und Sanierung unserer Städte, nämlich die Abschöpfung von unverdienten Planungsgewinnen, noch nicht zustande gebracht. Wir bleiben da am Ball. Bundespräsident Heinemann hat 1971 – wie ich denke mit Recht – eindringlich betont, daß es unter uns eine Minderheit von Bodeneigentümern gibt, der ohne eigene Leistung große und zum Teil sehr große Vermögen zufallen. Dies kann so nicht bleiben, denn aus der Sozialpflichtigkeit des Eigentums schulden sie dafür der Gesellschaft eines Obolus.

Für mich ist die Sanierung des Altbaubestandes, seine Erhaltung dort, wo es geht, und die Erhaltung und Modernisierung der Stadtkerne – auch Stadtkerne sollen Heimat sein – eine der zentralen Reformaufgaben unserer Gesellschaft in den kommenden Jahrzehnten.

Der These des Deutschen Rates für Stadtentwicklung stimme ich voll zu: daß unsere Gesellschaft kulturell, wirtschaftlich und sozial einen nicht wiedergutzumachenden Schaden erleiden würde, wenn die Rettung unserer Städte mißlänge.

Die Bundesregierung wird den Städten und Gemeinden dabei ein zuverlässiger Partner bleiben. Aber dabei sollte man nicht auf dem Verschiebebahnhof der Zuständigkeiten und Kompetenzen miteinander rangeln und rangieren; denn ich glaube, daß die Sanierungsaufgabe – Sanierung nicht nur im technischen, sondern im allgemeinen gesellschaftlichen Sinne – ähnliche geistige und auch sehr hohe finanzielle Anstrengungen erfordert, wie die gesamte Wiederaufbauphase nach dem Kriege, die wir jetzt hinter uns haben. Und wahrscheinlich haben wir dazu in den kommenden Jahrzehnten eines voraussichtlich etwas verminderten Bevölkerungsdrucks auch eine gute Chance, vorausgesetzt, diese Aufgabe wird von allen Seiten als eine gemeinsame verstanden.

Sie, die Architekten, werden dazu in erster Linie gebraucht, aber auch die Künstler, die Landschaftsgestalter, Publizisten, Kommunalpolitiker, ganz besonders aber die Bürger. Man kann nicht erwarten, daß sich etwas durchsetzt, von dem der Bürger nicht überzeugt wird – jedenfalls nicht in einer demokratischen Gesellschaftsordnung.

Mir hat immer das praktische Zusammenwirken wirtschaftlicher und kultureller Kräfte in meiner Vaterstadt Hamburg eingeleuchtet. Nach der Zerstörung der Stadt durch den riesigen Flächenbrand von 1842 ist damals in wenigen Jahren eine neue Stadt entstanden, und man kann sie selbst heute noch nach den Bombenangriffen der Jahre 1943, 1944 und 1945 und nach dem erneuten Wiederaufbau erkennen. Vieles an dem damaligen Konzept hat sich als sehr tragfähig erwiesen. Neulich hat ein in dieser Hinsicht durchaus verwöhnter Mann, nämlich der französische Staatspräsident Giscard d'Estaing, mir, dem Hamburger, bei einem Besuch sehr engagierte Komplimente ausgesprochen.

Die Hamburger – angeblich sind das ja „Pfeffersäcke" bei uns, angeblich nur wirtschaftlich denkend – haben sich damals vor fünf Generationen einen freiberuflichen Planer geholt, um ihre Stadt wieder aufzubauen. Sie haben ihm eine kleine technische Kommission aus den Chefs der wesentlichen Behörden zur Seite gestellt. Die Beschlüsse über die vorgelegten Planungen fällte dann eine Bürger-Rats-Deputation.

Das Ergebnis: der mit Recht, denke ich, berühmt gewordene Jungfernstieg und der architektonisch beeindruckende Raum um die Alster entsprechen sowohl dem Anspruch auf Rendite als auch an menschliches Wohlbefinden.

Mir scheint, entscheidend für diese damalige Leistung war die Verknüpfung von Architektur und Stadtplanung mit den politischen Entscheidungen. Man hat einzelne freie Planer wie Lindley, Chauteauneuf und Semper als geistig unabhängige Anreger, als Initiatoren geholt. Die Innovationsfähigkeit solcher Männer kann weder durch einen immer noch größer werdenden Staats- oder Kommunalapparat ersetzt werden noch durch andere Formen bürokratischer Planung. Denn Selbständigkeit des Denkens, Bereitschaft zum Wagnis, Beweglichkeit waren und sind nicht gerade Hauptmerkmale von Bürokratien und Verwaltungen, weder in der privaten Wirtschaft, in den großen Firmen noch in den Kommunen und im Staat. Andererseits – auch das zeigt das historische Beispiel Hamburgs – kann auf die Erfahrung der Verwaltung nicht verzichtet werden. Man hat damals mit großer Klugheit den Sachverstand staatlicher Verwaltung zusammengefaßt mit der relativen Unabhängigkeit freier Architekten und hat beides in der Bürger-Rats-Deputation als politischem Entscheidungsgremium koordiniert.

Um Lösungen zu finden, die sowohl rentabel sind als auch unseren gesellschaftlichen, humanen und ästhetischen Ansprüchen genügen, brauchen wir die Bereitschaft, nicht nur die technisch-wirtschaftliche, sondern auch die menschlich-kulturelle Brauchbarkeit der Architektur zu sichern. Kulturelle Werte gehen zu allen Zeiten über die Bereitstellung bloßen Obdachs hinaus. Sie erfordern Investitionen über rein betriebstechnische Anforderungen hinaus. Sie fordern also eine Bereitschaft, mehr für immaterielle Werte und künstlerische Qualität zu investieren, als für kurzfristige materielle Interessen unbedingt notwendig erscheinen mag.

Vielleicht trägt diese Tagung mit ihren öffentlichen Auseinandersetzungen zu einem solchen neuen Gesamtklima bei. Noch hapert es daran. Aber ich zweifle nicht, daß in Zukunft Architektur den immateriellen, kulturellen Nutzen im Auge haben muß, der sich in Ästhetik und Behaglichkeit, in Selbstverwirklichung, im Sichwohlfühlen der Menschen ausdrückt. Es muß planenden und entscheidenden Bauherren, Bauträgern, Architekten, Ingenieuren, Verkehrsplanern, Behörden und Benutzern klarwerden, daß eine Berücksichtigung materieller und immaterieller Nutzenvorstellungen notwendig ist. Beides zusammen erst macht den Wert der Architektur für die Zukunft aus, auch für den Investor und den Benutzer. Beides zusammen bildet die Grundlage für eine langfristige „gesellschaftliche Rentabilität", auf die es ankommt.

Die Qualität, und damit die Annehmbarkeit der Architektur und letztlich ihre gesellschaftliche Rentabilität, wird sicher verbessert, wenn stärker als bisher auf technische Entwicklungen eingegangen wird, wie z. B. die Störung des Wohnens durch Verkehr und andere Umweltbelastungen. Die lange Vernachlässigung des Schallproblems ist vielfach unerträglich. Wir brauchen allerdings kein Übermaß an immer perfekteren Reglementierungen durch Normen und Vorschriften, sondern wir brauchen insbesondere Ihre und der Ingenieure schöpferische Initiative.

Mir hat sich allerdings gerade im Wohnungsbau in den letzten Jahren der Eindruck aufgedrängt, daß oft wirtschafts- und sozialpolitische Ideologien es in der Praxis erschwert haben, die Wohnwünsche der Bürger zu erfüllen. Wenn es tatsächlich stimmt, wie ein Freund – Prof. Laage in Hannover – mir neulich gesagt hat, daß z. B. sogenannter verdichteter Einfamilienhausbau, als Reihenhäuser oder Atriumhäuser, nicht entscheidend mehr Grund und Boden erfordern als üblicher mehrgeschossiger Wohnungsbau, wenn tatsächlich die öffentlichen Aufwendungen für Straßen und Versorgungsleitungen auch nicht höher sein müßten als bei normalem Etagenbau, dann kann ich nur hoffen, daß die berechtigten Wünsche der Bürger aller Schichten nach dem Einfamilienhaus oder der Eigentumswohnung mehr erfüllt werden als bisher.

Ob das dem Repräsentationsbedürfnis großer Baugesellschaften entspricht oder auch jedem Stadtplaner ästhetisch gefällt, lasse ich dahingestellt. Vielleicht muß er sich dann mit den Wünschen der Bürger auseinandersetzen. In einer demokratischen Gesellschaft sind die Wünsche der Bürger beinahe – nicht in allen Fragen – suprema lex. Man darf den Bürger nicht vergewaltigen.

Es wurde von Stadtplanern und Architekten viel gewettert über die Zersiedelung der Landschaft durch Einfamilienhäuser. Aber meist stellt man fest, daß diese Kritiker selber im Einfamilienhaus wohnen. Das Recht des einzelnen auf seine relativ unabhängige Wohnwelt, in der er seine Lebensform verwirklichen kann, gilt jedoch für alle und muß deshalb wirtschaftlich wie kulturell für uns ein zentrales Ziel sein. Kultur als Selbstverwirklichung ist nicht und darf nicht zu einem Anspruch einer Einkommenselite werden.

Die Bundesregierung wird deshalb ihre erfolgreiche Eigentumspolitik fortsetzen und auch in Zukunft die Wünsche vieler Bürger auf ein eigenes Heim oder auf eine Eigentumswohnung unterstützen.

Beim Wohnungsbau muß auch noch mehr – manche Städte, Personen und Gesellschaften sind da in hervorragender Weise vorausgegangen – für alte Menschen getan werden, um durch bauliche Maßnahmen die Zersplitterung von Familien zu verhindern und die alten Menschen im aktiven Leben zu belassen und sie nicht irgendwohin abzuschieben. Ich weiß genau, wovon ich spreche, denn ich habe selber einen 88jährigen Vater. Ebenso muß im Wohnungsbau für Behinderte vieles geschehen, was bisher vernachlässigt worden ist.

Aber es geht nicht nur ums Wohnen. Mehr als ein Drittel des Tages verbringen die Menschen am Arbeitsplatz. Deshalb: Es muß mehr getan werden für die bauliche Gestaltung menschengerechter Arbeitsplätze! Dabei sollte allerdings – leider geschieht es häufig, und ich ärgere mich immer wieder darüber – für die Arbeitsumwelt des Industriearbeiters nicht weniger investiert werden als für einen Büro-Arbeitsplatz. In einer demokratischen Gesellschaft muß es Ärger geben, wenn sich kulturelle Ansprüche der großen Firmen zu sehr auf die Hochglanzfassaden ihrer eigenen Verwaltungsgebäude richten, die Arbeitsumwelt in ihren Fabriken aber vernachlässigt wird. Kultur ist immer auch die Summe an Selbstbestimmung und Lebensfreude in der konkreten Umwelt. Und dazu gehört die Arbeitsumwelt, die übrigens immer unmittelbarer ein Faktor auch für das Funktionieren der Unternehmungen und der Volkswirtschaft insgesamt wird. Das Wort von Fritz Schumacher, daß der kulturelle Zustand einer Zeit nicht mehr an der besten, sondern vielmehr an der schlechtesten Wohnung zu messen sei, gilt deshalb genauso für den Arbeitsplatz und genauso für die Stadt als Ganzes.

Sie als Architekten haben in dieser Dialektik zwischen der erforderlichen Rentabilität baulicher Investitionen und den Anforderungen zur Lebenserweiterung eine große Rolle. Mit anderen zusammen sind Sie in hervorragender Weise Hüter und Initiator der kulturellen Entwicklung unserer Zeit.

Ich finde es deswegen beunruhigend, wenn Städteplaner und Architekten in den letzten zwei, drei Jahren von der Weltrezession und dem Rückgang der Baukonjunktur auch in Deutschland besonders hart betroffen sind. Aber ich glaube, Sie haben mich nicht eingeladen, damit ich mit Ihnen weine oder Ihnen Gefälligkeiten sage. In einer so freien Gesellschaft wie der unsrigen, mit so vielen fungiblen Faktoren, kann es vorkommen, daß ein paar Jahre lang der freie Beruf der Zahnärzte gewaltig verdient und der freie Beruf der Architekten schlecht dran ist. Wenn Sie wollen, daß der Staat für eine gleichmäßige, parallele Entwicklung sorgt, dann müssen gerade die freien Architekten aufhören, sich an anderen Orten über zuviel staatliche Eingriffe zu beschweren.

Mir jedenfalls erscheint es gefährlich, wenn etwa die Architekten – und ich glaube, so etwas herausgehört zu haben – ihre kulturelle Aufgabe mit der Forderung nach einer Besitzstandswahrung der Zahl nach verbinden. Natürlich gibt es auch in diesem Beruf Wettbewerb. Es kann für Architekten – seien sie nun angestellt oder selbständig – keine sozialen Schutzzäune geben. Es entscheiden allein Leistung und sozialer Bedarf.

Und je eher das erkannt wird, um so sicherer wird der Weg des einzelnen in seine berufliche Zukunft. Ich denke übrigens, daß die Bauwirtschaft die schlimmste Phase hinter sich hat, und daß sich auch für die Architekten die Aussichten damit etwas erhellen werden.

Auf die neue Honorarordnung, von der hier schon die Rede war, will ich nicht mehr eingehen. Ich denke nur, daß mit ihrem Inkrafttreten Anfang nächsten Jahres die Befürchtungen zum Thema Leistungswettbewerb und Preiswettbewerb weitgehend gegenstandslos werden. Ich für meine Person stehe dafür, daß die schöpferische Architektenleistung nicht primär einem Preiswettbewerb unterworfen und daß sie deshalb auch nicht der Verdingungsordnung für gewerbliche Leistungen unterstellt werden kann.
Im übrigen spreche ich mich für Planungswettbewerbe aus. Kommunen, Länder oder Bund sollten Wettbewerbe fördern, damit durch fachlichen Leistungsvergleich die Qualität von Planen, Bauen und Gestalten besser werden kann.

Wenn allerdings die freien Architekten fordern, daß die öffentliche Planung abgebaut werden sollte, so kann ich mich in solcher Allgemeinheit diesem Satz nicht anschließen. Sicher sollten die Behörden nicht alles selbst machen dürfen, und ich sehe auch, daß sie das am liebsten wollen, und am liebsten sehr ausführlich und zeitraubend. Da wird wohl auch nicht überall gebührend an die behördlichen Planungskosten gedacht, weil die nämlich in einem anderen Titel anfallen.
Was wir brauchen, ist ein vernünftiges Wechselspiel, die Zusammenarbeit der Kräfte und den guten Willen auf beiden Seiten.

Allerdings will ich eines ganz klar sagen: Wenn ich an Ihrer Stelle wäre, oder an der Stelle der Wohnungswirtschaft, der Hypothekenbanken oder Bausparkassen, dann würde ich irgendwann einmal ein großes Geschrei erheben, sorgfältig mit Material untermauert, über das Ausmaß überflüssiger Behördengängelei gegenüber dem Baugeschehen in unserem Land.

Ich finde es z. B. unerträglich, daß, wenn ein und dasselbe Haus aus derselben Serie in Niedersachsen schon dreißigmal gebaut worden ist und nun zum ersten Male in Schleswig-Holstein hingestellt werden soll, erst wieder ein neues statisches Gutachten verlangt wird – mit oft bizarren Ergebnissen. Bei dem einen genügt ein Holzstempel, bei dem anderen muß es eine stählerne Stütze sein, und der dritte will die in Beton verkleidet haben. Mich hat es eigentlich gar nicht mehr überrascht, daß in der Zeit tiefster Baurezession, als kaum neue Bauanträge gestellt wurden, gleichwohl die Bearbeitung der paar, die noch gestellt worden sind, meist genausolange gedauert hat wie in der Hochkonjunktur. Dies nur als Beispiel für meine Aufforderung an Sie, Ihre Kritik mit Adressen zu versehen.

Lassen Sie mich andererseits sagen, daß zur Entfaltung seiner vollen schöpferischen Fähigkeiten ein Architekt nicht unbedingt frei und ohne Anstellungsvertrag tätig sein muß. Ich habe erlebt, daß bisweilen ein freier Architekt sich von seinem Auftraggeber sehr viel abhängiger fühlt, als das bei angestellten oder beamteten Architekten der Fall ist. Zunehmende Bürokratisierung ist gewiß von Übel. Aber man darf auch nicht übertreiben. Gerade in Städtebau und Stadtplanung haben sich Architekten ausgezeichnet, die Angestellte oder Beamte waren. Ich denke zum Beispiel an Fritz Schumacher oder an Rudolf Hillebrecht.

Aber: Selbständigsein ist ein Wert, auf den unsere freie Gesellschaft nicht verzichten kann. Deswegen sucht die sozial-liberale Koalition den Selbstbehauptungswillen und die Selbstbehauptungsfähigkeit der Selbständigen und der freien Berufe zu stärken – nicht zuletzt durch bessere soziale Sicherung, wie sie die Öffnung der Rentenversicherung für Selbständige ermöglicht hat.

Das meiste zur Existenzsicherung müssen Sie aber selbst tun. Solidarität und Gemeinsamkeit innerhalb des Berufsstandes kann dabei nicht schaden. Ich habe z. B. Zweifel, ob es beim Streit um das Bauvorlagerecht ganz richtig war, wenn Sie Ihre Gemeinsamkeiten mit den verwandten freien Berufen, wie den Ingenieuren, vernachlässigten.

Zur Freiheit des Architekten gehörte früher übrigens, daß der Architekt nicht als Bauherr und Vermieter, Bauträger, Bauunternehmer oder Grundstücksmakler tätig war – wie viele in den Jahren des Baubooms – und folglich keine materiellen Interessen an Grund und Boden und an der Verwertung des Objektes hatte! Aber zweifellos haben die notwendigen Anforderungen an die Architekten insgesamt zugenommen.

Zum Schluß möchte ich deutlich unterstreichen und Sie bitten: engagieren Sie sich in der Gesamtgestaltung unserer Umwelt – eine Utopie von mittlerer Reichweite, wie Hans-Paul Barth gesagt hat. Dann brauchen Sie sich als Architekten auch nicht für den Prozeß der Stadt- und Landzerstörung verantwortlich machen zu lassen.

Mies van der Rohe hat im Jahre 1924 gesagt: „Baukunst ist immer raumgefaßter Zeitwille, nichts anderes."

Gestatten Sie mir als einem, der – obwohl nicht Bauherr – bei seinem neuen Bonner Amtssitz das Dilemma der Architekten gegenüber einem unberechenbar sich wandelnden Zeitgeist aus unmittelbarer Nähe miterlebt hat, eine letzte Bemerkung zum Grundsatz:
Bei dem Problem Mensch und Rendite – man könnte auch sagen: Kultur und Wirtschaftlichkeit – geht es letztlich um die Frage, welchen Wert wir der ästhetischen Qualität der Architektur und der Umwelt für das menschliche Wohlbefinden zumessen – und „zumessen" ist nur ein anderes Wort für „bezahlen" –, welchen Wert wir also bereit sind zu bezahlen.

Das Urteil über diese Werte schwankt; es ist uneinheitlich. Wir leben in einer Zeit, in der Pluralität ein gesellschaftliches Grundprinzip darstellt. Pluralität ist gleichbedeutend mit Inhomogenität. Mancher Baumeister mag sich mit einer gewissen Wehmut an die homogenen Bauepochen vergangener Jahrhunderte erinnern, als über Generationen hinweg der bauliche Gestaltungswille unverändert blieb und große, schöne und nachmals berühmte Bauwerke meist unter Mißachtung kurzfristiger wirtschaftlicher Rentabilitätserwägungen entstanden.

Heute können wir nicht mehr einige wenige große Kathedralen und Schlösser bauen und im übrigen die Masse der Bürger in Katen hausen lassen. Aber es gibt einen Grundtrend zur ästhetischen Qualität, den wir am Leben halten, verbreitern und vitaler werden lassen wollen.

Mir ist neulich eine Untersuchung zur Kenntnis gekommen, wonach gegenwärtig zwei Drittel des französischen Volkes angeblich der Ansicht sind, die heute in ihrem Land errichteten Bauwerke verdienten nicht, der Architektur zugerechnet zu werden. Ich will gar nicht fragen, ob eine gleiche Umfrage in den Städten unseres Landes zu ähnlichen Ergebnissen führen würde. Zu jeder Zeit hat ja – damit mag man sich zu einem Teil trösten – neue Architektur zunächst immer mehr Ablehnung als Zustimmung erfahren. Die zeitweilig völlige Ablehnung etwa des Jugendstils kurz nach seinem Ende war ein Beispiel. Heute erfüllen die Bauten des Jugendstils auf Grund ihrer spezifischen Qualität offensichtlich sehr hohe Ansprüche an menschliche Lebensumwelt, und sie sind zugleich hochrentabel geworden – soweit man sie nicht abgerissen hat.

Ich will damit sagen: Es geht bei Bauen, Wohnen und Arbeiten heute nicht mehr darum, den Menschen bloß ein Obdach zu schaffen. Das ist bei uns erreicht. Sondern es geht darum, die Architektur für das Leben und Lebenlassen zu schaffen. Um das Zitat von Ernst Bloch aufzunehmen: Es geht darum, menschliche Heimat zu schaffen.

Dreißig Jahre Parlamentarische Demokratie
Rede des Präsidenten des Deutschen Bundestages Richard Stücklen

13. 9. 1979

... Der Verbesserung der Arbeitsfähigkeit des Parlaments dienen auch die Pläne der Neubauten für den Bundestag, die Fraktionsfunktionsräume und den Bundesrat. Ich werde sie weiter großzügig verfolgen.

Es ist unzumutbar, daß Hunderte von Bediensteten der Verwaltung des Deutschen Bundestages unter katastrophalen Raumverhältnissen arbeiten müssen. Hier ist Abhilfe dringend erforderlich...

Es ist auch nicht zu verantworten, in welch unzulänglicher Weise unsere wertvolle Bibliothek mit mehr als 600 000 Bänden und unser Archiv untergebracht sind. Die Nutzung dieser Einrichtungen ist ungemein erschwert.

Auch für die Abgeordneten müssen die Arbeitsmöglichkeiten verbessert werden, und zusätzlich zu dem bereits heute bekannten Raumbedarf muß noch eine Regelung für die deutschen Abgeordneten des Europäischen Parlaments gefunden werden, damit eine Verbindung beider Parlamente, zumindest räumlich, ermöglicht wird.

Wir werden überall einen strengen Maßstab anlegen, aber was sein muß, muß sein. Die Funktionsfähigkeit des Parlaments darf nicht in Gefahr geraten.

Diese Bemühungen haben nichts mit Bestrebungen zu tun, die gewöhnlich in die Worte gekleidet werden, daß nun das „ehemalige Provisorium" Bonn auf dem Weg zur „echten Hauptstadt" sei.

Bonn ist eine schöne, eine liebenswerte, eine gastfreundliche Stadt, und es ist inzwischen auch zum Träger gesamtstaatlicher deutscher Tradition geworden – ähnlich wie früher schon Frankfurt als die Stadt der Kaiserwahlen, des Deutschen Bundes und der Paulskirche.

Die in diesem Saal, in dieser Stadt getroffenen Schicksalsentscheidungen der Nachkriegszeit sind ebenfalls wesentliche Bestandteile unserer nationalen Geschichte geworden.

Dennoch, die eigentliche Hauptstadt Deutschlands ist Berlin. Und dieses Berlin wird auch eines Tages wieder voll seine alte Hauptstadtfunktion erfüllen. Dies ergibt sich ganz einfach aus der Tatsache, daß die Deutschen hüben und drüben in einem einzigen freien deutschen Staat leben wollen.

Solange uns allerdings die Teilung unseres Vaterlandes aufgezwungen bleibt, wird Berlin in seiner politischen Funktion als Hauptstadt – als Parlaments- und Regierungssitz des freien Deutschland – durch Bonn vertreten. Und dieses Bonn vertritt gut.

Wir wollen daher mit unseren Neubaubemühungen Berlin nicht den Rang ablaufen. Wir wollen nur die Bedingungen für die politische Arbeit verbessern, und zwar in erster Linie in technisch-administrativer Hinsicht, jedoch auch – und dessen brauchen wir uns nicht zu schämen – mit Rücksicht auf unverzichtbare Repräsentationspflichten, die ein Staat wie die Bundesrepublik Deutschland nun einmal hat.

Auch ein demokratischer Staat bedarf eines gewissen Glanzes, um attraktiv zu sein. Nur ein Staat, der durch eine würdige Selbstdarstellung Selbstachtung zum Ausdruck bringt, erfreut sich der Hochachtung und der Zuneigung seiner Bürger. ...

Kolloquium über die Planung im Bundesdistrikt

Am 23. 10. 1979 in Bonn

Prof. Behnisch

… Im Oktober 1977 legten Hillebrecht/Laage/Rossow ihr „Städtebauliches Gutachten zur Gestaltung des Bundesdistriktes" vor, mit dem die Aufmerksamkeit wieder auf den größeren Rahmen gelenkt wurde.

Aufgrund dieses Gutachtens und aufgrund der Forderung der Stadt Bonn, daß der Bund seine Gesamtabsichten verbindlich äußern solle bevor die rechtlichen Voraussetzungen für die anstehenden Neubauten geschaffen werden könnten, wurden 1979 städtebauliche Gutachten von vier Planern eingeholt, in denen nun versucht wurde, die städtischen und landschaftlichen Aspekte, Strukturen und Probleme, mit denen des engeren Bundesdistriktes zu verweben. ….

Aus dieser Phase stammte das Gegenüber von „kleinräumlicher Lösung" und „Grüner Mitte"….

Der Neubau des Bundesrates hatte zur Zeit noch nicht einen eindeutigen, festen Platz. Dieser sollte in der nächsten Stufe gefunden werden, in der auch andere Vorgaben zu beachten waren; z.B.: wie wohl eine großzügige städtebauliche Lösung für den Bundesdistrikt aussehen könne, in der neben den Belangen des Bundes die städtischen Strukturen, die landschaftlichen und klimatischen Gegebenheiten etc. berücksichtigt werden.

Diese Konzeption sollte so ausgearbeitet werden, daß eine stufenweise Realisierung, bei der jede Stufe befriedigende Erscheinungsformen zeigte, möglich wäre; auch dann, wenn dieser Prozeß sich über viele Jahre hinziehen könnte.

Dabei sollte das Problem „Grüne Mitte" oder „kleinräumliche Lösung" nicht vorweg entschieden werden müssen, am besten sollte eine solche Entscheidung unnötig werden.

Die neuen Gebäude für den Bundestag sollten an der bisher vorgesehenen Stelle links und rechts des Hochhauses gebaut werden können.

Diese Gebäude sollten baubar sein in der nächsten Zeit, auch dann, wenn die gesamte städtebauliche Lösung noch nicht realisiert werden könnte oder sich verändern würde. Also: eine offene Lösung, die eine großzügige städtebauliche Lösung ermöglicht, die die Art und Weise dieser Lösung jedoch noch nicht endgültig vorschreibt und darüber hinaus Bundestag und Bundesrat in die Lage versetzt, nun bald die eigenen Bauten zu realisieren….. daß man offen ist für die Möglichkeiten, die in den von uns dargestellten Ansätzen noch verborgen – aber doch tatsächlich gegeben sind.

Prinzipien, die unserer Planung zugrunde liegen, sind in den vorausgegangenen Arbeiten von Hillebrecht/Laage/Rossow, aber auch von uns formuliert worden, z.B.: erkennbar könnten sich im Bundesdistrikt die Organe der Verfassung gegenüberstehen erkennbar nicht demonstrativ!

Sie könnten ihre eigene Funktion repräsentieren ohne über Gebühr Einfluß nehmen zu wollen aufeinander, jedoch zusammenwirken zu einer übergeordneten Einheit.

Auch für das Volk, von dem ja alle Macht ausgeht, sollte dabei ein geeigneter Raum gefunden werden.

Im Bundesdistrikt könnte auch die „Vision des Künftigen" (Adolf Arndt) berücksichtigt werden.

So sollte die Planung z.B.: gekennzeichnet sein dadurch, daß willkürliche Entscheidungen, Gewalt und Formalismen fehlen, daß die Planung ihre eigene Offenheit, unsere Offenheit und die uns, unserer Gesellschaft und unserem Staat gewünschte Offenheit widerspiegelt; das Geplante sollte gezeichnet sein von Vertrauen und Selbstvertrauen, vom rechten Maß,
von Rücksicht dem Schwächeren gegenüber;
was hier auch heißt: der Stadt und der Landschaft,
deren Elemente und deren Strukturen gegenüber,
auch gegenüber dem Nachbarn und den Betroffenen….

…. Bei einer der von uns ausgearbeiteten Planungen lag auch das Gebäude des Bundesrates am Rhein.

Sicher – als Planung eine schöne Lösung. die aber letztlich verlassen wurde aus mehreren Gründen

Bei der Lösung, die nun weiterverfolgt wird, liegt das Gebäude des Bundesrates links der Heuss-Allee an der Ecke zur Schumacherstraße, also in zweiter Linie zum Rhein.

Wenn jedoch das heutige Parlamentsgebäude oder Teile davon abgebrochen werden könnten/sollten/müßten, so würde für den Bundesrat der Blick frei zum Rhein. Dann könnten auch eine am Rhein geplante Rheinterrasse sich leichter entwickeln.

Bundeskanzleramt, Bundesratsgebäude und Bundestagsgebäude stehen unabhängig voneinander, aber in Beziehung zueinander. Eine gemeinsame Vorfahrt kann entstehen, die im „Parlamentsplatz" enden kann.
Die in dem Gebiet zwischen Heuss-Allee und jetzigen Bundes-Presseamt stehenden Gebäude könnten für eine gewisse Zeit erhalten bleiben.
Die Landesvertretungen von Nordrhein-Westfalen und Baden-Württemberg und Bayern und die parlamentarische Gesellschaft ebenfalls, entweder auf Dauer oder auf eine gewisse Zeit …

… Der gemeinsame Freiraum ist bei diesem Plan eine eigene architektonische Gestalt, nicht Zwischenraum, er ist der Schwerpunkt im Bundesdistrikt. Er befreit die einzelnen Gebäude von der Aufgabe, eine übergeordnete Repräsentation zu übernehmen. Nun können sie aus sich heraus und aus ihrem Gegenüber zur Gestalt werden; d. h. auch nach außen hin durch ihre eigene Art erscheinen, befreit von übergeordneten „Repräsentationspflichten". Sie stehen nun vor allem für sich selbst.

Dieser Freiraum ermöglicht Durchblicke und Ausblicke von und zu den wichtigen Punkten der Gesamtanlage; ohne daß nun extra Schneisen angelegt werden müßten. Der Freiraum faßt die wichtigsten Verkehrswege innerhalb des Bereiches, die Fußgänger können den Bereich in alle Richtungen durchschreiten.

Die wichtigsten Gehlinien können befestigt werden, weniger wichtigere Bindungen erhalten vielleicht einen Kiesbelag, der in begehbare Rasenflächen übergeht. Die Fläche soll voll benutzbar sein. Hier ist eher an einen „Hyde-Park" als an einen Stadtplatz oder an eine Gartenschau oder eine Anlage o. ä. gedacht, und auch nicht an einen Thing-Platz.

Die Vorfahrt führt zwanglos durch den gemeinsamen Freiraum hindurch. Auch dabei soll die große Geste vermieden werden. Sie ist die Vorfahrt für offizielle Vorgänge und Autopromenade für die Besucher. Sie erschließt auf einfache Art alle wichtigen Punkte.

Der Platz am Ende dieser Vorfahrt (Parlamentsplatz?) ist das Ziel und der Umkehrpunkt für die Vorfahrt, er soll nicht die Spuren der Verkehrstechnik aufweisen; er ist markiert durch die Terrassenkante zum Rhein hin. Von hier aus werden die Eingangsbereiche der Parlamentsbauten erreicht. Von diesem Platz aus öffnen sich die Verbindungen zum Rhein, zur Lände hin, zur Rheinaue und zum Villenviertel, in dem ja die Ländervertretungen untergebracht werden könnten ...

... Die Heuss-Allee verliert ihre Funktion als Erschließungsstraße. Sie wird zur ruhigen schattigen Esplanade unter alten Bäumen mit Kiesflächen und Bänken. Sie bleibt eine wichtige und direkte Fußgängerverbindung von der U-Bahn zum Rhein und zu den Parlamentsbauten. Sie könnte sich zum Grünbereich hin stärker öffnen.

Einer besonderen Bedeutung kommt der Ausformung der Adenauerstraße im Bereich des Bundesdistriktes zu. Sie soll aufgeweitet werden; sie kündigt damit – unter Einbeziehung des Anschlusses Reuterstraße – für den Autofahrer den Bundesdistrikt an. Ein langgestreckter Mittelstreifen markiert den Bereich des so entstehenden langen Straßenplatzes. Es könnte ein Boulevard entstehen mit fließendem Verkehr, jedoch überall leicht überquerbar für Fußgänger. Auf der Rheinseite könnte sich von dort der Blick in den Freiraum öffnen, auf der anderen Seite könnten Arkaden bei der neu zu formulierenden Straßenbebauung das Rückgrat des Straßenplatzes bilden ...

... Im Zusammenhang mit dieser Bebauung entlang dem großen Straßenplatz, könnte auch die Kunsthalle – sofern diese gewünscht und realisierbar ist – sein; abgerückt von der politischen Macht, mehr im Alltag, jedoch in der Lage, mit ihrem Betrieb über die Straße hinweg und durch die breite Verbindung unter der Straße, in den großen Freiraum vorzudringen, diesen zu durchdringen, vielleicht sogar für kurze Zeit zu besetzen um sich dann wieder zurückziehen zu können, sich dem Einfluß der politischen Macht entziehen zu können.

Die Gärten der Villa Hammerschmidt und der Villa Schaumburg geben dem Sitz des Bundespräsidenten die erwünschte Distanz von dem übrigen Bereich. Es sollte jedoch geprüft werden, ob diese Gärten nicht zeitlich begrenzt für Besucher-Führungen geöffnet werden könnten.

Blickverbindungen und Wegverbindungen zum gemeinsamen Freiraum könnten den Zusammenhang des Ganzen unterstreichen. Eine nicht zu große platzartige Ausweitung in der Achse der Villa Hammerschmidt könnte den Sitz des Bundespräsidenten an der Adenauer-Allee markieren ...

Die Bauten des Bundestages liegen am Rhein, an der Nahtstelle zwischen den Ausläufern des Stadtgefüges und dem Auenpark. Merkzeichen dieser Gebäude wird immer das Abgeordnetenhochhaus bleiben.

Beim Plenarsaal wird die Erscheinung weniger durch die Größe der Baumasse geprägt sein können, als vielmehr durch die Qualität der Anlage.

Der Abgeordnetenbereich hat schon rein massenmäßig ein großes Gewicht. Diese Anlage öffnet sich jedoch zum großen weiten Rheinauenpark, zum Rhein hin und zu der weiten Landschaft. Damit kann ihre Größe „aufgefangen" und eingebunden werden.

Eine neu zu schaffende Rheinterrasse könnte ein Vorbereich sein für die Parlamentsbauten mit großzügiger Verbindung zur Uferpromenade.

Das Bundeskanzleramt wird durch seine direkte Beziehung zum gemeinsamen Freiraum deutlich in die Reihe der Gebäude des Bundesdistriktes einbezogen. Es würde damit von seiner etwas willkürlichen und erzwungenen Situation befreit werden können. Sein repräsentativer Eingangsplatz sollte sich räumlich und formal vom Gebäude lösen und dem Park zuordnen ...

... Die Grünkonzeption ist relativ einfach. Von der Stadt her kommen die Villengärten; vom Rhein her die Rheinaue. In der neuen Anlage werden sich diese Grünzüge begegnen. Der große Freiraum wird parkartig, wenig gestaltet, offen für vielfältige Nutzung sein müssen ...

... Selbstverständlich sind mit einer solchen Konzeption auch Gefahren, Möglichkeiten des Mißbrauches, des Entgleitens verbunden, da es sich ja um ein offenes Konzept handelt, das veränderbar ist, noch nicht zu Ende geführt wurde, das besetzt werden muß vom politischen Willen der Zeit, in der es dann ausgeführt werden wird. ...

... Offene Konzeptionen sind nun einmal offen; auch für den Mißbrauch. Deshalb müssen sie immerwährend verantwortet werden. Aber entsprechen sie nicht gerade dadurch unserer politischen Situation, in der wir immerwährend unsere Tätigkeit und unser Verhalten verantworten müssen, diese Verantwortung nie anderen abtreten dürfen, schon gar nicht den Mächtigen; in der wir immer mißtrauisch der Macht gegenüber sein müssen usw. ...

Prof. Gerhart Laage

Die Überlegungen, die ich hier vortrage, beruhen auf der Zusammenarbeit zwischen den Kollegen Hillebrecht, Rossow und mir. Jeder von uns war zum Teil seit vielen Jahren mit der Planung der Hauptstadt Bonn befaßt. Seit drei Jahren sind wir als Berater der Bundesregierung für den Ausbau der Hauptstadt Bonn tätig, wir verstehen dies als eine Aufgabe, die von programmatischen und städtebaulichen Überlegungen bestimmt wird ...

... Hauptstädte sind seit je her in besonderem Maße Ausdruck der Kultur eines Landes; Carl J. Burckhardt nannte sie „Heerlager der Kultur". In ihrer baulichen Erscheinung werden sich die politischen, geistigen und wirtschaftlichen Kräfte des Volkes in besonderem Maße wirksam. Hauptstädte spiegeln in ihrer baulichen Gestalt nicht nur die Lebens- und Verfassungswirklichkeit a posteriori. Regierungsviertel, Bauten für staatliche Funktionen und die Platz- und Freiräume, die im Zusammenhang mit ihnen entstehen, sind auch a priori bewußte Vorwegnahme möglicher gesellschaftlicher Ordnung.

Politische und städtebauliche Konzepte
Der Anspruch auf stadträumlich und baulich wirksame Darstellung – mithin Repräsentation – unseres Staatswesens ist also keine ästhetisierende Fragestellung, sondern ein politisches Programm. Es wäre verfehlt, wenn man sich der Hoffnung oder der Täuschung hingäbe, die Erfüllung solcher Ansprüche könnte sich als Nebeneffekt einer rein technisch verstandenen Standort- und Bauplanung „irgendwie" von selbst ergeben.

Historische Beispiele und negative Erfahrungen aus der Neuzeit beweisen: Es bedarf eines Grundkonzepts, d. h. einer Vorstellung darüber, wie die gestellte Aufgabe unter Programm- und räumlichen Vorgaben zu lösen sein könnte. Ein solches politisches und städtebauliches Grundkonzept und die ihm zugeordneten städtebaulichen Leitsätze bedürfen, sollen sie wirksam sein, einer tragenden Idee und auch eines langen Atems zur Verwirklichung.

Auf dem Maktplatz von Bremen sind über Jahrhunderte das Rathaus, der Dom und Zunfthäuser, also Repräsentanten vieler verschiedener, sich kontrollierender Gewalten an einem Platzraum einander funktionell und räumlich zugeordnet. Im 19. Jahrhundert kam bezeichnenderweise die Börse hinzu, sie wurde nach dem 2. Weltkrieg durch das neue Haus der Bürgerschaft ersetzt! Alle diese Bauten liegen an einem eigenständigen, bedeutsamen Platzraum, der von den Bürgern zu jeder Zeit als Markt, für Feste und als Ort politischer Aktionen benutzt wurde. Der Freiheitsanspruch, das Recht des Bürgers auf diesen Platz wurde im Roland symbolisiert. Er steht im Schwerpunkt des Freiraumes, ja noch mehr: Die Bezugslinien aller Funktionsbauten treffen sich im Roland.

Diese leicht erfaßbare städtebauliche Ordnung mag naiv genannt werden, Kultur entsteht jedoch „aus der Summe der auf den Menschen einwirkenden Eindrücke. Es gibt eine Grenze der Eindrucksmenge ... bei welcher angelangt die Verarbeitung nicht mehr möglich ist", wie Carl J. Burckhardt in einem Vortrag über den „Städtegeist" sagte. Übrigens: Dem jetzt vorliegenden Konzept für den Bundesdistrikt wurde auch das Etikett der Naivität angeheftet.

Nochmals: Solche städtebaulichen Ordnungen sichern nicht die Demokratie, aber sie geben ihr Raum. Sie wurden deshalb im Verlauf der europäischen Geschichte manch einem absolutistischen Herrscher lästig. Das führte häufig genug zum Umbau mit dem Ziel, die Herrschaft eines Einzelnen zu dokumentieren und dem Bürger seine Machtlosigkeit zu verdeutlichen. Erfolgte ein solcher Umbau nicht, blieben und bleiben sie starke Signale und eine Option für die Demokratie.

Ein solches Beispiel aus heutiger Zeit ist Brasilia mit seinem Platz der drei Gewalten. Die beeindruckende Würde des obersten Gerichts, die Bedeutung der Parlamentsbauten ist immer spürbar. Und der Freiraum wirkt nicht nur symbolisch, er wird von politisch handelnden, protestierenden Bürgern, wie ich selbst erlebt habe, angeeignet.

Die Scheu vor der Hauptstadt

Es gibt eine klar erkennbare Scheu in der Bundesrepublik Deutschland, ihre Hauptstadt Gestalt annehmen zu lassen. Man läßt sie zwar entstehen – doch wie? Jeder Funktionsträger setzt seine Bauten durch. Aber ein gemeinsames Konzept, nein!

- Ein Grund mag die Scheu vor zuviel staatlicher Macht, vor ungehemmt willkürlicher Machtdarstellung sein. Geschichtliche Erfahrungen mit den Bauten und der politischen Wirklichkeit des Kaiserreichs und des Nationalsozialismus gibt hierfür Anlaß und Ursache.
- Ein weiterer Grund kann auch in der Meinung liegen, daß staatlich bauliche Repräsentation auch nach dem 2. Weltkrieg nur selten zu Identifikation mit diesem Staat hat beitragen können. Ich meine allerdings, dieses Urteil ist zum Teil voreilig und ungerecht.

- Ein besonders schwerwiegender Problemkreis ist natürlich der gedankliche Zusammenhang mit dem Begriffskreis „Provisorium".
Hier ist zu bedenken, gerade wenn es ein Ziel ist, die politische Verfassung der Bundesrepublik als eine Chance für Gegenwart und Zukunft darzustellen, daß es dazu auch konkreter städtebaulicher, kultureller Symbole dieser Bundesrepublik bedarf.
Hinzu kommt ein weiterer Gesichtspunkt: Deutschland, nicht nur die Bundesrepublik, ist reich an ehemaligen Hauptstädten und Residenzen (viele Außenstehende ahnen nicht, daß das alte Bonn auch dazu gehört). Diese Hauptstädte, ob München, Dresden, Karlsruhe, Hannover, Kassel oder Stuttgart, haben ihren individuellen Charakter gewonnen. Sie machen den Reichtum an deutscher Kultur aus und stellen die differenzierten Entwicklungslinien unserer Geschichte dar.
Selbst wenn Bonn eines Tages seine Hauptstadtfunktion abgeben muß oder abgeben darf, dann werden dort Architektur und Städtebau der bleibende Zeuge dieser Epoche sein. Es wäre mehr als bedauerlich, wenn die einzigartige politische Verfassung keine ansehnliche Widerspiegelung in der Stadtgestalt Bonns fände!

Wir meinen, die im Grundgesetz formulierten Grundwerte und demokratischen Regularien sind als Basis für ein städtebauliches Programm ausgezeichnet vorgeformt. Das betrifft also nicht nur das Prinzip der Gewaltenteilung, das durch die räumliche Anordnung der Bauten des Bundestags, des Bundesrats, der Bundesregierung und des Bundespräsidenten Ausdruck finden kann, sondern genauso in einem weiteren Sinn, Begriffe wie Freiheit, Würde des Menschen, Entfaltung der Persönlichkeit. Das sind doch wohl verstehbare und auch als städtebauliche Leitsätze konkretisierbare Anforderungen. Insgesamt ergeben sich im Gegensatz zu absolutistischen, militaristischen und chauvinistischen Macht- und Städtebaumodellen früherer Zeit, Ansätze für ein neues und anderes Hauptstadtmodell.

Abschließend ist hier wohl zu sagen: die psychologisch verstehbare Skepsis und Scheu vor einer zielbewußten Planung der Hauptstadt Bonn ist mit Behutsamkeit und Sorgfalt zu erörtern. Gleichzeitig muß jedoch auch an die bedeutsame Rede von Adolf Arndt über „Demokratie als Bauherr" aus dem Jahre 1960 erinnert werden.

Arndt sah es als eine besondere Tragik der Weimarer Republik an, daß das sogenannte neue Bauen im Staatsbereich ausblieb! Arndt warnte eindringlich vor einem solchen geistig-politischen Defizit und folgerte für heute: „Eine Demokratie ist nur soviel wert, wie sich ihre Menschen wert sind, daß ihnen ihr öffentliches Bauen wert ist."

Die in diesem Zusammenhang oft ein wenig ironisch formulierte Frage, ob Demokratie überhaupt baubar sei, kann aus einer kulturpessimistischen Grundhaltung heraus verstanden werden. Es scheint so, als ob damit die Hoffnung auf die schöpferische Kraft der Menschen aufgegeben worden ist und damit auch die Hoffnung, daß eine freie Gesellschaft und ihre staatlichen Institutionen eine „Stätte der Ermöglichung" sein können.

Dahrendorf hat dazu in dem Textband „Nation und Republik" noch gesagt: „Hoffnung ist immer offen, sie ist unsentimental, braucht aber dennoch nicht nein zu sagen zur Vergangenheit."

Bonn und der engere Bundesdistrikt

Die Verknüpfung von Hoffnung und Vergangenheit ist die Chance von Bonn.

Bonn, Bad Godesberg und Beuel sind historisch, strukturell und städtebaulich als Orte, wenn auch verschiedener Zentralität und Art zu begreifen. Der zwischen ihnen entstandene und weiter entstehende Bundesdistrikt gewinnt aus Funktion, Bedeutung und Größenordnung den Charakter eines neuen Schwerpunktes. Der landschaftliche und städtebauliche Raum dieses Bereiches wird durch den Rhein, die beidseitig begleitenden und bewaldeten Höhenzüge bestimmt. Vom Rhein her und von Zufahrten über die Südbrücke ist das „Bild", das die Bundesbauten in ihren Standorten, in ihrer landschaftlichen Einordnung, in ihrem städtebaulichen Gefüge, in ihrem architektonischen Gepräge und ihrer Korrespondenz zum anderen Ufer für den Begriff Bundeshauptstadt genauso wichtig, wie der Bezug zu Bonn und Godesberg. Die Bundesbauten sollten in dieser städtebaulichen Gesamtordnung deshalb deutlichen Bezug zum Rhein erhalten! Dies gilt insbesondere für Gebäude von übergeordnetem politischen, damit repräsentativem und städtebaulich-architektonischem Rang, d. h. das Bundespräsidialamt, Bundestag, Bundesrat und Bundeskanzleramt. Vom genius loci aus, d. h. vom Stadtraum und vom Strom her wäre es wünschbar, den politischen Gehalt des Begriffes Bundeshauptstadt durch eine Standortwahl für Bundesbauten auf dem rechten Rheinufer langfristig besonders sinnfällig zu machen... richtet sich das Hauptinteresse auf den engeren Bundesdistrikt. Daraus kann man erkennen, daß dieser Bereich doch als Mitte der Bundeshauptstadt und damit als Mitte der Bundesrepublik verstanden wird. Hier sollen die in Bonn vertretenen Bundesorgane stadträumlich so gruppiert werden, daß sie an einem Freiraum liegen. Dieser Freiraum und seine Dimension ist ein Politikum.

Die Grundfrage dieses Freiraums und seiner im einzelnen zu diskutierenden Gestalt ist jedoch, ob man will, daß

- nicht nur die Gewalten und ihre gegenseitige Kontrolle, also die Funktionsbauten der Demokratie in einem sie verbindenden, räumlichen Zusammenhang dargestellt werden,
- sondern daß der Konsensus handelnder und verhandelnder Bürger in Form eines Freiraums, also als erlaubte Anwesenheit des Souveräns symbolisiert wird.

Dazu eine ergänzende Anmerkung: es ist sozusagen ein Dilemma, daß heute hauptstädtische Aktivitäten der Bundesbürger entweder mit Erlaubnis des Bürgermeisters auf dem Platz vor dem Rathaus oder mit Erlaubnis der Universität im Hofgarten stattfinden müssen. Und der Einwand, die Bannmeile um die Bundesorgane lasse solche öffentlichen Aktionen nicht zu, verlagert ein politisches und städtebauliches Problem in die Zimmer der Juristen.

Das fehlende Angebot eines solchen Freiraumes im engeren Bundesdistrikt könnte – besonders von jungen Bürgern – dahin verstanden werden, daß der Vollzug von Herrschaft weiterhin als negative Konstante der Geschichte vorausgesetzt wird. Dies widerspräche einer der elementaren Hoffnungen, und zwar nicht nur der jungen Bürger.

Aber: Ein solches Freiraumangebot braucht nicht nur Quantität, Größe und Weite, sondern auch eine Qualität eigenständiger Ausstrahlung. Bei aller gebotenen Vorsicht mit Rückgriffen auf historische Beispiele könnte dieser Freiraum am ehesten an das Milieu von Gelassenheit und Muße englischer öffentlicher Gartenplätze anknüpfen.

Ein so entspannter und entspannender Raum würde vermutlich in- und ausländischen Besuchern mehr als viele Worte den neuen Charakter eines sicher mehrheitlich von uns gewollten Selbstverständnisses einprägsam machen.

Die Furcht vor Gigantismus

Die oft geäußerte Furcht, ein solcher Freiraum sei zu groß, zu leer, zu unbenutzt, ist leicht auszuräumen. Bei Berücksichtigung der funktionell begründeten Abgrenzung der einzelnen Gebäudekomplexe Bundesrat, Bundestag, Bundeskanzleramt, bei Berücksichtigung der erforderlichen Verkehrsflächen ist die für die Bürger benutzbare Fläche eher kleiner als die beliebte und deshalb belebte Wiese des Hofgartens.

Darüber hinaus ist damit zu rechnen, daß auch die Bundesorgane auf Dauer wie Verwaltungen dazu neigen, sich auf Kosten des Freiraums der Bürger weiter auszudehnen.

Gleichzeitig muß davon ausgegangen werden, daß aus organisatorischen und Sicherheitsgründen um jeden dieser Gebäudekomplexe eine für den Bürger nicht zugängige Zone benötigt wird.

Aus beiden Gründen muß deshalb mit Energie, mit Intelligenz und politischer Klugheit darauf geachtet werden, daß der Freiraum des Bürgers sowohl räumlich wie faktisch gesichert wird.

In diesem Zusammenhang meinen wir auch, daß es eine Art Nagelprobe ist, ob dafür die z. Zt. auf diesem Freiraum stehenden Ländervertretungen mittel- bis langfristig genauso zu Disposition gestellt werden können, wie die noch von Privatleuten bewohnten wenigen Wohnhäuser, Hier dürfte es nicht zweierlei Recht geben.

In diesem Gebiet arbeiten, wie wir alle wissen, zahlreiche Journalisten in sympatischen kleinen Einfamilienhäusern – es hat also offensichtlich schon einmal eine vielleicht sanfte Bewohnervertreibung gegeben. Im Zuge der jetzigen Planungsdiskussion verteidigen einige von ihnen in legitimer Weise sowohl ihre eigenen Interessen wie die der dort noch Wohnenden. Wir betrachten es in aller Bescheidenheit auch für eine Notwendigkeit, das womöglich übergeordnete Interesse der Versammlungs- und Bewegungsfreiheit zu verteidigen, also z. B. für die
- bis zu täglich 3 000 Besucher,
- bis zu 100 000 erregten, aber doch friedfertigen Demonstranten vom vorletzten Wochenende,
- oder, warum eigentlich nicht, Teilnehmer eines jährlichen Festes anläßlich des Inkrafttreten des Grundgesetzes.

Bundesdistrikt und Hauptstadt Bonn als Ganzes

Zum Schluß, noch ein Wort zur Verknüpfung des engeren Bundesdistrikts mit der Stadt Bonn als Ganzes. Man sollte wissen, daß die Herstellung eines solchen freien Raumes zwischen Rhein und Regierungsallee einen Zustand wiederherstellt, der bis Anfang der 50er Jahre im Prinzip bestand. Erst in den letzten 30 Jahren wurde dieser Raum ohne sichtbares Konzept nach darwinistischen Städtebauprinzipien vollgebaut, ja verbaut. Es handelt sich also um eine Verpflichtung, um eine Chance zur Wiedergutmachung einer stadträumlichen Besonderheit, die früher außerdem große klimatische Vorteile brachte. Jeder weiß, das Bonner Treibhausklima könnte durch solche grünen Lungen gerade an dieser Stelle eher günstig verbessert werden. Hinzu kommt, daß es sich hier um eine stadträumliche Besonderheit Bonns handelt, nämlich die Erlebbarkeit eines stadtgestalterischen Grundprinzips, das seine Höhepunkte jeweils in den Dreieckspunkten Hofgarten, Poppelsdorfer Schloß und engeren Bundesdistrikt findet! Es besteht die Chance, unsere demokratische Staatsverfassung der alten Residenzfunktion Bonns sichtbar gegenüberzustellen. Die für uns auch heute noch beeindruckende Qualität der städtebaulichen Selbstdarstellung vordemokratischer Verfassungen kann und muß uns anspornen, eine andere Baugestalt zu entwickeln, und dabei muß wohl „Verfassungsfortschritt" sichtbar werden.

Die städtebauliche Lösung von Behnisch und Partner erscheint hier ein Schlüssel zum Erfolg. Ich hoffe, zusammen mit meinen Kollegen Hillebrecht und Rossow, daß die in seinen Konzepten spürbare Humanität Gestalt wird, und daß sie sich auf die anschließenden städtebaulichen Räume auswirkt.

Pressestimmen

Frankfurter Allgemeine

Die neue Nationalbibliothek in Berlin

10. 10. 1964

Eberhard Schulz

Der Entwurf, ... zeigt – eine geschlossene Gestalt, in der Breite gestreckt, und würde in der Bogenlinie, die seine Silhouette überspannt, an den Theaterentwurf des gleichen Architekten erinnern, der einmal für Kassel bestimmt war. Die neue Bibliothek ist ein Teil des Forums, mit dem das westliche Berlin dicht an die Mauer heranrückt, an die alte, jetzt so stille Potsdamer Straße, an das Ende des Tiergartens, wo es einstweilen nicht weitergeht.

... Scharouns Entwurf mit einer vom linken Flügel her flach ansteigenden Tafel, hat das geschlossene, etwas unregelmäßige Magazin mit einem viereckigen Lesesaal, der außen vorgestellt ist, kombiniert.

... Die offenbaren Vorzüge Scharouns liegen im Inneren, und sie sind wieder die gleichen wie die seiner Phillharmonie: der weitere Gang über vier flache Rampen, die dem Besucher entweder eine gewisse Majestät oder aber eine Scheu eingeben. Dann geht es in das Gefüge anderer Treppen weiter, die in ihrem gedrängten Hin und Her, ihren kurzen Plattformen und Bühnen die Motive der Dampfer-Architektur noch einmal beleben, welcher dieser Baumeister in seiner Jugend so überschwenglich angehangen hat. Die Reeling und die gleitenden Treppen hinauf und hinab, die Beweglichkeit im festen Bau sind das Motiv und Gegenmotiv gewesen, das Scharoun nie verlassen hat. Da wir nun heute dem Labyrinthischen wieder so ergeben sind und da wir – gegen manche Funktionalisten – die kurze und gerade Genauigkeit gar nicht so lieben als vielmehr den Raum und seine Verirrung, wenn nicht sein Geheimnis, wird der Besucher, der seinen Gedanken nachhängt, die ja eine irrationale Größe und kein greifbarer Gegenstand sind, hier auf seine Kosten kommen.

Der berühmte gestreckte Weg des Besuchers in der inneren Längsfront ist sechzig oder noch mehr Meter lang, von einem Luftraum darüber wie von einer zehn Meter hohen Halle erhöht, und erst im großen Lesesaal wird es anders. Hier ist Ordnung, hier Karree, Regelmäßigkeit, ein brav geordnetes Bataillon von Denkern an gleichmäßigen Tischen versammelt. Dieser Lesesaal, das Herzstück der Bibliothek nun, ist eine Glasvitrine mit auswärts gerichteten Seiten ,ein Pavillion mit allen Versuchungen der Heiterkeit, ja der Zerstreuung, die sich auf zwei Plateaus und einer kraterförmigen Absenkung anbietet. (Die Maße sind fast die der Philharmonie.) Und drüben über der Straße, wo Mies in seinem Tempel die Verehrer der modernen Kunst an einige Stellwände geleitet, können die Extrovertiertheit, das Ideal der Durchsichtigkeit und der Blick nach außen nicht verführerischer sein.

Wir kommen ohne die großen Bilder nicht aus. Die moderne Architektur hat den Kristall als Block oder die durchsichtige Scheibe in das Raumgefüge wieder eingeführt und damit den Raum beinahe aufgehoben. Der klösterliche Kreuzgang und sein gewundener Weg, an dem einmal die Pergamente abgeschrieben wurden, ist ein anderes Grunderlebnis und das Gegenteil eines heiteren Pavillons. Noch die Klosterbibliothek St. Gallens, über der sich heute das schöne Oval einer Rokokodecke erhebt, hat einmal in dieser inneren Führung eines Kreuzgangs gelegen. Die Hofbibliothek in Wien, das letzte Beispiel der europäischen Kultur, ehe sie von Revolution, Industrie und Demokratie sich auflöste, diese im Jubel ansteigende Halle Fischers von Erlach, die mit ihren Rängen und mit den beiden ausschweifenden Nischen dasteht, zeigt immer noch, was einmal selbstverständlich war und was eine Bibliothek heute so selten ist: die mit Büchern veredelte Wand. In unserem Zeitalter der gestaffelten Regale ist das längst vergessen.

Das friderizianische Forum, das einmal mit dem Brandenburger Tor begann, sich dann „Unter den Linden", dem königlichen Reitweg, fortsetzte, um vor der Universität, der Neuen Wache und endlich dem Zeughaus in einem Forum zu münden, auf der Schinkelschen Brücke sich verengte und dann auf das Schloß auftraf, dies friderizianische Forum gehört dem westlichen Stadtteil nicht an und ist heute nur ein geistiger Bestandteil geworden. Das Kulturforum des Westens, hart an die Mauer gelegt, aber reicht mit seiner Kraftausstrahlung in die Welt nach drüben. Städtebau wird hier Politik oder will sie in ihrer Richtung unterstützen.

DIE ZEIT

Kanzlerbungalow … Ein schönes Haus

10. Februar 1967

Hermann Funke

Flach, eingeschossig liegt es im Park des Palais Schaumburg, nahe an der Mauer zur Villa Hammerschmidt, mit Aussicht auf den Rhein…

… Die Räume gehen ineinander über. Der Blick reicht fast überall bis zum natürlichen Horizont, so daß der Wohnraum seine optischen Grenzen erst an der Baumkulisse des Parkes und an den Hügeln der anderen Rheinseite findet. Den Mittelgrund bilden im Freien aufgestellte Plastiken…

Im Wohnteil also Offenheit, weiter Horizont, Landschaft, Vegetation, Teilnahme am Wechsel der Jahreszeiten, am Spiel des Lichtes und der Farben. Im Schlafteil die geschlossenen vier Wände, die kleine Welt für sich, der künstliche, architektonische Horizont.

Das ist der besondere Reiz dieses Hauses: daß es Glashaus und Höhle zugleich ist, daß es die Spannung hat zwischen Offenheit und Geborgenheit.

Wer nicht sieht, daß dieses Haus schön ist, muß schon ein sehr dickes Brett vor dem Kopf haben…

… Kultur ist Ländersache, Geschmack ist Privatsache, politischer Geschmack auch, Moral nicht. Sport ist ein nationales Anliegen, Architektur nur, wenn sie in Rußland ausgestellt wird. Dann darf sie sogar modern sein…

Frankfurter Allgemeine

Kanzlerbungalow

22. April 1967

Eberhard Schulz

„… Auf grünem Rasen setzt ein Glaswürfel auf, – ein Spätling am vielfältigen Geäst des Dessauer Bauhauses, transparent, weniger aufdringlich als die frühen Gebilde der modernen Baukunst, absolut neutral, vielleicht allzusehr. Außen Glas, innen Knoll International (oder irgendein anderer Ausstellungsname), ein hochgeistiges Endprodukt vom Fließband der Internationalität, mit der fortschrittliche Banken, Fluggesellschaften, einige Museen und auch einige reiche Leute sich einrichten. Der Zwang des Modernsein-wollens liegt wie ein nahtloses Kleid über dieser Erscheinung, die man dem zweiten deutschen Bundeskanzler wohl wie das Symbol des von ihm beförderten Wohlstandes übergeworfen hat. Die Transparenz als Dogma – denn es gibt keine Wand außer der links vom Eingang sichtbaren Schiefermauer, die den Personalhof verbirgt – waltet hier, und nichts könnte kühler, nichts diskreter, nichts unpersönlicher sein…

… Ein solcher Park, der vor diesem Strom endet, läßt sich in Deutschland nicht leicht wiederfinden. Die Bäume stehen majestätisch da, und wer will, kann sich an die Garconwohnung eines preußischen Königs erinnern, die er in aller Einsamkeit in Potsdam unter der ironischen Devise des „sans souci" errichten ließ. Ohne Sorge und Eifer ist jener König nie gewesen.

Der Bonner Kanzler, der hier auf den in voller Breite ausmündenden Strom blickt, spürt hingegen die Regierungsmaschine dicht hinter seinem Rücken, Arbeitskammern für Referenten, Fraktionen, Minister, Botschafter und die Kolonie einer großen Schutzmacht. In Bonn treffen das Private und das Geschäft der Regierung aufeinander, und die erste Frage ist, was an privatem Stil an dieser Stelle erlaubt sei. Der Architekt hat die ineinanderfließenden Säle des Staatskarrees an ein kleineres Privatviereck angelehnt…

… Der Bungalow hinter dem Palais Schaumburg aber ist eine Wohnung. Oder doch eine Ausstellung? Doch die Pose einer Modernität um viele Jahre zurück? Wer durch Bonns Beamtensiedlungen fährt, den Venusberg hinaus und hinab wird das Datum des Jahres 1950 wiederentdecken, unauffällig, eher karg und konservativ, und wird froh sein, daß es keine Bungalows der späten sechziger Jahre sind.

Sep Ruf ist ein guter Architekt, der München um die schönste Stelle der Nachkriegszeit, die Maxburg, bereichert hat, und am Brüsseler Pavillon, der so deutlich auch Eiermanns Züge trägt, beteiligt war. Wir lassen uns in Modernität nicht überbieten, aber wir können die andere Bemerkung nicht unterdrücken, daß der Illusionismus des Abendlandes – eine seiner schönsten Gebärden –, der von den Fresken Pompejis bis zu den Deckenbildern Tiepolos, vom gotischen Kirchenfenster bis zum Bürgerfenster des Barock reicht, nun billig geworden ist. Ein Hauch von Supermarkt weht uns aus jedem Glashaus an. Die Wesenszüge des Modernen sind weitergewandert und leben sich im Kommerziellen aus. In Deutschland leider und merkwürdigerweise sind sie die Dogmenfrage geblieben mit dem sanften Terror, vor dem jeder Mensch, auch ein Kanzler, sein eigenes Wesen bewahren darf…

Der Bungalow

1967

Erich Steingräber

Der künstlerische Steckbrief:

Der optische Gesamteindruck der Gebäudegruppe wird durch die lichte und schwerelose Eleganz bestimmt, die jenseits von jedem Pathos Heiterkeit und Würde zugleich ausstrahlt. Das nicht auf den Wänden auflagernde Dach scheint zu schweben. Der Besucher empfindet Weiträumigkeit, grenzenlose Offenheit, Sachlichkeit, Ordnung. Die Proportionen aller Flächen, Körper und Linien sind betont harmonisch, die vom Funktionellen her legitimierten Einzelteile zart und präzis profiliert. Es ist ein Baustil, der unmittelbar aus den Möglichkeiten der modernen Technik erwächst, bei dem die Materie aber auch eine anschaulich erlebbare Vergeistigung erfährt. Baukunst dieser asketisch strengen Ordnung bedeutet Verzicht auf billige Effekte, auf Profile, Schnörkel, auf sogenannte „Ausstattung" – eben auf alles das, was man seit dem individualistisch zerklüfteten 19. Jahrhundert „gemütlich" und „behaglich" nennt. „Ausstattung" ist hier integrierender Bestandteil der Architektur selbst.

Mit dem Eindruck des Geöffneten, Schwerelosen, dabei streng geordneten paart sich der Eindruck des Differenzierten in Material und Gruppierung. Durch die Differenzierung werden Uniformität, Kälte, Starrheit vermieden – Eigenschaften, die der modernen Architektur immer wieder zum Vorwurf gemacht werden. Diese Differenzierung und die flachgestreckten Proportionen erlaubten erst die sehr geglückte maßstäbliche Einordnung der Architektur in die umgebende Parklandschaft.

Man spricht heute viel von der mangelnden Integration der drei Schwestern Architektur, Bildhauerkunst und Malerei. „Bauplastik" im herkömmlichen Sinn ist an unserer modernen Architektur aus Stahl, Beton und Glas tatsächlich weitgehend fragwürdig geworden. Architektur und Rundplastik begegnen sich heute in größerer Freiheit: nicht in der Integration, sondern in der spannungsreichen Konfrontierung. Hierfür bieten die von der Brüsseler Weltausstellung übernommenen und in den Park vor das Haus des Bundeskanzlers gestellten Skulpturen ein vollendetes Beispiel. Der Versuch glückte deshalb, weil es sich hier um der Architektur kongeniale bildhauerische Leistungen handelt. Frei ins Grüne gestellt, ohne Sockel, inhaltlich unverbindliche „Zeichen" unserer Zeit. Denkmalhafte „Leitbilder" haben in unserer pluralistischen Gesellschaftsordnung längst ihren Sinn verloren.

Abgeordnetenhochhaus

Eberhard Schulz – 1969

Der Abgeordnetenturm von Eiermann, der uns als eine sehr liebenswerte Ausgabe des Hochhausstils erscheint, außen nicht ohne Grazie, innen nicht ohne jene Öffnungen des Raumes schon im Foyer und Wandelgänge auf vielen Geschossen ... kein anderer Verwaltungsturm der Wirtschaft mit einem ähnlich freien Spiel des Raumes, der das Zellengefängnis doch widerruft, ist uns bekannt ...

Zum Neubau des Bundesverfassungsgerichtes in Karlsruhe

3. 5. 1969

Eberhard Schulz

... die Absicht, der Idee des Rechts in der höchsten Gestalt eine Architektur zu verleihen, hat um die Wende des 19. zum 20. Jahrhundert in Brüssel einmal zu jenem Justizpalast geführt, der ein Ungeheuer an Bauform und einander durchschneidenden Viadukten ist, zu dem nicht einmal das späte Rom gelangte, obwohl es das deutliche Vorbild war. Hohe Gerichte in Berlin saßen in der Lindenstraße in einem späten gemilderten echten Barock, oder hinter jugendstilhaften Fronten, hinter den sich Raum und Macht des Raumes verbarg.

Das neue Bundesverfassungsgericht in Karlsruhe will weder Macht ausstrahlen, noch es in irgendeiner Form andeuten und versuchen ... es ist antiautoritär bis zum Letzten.

... die kubischen Pavillons sind durch sehr breite Geschoßflächen nach außen gekennzeichnet, die mit einem hellweißen Stein bedeckt sind. Man denkt an eine Abart von Kararamarmor. Es sind aber rohgegossene Aluminiumplatten, deren Schlieren beim Rohguß sichtbar blieben, in ihren Adern verzerrt und nicht ohne die Schönheit des unbearbeiteten Materials. Diese Deckplatten sind groß, das Glas zwischen ihnen noch größer und der Wechsel zwischen dem Silber der Geschoßbänder und der Durchsicht der Körper macht den höchsten Reiz des Bauwerks aus. ... das Resultat? Unsere Epoche, die sich klassizistischer Formensprache nicht bedienen will, macht verlegen halt, ebenso wie die Architektur, der Verlegenheit sich erhöht. Sie findet Symbole nicht mehr an, und erfindet auch keine neuen. Gottseidank ist uns die Scheibe, die Reihung der Fenster und die Sklavenfront des Rasterbaues erspart geblieben. So etwas hätte es auch werden können.

... den Charakter, eben jene innere Identität, die ein Bauwerk, wenn es sein muß, auch außerhalb der gängigen Stils finden sollte, der heute zwischen Glas und Beton schwankt, den hat der Bau nicht. Unsere Ära will den Architekten mit einer Gesinnung belasten, die sie aus sich selbst heraus nicht anbieten kann.

DER SPIEGEL

Über die Seufzerbrücke zum Kanzler

24. 5. 1971

Hermann Funke

... 46 Entwürfe für das neue Bundeskanzleramt wurden eingereicht. Die meisten sind von Architekten-Teams verfaßt. Den großen Einzeltäter, das Originalgenie, scheint es bei den Architekten kaum mehr zu geben.

... eines der vorgeschlagenen Kanzlerämter ähnelt dem anderen, formale Spielereien überwiegen, funktionierende Entwürfe muß man mit der Lupe suchen. Das Team ist ein Künstler, aber kein guter.

Alles war vertreten, in jeder denkbaren Kombination: das Runde, das Eckige, das Verwinkelte, das Verbogene, das Gestelzte und das Vergrabene, das Symmetrische, die freie Form, Rechteck, Dreieck. Fünf-, Sechs-, Achteck, das Strukturelle, das Brutale, sogar das Naive.

Kein Wunder, daß die Jury einen Entwurf prämiierte, an dem sie zunächst ganz vorübergegangen war: den unscheinbarsten von allen.

Adams, Hornschuh und Co. haben richtig kalkuliert: Unter so viel Auffälligem muß am Ende das Unauffällige auffallen, unter so viel Ausdruck das Nichtssagende siegen. Das war genau die richtige Taktik, und sie wurde konsequent durchgehalten.

Unter allen Entwürfen ist dies der einzige, bei dem das neue Bundeskanzleramt niedriger ist als der bisherige Sitz des Bundeskanzlers, das Palais Schaumburg.

Es war eine zusätzliche, durchaus zu honorierende Leistung, daß die Hornschuh-Mannschaft die entscheidende Bedeutung des Palais Schaumburg erkannte, sich dessen Ansichtszeichnungen beschaffte und – anders als alle übrigen Teilnehmer – die architektonischen Beziehungen zwischen dem alten und dem neuen Gebäude auch in den Ansichtszeichnungen darstellte.

Frankfurter Allgemeine

Ein Hauch von Hoheit

Das neue Bundeskanzleramt als politische Architektur

19. 8. 1971

Eberhard Schulz

Viele Architekten haben den Hinweis auf die Würde von Kabinett und Kanzler aufgegriffen, andere aber haben sich an das Minimum gehalten, an das, was auf englisch „understatement" heißt, und einer aus dieser Gruppe hat das Rennen gemacht. Nur zwei sehr gedehnte Geschosse, die nicht einmal in die Baumkronen des Parks hineinreichen, ihn nur mit zwei vorgestreckten Zungen berühren und innen durch zwei Höfe gegliedert sind. Ein wenig abgesetzt schließt der Teil des Kanzlers an, nicht ein „Solitär" und doch zum Palais Schaumburg hinüber gerichtet, das nicht angetastet wurde. Das Palais bleibt Staatsbesuchen vorbehalten. Es repräsentiert als eine mäßig schöne Villa des 19. Jahrhunderts mit aufgesetztem Zierturm die Bonner Republik und ist der Inbegriff ihrer kurzen Tradition geworden.

... Für die anderen ist der Großraum oder das Einzelzimmer da, und hier sehen wir deutlich, wie das andere Ideal der modernen Bürotechnik bis an den Regierungssitz vordrängt, der Wunsch nach äußerster Effizienz, der hinter einem Versicherungskonzern oder den Banken nicht zurückstehen möchte. Augenscheinlich ist hier Ehmkes Hand für Straffheit und computerhafte Rationalisierung zu sehen, während der Kabinettstil drüben wohl dem Temperament von Brandt näherkommt.

... Dann aber kamen auf den Entwurfsblättern die Sechsecke, Dreicke, Achteckfiguren auf, die nach der neuesten Theorie dem Großraum am meisten gemäß sind, die natürlich auch interessante Vor- und Rücksprünge gewähren, Plastik und Wucht hervorbringen, vielleicht sogar, heimlich eingeschmuggelt, ein wenig Majestät. Verwundert ist der Betrachter heute darüber, wie oft der Bumerang, also ein mäßig geknickter Grundrißwinkel, auftauchte, natürlich eine Schutzgebärde der Architektur, die nach außen sich beugt und innen in einem weiten Feld hofartig offen die Arme dem Park entgegenstreckt.

... Der Sieger, den man unscheinbar genannt hat, drückt durch die Verleugnung der Höhe jenes Ideal des Minimums am ehesten aus. Wer sich an Eiermanns Pavillons auf der Weltausstellung in Brüssel 1958 erinnert, wird in dieser sehr zart und linear geführten Fassade das Ahnenbild wiedererkennen. Einige der siegreichen Architekten Adams, Hornschuh, Pollich und Türler stammen aus Eiermanns oder Sep Rufs Schule, den beiden Architekten von Brüssel.

... So ist es verständlich, daß dieser zunächst unscheinbare Entwurf am Ende vor allen anderen aufrückte, weil er eine gewisse Würde, dann doch Intimität und zuletzt die geringsten Unkosten verspricht.

Die Jury hat einmal von diesem kommenden Bau „als Präjudiz für die gesamte Neuordnung des Regierungsdistrikts" gesprochen: Das stimmt nicht.

...Zurückführung Bonns auf sein eigentliches Wesen, Schutz der inneren Stadt, ob man sie nun City nennt oder nicht, Respekt vor der Geschichte, diese Anbindung unserer neuen Architektur, die für sich selbst immer kopflastig und zukunftsgeneigt ist, an das Gewesene, das Bestehende und die Tradition. Solches sind ganz neue Töne, wir hören sie gern. Wie denn eines der sympathischsten Elemente bei dem „Bundeskanzleramt" der Respekt vor dem Palais Schaumburg als Inbegriff der kurzen Bonner Geschichte und ihrer Herrschaftsform ist.

Architekturkritik

Bundeskanzleramt –
ein übliches Bürogebäude?

Peter M. Bode –

1971

... Begründung der Jury heißt: „Die Gebäudegruppe ... zeichnet sich durch zurückhaltende Schlichtheit aus und ist in ihrer vorbildlich zurückhaltenden Bauerscheinung ... gut denkbar. Der sehr übersichtliche Grundriss zeichnet sich durch ein klares System von besonderer Schlichtheit aus."

... Denn in diesem Falle wäre doch die Gelgenheit besonders günstig gewesen, etwas Beispielhaftes zu wagen, um zu zeigen, daß sich eine bessere Architektur zuerst in einem öffentlichen Gebäude manifestieren sollte, bei dem durch die Form und den Inhalt des Gehäuses eben mehr als nur der Wille und die Potenz einer privaten Kapitalgesellschaft dokumentiert wird.

... scheint es mir doch bedenklich, daß hier in der Tat eine Arbeit zum Zuge gekommen ist, die sich in keiner Weise von irgendeiner beliebigen Verwaltungsarchitektur nennenswert unterscheidet.

... so bleibt der Fortschritt in der Verwaltungsarchitektur an die Darstellung von finanzieller Macht gebunden, während es gerade die demokratisch legitimierte politische Macht verdiente, daß ein besserer, architektonischer Ausdruck für ihre Gebäude gefunden werde.

... kümmert sich die Öffentlichkeit lieber um gefährdete klassizistische Palais, alte Rathaustürme, modischen Kirchenbau, neue Einkaufszentren, als um die Gestaltung der modernen Arbeitswelt.

... bei den Verwaltungsbauten, die allzulange allzuoft wiederholbar, gleichförmig, austauschbar und unpersönlich erschienen, resigniert hat; in der Meinung, Verwaltungsabläufe folgten alle demselben Schema und müßten sich daher alle in derselben schematischen Architektur abspielen. Daß das nicht stimmt, beweisen in zunehmender Zahl neue Bürogebäude innerhalb und außerhalb Deutschlands, die nach Form und Anlage weit eigenwilliger sind als die herkömmlichen Fensterschachtelentwürfe mit dem künstlich belichteten Flur in der Mitte, .'.

... Doch unsere Städte haben Vielfalt und Lebendigkeit auch im formalen Bereich der Stadtgestalt nötiger denn je, und darum sollte man den Städten jede nur mögliche individuelle, ästhetische Bereicherung auch bei den Verwaltungsbauten zugestehen.

... Natürlich ist das kein schlechter Entwurf, beileibe nicht: Die Proportionen sind angenehm, die Rücksichtnahme auf die künftige (Bundesdistrikt) und jetzige Nachbarschaft (Palais Schaumburg) ist vorbildlich, die geringe Höhenentwicklung und damit der Verzicht auf billige Repräsentation durch klotzige Massierung von Baumassen sind begrüßenswert. Doch es fehlt jegliche Originalität.

Die verpasste Chance.

Zurück zum Kanzleramt und zu den Bundesbauten in Bonn. Muß das Amt des führenden Politikers wie eine belanglose Gewerbeschule aussehen? Müssen die Bundesbauten dereinst in Konkurrenz zum schrecklichen Bürostadt-Ghetto „Hamburg-City Nord" treten? Müßte ein Kanzler nicht in einem Bau residieren, der die architektonische Phantasie der Besten dieses Standes repräsentiert? Das Schlichte, Zurückhaltende, was mit Fug gewünscht wird, und das Geistreiche, Originelle, Schöpferische sind ja schließlich nichts Unvereinbares. Was den fortschrittlichen privaten Verwaltungen mittlerweile recht ist – Signifikanz –, das sollte auch dem Haus des Kanzlers billig sein. Auch die Ästhetik muß optimiert werden.

Kölner Stadt-Anzeiger

Kalte Dusche für die Kunst
Ehrgeiziges Projekt und
viele Kompromisse

28. Juni 1975

Werner Krüger

Er (der Bauherr) wünschte sich Vorschläge zur Integration von Kunst, Architektur und Umraum, ein Gesamtkonzept für den Neubau, den Vorplatz des Neubaus, für die Ausgestaltung des Palais Schaumburg, für den Kanzlerbungalow und die Parkanlagen. Die Künstler sollten offenbar ein Problem lösen, das Architekten und Ingenieure offengelassen hatten – aus einer recht disparaten Architektur-Landschaft sollten sie ein harmonisches Gesamtkunstwerk hervorzaubern.

… der kreative Glanz, den die 21 Kandidaten der engeren Wahl entwickelten, bleibt matt. Bernhard Heiliger aus Berlin etwa plante „Raum- und Körperkompositionen" für eine plastische Landschaft. Ferdinand Kriwet, Verfechter des Lettrismus, baute auf „Licht-Text-Säulen". Friedrich Gräsel entwarf ein „Baum-Monument" und eine „Lichtchoreographie". Das Plastiker-Ehepaar Matschinsky-Denninghoff wollte „den Bau gewissermaßen für eine plastische Lösung benutzen". Und der in Köln lebende Bildhauer Heinrich Brummack entwickelte Modelle für eindrucksvolle Monumental-Skulpturen. An seinem „Tisch der Autoritäten" etwa soll sich „der Mensch wie ein Kind fühlen".

Die meisten Bewerber hatten Monumentales im Sinn, strebten nach Außergewöhnlichem, waren offenbar von der Größe des Auftrages so fasziniert, daß sie mit gewaltigem Wortschatz ihre Sache nur noch in gigantischen Dimensionen anpreisen konnten.

…Resultat: Der Landschaftsarchitekt Hans Luz und der Bildhauer und Architekt Hans Dieter Bohnet (beide aus Stuttgart) werden in Gemeinschaftsarbeit den Kanzleramts-Vorplatz und die angrenzenden Grünanlagen von Palais Schaumburg und Kanzlerbungalow gestalten.

Sie verantworten außerdem die Postierung der sechs runden Plastikreliefs aus Edelstahl von Erich Hauser in der Fußgängerzone des Neubaus und der Lichtplastik aus Gruppen von weißen Halbschalen-Röhren zwischen Vorplatz und Park von H. G. Ris. Die Innengestaltung des Neubaus ist dem Krefelder Spiegel-objekte-Macher Adolf Luther übertragen worden. Luther wird den Konferenzsaal mit einer Glaslinsendecke und die Halle vor dem großen Saal mit mobilen Glasplastiken ausstatten.

Fazit: Die Musen werden neuerdings in Bonn zwar geduldet, aber nur in Gestalt verschreckter Wesen, die vor der Allgewalt der Architekten, Techniker und Bürokraten zu kuschen haben. Die Bonner Lösung riecht stark nach einem faulen Kompromiß.

Süddeutsche Zeitung

Ein „optimiertes"
Parlamentsgebäude

13. 9. 1978

Doris Schmidt

Architektur ist – und war es immer – eine Frage der großen Form und der formalen Konsequenz im Detail; im Gebrauch soll sie eine möglichst sinnvolle, kräfteschonende Arbeit ermöglichen, soll Wohlbefinden bereiten und bewirken, daß der Mensch sich im Haus gut orientieren, d. h. möglichst frei und ungegängelt bewegen kann. In einer guten Architektur, wie groß das Gebäude auch immer sein mag, weiß man immer, wo man sich im Ganzen befindet. In Gebäuden, in denen sehr viele Menschen mit sehr verschiedenen Aufgaben aus und ein gehen, müssen die „Wege" zum Ziel führen, sie sollen wechselnde Raumeindrücke vermitteln, ohne zu verwirren. Beide Architektengruppen haben die Verbindungswege, die Wandelhallen, die Lobbys, die Zugänge zu den verschiedenen Bereichen von Plenarsälen, Fraktionsräumen und Abgeordneten besonders aufmerksam behandelt.

Was Bonn gegenüber anderen Hauptstädten aber als einmaligen Vorzug zu bieten hat, ist seine schöne, weite, überall in der Stadt spürbare, in ihren Ausmaßen menschliche und in der Welt auch als typisch deutsch geltende offen hingebreitete Landschaft am Fluß. Dieses Angebot der Natur anzunehmen, darauf eine Antwort gefunden zu haben, in Bonn dem Genius loci, das heißt der Natur (und nicht etwa der Position des scheußlichen Hotels am Tulpenfeld) zu folgen, gibt dem Behnisch-Entwurf seinen besonderen, in der Konzeption beruhenden Rang.

Warten auf den Start

18. 12. 1976

Doris Schmidt

Wir erwarten von unseren künftigen Parlamentsbauten auch Handschrift und Charakter, etwas, was dem Abgeordneten und seinen Mitarbeitern bewußt macht, in welcher Zeit wir leben und was diese Zeit sozial von jedem an Verantwortung und an Maß verlangt: Also auch Offenheit im Sinne freiheitlicher Entwicklung und nicht nur parzellierte Gleichmacherei; also auch Offenheit für die Bedürfnisse und Sorgen der Bürger unseres Landes, deren Interessen die gewählten Vertreter abwägen und gerecht für alle ordnen sollen. Bauen für eine Demokratie ist etwas anderes als Bauen für eine Diktatur. Die Demokratie, die im 20. Jahrhundert ja auch für ihre *eigene* Realisierung baut, kann weder auf den alten Typ des Schlosses noch auf die Form des Palastes zurückgreifen; ihre Häuser sollten aber so aussehen, daß sie nicht als Monumente der Bürokratie, ohne die wir nicht auskommen und die zugleich unser Feind ist, mißverstanden werden können.

Frankfurter Allgemeine

Das vergewaltigte Dorf

Bonns Irrwege zur Metropolis

16. Feb. 1977

Eberhard Schulz

Der „Lange Eugen", Egon Eiermanns Hochbau für die Abgeordneten, mit einem durchsichtigen Drahtkleid überzogen, beweist noch am ehesten eine höfliche, doch majestätische Manier. Jene beiden Ministerien auf freier Wiese nach Godesberg zu, wie verwilderte Flügelschrauben nach oben getrieben, sehen böser aus. Aber aus diesem Zwilling soll nun ein Vierling werden, und wo er wirklich genau stehen wird, das ist eine beunruhigende geheime Kommandosache. Denn hier ist Staat und nicht jene puppenhafte, anmutige Kleinstadt.

Ehmkes Kanzleramt, jener von Bundeskanzler Helmut Schmidt dann als Amtssitz genommener, als gesichtslose „Sparkasse" getadelter Mini-Bronze-Palast, ist darum nicht besser, weil er der Rennbahn nach Godesberg noch einen Meter Fußsteig abgeschnitten hat. Der Verkehr knallt wie Schüsse einer Maschinenpistole darüber hin, nur um bei der Godesberger Redoute stumpf zu enden. Es gibt aber Narren, die den Weg sechzehnspurig machen wollen – von den Champs-Élysées in Paris oder von Unter den Linden in Berlin sprechen, wie während der Aussprache zu erfahren war. Ja, der jugendliche Oberbürgermeister Daniels, hin- und hergerissen zwischen Bescheidenheit und Macht, renommierte mit den dreißig Dörfern, die seinem Städtchen als Beute der Eingemeindung zufielen und den Seelenbestand in die Nähe von dreihunderttausend herausgetrieben haben. Die kritische Masse zur Metropolis?

DIE ZEIT

Bonn sucht sein Gesicht
Die Architektur der Bundeshauptstadt ist zu aggressiv

11. März 1977

Gerhart Laage

Bonn ist nur halb so groß wie der Friedhof von Chikago, aber am Abend doppelt so tot. Dieses bösartige, aber hartnäckige Vorurteil belastet die Fragestellung: Kann Bonn als die Hauptstadt der Bundesrepublik Deutschland verstanden werden, soll das In- und Ausland Deutschland mit Bonn identifizieren können? Seit fast dreißig Jahren ist Bonn nominell und praktisch die Hauptstadt. Man scheute sich zwar aus verstehbaren Gründen lange, sie auch politisch und städtebaulich zur Hauptstadt machen zu wollen, aber die notwendigen Bauten für Ministerien, Botschaften und Verwaltungen haben die Stadt faktisch zu einer Hauptstadt gemacht.

Der Schwerpunkt aller baulichen Entwicklung liegt zwischen der historischen Stadt Bonn und Godesberg sowie Beuel auf der anderen Rheinseite. Zwischen Bonn und dem Villenort Godesberg hat sich entlang der „Diplomatenrennbahn" eine Art Dschungel von äußerst verschiedenartigen Bauten für Ministerien und Verwaltungen ausgebreitet, und es ist immer wieder ein Schock, wenn man aus der städtebaulich spürbar intakten Stadt Bonn mit ihren sympathischen Straßenräumen plötzlich in diese verwirrende Umwelt kommt. In letzter Zeit verbeißt sich nun die Kritik ganz besonders an dem Eindruck, die Bauten der Ministerien, Verbände und Verwaltungen erschienen wie aneinandergereihte Saloons einer Goldgräberstadt. Der „Kampf ums Überleben" sei hier wohl das Leitbild.

Die berechtigte Kritik macht nur einen Teil des Problems, aber nicht seine Ursache sichtbar. In Bonn fehlt bisher ein politisch formuliertes und städtebaulich umsetzbares Programm für die Hauptstadt. Wenn unmittelbar praktische Verfassungsfunktionen und die ebenso praktische Menschlichkeit Bonn-Rheinischer Architektur schon länger verbindliche Leitgedanken wären, würden sich jetzt der Bundespräsident und andere nicht um das Gesicht der Hauptstadt Sorge machen müssen. ... Doch bietet Bonn immer noch mehr Chancen für eine überzeugende Hauptstadt, als viele meinen. Sie muß nur endlich politisch gewollt werden, und einige alte Vorurteile müssen als Vorurteile erkannt werden.

Erstes Vorurteil: Bonn sei keine Metropole wie London oder Paris. Jeder Vergleich mit diesen Städten ist sachlich unrichtig, da diese Hauptstädte nicht unserer förderalistischen Verfassung entsprechen. Vergleichbar sind eher Hauptstädte wie Bern und Den Haag von den Dimensionen her oder Washington mit seiner relativen Kleinheit im Vergleich zu anderen großen Städten der USA. Die Dimension von Bonn macht deutlich, daß sich nicht alle Macht und Gewalt der Bundesrepublik, eines förderativen Landes, in dieser Stadt konzentriert. Und man kann dieser Vorstellung besonders dann positive Seiten abgewinnen, wenn man die immer noch latente Angst des Auslandes vor deutscher Machtkonzentration berücksichtigt.

Zweites Vorurteil: Bonn als Bundeshauptstadt verbaue die Wiedervereinigung. Diese Sorge ist unnötig. Deutschland hat und hatte seine Identität in vielen bedeutsamen Hauptstädten wie München, Stuttgart oder Hannover, wie Kassel, Karlsruhe oder Mannheim gefunden. Hier kann eine geschichtliche Kontinuität fortgesetzt werden. Der Reichtum differenzierter politischer und städtebaulicher Hauptstadtgesichter ist doch ein Kennzeichen, das man mit unserem Land verbindet.

Drittes Vorurteil: Es wird gesagt, „Groß-Bonn" sei gar keine einheitliche Stadt. Genau das ist ein Vorteil. Die große städtebauliche Qualität, zum Beispiel, der Bürgerstadt Bonn mit ihrer weltlichen und geistlichen baulichen Tradition, der noch immer landschaftlich reizvolle Villenort Godesberg bieten wichtige Voraussetzungen für ein sehr differenziertes Hauptstadtgesicht.

Träume vom großen Wurf

Bundeskanzler Schmidt: kein zweites Brasilia, aber ein Hauptstadtkonzept für Bonn

3. 6. 1977

Manfred Sack

Mit einer bemerkenswerten Offenheit drückt sich seit einiger Zeit ein Bedürfnis aus, das man die Sehnsucht nach der gestalteten, nach der nicht bloß mit Sach – sondern auch mit Kunstverstand entworfenen Stadt, nennen kann.

Bonn ... im Streit der Programme und der Kompetenzen, der vordergründigen Bürobedarfsdeckungspläne, und einer bislang wenig weitsichtigen Stadtplanung, durch Unvermögen, Entschlußlosigkeit und gegenseitigen Behinderungen von allen deutschen Großstädten die am stärksten gefährdete, weil zwei einander fremdtuende Funktionen sich miteinander vertragen, wenn nicht besser ergänzen sollen: Die (Bürger)-Stadt Bonn und die (Bundeshaupt)-Stadt Bonn.

Es gibt bei den Abgeordneten noch immer keine Einstellung zu Bonn. Sie kommen auf dem Bahnhof an, stürzen in die Ausschußsitzung, fahren mit dem frühesten Zug wieder ab.

Der Gemeinsame Ausschuß für einen koordinierten Ausbau Bonns zur Bundeshauptstadt hemmt in Wahrheit den Ausbau, weil seine Mitglieder sich juristische und finanzielle Fußangeln legen ...

Bundeskanzler Schmidt: Es ist eine Pflicht, das Gesicht der Bundeshauptstadt im Hinblick auf die Zukunft mitzuprägen ...

Bundespräsident Scheel: Es heißt, die letzte Chance zu nutzen, um der Hauptstadt unseres Landes doch noch ein Gesicht zu geben ... wir brauchen den großen Stadtplaner – eine weit vorausschauende Persönlichkeit ... den großen städtebaulichen Wurf ...

Der Ausbau Bonns hat durchaus etwas mit der Glaubwürdigkeit unserer Demokratie zu tun. Es geht um die Frage, wie sich unser Staat in dieser Stadt vor dem deutschen Bürger und der Welt darstellt.

... Stadtplanung nicht nur als das Arrangement von statistischen Daten, Quantitäten, Besitzverhältnissen und Funktionen versteht, sondern als eine räumlich wahrnehmbare Ordnung, deren Ergebnis gesehen und gefühlt, also sinnlich erlebt wird.

Rudolf Hillebrecht zitierte in einem berühmten Vortrag von 1968 Walter Gropius, der ihm schon zwanzig Jahre vorher gesagt habe: „Wir haben hinter der Erfüllung physischer Anforderungen die psychischen Bedürfnisse des Menschen vernachlässigt."

Frankfurter Rundschau

Das Fürstentum Bonn
Zu einem neuen Gutachten für die Bundeshauptstadt

4. Feb. 1978

Heinrich Klotz

... Helmut Schmidt holte sich deshalb den prominenten Stadtplaner Hillebrecht, den ebenso prominenten Grünplaner Rossow und seinen nicht ganz so prominenten Schulfreund Laage als Gutachter heran, um dem stockenden, zögernden, vom Bundesbauamt kaum fruchtbar unterstützten, oft kleinbürgerlich ängstlichen Planungsprozeß auf die Sprünge zu helfen.

Und plötzlich erleben wir einen Aufbruch großplanerischen Vermögens, daß man endlich glauben könnte, Bonn habe seine barocke Vergangenheit reaktiviert. Die drei haben in ihrem Gutachten wahrhaftig die Ängstlichkeit vergessen. Mit fürstenhaften Gebärden weisen sie über das Land. Bonn wird plötzlich an London und Paris, an Washington und Petersburg gemessen. Wenn sie auch versichern, daß ein demokratisches Staatswesen Bundesrepublik auf seine Regierungsbauten mit „kritischer Sympathie" (Scheel) blicken solle und im Gegensatz zu den feudalen Hauptstadtplanungen früherer Zeiten, im Gegensatz auch zu dem Washingtoner Aufbruchsunternehmen einer damals noch heroischen Demokratie weit mehr dem Idealbild irgendeiner „Menschlichkeit" zu folgen habe, so entwerfen sie tatsächlich eine Hauptstadt, die alle Anzeichen einer fürstlichen Residenzstadt trägt. Kühne Zusammenhänge werden hergestellt; und weitschweifenden Auges sehen die Herren die Blickbeziehung zwischen Poppelsdorfer Schloß und Bundeskanzlerplatz bereits hergestellt: „... sie darf auch nicht an vorhandener baulicher Substanz scheitern." Auf gleiche Weise wird die Godesburg als Orientierungspunkt einbezogen, so als stünde zwischen dem Bad Godesberger Hügel und dem Bundesdistrikt kaum ein Sichthindernis im Wege. Ganz Bonn wird in bloße „Auftaktzonen" zerlegt: die Stadt als Vorbereitserlebnis für das Regierungszentrum.

Der Rhein ist es, der unserer zukünftigen Hauptstadt die monumentale Naturachse sichern soll. „Vom Stadtraum und vom Strom als seiner Mitte wäre es denkbar"... Klein-Beuel in Neu-Bonn zu verwandeln. „Ein Fluß ist weniger eine Grenze als vielmehr eine Mitte." Das mag für die Seine in Paris gelten. Gilt es auch für einen fast 600 m breiten Fluß, der Beuel jenseits im Morgennebel verdämmern läßt? Doch wollen wir nicht kleinmütig die große Vision verderben. Was aber muß geschehen, um den drei Weisen nachzufolgen, die da weitsichtig orakeln: „Noch besteht die Chance, eine Hauptstadt beiderseits des Rheins zu entwickeln als Symbol von europäischem Rang." Muß deshalb wirklich eine neue „Schauseite" beidseitig des Rheins entstehen? Und muß kleinlich gefragt, wirklich das zu erwartende feuersichere Treppenhausgerüst für den Langen Eugen von der Ansichtsseite des Rheins fortgenommen und genau zur anderen Seite, nämlich zur Stadt hin, aufgezogen werden? Was überhaupt ist die Stadt angesichts des Rheins noch wert? Und was ist angesichts von solcher „Vision", deren Verwirklichung durch ein „systematisches Durchhalten" gewährleistet werden muß, überhaupt ein langwieriger Entscheidungsprozeß wert, der von großen Visionen zu einem der Stadt Bonn und diesem Staatswesen angemessenen Bundeshaus und Bundesrat geführt hat?

So entpuppt sich Helmut Schmidts Gutachtergremium als eine gutgemeinte, gefährliche Initiative. Von Rossow und Hillebrecht läßt sich sagen, daß sie als erratische Figuren der Vergangenheit in die stadtplanerische Gegenwart hineinragen, die noch immer nicht zu sich selbst gefunden hat. So wie sie die Architekturwettbewerbe in der Vergangenheit dominierten und so wie sie Ansätze einer neuen Architektur ausjurierten, so verlangen sie für Bonn, daß eine trotz allem gelungene Stadt sich nach ihren Maßen strecke. Aus Funktionalisten werden angesichts einer Hauptstadt eben nur Monumentalisten.

Süddeutsche Zeitung

Neubau Staatsbibliothek Preußischer Kulturbesitz

16./17. 12. 1978

Lore Ditzen

... die Lesesaal-Landschaft, die Scharouns geistiges Konzept einer Universitas Litterarum architektonisch verkörpert, verbindet sich der „Himmelschaft". Der Luxus des geistigen Abenteuers Lesen soll dem Universum nahe sein.

... Leseorientiertheit und städtebauliche Funktion sind die beiden Kriterien, die die ungewöhnliche Form des Gebäudes, innen und außen bestimmen.

Dieser Bibliotheksbau, der von außen wie ein Gebirgszug, lang gezogen, leicht geknickt die Kulturlandschaft abschließt. Wie ein Zauberberg liegt er da, in Terrassen ansteigend, denen spitzgieblig oder prismatisch in verwirrender Vielfalt die kristallinen Bildungen von Dachfenstern entwachsen, überragt vom schimmernden goldenen Buckel des asymetrischen Büchermagazins.

DIE ZEIT

Die Demokraten räumen ab
Wenn Bürger als störend empfunden werden

22. 6. 1979

Rolf Zundel

Vom klotzigen Bundespresseamt bis zur Villa im Grünen, an die dreißig Bauten – weg damit!

Aber was verschlägt das! Die Bonner Stadtväter haben sich in die Idee des imperialen Kahlschlags verbissen. Sie fühlen sich wohl in der Nachfolge der Wittelsbacher Joseph Clemens und Clemens August, die mit ihren Bauten dem alten Bonn Glanz verliehen hatten. Absolutistische Herrscher waren das nach heutigem Verständnis, aber sie hatten keine Stadtteile abgerissen, sondern die mittelalterliche Stadt zur Landschaft geöffnet.

Unter modernen Demokraten ist man rigoroser. Für manche Gutachter ist die Entscheidung längst gefallen, „wenn es um die Güterabwägung zwischen der städtebaulichen Darstellung des Grundgesetzes und dem Schutz der Wohnbevölkerung vor Umsetzung geht". Empfindliche Gemüter werden da peinlich an den gigantischen Symbolismus aus den schlimmen Jahren des Architekten Albert Speer erinnert.

Wenn dann in zehn oder fünfzehn Jahren das große Werk vollendet ist, wird der ganze Bezirk abgeschottet sein, säuberlich getrennt vom Alltag, von Bürgertum und Stadt. Tagsüber, wenn nicht gerade Parlamentsferien sind, mäßig und würdevoll belebt, vom Abend bis zum Morgen so tot wie der Zentralfriedhof in Chikago. Hie und da vielleicht ein gepanzertes Fahrzeug, ein Hausmeister im Halbschlaf, eine Polizeistreife. Sonst nichts außer schweigender Repräsentation und vielleicht manchmal ein wenig Blasmusik aus Bayern. Demokratie in Deutschland?

Kahlschlag und Protzentum?
Von der Schwierigkeit, Bonn eine Hauptstadt-Silhouette zu geben

2. 11. 1979

Rolf Zundel

Im Jahre 1309 begann das „babylonische Exil" der Päpste; Clemens V. fand eine vorläufige Heimstatt im französischen Avignon. Nach etwa 30 Jahren wurde die Vorläufigkeit dauerhaft: Das mächtige, neue Papstschloß wurde gebaut. Nach fast 70 Jahren endete das Exil; Papst Gregor VI. kehrte nach Rom zurück.

Im Jahre 1949 erklärte der Bundestag Bonn zum „vorläufigen Sitz der leitenden Bundesorgane". Jetzt, nach 30 Jahren, sind die Baupläne für das neue Parlaments- und Regierungsviertel entscheidungsreif. Das Provisorium geht symbolträchtig zu Ende.

Natürlich ist auch vorher in Bonn viel gebaut worden; zunächst zaghaft und mit schlechtem Gewissen, weil Berlin als die eigentliche Hauptstadt galt; dann kräftig, beinahe wuchernd, im Zugriffsverfahren, dem Raumbedürfnis folgend, nicht aber geleitet von einem Konzept, von keiner Idee überstrahlt. Der einzige fast, der sich noch zurückhielt, war Bundespräsident Walter Scheel; die Pläne für den Ausbau des Präsidialamts verschwanden wieder in den Schubladen.

Die entscheidende Zäsur war der Neubau des Kanzleramts, das längst über das vertraute, aber eng gewordene Palais Schaumburg hinausgequollen war und sich in vielen Dependancen verzettelt hatte. Es war eine ziemlich brachiale Entscheidung, getroffen nach den Maßstäben der Regierungseffizienz, aber beklagt von vielen Städteplanern.

Bundestag und Bundesrat werden nun dem Beispiel folgen. Das alte Bundeshaus soll teilweise abgerissen, ein neuer Plenarsaal, ein neues Fraktionsgebäude und ein neues Domizil für den Bundesrat sollen gebaut werden. Über die Standorte wird kaum mehr gestritten, über die Schönheit einiger und die Größe aller Neubauten noch beträchtlich, meistens allerdings hinter verschlossener Tür. Unklar ist noch, wie weit und wie rasch das umliegende Viertel in diese Planung einbezogen wird: Soll dort die neue grüne Mitte Bonns entstehen, der große Platz der Republik?

Angesichts einer so radikalen Veränderung wäre eigentlich zu erwarten, daß eine große nationale Diskussion entbrennen würde. Davon ist aber fast nichts zu spüren. Der Plenarsaal, in dem die Demokratie der Bundesrepublik am anschaulichsten geworden ist, wo Konrad Adenauer mit steinerner Skepsis den Angriffen der Opposition trotzte, wo Brandt und Scheel die schwindende Mehrheit für ihre Ostpolitik verteidigten, wo die großen politischen Redner dieses Landes – Dehler, Carlo Schmid, Wehner, Strauß, Helmut Schmidt – das Haus in Aufruhr versetzten oder zum Nachdenken brachten, soll nun stillgelegt, vielleicht in ein Museum verwandelt werden. Ist diese Vorstellung wirklich so selbstverständlich, keiner Erörterung wert?

Man stelle sich vor, die Briten kämen auf den Gedanken, ihr Parlament, dessen Enge sprichwörtlich ist, durch einen Neubau zu ersetzen – ein absurder Gedanke! Das Bonner Parlament aber hat, von ein paar Außenseitern abgesehen, die Baupläne mit jener seltsamen Mischung aus schlechtem Gewissen, trotziger Entschlossenheit und Fatalismus behandelt, wie sie aus der Beschäftigung mit Diätenfragen wohl vertraut ist. Nur kein Aufsehen! Und für die Presse, die sich sonst auf ihr Wächteramt so viel zugutehält, war dies ein Thema am Rande. Warum?

Drei Gefahren für das Bauen

Wahrscheinlich hängt diese Enthaltsamkeit mit der besonderen Situation Bonns zusammen. Die Wahl Bonns zur Bundeshauptstadt war ja, wie immer im einzelnen die Motive gewesen sein mögen, eine Entscheidung gegen eine Metropole. Bonn ist nicht das nationale Zentrum, sondern, wie es der scharfäugige französische Beobachter Alfred Grosser ausgedrückt hat, die Hauptstadt der Demokraten. Anders als Berlin ist Bonn stets im Windschatten nationaler Emotionen geblieben, es war nicht die bewußt gesuchte Stätte nationaler Selbstdarstellung, sondern Ort bürgerlich-demokratischer Repräsentation.

So ist es denn auch kein Zweifel, daß in den Gutachten zum Ausbau des Bundesdistrikts ebenso wie in den Erläuterungen der Architekten zu ihren Plänen von nationaler Tradition kaum die Rede ist. Die Gutachter berufen sich auf die Verfassung und versuchen, aus dem Wertehimmel des Grundgesetzes die Baunormen für die Bonner Realität herabzuholen. Auch der Architekt des Plenarsaals, Günther Behnisch, spürt dem Demokratiebegriff nach. Die einen führt ihre Ableitung mehr zur strengen Größe, den anderen mehr ins Heiter-Weitläufige.

Demokratie in Bauten sichbar machen, ist ein schwieriges Unterfangen. die genauere Definition ist schwierig, wenn nicht unmöglich. Es bleibt ein beträchtlicher Rest an Freiheit – und Ratlosigkeit.

Dafür sind die Architekten nicht verantwortlich zu machen. Zu vielgestaltig sind die Gehäuse, in denen Parlamente heimisch geworden sind oder doch wenigstens eine Bleibe gefunden haben: von den Capitolen, mit denen die Vereinigten Staaten und manche Länder Südamerikas bestückt sind bis zum Palais Bourbon aus der Napoleonischen Zeit, von Brasilia oder Canberra bis London. Zu schwierig ist auch die Feststellung, wie denn nun das Selbstbewußtsein der politischen Gesellschaft beschaffen ist – auch in der Bundesrepublik, wo es zwischen dem Ideal der Demokratisierung und dem Postulat der Regierbarkeit hin- und herschwankt. Die Architekten der Demokratie sind nicht wie die Baumeister der Kirchen und Schlösser in eine jahrhundertealte, gewachsene Tradition eingebunden, die Sicherheit gewährt. Vielleicht war es noch nie so schwierig wie heute, für die Öffentlichkeit zu bauen.

Das Bauen in Bonn ist zusätzlich drei Gefahren ausgesetzt. Die erste besteht darin, daß den Architekten gewaltige Größenordnungen vorgegeben sind. Der neue Plenarsaal wird – eine ziemlich erschreckende Vorstellung – der größte der westlichen Welt. Das Gebäude selbst wirkt, soweit dies ein Laie am Modell beurteilen kann, trotz der Größe eher elegant und unprätentiös. Aber im Innern muß schon mit Tricks gearbeitet werden, damit die Größe nicht leer und lähmend wird.

Das neue Fraktionsgebäude, wohl der schwierigste Bau überhaupt, stellt eine für Parlamentsbauten gleichfalls ungewöhnliche Baumasse dar. Die vorsorgliche Planung der

Verwaltung, der Wunsch, alle Zulieferer des parlamentarischen Betriebs möglichst unter einem Dach zu vereinen, und die Auflage, daß Abgeordnete künftig über dreimal soviel Platz wie bisher verfügen sollen – alles drängt zur Größe. Bonn wächst in eine neue Dimension. Und dies alles geschieht nicht etwa aus Großmannssucht, da drückt sich nicht ein pralles politisches Selbstbewußtsein in den Bauten aus: Wir sind wieder wer. Es ergibt sich halt so.

Größe ohne Idee?

Die zweite Gefahr ist eine Folge dieser Größenordnung. Wie verkraftet Bonn, eine liebenswerte Stadt, aber keine Metropole, diesen Bundesdistrikt; wie fügt er sich ein in die politische Tradition Bonns, die bisher eher von *understatement,* von Zurückhaltung geprägt war? Wenn der politische Bereich radikal ausgeweitet, der Alltag zugunsten einer weihevollen Pastoraldemokratie zurückgedrängt wird, entsteht eine Stadt in der Stadt: Die Raumstation der Viereinhalb-Tage-Hauptstadt mag vollends ins Leere gleiten.

Das politische Bonn kann man sich durchaus größer und schöner vorstellen. Aber wer in diese neuen Dimensionen vorstößt, muß behutsam vorgehen, muß auch einmal innehalten, um zu prüfen, was entstanden ist. Da darf man sich nicht nur am Grundgesetz, sondern muß sich auch an der Bonner Tradition orientieren. Die Vision ist erlaubt, ja notwendig, aber sie darf nicht als imperialer Kahlschlag verfügt werden.

Die dritte Gefahr schließlich entsteht aus der Schwierigkeit, städtebauliche Ideen in die Bonner Wirklichkeit umzusetzen. Das fängt damit an, daß preisgekrönte Architekteneinfälle für offene, dem Bürger zugewandte Bauten, an den Bonner Sicherheitsbedürfnissen scheiterten. Verwaltungsdenken hat schon viel von der ursprünglichen Schönheit der Entwürfe abgeknabbert und neue Häßlichkeiten angestückt. Besitzstände erweisen sich stärker als Visionen: Wo Landesvertretungen sitzen, sind sie nicht mehr wegzubringen. Es gibt keinen Souverän, der baut, aber viele hartnäckige Interessenten, die in schwer durchschaubaren Kompromissen untereinander verheddert sind. Da mag man sich am Ende auf die Größe einigen, aber wieviel wird noch von einer Idee spürbar sein, die diese Größe erträglich macht?

Bildnachweis

Luftaufnahmen

Hamburger AERO-LLOYD	
Freigabe Nr. Reg.Bez. Düsseldorf 30	
Freigabe Nr. Groß 30 G 876	Köln-Wahn (Flughafen)
GKSS-Forschungszentrum Werkbild	Geesthacht
Max Prugger	
Freigabe Nr. Reg. v. Obb. G 30/7187	
Freigabe Nr. Reg. v. Obb. G 30/4365	München
Luftamt	
Freigabe Nr. 3268/77	Hamburg
Hansa-Luftbild	
Freigabe Nr. Reg.Präs. Münster 1076/66	Münster
Bundesbildstelle	
Freigabe Nr. Reg.Präs. Düsseldorf DH 2178	Bonn
Kernforschungzentrum	
Freigabe Nr. Innenmin. Baden-Württemberg 2/23474	Karlsruhe
Institut für chem.-techn. Untersuchungen	
Freigabe Nr. Reg.Präs. Düsseldorf 07465	Swisttal-Heimerzheim
Bertram-Luftbild	München, Flughafen Riem
Deutsche Forschungs- und Versuchsanstalt für Luft- und Raumfahrt	Köln-Porz
Freigabe Nummern: Reg.Präs. Obb.	
GS – 328/414	(Oberpfaffenhofen)
GS – 328/415	(Lichtenau/Weilheim)
	(Porz/Wahn)
	(Braunschweig)

Architektur- und Kunstobjekte

Gerd Remmer	Flensburg
Rübartsch	Heidelberg-Leimen
Günter Claus	Düsseldorf
Robert Häusser	Mannheim
Wilfried Täubner	Köln
Liselotte und Armin Orgel-Köhne	Berlin (West)
Werner	Nürnberg
Ernst Baumann	Bad Reichenhall
Rudolf Scholz	Deggendorf
Ines Hauth-Disclez	München
H. Heidersberger	Wolfsburg-Schloß
Heinz Oeberg	Berlin (West)
Dr. Franz Stoedtner	Düsseldorf
Reinhard Friedrich	Berlin (West)
Hans-Jörg Hennig	Heidelberg-Ziegelhausen
Horst Urbschat	Berlin (West)
Erika Sitte	Braunschweig
Sigrid Neubert	München
Bruno Krupp	Freiburg-Zähringen
Peter Engels	München
Schaafgans	Bonn
Strabag-Bildstelle	Köln
Horstheinz Neuendorff	Baden-Baden
Wilhelm Reiners	Dortmund
Baufotografie	Lübeck
Anno Wilms	Berlin (West)
Atelier Broll	Münster
Siemens-Pressebild	Erlangen
Romain Urhausen	Köln/Roussillon

Mein Dank gilt den Dienststellen und Architekten, die mit ihren Beiträgen – Fotos, Texten – die Arbeit gefördert haben:

Bundesbaudirektion	Berlin (West)
Sondervermögens- und Bauverwaltung	Berlin (West)
Oberfinanzdirektion Kiel, Hamburg, Freiburg, Karlsruhe, München, Saarbrücken und den ihnen nachgeordneten Bauämtern,	
Akademie der Künste	Berlin (West)
Stiftung Preußischer Kulturbesitz	Berlin (West)
Zentraldirektion des Archäologischen Instituts	Berlin (West)
Bundesanstalt für Arbeit	Nürnberg
Deutsche Bau- und Grundstücks-AG	Bonn
Bundesbildstelle des Presse- und Informationsamtes der Bundesregierung	Bonn
Bauabteilung des Kernforschungszentrums	Karlsruhe
Deutsches Elektronen-Synchrotron – Desy –	Hamburg
Grenzschutzverwaltung Küste	Bad Bramstedt
Landesbildstelle	Berlin
Finanzbauamt	Bonn

Architekten:

Behnisch und Partner/ Christian Kandzia	Stuttgart-Sillenbuch
N. Koliusis/Heinle, Wischer und Partner	Stuttgart
Planungsgruppe Stieldorf	Stieldorf
Dipl.-Ing. Hans-Joachim Pysall	Berlin (West)
Dipl.-Ing. Dr. Ing. Walther Betz und Dipl.-Ing. Bea Betz	München
sowie	
Dipl.-Ing. Johannes Galandi für das Umschlagbild (Expo Montreal)	Köln